장인과 닥나무가 함께 만든 역사,

조선의 과학기술사

장인과 닥나무가 함께 만든 역사,

조선의 과학기술사

이정 지음

푸른역사

• 이 저서는 2022년 대한민국 교육부와 한국연구재단의 지원을 받아 수행된 연구임(NRF-2022S1A5A8050803).

• 이 책 2장, 3장, 4장의 일부는 아래 논문의 내용을 활용하고 있다.

Lee, Jung. "Socially Skilling Toil: new artisanship in papermaking in late Chosŏn Korea," *History of Science* 57(2) (2019), pp. 167~193. Copyright [2019] ⟨Sage Publishing⟩. DOI: 10.1177/0073275318804692.

이정, "조선 후기 기술 지식의 실용성: 제지 관련 지식을 통해 본 실학", 《한국과학사학회지》 42(1) (2020), 125~160. DOI: 10.36092/KJHS.2020.42.1.125.

Lee, Jung. "Making waste one's own: transformations in production by resting paper, or hyuji, in Chosŏn Korea," *History and Technology* 38(2-3) (2022), pp. 186~204, Copyright [2022] ⟨Taylor & Francis⟩, available online: https://www.tandfonline.com/10.1080/07341512.2022.2100969.

대화형 인공지능 서비스, 챗Chat GPT에 대한 관심이 뜨겁다. 미국 대통령이 도널드 트럼프라는 오답을 정답처럼 내놓는다거나 훌륭한 웹소설도 쓴다는 각종 챗 GPT 무용담과 분석이 방송, 신문, 잡지와 소셜 미디어를 뒤덮었다. 챗 GPT가 인간의 지적 노동을 무용지물로 만들 위협적인 경쟁자라는 우려와 장밋빛 기대가 경쟁하듯 쏟아졌다. 대세는 챗 GPT를 활용할 수 있는 사람은 창의적 노동을 더 효율적으로 하게 될 것이고, 이렇게 창출되는 새로운 산업이 우리를 경기 침체라는 위기에서 구할 것이라는 기대이다.

이렇게 챗 GPT에 대한 우려와 기대가 넘쳐나는 중에도 그 '몸통'에 대한 이야기는 드물다. 챗 GPT의 몸통이라면 그 물질적 기반이 되는 하드웨어와 복잡한 기반시설, 그것을 건설하고 연결하고 유지하는 데 소요되는 막대한 자원, 에너지, 노동이 된다. 이 실질적 '몸통' 이야기가 빠진 덕분에 챗 GPT는 호리병 속에서 나온 지니처럼, 환상적이고 신비한 마법처럼도 느껴진다.

챗 GPT에게 물어보면 "인공지능 서비스인 저는 몸통이라는 것이 없다"고 한다. 육체적인 혹은 물리적인 실체와 무관한 '지능'만을 갖고 있다는 주장이다. 하지만 챗 GPT가 가진 '지능'의 핵심에는 가공할 수준의 물적 투입이 있었다. 이론적으로는 가능하지만 시도해볼 수 없던 일이, 초고속 연산을 가능하게 하는 연산장치를 연결해서 막대한 양의 자료를 수년간 쉬지 않고 학습한 결과 일어난 것이다. 그 가상 신경망의 뉴런을 생성하고, 얽고, 단련하는 지속적 과정에는 전 세계 곳곳의 수많은 노동력과 자원, 에너지가 들어갔다. 수십 조의 자금력이 가능하게 한 일이다. 비대한 몸으로 계속 탄소를 뿜어내는 데이터 센터는 이 거대하고 복잡하게 얽힌 몸통의 일부일 뿐이다. 인공지능 두뇌가 저 혼자 진화하는 마법은 없었고, 코딩만으로 된 일이 아니었다.

과학기술은 초능력이나 마술처럼 검증 불가능한 영역은 다루지 않는다. 감각 가능하고 분명한 실체가 있는 "사물事物"의 현상을 연구함으로써 자연을 이해하고, 그 이해를 바탕으로 자연을 인간의 목적에 맞게 작동시키려 해왔던 학문이다. 과학기술의 힘은 물질적 실체에 충실한 데서 나온다는 것이다.

근대 이래 우리는 과학기술 이야기를 "사물"을 빼놓은 채, 주로 '지능'의 혁신으로 소비해왔다. 지동설을 뒷받침한 갈릴레오의 발견을 이야기하되, 그 발견을 이룬 망원경을 만들기 위해 갈릴레오가 베네치아 산産 판유리를 쇠공으로 수없이 연마했음은 이야기하지 않는다. 뉴턴이라는 천재가 만유인력을 발견한 사과나무(신화일 뿐인)를 이야기하면서

장인과 닥나무가 함께 만든 역사,
조선의 과학기술사

다른 이들의 귀띔, 몇 년간의 자료 입수 과정, 확인, 계산, 고심은 이야기하지 않는 것이다. 몸통 없는 챗 GPT 이야기는 이러한 '과학혁명' 서사로 대표되는 과학기술의 역사가 그 원조다.

닥나무를 주인공으로 한반도 제지의 역사를 다시 써보려는 이 책은 사물에 밀착된 장인의 과학기술적 기지와 이 땅에 뿌리 내린 닥나무의 얽히고설킨 관계에 초점을 맞춤으로써 허공을 떠도는 과학기술의 역사에 몸통을 부여하려는 시도이다. 장인의 기지를 일깨우고, 닥종이 과학기술의 장구한 진화를 이끌어간 닥나무는 조선 제지의 반도체이며, 그만큼 복잡한 환경적, 사회적, 과학기술적 산물로 장인들과 함께했다. 목소리로만 존재하던 오즈의 마법사가 허상이라면 사물이 빠진 과학기술 이야기는 과학기술을 구닥다리 마술로 되돌려버리는 일이고, 몸통을 가진 모든 자연물에 대한 우리의 절대적 의존 상황을 잊게 만드는 일이다. 과학기술은 한두 사람의 머릿속에서 나오는 천재적 착상만큼이나 닥나무와 같은 사물, 그 사물을 키우는 자연 및 사회 환경, 또 그 환경에 적응하며 사물을 다루어온 사람들의 매일의 실천이 얽혀서 만들어진다. 이 책은 우리를 살게 하는 자연의 거대한 몸통과 그에 응한 과학기술의 실천적 기지에 반걸음이라도 더 가까이 가보고자 한다.

엉성한 물리학도로 대학을 간신히 졸업하고, 시스템 엔지니어로 여러 해 일했던 내가 과학기술의 역사를 연구하는 사람이 되기까지 입은 은혜가 많다. 이 책에 직접 관계되는 은혜만도 글로 다 쓸 방법이 없다. 미국 대학원 시절의 여러 선생님들, 많은 학문적 가르침을 주신 서울대학교 과학사 및 과학철학 협동과정, 현 과학학과 선생님들과 한국과학사학회, 한국과학기술학회의 여러 선생님, 박사후 과정에서 많은 도움을 주신 타이완, 영국, 독일, 프랑스의 선생님들, 동료로 받아주신 이화 인문과학원의 여러 선생님께 모두 깊이 감사드린다. 다른 기회에 더 분명히 감사드리고자 한다. 좀 더 직접적으로 이 연구의 일부를 워크숍이나 학회를 통해 발표할 기회를 주고, 좋은 조언을 아끼지 않았던 분들은 일부나마 거명하지 않을 수 없다. 싱가포르에서의 국제기술사학회 SHOT 토론을 맡아주신 수잔 문Suzanne Moon 선생님, 예일대에서 열린 'The Wood Age in Asia' 워크숍에 초대해준 존 리John S. Lee와 참가자들, 서울대 국사학과 콜로키엄에 초대해준 문중양 선생님과 참여자들, 하버드대의 "Making History" 워크숍에 초대해준 빅터 샤우Victor Seow와 그 참가자들, 특히 야콥 아이퍼스Jacob Eyferth 선생님의 따뜻한 조언에 감사드린다. New Cambridge History of Technology 워크숍에 초대해준 프란체스카 브레이Francesca Bray, 다그마 새퍼Dagmar Schäfer 선생님께도 깊이 감사드리고, 파티 탄Fa-ti Fan, 유지니아 린Eugenia Lean 선생님 등 따뜻한 격려와 조언을 해준 많은 참가자들께도 감사드린다. 카이스트 인류세연구센터 콜로키엄에 초대해준 박범순 선생님과 청중들, 에딘버러대에 초대해주었던 홀리 스티븐스Holly Stephens와 청중들에게도 감사하고, 한문에 조금 눈을 뜨도록 가르쳐주신 김경미 선생님과 조선과학사 집담회 분들께도 감사드린다. 이 책을 이상적인 환경에서 마무리할 수 있도록 과분한 지원을 해준 파리고등연구소Paris Institute for Advanced Study와 그곳의 동료들께도 감사드린다.

덤벙대는 제자를 만나서 고생하시는 임종태 선생님께는 늘 감사드려도 부족한 마음이다. 이번 책 원고도 모두 읽어주시고 큰 도움을 주셨다. 내가 조금이나마 연구자같이 된 것은 선생님의 엄정한 가르침 덕분이다. 물론 남은 잘못은 모두 내 몫이다. 모든 책이 그러하듯 이 책도 여러 연구자와의 직간접적 교류, 그분들의 성과가 없었다면 가능하지 않았을 작업이다. 자료에 대한 귀띔을 포함한 모든 도움을 각주에 최대한 담고자 했다. 이화의 학생들과 포스트휴먼 융합인문학 대학원생들도 많은 것을 가르쳐주었다. 이 책의 출판을 맡아준 도서출판 푸른역사 편집진 여러분의 꼼꼼한 작업과 교정에도 깊이 감사드린다. 국제 난민처럼 한곳에 있지 못하고 떠도는 나를 늘 지켜주는 친구들이 얼마나 큰 힘이 되는지 그들은 모를 것이다. 조만간 이상한 책을 받아들고 입이 나오지 않을까 싶다. 떠돌아다니는 동생 때문에 집안일을 도맡아 하면서도 열심히 응원해준 오빠께도 늘 감사한다.

원고가 완성될 무렵 아버지가 돌아가셨다. 아버지는 딸이라고 이름을 지어주지 않으신 집안 어른들 대신 주역을 뒤적이고 획수까지 세어가며 이름을 지었다고 하셨다. '여사', '박사'라고 했을 때 좋을 이름으로 정했다고 하셔서, 어릴 때 그게 무슨 말인지도 모르면서 이상하다고 아버지를 놀렸다. 늘 그렇게 덮어놓고 아버지를 놀렸던 버릇없는 딸이 늦깎이 박사가 되고, 오십이 넘어 '책을 펴내며'라는 글을 쓰게 되었다. 스물아홉 아버지의 넉넉했던 꿈과 어머니의 끝없는 보살핌, 두 분이 주신 가르침과 용기 덕분이다. 모든 자그만 일에도 크게 기뻐해주신 두 분께 존경과 사랑을 담아 이 책을 바친다.

2023년 봄
이정

차례

서설

닥나무 중심의
과학기술사

닥나무는 가지가 부러질 때 '탁' 소리가 나서 닥이라는 이름을 얻었다고 한다. 목대가 올라가며 끝에서 가지를 뻗는 소나무 등과 달리 뿌리에서부터 여러 가지가 나오는 떨기나무이다. 학명은 *Broussonetia kazinoki*이고, 뽕나무과로 분류된다.

가지가 부러질 때 '탁' 하는 소리를 내는 나무가 드물지 않을 텐데, 닥나무에 그 이름이 붙은 것은 한반도에 삶의 터전을 마련한 사람들이 일찌감치 닥나무 가지를 부러뜨려서일 것이다. 도구 없이 꺾기 좋은 점을 고려하면 땔감 같은 다른 용도도 있었겠지만, 닥은 무엇보다 종이의 원료로 특별한 위치를 차지하게 된다.

닥나무를 종이의 원료로 활용한 것은 한반도 사람들의 선택이었다. 중국 4대 발명품 중 하나인 종이는 1~2세기경 발명되어 중국과 연결된 한반도에 가장 빨리, 대략 3세기 전후에 도입되었을 것으로 추정된다. 4세기의 고구려 고분벽화에 종이를 들고 있는 사람이 그려져 있고

(《그림 1》), 고구려 승려 담징이 일본으로 건너가 제지 기술을 전파한 것이 610년이다. 식물 기반 제지 기술이 이슬람으로 유럽으로 전해지기 훨씬 전이다.[1]

한반도에서 종이를 만들기 시작한 이들은 중국에서 종이의 재료로 쓰던 대나무, 삼, 삼베 조각 대신 닥나무를 택했다.[2] 대나무가 따뜻한 남쪽에서나 자라고 삼이 옷감의 주 원료라는 자연적·사회적 조건이 새로운 원료를 구하게 했을 것이다. 이들은 산 중턱 자투리땅에서도 잘 자라고, 탁 하고 부러진 속에 희고 긴 섬유질 내피가 있는 닥을 택했다.

이 책은 한반도 특유의 종이 재료인 닥나무를 중심으로 조선시대 제지製紙의 과학기술적·사회적 변천 과정과 특성을 살펴보고자 한다. 신

〈그림 1〉 4세기경 축조된 황해도 안악 3호분 벽화.
왕에게 보고하는 신하가 글이 새겨진 종이 뭉치를 들고 있다. 출처: 우리 역사넷.

장인과 닥나무가 함께 만든 역사,
조선의 과학기술사

라 때부터 이미 중국인들의 상찬을 받았고, 조선시대에 가장 융성했던 산업 중 하나인 제지에 대해서는 경제사 측면의 연구가 일찍부터 진행되었다. 그러나, 조선 종이 품질의 핵심이 되는 닥나무와 그로 인해 생겨난 여러 과학기술적 특징에 대해서는 그다지 주목하지 않았다.

조선 제지의 핵심 기술인 도침搗砧(擣砧, 혹은 도련擣鍊으로도 쓰인다)도 최근에야 주목받았다. 조선에 고유한 종이 재활용 기술인 '쉬는 종이(휴지休紙)' 관리와 '돌아온 종이(환지還紙)' 재생 기술에 대한 연구는 아예 없었다. 종이를 만드는 제지 장인들이 역사적으로 주목받는 집단이 아니었고, 그들이 닥나무나 제지 과정에 대한 자신들의 성찰을 글로 남겨놓지 않았던 것이 연구를 어렵게 하기도 했다. 과학사학계가 지적해왔듯, 데카르트와 뉴턴 등의 이론적 성과에 편향된 유럽 과학혁명에 대한 이해가 한국 과학기술사 주제 선정에 끼친 영향도 결코 적지 않았다.[3]

제지는 닥나무만이 아닌 제조 과정의 여러 부재료와 자연 환경을 이해함으로써 삶에 필요한 여러 기능을 종이에 구현해내는 종합 과학기술이며, 오늘날 채 100년도 되지 않은 서가의 책들이 산화되고, 좀먹고, 부스러지는 데서도 알 수 있듯 현대 과학기술로도 정복하지 못한 복잡한 과학기술이다. 닥나무와 같은 사물뿐 아니라 다양한 지식, 기술을 동원하는 이 과학기술은 오늘날의 반도체만큼이나 조선 사회를 구성하는 데 지대한 역할을 했고, 조선 사회의 특성을 되비추며 함께 진화했다.

이 책은 완성된 글로는 거의 남아 있지 않은 이 중요한 과학기술의 진화 과정을 살펴보기 위해 "사물"에 주목한다. 여기서 사물은 사건과

물건을 아우른 사물事物로, 인간과 관계 맺으며 그 흔적을 남긴다는 차
원에서 사회적 물질이다.[4] 이 책은 닥나무가 장인, 농부, 양반, 중인, 상
인, 여성 등 조선 사회의 다양한 구성원 및 다른 한반도의 사물, 자연
환경과 상호작용하며 만들어낸 물질적·사회적 흔적, 그리고 의궤儀軌,
등록謄錄, 사례事例, 중기重記 등 각종 공문서에 흩어진 채 등장하는 닥
나무에 대한 문자적 흔적을 조선이 지속되었던 500년이라는 긴 기간
동안 추적할 것이다.[5] 완성된 글로 표현되는 뚜렷한 목소리가 없기에,
이러한 흔적들이 만드는 장기적 궤적을 살펴봄으로써 역사에서 누락되
어온 사물의 역할, 사물과 인간이 함께 만들어온 과학기술의 역사를 되
짚어보려는 것이다.

장인과 닥나무가 함께 만든 역사,
조선의 과학기술사

닥나무 · 과학기술 · 인류세의 역사

역사는 대개 인간이 주인공이 되는 서사였다. 자연에 대한 이해가 부족해서 폭풍과 번개를 신의 분노로 해석하고, 일식과 월식을 통치자에 대한 하늘의 계시로 생각하던 시대에도 역사를 쓰는 이들의 시선은 삶과 죽음, 권력자의 운명을 순식간에 바꿀 수도 있는 자연에 있기보다 그런 거대한 힘을 극복하며 살아가는 인간에 맞춰졌다.

　역설적이게도, 사물을 **빼놓고** 역사를 온전히 이해하는 것은 불가능하다는 생각은, 과학기술이 원자핵 속의 거대한 힘을 끌어내고 인간을 달에 착륙시키며 인간 활동의 기준이 된 20세기 후반에야 생겨났다. 원자핵 속과 우주를 넘나드는 거대해진 과학기술에 깊고 넓은 사각지대가 있었다는 것이 부지불식간에 심각해진 환경 문제로 드러난 시점이었다. 인간만이 아닌 사물도 역사의 엄연한 주인공으로 봐야 한다는 인식은 1977년 미국환경사학회를 탄생시켰고 과학사를 포함하는 과학기술학Science and Technology Studies 분야의 '행위자 연결망 이론Actor-

Network Theory'으로 뚜렷해졌다.

환경사학자들은 자연 속의 동식물뿐만 아니라 도시를 구성하는 강, 댐, 도로, 공원 등이 과학기술, 문화, 자연을 함께 구성하는 역동성을 다양한 사례를 통해 논해왔고, 과학기술사 연구자들은 실험실의 도구나 실험 대상도 '행위자'에 포함시켜 사물이 과학기술과 역사를 구성하는 데 담당해온 역할을 드러냈다.[6]

한쪽에서 들리던 이러한 목소리는 지구상의 야생동물이 전체 포유류의 4퍼센트로 축소된 독특한 멸종 상황에서 더욱 높아지고 있다.[7] 인간과 인간을 위한 가축이 지구상 포유류의 96퍼센트인 기형적 상황 속에 발생한 코로나 팬데믹은 인류에 매몰되는 시각의 편협성과 위험성을 생생하게 보여주면서 '인류세Anthropocene'라는 논쟁적 과학용어를 곱씹게 한다.[8]

알다시피 인류세는 홀로세라 불려온 현 지질시대의 특정 시점 이후에 대한 새로운 지질학적 명칭으로 2000년에 공식적으로 제안되었다. 1988년 기후 변화에 관한 정부 간 협의체[IPCC]가 결성된 후 인간이 기후 변화를 일으켰다는 증거가 점증함에도 여전히 탄소 배출 감량에 더딘 '인류'를 일깨우려는 제안이었다.

지질학적 용어로서의 인류세에 대한 과학적 논의는 아직 진행 중이다. 지질학적 시대구분에 걸맞은 지질학적 표지가 무엇인지, 과연 존재하는지, 존재한다면 언제부터인지, 즉 인류의 시작인지, 농경의 시작인지, 대항해의 시작인지, 산업혁명의 시작인지, 혹은 방사능 동위원소라는 뚜렷한 물질적 증거가 감지되는 원자폭탄 투하 이후인지 등을 두고 여전히 논쟁 중이다.

장인과 닥나무가 함께 만든 역사,
조선의 과학기술사

지질학 바깥에서도 인류세라는 용어에 대한 합의는 없다. '자본세', '대농장세' 등의 대안 명칭은 비서구의 자연자원에 대한 '개발'을 이끌며 이익을 독점해온 특정 세력이 아닌 모든 '인류'에게 동등한 책임을 부과하는 인류세라는 이름의 정치적 한계를 지적한다. '툴루세Chthulucene'라는 신조어는 땅속에 사는 신화적 존재를 의미하는 '툴루'를 내세우며 땅속 미생물의 심대한 생태적 역할을 상기시켰다. 인간 대신 미생물을 내세운 이 도발적 제안은 인간이 이 땅에 홀로 생겨나지 않았으며, 모든 생명은 수많은 미생물과 함께 '다종multispecies'의 공생체를 이루고 있음을 지적한다.[9] 인간과 함께 진화해온, 인간 세포 수보다 많은 39조 개의 인체 미생물이 인간의 인지와 언어능력에도 중요한 역할을 해왔다는 발견은 '인류'라는 말의 오류를 과연 잘 보여준다.[10]

하지만 인류세라는 난감한 명칭을 무시할 수만은 없다. 특히 인류세의 과학기술적 특성에 대한 논의는 더욱 필요해 보인다. 인간과 가축의 총량이 지구상 포유류 전체의 96퍼센트에 이르도록 만든 것은 인류의 과학기술적 '성과'였기 때문이다. 물론 인류의 과학기술적 '성과'에 대한 논의는 차고 넘친다. 다만 이 논의들은 사물과 환경에 밀착된 과학기술적 실천을 크게 주목하지 않았다.

여러 장인이 닥나무를 통해 구현해온 과학기술은 다양한 창의성과 역동성을 드러내며 조선의 물질문화, 지식 활동, 사회관계 등을 모두 변화시켰다. 하지만 이들의 창의성은 새로운 것을 넘쳐날 정도로 쏟아내고 소비하며 인류세 생태 문제를 야기한 종류의 혁신과 같지 않다.[11]

끝없는 성장과 진보를 내세운 혁신적 과학기술은 호모 사피엔스의 수십만 년에 이르는 역사 중 거의 찰나라 할 짧은 시기 동안 각광받은 셈이다. 당대가 문명적 창의성의 최정점에 있음을 자신하는, 어느 문명에서도 드물었던 이 태도는 혁신의 일상성과 다양성을 부정하며 그 의미도 축소했다. 이 책은 닥나무 중심의 과학기술사를 통해 과학기술과 혁신의 의미를 사람과 사물이 상호작용하는 매일의 기지로 확장해 인간의 유구한 과학기술적 노력을 더 잘 이해하고, 혁신의 일부만 추켜세웠던 전도된 가치를 되짚고자 한다.

닥나무와 기지라는 과학기술:

경계를 넘는 통합의 과학기술사

닥나무와 가장 가까웠던 것은 그 가지를 탁탁 부러뜨리며 종이를 만들었던 장인들일 것이다. 이 제지 장인들의 활동을 과학기술이라고 부를 수 있을까? 과학과 기술이라는, 유럽에서도 19세기에야 생겨나서 각국으로 번역된 말을 조합해 조선의 장인에게 부여한다면 시대착오적일 수 있다. 하지만 현재 통용되는 혁신, 발명, 진보, 생산력, 기계화 중심의 과학기술에 대한 통념은 적절한가? 혹시 인간이 자연과 마주하며 기울였던 오랜 노력과 성취의 중요한 부분을 놓치고 있는 것은 아닌가?

인간-사물이 함께하는 일상의 과학기술사

조선 제지 과학기술의 핵심을 기지機智라는 오래된 단어를 통해 포착함으로써 과학기술의 역사에 잘못 만들어진 경계들을 넘어보자. 첫 번째는 바로 인간과 사물의 경계이다. 기지는 "경우에 따라 재치 있게 대응하는 지혜"이다. 기機는 최초의 중요한 기계라 할 수 있는 베틀을 일컫는 한자로, 기계를 통칭하기도 하고 직조의 품질을 좌우하는 솜씨, 기미, 기회를 뜻하기도 한다(〈그림 2〉). 기지는 토마스 쿤의 《과학혁명의 구조》이래 많은 과학기술사 저작들이 그 중요성을 지적해온 암묵지 tacit knowledge의 영역이며, 닥나무 같은 사물이나 닥나무로 종이를 만드는 과학기술인과 분리될 수 없는, 체화된 과학기술이다.

과학기술의 발전 과정에서 패러다임 전환에 의한 혁명은 예외적 국면이다. 점진적 문제 해결이 지속되는 정상 과학 활동의 대부분은 주어진 상황 속에서 기계를 포함한 주변의 사물과 함께 문제를 해결하는, 기지를 작동시키는 실천이다.[12] '기지'의 영어 번역어인 'resourceful'은 물질적 자원source의 재배치re에 밀착된 기지의 특성을 더한층 드러낸다. 이 같은 관점하에 사물, 물질적 자원과 뗄 수 없는 과학기술 수행자의 기지에 주목함으로써 인간-사물의 구분이 아니라 인간-사물의 관계를 고민할 수 있다.

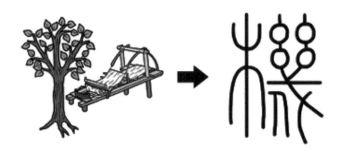

〈그림 2〉 베틀 기機 자.
인류 최초의 중요한 기계인 베틀을 일컫는 한자로, 기지라는 단어에는
과학기술을 통해 문제를 해결하는 인간의 지혜에 대한 뜻이 내포되어 있다.

장인과 닥나무가 함께 만든 역사,
조선의 과학기술사

머리-몸, 과학-기술 통합의 과학기술사

두 번째는 과학과 기술을 나누는 구분이다. 과학기술사에서 과학기술인에게 체화된 암묵지나 사물에 대한 논의는 과학기술사의 핵심적 전통이라고 할 지성사적 접근에 의해 가려져왔다. 몇몇 위인의 이론, 세계관, 형이상학을 중심으로 과학기술을 파악하는 이 전통에서 과학혁명은 아리스토텔레스의 유기체적 세계관이 데카르트와 뉴턴의 기계적 세계관으로 급격히, 혁명적으로 대체되는 형이상학적 전환이다.[13]

과학혁명에 대한 이러한 시각은 다양한 차원에서 비판받아왔다. 과학혁명의 주연인 뉴턴의 과학적이라 할 수 없는 면모에 대한 연구, 천문학과 역학 중심의 연구에서 주목받지 못했던 자연사와 의학, 기예의 중요성에 주목한 연구, 그리고 이러한 변화의 추동자로서 항해자, 장인, 약제사, 도구 제작자 등의 역할을 살펴본 연구 등에서 특히 그러했다.[14] 성서를 연구하고 고대부터의 연대기를 저술했으며 연금술을 연구한 뉴턴의 세계관은 기계적이라 말하기 힘들며,[15] 실험과 관찰을 통해 얻은 경험적 사실을 중시하는 새로운 인식론은 장인들의 실천적·도구적 지식에 크게 의존했다.[16] 또 영국 왕립학회 발표논문의 목록에서 볼 수 있듯 당시 자연학의 주종을 차지한 것은 자연물을 탐구하는 자연사·의학 분야였다. 대항해 이후 제국주의 무역과 같은 사회경제적 요인에 힘입어 성장한 자연사 가운데 고전이 말한 적 없는 '신세계' 자연물에 대한 연구는 특히 고전의 권위를 무너뜨리며 점진적이며 광범위한 학문의 전환을 이끌었다.[17]

과학혁명에 대한 이러한 재평가는 과학과 기술을 나누거나 기술을 과학에 종속된 것으로 보던 시각도 바꿔놓았다. 실험실과 귀납법 같은 근대과학의 핵심적 장치와 방법론은 오히려 장인들의 작업장 전통에 빛을 지고 있다. 사실 기술자 집단이나 기술사를 전문으로 하는 학자 역시 기술자 사회의 독자성이나 기술 고유의 규범, 방법론을 강조하며 과학과 기술을 나누기도 했다. 하지만 실험을 위해 무수한 도구와 그 도구를 다루는 기술자에 의존하는 과학과, 과학 이론을 무시할 수 없는 기술은 떼려야 뗄 수 없는 관계에 있고, 대학의 연구실과 벤처 사업장을 넘나드는 과학기술자들이 늘어나면서 그 구분은 더욱 어려워지고 있다.[18] 상황에 대한 총체적 이해를 바탕으로 하는 실천적 지혜인 기지는 과학=지식, 기술=실행으로 나누는 관점의 임의성을 더욱 드러내며 분리할 수 없는 과학기술을 하나로 묶어준다.

'혁신 망상'을 넘는 사용과 유지보수의 과학기술사

세 번째는 혁신과 일상적 유지보수를 나누는 시각이다. 기술의 독자성에 주목해온 기술사 영역에서는 지성사적 접근의 쌍둥이라 할 수 있는 혁신과 발명 중심의 기술사가 위력을 떨쳐왔고, 이러한 혁신과 발명을 산업혁명의 원동력으로도 제시해왔다. 하지만 영국 산업혁명을 면화라는 사물을 중심으로 조명한 스벤 베커트는 영국 방직산업의 부상에 새로 발명된 기계보다 더 중요했던 것은 면화가 재배되지 않는 영국이 헐값에 면화를 확보하기 위해 벌인 '전쟁 자본주의'라고 보았다. 기술 혁신이 영국 산업혁명을 돕긴 했지만 제임스 와트를 비롯한 대부분의 발명가는 정규 교육 없이 자신의 현장 경험과 시행착오를 통해 기존의 기

장인과 닥나무가 함께 만든 역사,
조선의 과학기술사

계를 개선했으며 이들이 발명의 특허료로 벌어들인 돈은 미미했다. 발명을 장려한 특허제도와 함께 앞선 기술력 혹은 선행한 과학혁명이 영국 산업혁명의 원동력이었다는 기존의 인식을 부정한 것이다.[19]

데이비드 에저턴도 발명과 혁신 중심의 기술사가 국가 발전에 대한 혁신적 신기술의 기여를 검증도 없이 가정해왔다고 지적한다. 사용 중인 기술을 중심으로 보면 기차와 자동차가 발명된 이후인 제1·2차 세계대전에 투입된 말과 마차의 수가 기차와 자동차, 탱크 등보다 많았고, 대부분의 기술은 국경을 넘어 공유되기에 발명이 국가의 발전에 직결되지 않는다는 것이다. 이는 백신 개발국이 백신 접종률이 가장 높거나 코로나 발생률이 가장 낮지 않은 사실에서 단적으로 드러난다. 나아가 발명과 혁신 중심의 기술사는 일상적 기술 활동인 유지보수 활동의 중요성을 간과한다. 예컨대 비행기의 경우 유지관리 비용의 합계가 비행기 구입 비용을 넘어선다.[20]

해방 후 한국 과학기술이 국가와 대기업 주도의 혁신을 통해 성장했다는 한국 과학기술사 서술에 대한 연구자들의 비판도 강해지고 있다.[21] 기술사가 혁신을 과대평가했다는 데 공명하는 연구자들은 '혁신 망상'에 빠져 중요한 유지보수를 뒷전에 둘 때 '느린 재난'이 문명의 근간을 흔들게 된다고 경고한다.[22] 기지 중심의 접근은 혁신과 유지보수를 날카롭게 구분하는 대신 창의적인 매일의 실행과 유지보수가 핵심이 되는 일상적 과학 활동의 힘을 제대로 조명하도록 할 것이다.

전통—근대를 넘나드는 과학기술사

마지막은 전통과 근대, 수공업과 기계화된 대규모 공장 생산에 대한 구분이다. 지성사 중심, 혁신 중심 과학기술사에서 전통과 근대는 혁명에 의해 단절되어 전혀 다른 과학기술이 수행된 시기, 혹은 과학기술이 없는 시대와 있는 시대가 된다.

수공업이나 장인의 기술이 과학기술사의 영역이 된 것은 최근의 일이다.[23] 하지만 수공업이나 장인의 기술은 과학기술의 역사에서 주목받기 전에도 존재했고, 과학기술 혁명 이후에도 중요성을 잃지 않았다. 1784년 최초의 수력 방적기가 맨체스터에서 돌아가기 시작한 것이 수공업의 시대를 끝내지는 않았다. 1800년에도 영국의 면직물 생산량은 전 세계 생산량의 0.1퍼센트가 되지 않았다. 인도의 수공업 장인들이 만들어낸 다양한 품질의 면직물이 유럽, 아프리카, 중동, 북남미, 중국까지 수출되었다. 중국의 거대한 인구를 위한 중국 자체의 면직물 생산력도 영국에 비해 월등했다. 영국이 인도의 면직물과 경쟁할 수준이 된 것은 1830년 이후이다.[24]

물론 그 이후 영국 방적산업의 발전 속도는 눈부셨다. 하지만 수백만 년 축적된 화석에너지를 200년이 채 못 되는 기간 동안 소모한 결과, 대기와 토양과 수질의 구성을 위험하게 바꾼 과잉생산이었다. 기계 도입이 인간의 노동을 쉽고 안전하게 만들지도 않았다. 위험한 기계와 사물이 계속 도입되는 작업장은 더욱 다양한 기지를 필요로 했고, 지금도 그러하다. 장인의 노동 혹은 기예와 근대의 과학기술을 대조시키는 대신, 주변의 환경, 사물과 상호작용하며 새로운 것을 만들어나가는 과

장인과 닥나무가 함께 만든 역사,
조선의 과학기술사

정의 실천적 기지에 주목한다면 역사에 이어져온 인간의 복잡한 도전을 더 잘 이해할 수 있을 것이다.[25]

닥나무 연대의 조선 과학기술

과학기술적 실천은 유구하고 보편적이다. 하지만 닥나무를 통해 행사되는 조선 제지 장인의 기지는 조선 땅의 산물인 닥나무와 조선의 사회 관계, 통치제도 등을 반영하는 독특한 것이다. 이들의 기지는 또한 사물과 그 사물을 새로운 방식으로 발굴하고 거래하는 새로운 움직임, 즉 전 지구화되어가는 무역망의 성립을 통해 세계적 변화와 연결되었다.

닥종이 기지의 과학기술적 재조명

모든 사물은 연결되어 있다. 조선의 닥나무는 그러한 사물의 연결 지점을 드러내는 데 상당히 효과적이다. 이 책은 닥나무가 이어주는 여러 요소의 관계망 속에서 조선 장인의 기지가 갖는 과학기술적·사회적 역동성을 살펴본다. 조선 땅의 닥나무에 기댄 이들의 기지는 지역적이지만 고립되지 않은 과학기술의 역사를 만들었다.

장인과 닥나무가 함께 만든 역사,
조선의 과학기술사

우선 제지 부문에서 닥나무를 통해 발휘한 기지는 도침과 종이 재활용이라는 부가가치가 큰 과학기술을 탄생시켰다. 완성된 종이를 다듬이질하는 도침은 제지 공정 중 한반도에서만 거의 유일하게 보이는 마무리 공정이다. 도침 공정을 거친 한반도 종이는 광택, 밀도, 강도, 먹물의 스밈 등 여러 면에서 모두 강점을 가져 중국 문인들의 상찬을 받았고, 한반도 종이를 중국 왕조의 조공 품목으로 만들었다. 또한 도침 기술은 물걸레로 닦을 수 있는 장판지와 같은 다양한 생활 제품에 응용되어 종이로 만든 생활 제품이 19세기 말 수출품 중 하나로 자리 잡는 데도 기여했다.

휴지는 처음부터 '休紙'라는 한자로 표기되었지만, 중국도 일본도 쓰지 않는 조선 고유의 단어이다. 뒤에 살펴보듯 '쉬는 종이'라는 이 기발한 명칭은 관청 문서고를 지키던 하인들과 장인들이 한 번 문서로 쓰인 다음 쉬고 있는 이 종이에 다시 임무를 주는 환지還紙를 염두에 두고 만들어 정착시킨 이름이었다. 닥종이의 독특한 물질성에 기댄 이 종이 재활용 기술 역시 물병, 요강 등 다양한 부가가치 제품을 만들어내며 도침과 마찬가지로 조선 종이를 특별하게 하여 조선 후기 종이산업을 확장시켰다.

이 창의적인 제지 기술은 한편으로는 조선의 가난을 상징하는 것으로 오독되어왔다. 과학기술과 자원이 부족해 유리 대신 창호지를, 사기 대신 종이 요강을 써야 했던 조선의 빈곤함이 만들어낸 기지라는 것이다. 하지만 만주인들이 조선 창호지를 중국 모조품의 두 배 값에 수입하고, 양반가 신부가 신행길 가마에 종이 요강을 넣어 간 것은 조선 종이 제품의 품질과 문화적 품격 때문이기도 했다. 또한 종이 자체의 재활용에 담긴, 물질 하나하나의 가치에 관심을 기울이고 이를 거듭 사용하는 절약 정신은 20세기의 대량 생산 이전에는 어디에서나 당연한 모습이었다. 유럽의 종이는 원래 넝마를 주 재료로 하는 재활용 제품이었다. 벤저민 프랭클린의 실험실에서도, 산업혁명의 영국에서도 물건은 쉽게 버려지지 않고 주방과 실험실과 공장을 오갔다.[26]

조선의 종이 재활용은 단순한 물질적 궁핍의 결과이기보다는 사물에 주의를 기울이는 과학기술적 실천의 성과이다. 닥나무와 함께 이룬 조선 제지 분야의 닥종이 재활용 사례는 주목받지 못했던 닥종이 과학기술의 보편적이고 기본적인, 사물의 성질과 순환에 주의를 기울이는 기지와 그 중요성을 드러낸다.

근대 이후 한국사에서 과학기술적 성취를 찾아보려는 노력은 진지하게 진행되었다. 그러나 제지 장인들의 성취와 과학기술적 역동성에 대한 이해는 상당히 부족했다. '일반적인 생활사=과학·기술의 역사'를 과학사의 대상으로 삼고자 했던 홍이섭의 시도나[27] '조선 장인들의 기법과 실천을 되살려 현대 한국 과학기술의 정수'로 제시하고자 했던 전상운의 시도가 있긴 했지만[28] 제지 분야까지 깊이 살피는 데에는 이르지 못했다.

핍박받는 장인 서사와 '천 년 한지' 명성의 간극 메우기

제지업에 대한 초기 연구는 경제사를 필두로 시작되었다. 경제사에서 본 조선시대 수공업사는 장인 집단에 대한 협소한 관점이 두드러진다. 이들을 '공예와 기술의 실행자'로 보지 않는 것은 물론이고, 예속과 수

장인과 닥나무가 함께 만든 역사,
조선의 과학기술사

탈을 벗어나지 못한 최하층 노동력 정도로 여겼다.[29] 조선 사회에서 탄압 대상인 불교 사찰이 제지의 일정 부분을 담당했다는 사실과 제지가 직조, 금속공예, 목공예 등 다른 공예에 비해 단순한 공예라는 점도 이런 인식에 기여했을 것이다. 이들에 따르면 제지업은 초기의 관영 수공업 체제가 붕괴된 후 18세기 초 송상松商 주도의 대청무역에 참여하는 등 부흥하기도 했지만, 관청과 양반의 지속되는 수탈과 자본을 가진 상인에 대한 예속을 벗어나지 못하고 쇠락했다.[30]

이런 초기의 평가는 실증적 연구의 증가로 어느 정도 변화하고 있다. 관영 수공업 체제의 형성과 민영 체제로의 전환이 더 체계적이고 충실하게 드러났고,[31] 지방 관청의 등록, 중기 등을 통해 상당한 생산량과 거래량을 보여주는 지방 지소紙所나 지고紙庫의 운영상도 밝혀졌다.[32] 하종목은 대규모 생산시설과 분업화된 조직을 갖춘 사찰 제지업의 성장 양상, 국경에 재가승 마을을 이루며 무역에까지 뛰어들었던 승려들의 적극적인 제지업 진출 모습을 보여주었다. 김한영은 초지촌抄紙村 혹은 적재촌積財村, 즉 재물이 쌓이는 마을이라는 명성을 얻었던 안성 제지업의 발달상을 제시했다.[33] 하지만 일부 사찰의 성장이나 일부 지역 제지업의 발달상이 얼마나 확산되고 지속되었는지에 대한 논의는 없었다. 대부분의 장인이 상인자본의 지배하에 '선대제' 생산에 종사한 노동자에 가깝다는 인식도 여전했다.

다행히 '천 년 한지'의 명성에 관심을 기울인 다른 결의 연구도 증가해왔다. 한지 애호가라고 부를 수 있을 일군의 연구자들은 조선 제지의 기술적인 면이나 지공紙工의 생활사는 찾을 길이 없다는 안타까움을 드러내며 한지의 과학기술적 측면을 조명해왔다.[34] 이들은 닥나무를 비롯한 재료의 성분을 분석하기도 하고, 종이를 뜨는 기술, 다듬이질 등을 직접 재현해 종이의 밀도와 두께를 측정하기도 하며 한지의 '신비'를 밝혀왔다.

그러나 이들의 연구도 한지 제조 기술이 일제강점기를 거치는 동안 변형과 단절을 겪어 조선시대 기술을 전승받은 장인이 없다는 점에서 한계를 보였다. 또 한지 기술의 변치 않는 비밀을 밝히려는 입장 때문에 실제 기술의 다양성과 변화를 담아내지 못하기도 했다.[35] 이를 극복하기 위해 문헌에 남은 다양한 제지 기술을 조명한 연구는 도리어 제지 기술의 변화를 주도한 것이 조정과 양반층이라는 인상을 주기도 한다.[36] 하지만 시기별 문서 성분의 변화와 종이에 남아 있는 발 무늬의 변화 등을 분석하며 실물 분석에 역사적 시각을 접목한 연구들은 실제 조정에서 시도했던 재료 배합이나 일본과 중국 기술의 도입이 조선 제지 생산 기술에 큰 영향을 미치지 못했음을 드러냈다.[37] 닥나무 부족을 해결하겠다는 조정의 상당한 노력에도 불구하고 다른 재료와의 배합은 일부 책지에 국한되어, 문헌에 남아 있는 기술 혁신은 일회성 실험에 그쳤던 것이다.

과학기술사의 사물적 전환과 장인적 실천의 재조명

이러한 다양한 접근에 더해 장인에 대해 새로운 시각을 보여주는 연구도 다각도에서 이루어지고 있다. 우선 과학기술사 내부의 노력이다. 임종태는 실학자들의 과학기술적 저술 몇몇에 편중되어온 지성사적 접근을 비판하며 여행기, 일기, 편지글 등을 통해 그들의 새로운 여행 체험과 문화 체험, 장인 집단과의 교류 양상을 드러내며 이러한 사회문화적 변화 속에 형성되는 새로운 과학기술적 경향을 파악하고, 중인과 장인 집단의 움직임을 진지한 과학기술사의 주제로 제시했다.[38] 2010년 착수된 '한국의 과학과 문명' 시리즈 중 일부는 특히 고고학적 연구, 물질적 분석을 접목한 융합적 접근을 통해 한국 토목·금속 장인의 성과를 밝혀냈다.[39]

과학기술사 바깥에서도 다양한 관점에서 장인적 실천에 대한 연구가 활발하다. 윤용출은 조선 후기 요역제의 변화를 추적하는 한편, 수레와 벽돌 제작에서 드러난 기술적 역동성을 조명했다. 장경희는 방대한 왕실 의궤를 활용해 궁궐 개보수, 출판, 혼인과 장례 등 각종 왕실 공사에 동원된 장인들에 대해 분석함으로써 장인의 신분 향상이나 기술 변천 양상을 논했다. 김미성은 육의전 중 하나로 명주 등 비단을 거래한 면주전에서 장인을 고용하는 방식과 노임의 변화를 짚어보며 전문 기술에 대한 인식이 높아지는 모습을 보여주었다. 강혁훤은 군영 등록 등의 자료를 활용해 임진왜란 이후 훈련도감 등 각 군영에 설치된 군영 작업장의 생산 활동을 살펴보았다. 군인-장인으로서 안정된 지위를 가진 이들 군영 장인들은 무기는 물론 군영의 자급자족적 생산을 담당했고 장교-관리자와 같은 중인 기술 집단과 협력하며 역동적 '제조 문화culture of making'를 만들어냈다.[40]

조선 장인들의 실천을 조명함으로써 드러난 이러한 역동성은 사물적 측면을 고려한다면 당연한 일이고, 조선에 국한된 현상이 아니다. 세상에 변치 않는 하나의 사실은 모든 것은 변한다는 것이다. 인간과 사물의 뒤얽힌 관계를 탐구한 연구에서 지적하듯 모든 사물은 언제나 상호작용하고, 살아 숨쉬며, 시간의 압력을 짧거나 길게 견디며 사라졌다가 새롭게 다시 돌아오고, 인간의 삶을 지탱하면서 또 인간의 기대를 저버린다.[41] 사물에 밀착된 활동이 '생각하는 손'을 요구할 수밖에 없는 까닭이고, '유지보수'가 창의적일 수밖에 없는 까닭이다.[42] 제지 장인의 도침도 지속적 변형과 확장을 거친 기술이며, 15세기에 생겨난 종이 재활용 기술도 쉼 없이 진화하며 적용 대상을 늘려갔기에 식민지 시기까지 활력을 이어갔다.

닥종이 과학기술과 조선 사회의 역동적 상호 구성

조선 제지 장인들의 기지는 물질적 측면에 국한되지 않았다. 다른 과학기술도 나름의 사회적 영향력을 가졌지만, 조선시대 제지는 특별한 사회적 파급력을 지니고 있었다. 우선 종이는 조선 관료제와 양반 지배층의 가장 중요한 도구 중 하나였다. 제지는 관영 수공업 체제를 수립할 때 중앙과 지방을 통틀어 가장 많은 수의 장인이 등록된 분야였고, 다른 관영 작업장이 폐지된 후에도 서울의 조지서는 자기를 생산하는 분원과 함께 명맥을 이어갔다. 종이를 안정적으로 공급하기 위한 관청의 노력은 조선 후기까지 계속되었다.

　제지 장인들은 다른 분야에서 볼 수 없는, 사찰이라는 조직적 기반도 갖고 있었다. 사찰 제지업은 조선 초기의 불교 탄압 과정에서 경제적 기반을 잃은 사찰의 자구책으로 생겨났다. 이 조직적 거점은 제지업 분야에서 관영 수공업에서 민영 수공업으로의 전환이라는 단순 서사에서는 잘 포착되지 않는 독특한 전환 양상을 만들었다. 탄압과 의심의

장인과 닥나무가 함께 만든 역사,
조선의 과학기술사

대상이라는 불교의 취약성을 활용한 덕분에 그 발전상은 숨겨졌지만, 전국적으로 연결된 사찰 조직은 다른 분야에서 볼 수 없는 기술 및 인력 이동과 상품 유통의 기반이 되었다.

제지는 또한 지속적 재배가 필요한 원료를 바탕으로 한다는 특징도 있다. 닥을 재배하는 농민들 없이는 존재할 수 없는 과학기술인 것이다. 제지 장인들은 조선 조정이 닥의 대용품으로 도입을 시도한 다른 식물을 거부한 채 끝까지 닥을 애용했고, 닥의 특성이 남아 있는 휴지를 재활용했다. 닥나무 생산은 조선 전기 삼남 지역에 국한되었고 15세기에 이미 품귀 현상을 보였지만, 18세기 이후 함경도까지 재배지가 확장되며 종이와 종이 제품 수요의 증가를 충족시키고, 만주 지역으로 수출까지 되었다.

닥이라는 사물을 확보하기 위한 제지 장인들과 닥 재배 농민의 유대는 역동적 변화를 겪었다. 변화의 한 축이 된 것은 조선 정부였다. 조선 왕조가 기획했던 유교적 통치제도가 사찰에 모인 장인과 닥 재배 농민들에게 새로운 삶의 기지를 요구했고, 조선 왕조와 사회는 이들이 만든 국경을 넘나드는 변화에 무심할 방법이 없었기 때문이다. 장인들은 세금 면제의 특권을 갖는 사찰에 모여 종이를 만들었고, 농민들은 산속, 해안가, 섬, 변경 등의 새로운 땅에서 닥을 재배했다. 지속적으로 이동하며 새로운 연대를 이룬 이 이주자들은 전 지구적으로 확장되던 사물의 이동에도 민감하게 반응하며 국경을 넘었다. 조선의 통치제도와 사회관계를 근본적으로 재구성하는 움직임이었다. 닥종이 과학기술의 변화는 과학기술과 사회가 서로를 끊임없이 바꿔내는 모습을 보여준다.

스위치만 누르면 전등에 불이 들어오고 손바닥 안에서 필요한 모든 상품을 찾아 손에 넣을 수 있는 편리한 과학기술적 삶은 뉴턴이나 아인슈타인의 놀라운 이론적 성과보다 이름 모를 수많은 과학기술인의 사려 깊은 문제 해결 덕분이다. 이 책은 조선 제지의 다양한 사물적 기지와 그 기지의 정치적·사회적·경제적 가치를 살펴봄으로써 이러한 일상적인 과학기술의 중요한 가치를 구체적으로 드러낼 것이다.

조선 제지 장인의 사물적 기지는 한 지역의 과학기술이 "그들 자신의 언어on their own terms"만이 아닌 "그들 자신의 사물on their own things"에 의해 구성되어가는 역동적이고 창의적인 양상뿐만 아니라 그것이 지구적 변화와 연결된 양상도 드러낼 것이다. 자원과 에너지가 무한한 것인 양 대량 생산하고 대량 소비하며 첨단 쓰레기를 쌓아올린 지난 100여 년 동안 과학기술의 기지는 덩치를 키우는 외적 측면에서 주로 돋보였다. 하지만 이 예외적인 기간이 끝났음은 사물, 즉 고갈되고 있는 자원과 기후 재난이 선언하고 있다.

종이 재료로 닥나무를 선택한 것은 과거 한반도에 살았던 기지 넘치는 인간들이다. 이들의 옆에는 언제나 닥나무가 있었다. 조선 장인들의 과학기술적·사회적 진화의 다양한 변곡점에서 어김없이 모습을 드러내는 닥나무는 제지 과학기술의 역사에 장인들 못지않은 주인공이었다. 제지를 둘러싼 기술, 지식, 사회관계와 삶의 양식은 모두 닥나무라는 사물을 알고 변형하고 지속적으로 확보하는 과정에서 닥나무에 힘입어 만들어졌기 때문이다. 이렇게 우리의 모든 것과 뗄 수 없는 사물, 닥나무의 목소리를 한번 들어보자.

장인과 닥나무가 함께 만든 역사,
조선의 과학기술사

1장

닥나무와
한반도 종이의
재발견

맹자는 "《서경書經》의 내용을 모두 믿는다면, 차라리 《서경》이 없느니만 못할 것이다"라고 했다.[1] 경전이라도 그 내용을 그대로 받아들이는 것은 위험하다는 경고였다. 다른 사실에 비추어 보고 스스로 생각해서 이치에 맞지 않다면 의심해야 한다는 것이다. 이는 경험에 대해서도 마찬가지로 적용된다. 한두 사람의 경험을 맥락을 따져보지 않은 채 그냥 받아들인다면 "장님 코끼리 만지기"처럼 서로 다른 사실들이 의미를 이루지 못하고 단순하게 나열만 될 것이다. 종이 만들기도 마찬가지다. 얼핏 간단해 보이는 종이 만들기와 같은 일에 대해서는 스치듯 읽은 기록이나 한두 번 본 경험도 자신 있게 전해져왔다. 과연 우리는 종이 만들기에 대해 얼마나 알고 있는 것일까?

　종이는 중국의 4대 발명(종이, 나침반, 화약, 인쇄술) 중 일찍부터 발명자의 이름이 각인된 발명품이다. 서기 105년에 종이를 발명했다는 발명가의 이름은 후한의 환관 채륜蔡倫(50?~ 121?)이다. 전한시대 고분에서 종이가 출토되어 105년 이전에 발명되었다는 물증이 나오기도 했지만, 채륜이 종이를 발명했다는 주장은 기록의 강력한 뒷받침을 받아왔다. 최초의 기록은 후한의 관찬 사서인 《동관한기東觀漢記》에 있고, 채륜이 "나무껍질(수부樹膚), 삼베 조각(마두麻頭) 및 헌 헝겊(폐포敝布)과 그물(어망魚網) 따위를 사용하여 종이를 만들었다"는 더 상세한 기록은 범엽范曄(398~445)이 425년에 저술한 《후한서後漢書》에도 있다. 이 기록에 따르면 채륜은 대나무를 잘라 쓰던 죽간의 무게와 비단의 높은 가격 문제를, 위의 각종 식물성 재료로 종이를 만듦으로써 해결했다.

최초로 만든 종이는 낡은 그물을 재활용했다고 하는데 그 방법은 기록되어 있지 않다. 명대 송응성宋應星이 지은 《천공개물天工開物》처럼 이런 공정을 기록하기 시작한 저작을 보면 그 방법은 식물성 원재료를 분해하고 물에 섞어 걸쭉하게 한 다음, 발틀을 사용해 종이를 뜨고 말리고 마무리하는 네댓 단계로 구성된다.[2]

그러나 몇 마디 말로 요약할 수 있을 정도로 제작 방법이 간단하고, 점토판, 석판, 나무 등 이전의 기록 매체보다 월등하게 가벼우며, 파피루스의 줄기를 얇게 저며 만드는 파피루스와 비교하면 다양한 식물 재료를 사용할 수 있고 일정한 크기와 모양으로 만들 수 있는 이 종이 제작법은 한반도를 제외하고 상당히 오랜 시일 후에야 다른 지역으로 전파되었다. 시간이 걸린 이유는 지역마다 다르고 복잡하다. 책의 권위 때문에 양피지와 같은 다루기 어려운 매체가 고집되기도 했다.

제지 기술 전파에 공통되는 걸림돌 하나는 이 간단한 방법을 실제로 구현하는 일이 쉽지 않았다는 사실이다. 유럽으로 제지 기술을 전파한 이슬람이 중국으로부터 제지 기술을 받아들인 것은 8세기 중반 전쟁을

장인과 닥나무가 함께 만든 역사,
조선의 과학기술사

통해 종이를 만들 수 있는 당나라 포로를 얻은 후였다.

과학기술사가들은 오래전부터 정확한 설계도로 제작된 현대의 과학 장비도 설계도만으로 제작할 수 없어서 인적 교환이나 현장 연수 등을 거쳐야만 제작이 가능하다고 지적해왔다.[3] 이를 잘 아는 과학자들은 2006년부터 *Journal of Visualized Experiments*(JoVE, www.jove .com)라는 온라인 저널을 통해 문서만으로 전할 수 없는 지식을 영상으로 전달하려 노력한다.[4] 얼핏 보기에 아무나 할 수 있을 것 같은 종이 만드는 기술을 실행하는 것도 마찬가지이다. 글로 표현될 수 있는 것을 훨씬 넘어서는, 체화된 암묵지가 필요했다.

제지 과학기술의 전수는, 이미 종이가 널리 만들어지고 있는 상황에서도 어려웠다. 모든 나라에서 종이를 만들고 있던 18세기 유럽에서 가장 유명한 종이는 네덜란드 종이였다. 원래 유럽 최대 종이 생산국이었던 프랑스 장인들은 이 고가 수입품을 직접 만들어보려 애썼지만 여러 차례 실패했다. 중국 내에서도 한 지역의 이름난 종이를 다른 지역에서 복제하려는 시도들이 있었지만 번번이 어려움을 겪었다.[5] 오랜 기간 중국의 한 제지 마을을 현장 연구한 야콥 아이퍼스는 기예skill가 한 장인의 몸과 마음에 응축되어 체화된 데서 끝나지 않고 물질적·사회적 관계에까지 퍼져 있다고 지적했다. 재료를 지속적으로 확보하고, 각기 다른 어려움을 갖는 여러 과정을 분담해서 수행하기 위해서는 마을과 그 너머까지를 잇는 복잡한 사회적·물질적 관계가 확보되어야 했다. 제지 기술의 전파가 어려운 것은 장인들이 그 비법을 숨겨서가 아니라 체화된 지식에 더해 이러한 물질적·사회적 관계까지 복제가 필요해서라는 것이다.[6]

그렇다면 한반도의 장인들이 이러한 어려움을 빨리 극복한 비결은 무엇일까? 요동과 한반도 북부 일부 지역의 영토를 주거니 받거니 겨루고 있던 고구려와 후한의 밀접한 접촉 덕택일까? 당시로 돌아갈 수 있다 해도 찾기 어려울 이 답을 단편적인 기록과 남아 있는 유물만으로 쉽사리 알아낼 수는 없다.

하지만 남아 있는 종이는 그 접촉만으로는 설명되지 않는 부분을 알려준다. 바로 한반도의 장인들이 채륜이나 그 이후 중국 장인들과는 다른 재료, 바로 한반도의 닥나무를 쓰기 시작했다는 것이다. 닥나무를 인간의 '발명'에 수동적으로 이용되기만 한 재료나 도구로 바라보면 한반도에서 닥종이를 만들게 된 일은 이미 발명된 기술에 재료만을 대체해 넣은, 별것 아닌 일이 된다. 하지만 재료에는 그들만의 이야기가 있다. 채륜의 종이는 후한 어느 땅에 뿌리를 내리고 그곳의 바람과 태양과 눈비와 계절의 변화 속에 자란 어느 식물의 일부나 그것을 가공해 만들었던 옷감 조각, 혹은 밧줄을 엮어 만든 그물을 재료로 했다. 그 재료를 닥나무로 바꾸는 일은 과연 어떤 일이었을까? 채륜의 나무와 풀에도, 닥나무에도 관심을 기울이지 않았던 상당수의 문헌 기록과 단편적인 관찰 보고서는 이 의미심장한 새 주인공의 등장을 알아채지 못했다. 문자와 단편적인 관찰이 만들어놓은 미로를 넘어 닥나무로 종이를 만들기로 한 선택의 과학기술적 의미를 헤아려보고자 한다.

장인과 닥나무가 함께 만든 역사,
조선의 과학기술사

기록의 미로

성현成俔(1439~1504)은 "세종이 조지서造紙署를 설치하여 표전지表箋紙와 자문지咨文紙를 제작하는 것을 감독하게 하고, 또 서적을 찍는 여러 가지 종이를 만드니 그 품종이 한 가지가 아니었다. 고정지藁精紙, 유엽지柳葉紙, 유목지柳木紙, 의이지薏苡紙, 마골지麻骨紙, 순왜지純倭紙는 그 정묘함이 지극하여 찍어낸 서적도 역시 좋았다. 지금은 다만 고정지와 유목지뿐이요, 자문지, 표전지도 또한 옛날같이 정묘하지 못하다"고 기록했다.[7] 대개 고정지는 쌀과 귀리, 보리 등의 짚으로 만든 종이, 유엽지는 버들잎, 유목지는 버드나무, 의이지는 율무, 마골지는 삼대, 순왜지는 왜닥, 즉 일본 닥으로 만든 종이라고 본다.[8] 성현은 성종 조의 신하였지만 세종 치하(1418~1450)에서 태어났으니, 자신이 보고 들은 것에 근거해 기록했다고 볼 수 있다.

한지 역사에서 자주 인용되는 이 글을 보면 조선시대에는 닥종이를 만들지 않았고, 닥과 무관한 다양한 재료로 여러 종이를 만들던 때가 조선 제지의 전성기인 것으로 보인다. 그렇다면 닥나무는 주인공은커녕 조연도 아니며, 퇴장을 해도 좋은 등장인물인 것이다. 하지만 이 기록은, 부분적으로만 진실이었다. 세종 대를 비롯한 15세기 내내 새로운 재료를 찾기 위한 실험이 역사상 가장 활발하게 이루어진 것은 분명하다. 종이의 재료로 솔잎, 물이끼, 보릿짚도 실험되었고, 어느 나무와 풀인지 명시되지 않은 초절목피草節木皮로 만든 잡초지도 있었다.[9] 하지만 이 잡초지도 초절목피 1근에 닥나무 껍질楮皮 3냥을 섞어서 만든 것이었다. 16냥이 1근이니 상당히 적은 양이지만 닥나무가 들어간 것이고, 고정지, 유엽지 등 다른 모든 종이에도 닥나무는 들어갔다. 순왜지는 세종이 1430년 쓰시마를 통해 들여온 왜닥 혹은 산닥Wikstroemia trichotoma으로만 만든 종이로 보인다. 책을 편찬할 종이의 공급이 어려움을 겪는 와중에 일본의 종이를 보니 단단하고 질겨 왜닥의 도입을 시도했고, 닥을 뺀 순왜지까지 실험했다.[10] 하지만 순왜지는 그리 오래 만들어지지 않았고, 성현이 이야기한 고정지와 유목지 중에서도 고정지만 그 명맥을 유지했다.

말하지 않아도 모든 종이가 닥종이

이 대부분의 종이는 편찬 사업을 위한 책지였다. 외교에 쓰이는 표전지와 자문지를 비롯하여 조정에서 쓰는 종이나 과거시험을 보고 시험 결과를 알리기 위해 쓴 모든 문서지는 거의 순수한 닥종이였다. 현재 문중에 남아 있는 문서나 책의 종이 성분을 분석한 결과이다.[11] 조선 초기의 책을 보면 닥의 비중이 낮은 것으로 드러나지만, 16세기 이후로는

장인과 닥나무가 함께 만든 역사,
조선의 과학기술사

다른 재료를 섞은 책지에도 닥의 비중은 점점 높아진다.[12] 1454년 문서용으로도 잡초지를 쓰도록 하는 규정이 내려지자 양반들의 저항은 심했다.[13] 다들 금령을 어긴다는 소문에 감찰도 했지만, 양반들은 잡초지 문서가 쉽게 손상되어 업무 처리에 문제가 생긴다는 호소로 자신들의 닥종이에 대한 집착을 항변했다. 심지어 군의 공훈자 명단이 손상된다는 등의 심각한 문제도 제기했다.[14] 결국 금령은 철폐되었다. 양반들이 이렇게 닥종이를 아꼈기에 닥은 조연의 위치에 머물 수 없었다.

하지만 세종의 주도하에 분출했던 창의적이고 성공적인 실험 정신이 그의 사후 사라지며 조선 제지가 쇠락했음을 안타까워하는 듯한 성현의 기록은 그대로 받아들여졌다. 성현의 기록대로라면 일부 양반 관료의 저항이나 장인들의 보수성으로 인해 새로운 재료를 통한 성공이 지속되지 못한 채 닥으로 돌아가버린 퇴보가 일어난 것이다. 과연 그럴까?

우선 성현의 기록이 정확한지 여부를 살펴봐야 한다. 조지서가 세종 때 설립되었다는 기록을 보자. 조지소造紙所가 설립된 것은 태종 15년인 1415년이고, 명칭이 조지서로 바뀐 것도 세조 연간인 1446년 관제 개편 때였다. 태종 당시 저화楮貨, 즉 종이돈 생산을 위해 세워졌다가 그다지 활동이 없던 조지소를, 간행 사업을 많이 했던 세종이 되살려 특히 책 종이 실험을 많이 했을 뿐 세종 때 세웠다는 말은 부정확하다. 세종의 명으로 편찬된 《세종실록지리지》의 '조지소' 항목에도 세종이 설립했다고 기록되어 있지만, 앞선 《태종실록》의 기록이 옳아 보인다.[15] 사실 성현이 종이에 대한 모든 것을 기록할 이유는 없었을 것이다. 특히 닥종이는 일반적 종이 수요를 감당하고 있었기에 굳이 언급하지 않아도 모두 알고 있는 일이었다. 그 당연한 주인공보다는 자신의 시대에는 사라져버린 종이를 기록하는 데 더 기록자의 사명을 느꼈을 법하다. 그는 닥나무를 한 번도 언급하지 않았다. 고정지든 마골지든 닥을 섞어야 쓸 만해진다는 점도 새삼스런 기록 가치가 없었을 수 있고, 별도의 장부로 관리되어 그 배양 실적이 수령의 고과에 반영되던 닥나무에 대해 더할 이야기가 없었을 수도 있다. 그만큼 닥나무는 조선 제지에서 당연한, 변치 않는 주인공이었다.

곡과 저, 닥나무와 꾸지나무의 혼동

조선과 떨어진 중국에서는 여러 '닥나무'를 '꾸지나무' 등과 섞어 언급함으로써 혼돈을 준다. 2,000여 년의 중국 제지 역사를 다룬 몇몇 저작들은 아예 채륜이 닥나무 종이를 처음 만든 것처럼 이야기하기도 한다. 최초 기록에 그냥 나무껍질(수부樹膚, 수피樹皮, 목피木皮)로 표시된 것이 실제로는 닥나무로도 번역되는 paper mulberry 혹은 곡穀이라고 주장하는 것이다. 후한시대에 이미 나무껍질로 만든 종이는 곡지穀紙로 불렸다는 기록이 있으니 채륜 혹은 채륜의 감독하에 만든 것은 곡종이가 맞을 것이다.

실제로 종이의 발명이 일회적 사건이 아니라 지속적 과정이었음을 잘 지적한 치엔춘쉰錢存訓은 채륜이 고향인 후난의 레이양에서 곡穀으로 옷을 만드는 데 착안하여 이를 종이 제작에 활용했을 것으로 추정하고, 이 방법이 삼베 조각이나 해진 그물에 비해 제지 기술 발전에 기여했을 것으로 보았다.[16] 고고학적 분석을 널리 활용해 제지 기술사를 쓴 판지싱潘吉星은 나무껍질을 이용한 종이가 저楮, 뽕나무[桑], 등나무[藤]

장인과 닥나무가 함께 만든 역사,
조선의 과학기술사

로 확대되었고 동한東漢에 기원을 두는 저지楮紙가 6~10세기 널리 사용되었음을 밝혔다.[17] 한유韓愈(768~824)의 《모영전毛穎傳》에는 종이를 의인화한 '저선생楮先生'이 종이의 별칭이 되기도 했다. 저楮는 조선에서 닥나무를 칭하는 데 썼던 한자이다.[18] 기술에 초점을 맞춰 《중국 제지기술사》를 쓴 천따추안陳大川은 곡이 바로 저楮라고 했다.[19]

곡을 저로도 쓰고 저를 곡으로도 쓴다는 이 이야기는 이시진의 《본초강목》 혹은 비슷한 중국 책을 참고한 조선의 책, 예컨대 15세기 중반에 어의 전순의가 지은 《산가요록山家要錄》부터 19세기 최한기가 지은 《농정회요農政會要》까지 상당수 책에 널리 기록되어 있다.[20] 하지만 실제 중국과 한국 사료에서 곡과 저를 섞어 쓴 경우는 보이지 않는다. 종이에 관한 한국 사료는 언제나 저를 쓰며 곡지라는 말은 채륜에 관해서 말할 경우에만 등장한다. 예외적으로 판지싱은 저지楮紙라는 말만 쓰고 곡지라는 말이나 곡 자체를 언급하지 않았다.

사실 중국 문헌에는 '저선생'은 있지만 저지라는 말이 드물다. 저지는 점차 한국이나 일본의 종이를 지칭하는 데 쓰여왔다. 저와 곡이 정말 같을까? 후난의 레이양에서 옷을 만드는 데 쓰였던 곡이 한반도의 저일까? 레이양은 후한의 수도인 뤄양洛陽에서 남쪽으로 1,000킬로미터 더 내려간 지역이고, 후한의 유주가 있던 요동과 한반도 지역은 뤄양에서 북동으로 1,500킬로미터 이상 떨어져 있어 북위 26도 정도인 레이양과 위도 상으로 큰 차이가 난다.

실제로 곡식을 뜻하는 '곡' 한 글자보다 곡상穀桑 혹은 곡저穀楮로 쓰이는 이 나무는 치엔춘쥔도 덧붙였듯 *Broussonetia papyrifera*, 우리말로는 꾸지나무이다. 꾸지나무는 닥나무와 함께 뽕나무과로 분류되기는 하지만 닥나무 같은 떨기나무가 아니라 외목대가 올라가는 큰키나무이다. 쉽게 탁탁 부러뜨려 보고 이름을 지을 나무는 아닐 것이다. 꾸지나무는 중국 일부에서도 자라지만 타이완, 인도차이나 등지에 널리 자생한다. 닥나무*Broussonetia kazinoki*보다는 꽤 따뜻한 지역에서 잘 자란다.[21] 꾸지나무와 닥나무는 이렇듯 꽤 다른 나무이지만, 영어 이름은 paper mulberry로 같다. 저이자 곡인 중국 혹은 일본 종이 재료 *Broussonetia papyrifera*가 유럽에도 자란다는 것을 18세기에야 발견하고 뒤늦게 영어 이름을 만든 점과 관련이 있는 듯하다.[22] 뒤늦게야 이 나무와 관계를 맺어온 서양 사람들처럼 꾸지나무와 닥나무를 구분하지 않아도 좋을까?

〈그림 3〉 꾸지나무(위)와 닥나무(아래). 출처: 민족문화대백과사전.

장인과 닥나무가 함께 만든 역사,
조선의 과학기술사

경험의 미로

성현 등이 남긴 기록은 종이를 만드는 사람이 종이를 만들 사람에게 그 재료와 방법을 알려주기 위해 만든 기록이 아니라, 제지에 대한 학자들 나름의 이해나 의견 제시이다.[23] 현재 조선시대까지의 기록물 중에 제지 장인이 남긴 기록이나 제지 작업에 사용된 지침서는 없다. 이 같은 기록의 부족은 직접 관찰했거나 현장 경험이 있는 사람의 기록으로 보완할 수 있다. 우선 19세기 말과 20세기 초에 한국과 동아시아를 방문했던 서양인들이 남긴 글이 있고, 우리 '인간문화재' 장인들을 방문하거나 직접 제지를 시도하며 얻은 기록이 있다. 아쉬운 점은 이 경험 역시 복잡한 역사적 과학기술 활동의 한 조각만을 담고 있다는 것이다.

일제 강점이 만든 혼돈

다드 헌터William Joseph "Dard" Hunter(1883~1966)가 1930년대 일본, 한

국, 중국을 방문하고 남긴 세 나라의 제지 기술에 대한 기록과 사진은 널리 인용되고 있다. 그의 이름을 딴 종이 공방과 인쇄소는 수공 제지 분야에서 그의 권위를 잘 보여주며 여전히 운영 중이다.[24] 미국 오하이오주 출신인 다드 헌터는 1911년 런던 과학박물관에서 손으로 종이를 뜨는 것과 목판 인쇄를 본 후 큰 흥미를 느껴 1913년에 뉴욕에 첫 종이 공방을 세웠다. 그가 일본 종이에까지 흥미를 느껴 1933년 전후 일본을 방문했을 때는 이미 오랫동안 공방을 운영해 종이를 만들고 그 경험과 연구를 바탕으로 제지와 인쇄에 관한 책도 몇 권 펴낸 후였다. 하지만 그의 전문적인 관찰도 놓친 것이 많았다.

헌터는 우선 610년 "당시 중국의 일부였던 한국"의 승려 담징이 일본에 꾸지나무로 종이 만드는 법을 전했다고 기록했다.[25] 2021년 출판된 일본 공예에 대한 최신 연구서도 "제지가 7세기에 아마 중국에서 전해졌을 것"이라고 말했다. 한국 종이의 재료에 대한 헌터의 정보 역시 한국을 아예 삭제하거나 중국과 구분하지 못하는 일제 강점 시기의 기록에서 비롯되었을 것이다. 다시 말해 꾸지나무와 닥나무를 구분하지 못하는 이들 자료의 정보에 기인한 것으로 보인다.[26] 일본 제지 재료에 대한 그의 정보는 꽤 상세했다. 그는 일본의 다양한 제지 지역과 공방을 방문했고, '동양' 종이는 대개 대나무나 초본류의 짚으로 만든다는 통념을 교정하고 종이 제작에 탁월한 나무 속껍질 재료를 소개하기 위해 애썼다. 하지만 그가 실제로는 닥나무였던 꾸지나무 혹은 일본 제지에 더 많이 쓰이는 산닥나무나 삼지닥나무*Edgeworthia chrysantha*를 직접 본 것 같지는 않다. 사진 대신 목판으로 실린 이 나무들의 그림은 가지와 잎 모양의 특색만 보여준다.

장인과 닥나무가 함께 만든 역사,
조선의 과학기술사

다드 헌터에 따르면 일본에서 처음 만든 종이는 '꾸지나무' 종이가 아니었지만, 한국과 중국 종이의 품질을 얻고자 했던 쇼토쿠 태자의 후원으로 '꾸지나무'를 찾아 재배해 종이를 만들게 되었다고 한다. 산닥나무나 삼지닥나무를 추가로 찾은 것은 '꾸지나무' 재배에 완전하게 성공하지 못해서였을 것이다. 산닥과 삼지닥은 모두 채륜의 꾸지나무가 아닌 닥나무를 닮은 떨기나무이다. 둘 다 희고 깨끗한 내피를 갖고 있어 품질 좋은 종이를 생산해내는 데 훌륭한 선택이었지만 둘 다 팥꽃나무과로 뽕나무과인 닥나무와 특성이 같지는 않다.[27]

다드 헌터는 재료의 차이가 제지법의 차이를 가져올 것으로 짐작했다. 하지만 그는 한국에서 일본과 다른 방법을 발견하지는 못했다. 그가 한국에서 본 것이 극히 제한적이었기 때문이다. 한 일본 애서가가 소장한 고품질의 한국 종이를 보고 한국행을 추진했지만, 그의 일본 여행을 안내했던 일본인 친구는 한국과 중국 방문을 같이하지는 못했고, 만주사변 이후의 외국인 통제에 따라 필요한 소개장만 넉넉히 마련해주었다.

헌터는 한국 제지 생산 지역의 위치에 대한 정보조차 없었지만 제지소가 있는 마을을 지나가면 '냄새'만으로도 알아낼 수 있으리라는 자신감으로 쓰시마를 건너 부산에서부터 여행을 시작했다.[28] 하지만 냄새만으로 제지소를 알아내지는 못했던 듯 그가 본 곳은 대구 근처의 한 제지소, 서울에 도착한 후 일본인 당국자의 안내를 받아 방문한 경기도의 장판지 생산지와 공업전습소였다. 그가 공정을 자세히 볼 수 있었던 장판지 생산지는 "한국 기준으로도 극히 후진적이고 개발되지 않은 것이 분명한 곳"이었고, 공업전습소는 "일본에 제지 기술을 전한 한국이

천여 년간 이 기술에 거의 진보를 이루지 못했다는 것을 깨닫고, 일본의 더 솜씨 좋은 제도를 전하도록 세운 것"이었으니, 일본의 "효율적인" 방법을 볼 수 있을 뿐이었다.[29]

일제 강점이 만든 경험의 단절

객관성을 고유의 특성으로 내세우는 과학에서조차 이론적 가정이 관찰 결과에 영향을 미치는 '관찰의 이론 적재성'을 이야기한다. 사전 정보와 특정 결과에 대한 기대 없이 단지 관찰만으로 현장에서 의미 있는 정보를 제대로 얻기는 어렵다는 것이다. 1890년 일본 지배 이전의 한국을 방문한 프랑스 서지학자 모리스 쿠랑은 한국에 오래 살았던 외국인들도 "한국에 책이 있다는 사실조차 알지 못한다"고 했다. 그는 프랑스와 유럽 다른 나라의 도서관에 소장된 한국 책과 한국에서 손수 구한 책까지 모두 총 3,821종의 한국 책에 대한 서지를 작성했고, 한국의 책을 만든 종이도 상당히 면밀하게 관찰해 평을 남겼다. 널리 인용된 것은 고려의 《상정고금예문詳定古今禮文》처럼 천 년이 넘은 책의 종이가 색 변화나 부식 없이 깨끗한 옷감처럼 보이는 상태를 유지하고 있다는 그의 감탄이다. 하지만 그는 티끌이 많아 인쇄 먹도 제대로 먹지 않은 길거리 책의 종이에 대해서도 기록했고,[30] 제지 과정에 대해서도 언급했다.

한국의 종이는 한국과 일본에서 다량으로 자라는 뽕나무의 일종인 저楮, 즉 닥나무의 껍질로 만들어지는데 이 껍질을 일정 기간 물에 담갔다

장인과 닥나무가 함께 만든 역사,
조선의 과학기술사

가 꺼내어 두드리고 납작하게 만들어 햇빛에 말려 희게 하는 것이다. 그러나 그 껍질은 절대로 완전히 빻아지는 법이 없어 종이 속에 상당 분량 섬유질이 그대로 남게 된다. 가장 양질의 종이는 가을에 만들어진다.[31]

한국 종이에서 보이는 섬유 가닥을 닥나무의 속껍질을 가공하는 과정과 그 특성을 통해 나름 설명한 것이다. 이 정보를 얻은 경로는 밝혀져 있지 않다. 구체적인 것으로 보아 일본식 제지법이 들어오기 전의 몇 안 되는 현장 경험담처럼 보인다. 인간문화재를 탐문해서 기록을 남긴 예용해가 1961년 지장紙匠들을 찾아다닐 때도 이미 조선의 제지법을 물려받은 지장은 없었다. 조지서가 있던 세검정에서 만난 당시 가장 나이가 많은 61세의 지장은 조선시대의 종이 이름 중 아는 것이 없었고, 자신이 만드는 종이는 닥이 부족해 모조지 조각 등을 섞어 종이 품질이 말이 아니라고 했다. 이 지장은 장마철이나 겨울에는 종이를 만들 수 없어서 1년 중 6개월 벌이라며 종이 만드는 기술을 배운 것을 한탄했다. 조선시대에 창호지를 진상했다는 장성에는 77세의 장인이 있었다. 5대가 제지업을 했다는 이 노인도 닥이 부족해 순닥지는 만들지 못하며, 벌이가 좋지 않아 동지섣달에 집중적으로 종이를 만들고 4~9월은 농사에 매달려 산다고 했다.

김영연은 닥도 구하기 힘들고, 제지 장인으로 생계를 유지하는 사람조차 사라진 1960년대 말 우수한 "우리 한지韓紙"를 복원하고 알리고자 한지 공장을 차렸던 한지 애호가이다. 그는 도쿄대 중국학과를 졸업하고 조선대에서 가르치며 도서관장을 지낸 경력을 살려 문헌 연구와 현장 경험을 결합한 한지 제조법과 역사에 대한 글을 남겼다.

> 우리나라 종이가 우수한 것은 우리나라에서 나는 닥나무 때문입니다. 닥나무 껍질이 질긴 데다 껍질 자체를 방망이로 때려주기 때문에 종이가 되는 섬유질이 길쭉길쭉해집니다. 이 때문에 우리 종이가 중국이나 일본 종이보다 질기고 오래갑니다.[32]

그가 평소에 한 말이라고 한다. 한지 기술을 복원하려 애쓰던 김영연은 수작업으로 제지를 하던 장인들이 다른 재료를 섞고 있는 상황에 우려를 표하면서 닥나무에 많은 공을 돌렸다. 그는 겨울에 베어낸 닥나무 껍질이 특히 수지樹脂 성분의 양이 적어 품질이 가장 좋고 종이를 뜰 때도 점도가 유지되어 겨울철에 만드는 종이가 가장 좋다고 하며 한지寒紙라는 별칭까지 있다고 주장했다.[33] 경험을 통해 문헌 자료를 고증하려 애쓰고, 닥나무 껍질의 성분도 분석해가며 어렴풋하던 닥의 핵심적 역할을 드러낸 셈이다.

하지만 그가 시행착오를 통해 터득한 제지 방법도 제지 기술의 모든 것을 보여주지는 못한 듯하다. 사소하지만 우선 겨울에 만드는 종이가 가장 좋아서 한지寒紙라는 별칭이 있다고 했는데, '寒紙'는 어떤 문헌에서도 찾아볼 수 없다. 쿠랑은 가을에 만든 종이가 가장 좋다고 들었고, 세검정의 장인은 겨울에는 작업이 불가능하다고 했다. 장성의 장인은 농사를 짓느라 동지섣달에 집중적으로 종이를 만든다고 했지만, 전남 장성의 겨울과 서울 북한산 자락 세검정의 겨울이 같을 수 없고, 튼튼한 건물에 수돗물로 작업을 하는 1960년대 한지 공장과 조선시대 제지

장인과 닥나무가 함께 만든 역사,
조선의 과학기술사

소의 경우가 같을 수도 없을 것이다.

또 김영연은 제지법을 18단계로 세분했는데, 길쭉길쭉해진 닥 섬유 올을 정리해주는 도침 공정은 없었다. 먹이나 인쇄액이 번지지 않도록 하는 "우리 고유의" 번짐 방지sizing 방법으로 종이에 방망이질하는 것을 소개는 했지만 도침이라는 말은 몰랐던 것 같다. 우리도 중국의 방식을 따라 아교, 전분澱粉, 백분白粉을 넣어 번짐 방지 처리를 한 것이 오히려 기본이었다고 보았다. "조상의 지혜로 이루어진" 고유의 방망이질은 그런 방법이 있다는 정도로만 언급했다.[34]

사물이 말하는 발명

한지를 만드는 방법이 한 가지만 있는 것도 아니고, 천 년 동안 변하지 않는 단일한 기준이 있는 것도 아니다. 한지의 종류는 용도만큼이나 다양했고, 한지를 만드는 기술도 그 오랜 역사만큼이나 지속적인 변주를 보였을 것이다. 자신의 기술을 자랑스러워하며 더 개발해보고자 시도한 장인도 늘 있었을 것이고, 자신의 기술을 저주스런 노역으로 생각하는 장인도 늘 있었을 것이다. 쿠랑의 말처럼 천 년이 넘어도 색 변화 없이 깨끗한 상태를 유지하는 종이가 생산되기도 했지만 방각본 책지같이 형편없는 종이도 생산되었다. 하지만 방각본 책지를 만들던 안성의 기좌리와 같은 곳도 조선 후기에 개조차 돈을 물고 다닌다고 할 정도의 경제적인 성공을 이루었다. 도침은 어느 자료로 보아도 조선 후기 가장 높은 공임工賃을 받은 특수 기술이었다.

장인과 닥나무가 함께 만든 역사,
조선의 과학기술사

법장의 저, 신라인의 저

제지 장인은 농업이 근본임을 강조하는 조선에서 공工이라는 장려되지 않은 업종의 종사자로서 박해받던 승려 출신이 많았다. 사회적으로 취약한 제지 장인들이 이루어낸 성장은 특별한 과학기술적 성취 없이는 불가능했다. 중국이 나무껍질 종이보다 죽지를 더 널리 만들게 되고, 일본이 산닥과 삼지닥을 더 널리 사용하던 상황에서도 조선 장인들은 닥에 지속적인 애착을 보였다. 조선 제지 장인들이 물려받아서, 변주하되 지키고자 했던 조선 제지 기술의 특징은 바로 그 닥에 직결되었다. 김영연처럼 닥나무를 수없이 가공하고 찧으며 닥의 독특한 성질과 중요성을 이해하게 되었거나, 한지를 복원하기 위해 애쓰며 그 특징을 더 이해하게 된 한지 복원 장인들의 의견을 모으고, 닥나무와 남아 있는 종이가 알려주는 것에 더 귀를 기울여서 중국인들이 조선시대까지도 '고려지高麗紙'라는 통칭으로 그 고유성을 인정하게 된 한반도 닥종이의 과학기술적 핵심을 살펴보자.

'고려지'를 만든 의미심장한 사건은 채륜의 발명이 그랬던 것처럼 단번에 일어나지 않았다. 북한에서 출토된 유물에 따르면 후한의 제지 기술을 받아들여 제작된 것으로 추정되는 고구려의 종이는 모두 삼으로 만든 마지麻紙였다. 치밀한 삼 섬유가 검출되었던 것이다. 357년에 만들어진 것으로 추정되는 안악3호 무덤 벽화에 종이를 쥐고 있는 사람이 등장한 것으로 봤을 때 고구려가 태학을 설립해서 교육을 시작한 372년에는 교재를 만들 종이가 있었던 것으로 보인다. 백제는 375년에 고흥이 《서기》, 《백제고기》를 편찬했다고 하고, 신라는 545년에 대아찬 거칠부에게 명하여《국사》라는 책을 편찬했다고 한다. 역시 이런 방대한 편찬 사업을 위한 종이가 있었다고 봐야 한다. 남아 있는 마지의 품질은 좋다고 하지만 이렇게 책을 좋아하는 풍습을 지키려면 옷감으로도 써야 하는 삼에만 매달릴 수는 없었을 것이고, 지속적으로 새로운 재료 개발에 관심을 기울였을 법하다.[35]

한반도에서 닥종이를 어떻게 처음 만들게 되었는가에 대해서는 곡지와 저지가 같다고 보고 중국 기술을 베낀 것이라 가정한 후 기록에 의존해 그 '전파' 시점까지 특정한 주장이 있다. 앞서의 중국학자 판지싱의 주장이다. 그는 신라에서 '저楮'로 종이를 만들었다는 가장 이른 기록인 754~55년의 내용이 중국의 702년 문헌을 참고한 것이며, 이 문헌을 통해 한반도에 '저'로 종이 만드는 법이 전해졌다고 보았다.[36] 일단 이 주장은 610년 담징이 일본에 제지 기술을 전해줄 때 이미 고구려 어딘가에서 닥종이를 능숙히 만들고 있었다는 사실과 맞지 않는다. 일본의 문헌까지는 관심에 넣지 않은 판단이다.

위에서 말한 702년의 중국 문헌은 중국의 화엄종 조사 법장法藏(643~712)의《화엄경전기華嚴經傳記》5권이다.《화엄경전기》에는 뜰에 '저楮'를 심고 각종 향초를 씻어 향수를 줘가며 3년을 기다려 난 것을 수확한 후 껍질을 벗겨 종이로 만들어 불경을 썼다고 기록되어 있다. 754~55년의 신라의 자료는 이 화엄경을 베껴 쓴 것에 대한 기록이니《화엄경전기》를 본 것은 분명하다. 신라의 자료에는 성내의 불교 신자가 닥나무 뿌리에 향수를 뿌리고 나온 것을 베어서 종이를 만들었다고 기록되어 있다.[37] 주목할 점은 신라의 경우 중국에서처럼 '저'를 심고 3년을 기다린 것이 아니라 바로 향수를 뿌리고 수확해서 종이를 만들었

장인과 닥나무가 함께 만든 역사,
조선의 과학기술사

다는 점이다. 3년을 기다려야 가지를 수확할 수 있는 큰키나무가 아닌 바로 수확이 가능한 떨기나무였던 것이다. 또 이들이 바로 나무를 찾아 향수를 뿌렸다는 것은 이미 종이 재료인 '저'나무를 잘 알고 있었음을 짐작하게 한다.

판지싱은 '저'와 향수라는 두 문헌의 공통된 재료를 기술 전파의 근거로 본 듯하다. 하지만 향수의 경우 어떤 향초에서 얻는 것인지도 명시되어 있지 않다. 따라서 이 향수는 제지의 재료이기보다는 불경을 쓸 특별한 종이에 대한 그들의 정성을 보여주는 사물로 추정하는 편이 더 적절하다. 두 기록에서 종이 만드는 과정까지 언급한 이유도 아마 이 정성에 대한 표현일 것이다. 702년이라면 중국에서 이미 나무껍질 종이가 널리 만들어지던 시기였다. 법장이 제지법을 알려주기 위해 그 과정을 기록했다고 보기는 힘들다. 마찬가지로 754~55년 신라의 기록도 '저' 종이를 만든 일을 기념하는 기록은 아니었다. 불경을 베껴 쓰는 엄숙한 일을 기록한 두 자료를 제지법 전수 증거로 볼 수는 없다. 오히려 《화엄경전기》는 중국에서는 '곡'으로 더 많이 쓰게 된 '저'라는 종이 재료 나무에 대한 글자를, 닥이라 부르던 한국의 종이 나무에 붙이게 된 계기는 아닐까?

주목할 것은 역시 재료이다. 중국에서는 9세기 무렵 나무껍질이 아닌 대나무로 종이를 만드는 데 성공했고 대나무 종이는 중국 제지의 중심이 되었다.[38] 중국의 종이 발명을 잘 아는 다드 헌터가 일본 종이로 처음 접한 나무껍질 재료에 놀라움을 표한 이유이고, 일부 서양 기록에 꾸지나무와 닥나무가 모두 일본 원산의 종이 재료로 기록된 이유이다.[39] 일본은 나무껍질 원료를 지역별로 다양화시키며 중국에서도 널리 인정받는 여러 종이를 만들었다. 일본의 장인들은 담징이 가져왔거나 한반도에서 종이를 만든 '저'에 머물지 않았다.

하지만 한반도 장인들은 계속 닥나무라는 원료에 천착했다. 새로운 재료를 시도하지 않은 것은 아니지만, 변화는 닥종이를 통해 이루었다. 이들이 언제, 어떻게 이 닥나무를 찾아서 종이를 만들게 되었는지는 알 수 없다. 고구려에서 살게 된 후한의 장인들이 이 닥나무를 찾아주었을 수도 있다. 분명한 것은 이 나뭇가지를 부러뜨리며 "닥"이라는 친근한 우리말 이름을 붙이고 계속 새로운 가능성을 찾은 것은 한반도에 정착한 이들이었다는 점이다.

명품 '고려지'의 탄생

한반도 장인의 기술과 닥나무를 결합시킨 결과는 10세기 전후로 서서히 만들어지기 시작한 '고려지'의 명성이다. 중국의 여러 종이에는 없는 한반도 닥종이만의 특징을 만들어가기 시작한 것이다.

949년에는 거란이 고려의 종이를 구해서 갔고, 1081년 이후에는 송나라에서도 고려 종이를 수입하기 시작했으며, 그 이후 중국의 모든 왕조가 한반도 종이를 수입하고 공물로 요구했다.[40] 1102년 고려를 방문한 송의 사신 왕운王雲(?~1126)이 지은《계림지鷄林志》는 "고려 닥종이는 빛이 희고 사랑스러워 백추지白硾紙라고 한다"고 했다.[41] 1131년 전후 활약한 북송의 장방기張邦基가 쓴《묵장만록墨莊漫錄》에 따르면 당시 서예의 4대가로 불리는 미불米芾(1051~1107)이 '계림지鷄林紙'에 쓴 글씨가 그의 수작이 되었다고 했다. 남송의 학자가 1190년에 쓴《부훤잡록負暄

장인과 닥나무가 함께 만든 역사,
조선의 과학기술사

雜錄》은 책 장정에 쓰는 종이가 중국에 없어서 외방 오랑캐의 것을 가져다 쓰는데 그중 하나로 고려 '만지蠻紙'를 언급했다.[42] 송의 주밀周密(1232~1308)은 서화 장정의 등급에 대해 이야기했는데, 가장 좋은 서화는 '고려지'로, 그다음은 중국 온주溫州의 견지鐲紙, 그다음은 반듯한 광지光紙로 장정한다고 했다. 고려지를 가장 높은 등급의 서화에 쓴다는 것이다.[43]

서유구는 이를 인용하며 송나라 사람들이 고려지를 보물처럼 아끼고 천하제일로 인정했음을 알 수 있다고 했다. 하지만 엄밀하게 보면 이러한 고려지에 대한 상찬이 '고려지'가 천하제일이라고 말한 것은 아니다. 희고 아름다웠고, 특정한 글씨를 쓰는 데 좋기도 했으며, 책을 장정하는 데 특히 선호되었지만, 문명을 자랑하는 중국은 조선만이 아닌 여러 "오랑캐"의 종이에 대해 칭찬하면서 공물로 요구했다. 물론 베트남 사신조차 그 명성을 알 정도로 한반도 종이가 더 유명했고, 한반도 종이를 더 많이 요구했다.[44] 고염高濂(1573~1620)은 〈준생팔전遵生八牋〉에서 "고려에 면견지綿繭紙가 있는데, 색이 능라처럼 희고, 재질이 명주처럼 단단하고 질겨 글씨를 쓰는 데 사용하며, 묵을 잘 받아 아낄 만하다"라고 말했다. 면견, 솜고치만큼 희고 곱다는 이름일 것이다. 하지만 고염은 고려 면견지 외의 여러 중국 종이도 "천하제일"로 칭찬하고 소개했다.[45]

유일한 "천하제일"은 아니지만, 한반도 종이는 그 독특한 품질로 분명히 구분되며 "고려지"라는 통칭 외에 중국 문인들 사이에 많은 별칭을 낳았다. 흰 빛깔, 윤기, 강도, 보존성을 강조하는 '경광지鏡光紙', '경면지鏡面紙', '백면지白綿紙' 그리고 그 흰빛을 만든 재료가 비단고치

(견繭)라는 오해를 담은 '견지繭紙' 등이다. 이 명성은 송대에 생겼지만, '잉여 사물Superfluous Things'에 대한 품평이 유행할 정도로 소비가 확대된 명·청시대에 더욱 커지고 다양해졌다.[46]

장인과 닥나무가 함께 만든 역사, 조선의 과학기술사

다양한 사물과 연대하는 기지

남아 있는 종이와 그것을 복원하려는 노력은 흰빛, 윤기, 강도, 보존성을 달성한 한반도 장인들의 과학기술적 기지가 한반도 닥나무에 맞춤인 고유한 것임을 알려준다. 재료 준비, 재료 가공을 통한 섬유의 분해, 종이 뜨기, 종이 말리기, 마무리까지 모든 단계에서 보이는 한반도 장인들의 기지는 닥나무라는 재료를 그 외의 부재료와 잘 결합시켜 최상의 조합을 만들어가려는 노력을 보여준다.

닥나무와의 대화

닥나무는 3미터 정도까지 성장한다. 지금은 함경도를 제외한 한반도 전 지역에 자라는 것으로 알려져 있다. 한반도 닥나무는 새로 난 가지를 해마다 잘라서 쓰고, 이렇게 잘라주면 다음 해에 햇가지가 난다. 잘라주지 않고 3~4년 묵은 굵은 가지로 종이를 만들면 품질이 좋지 않다. 불경을 베껴 쓸 좋은 종이를 구하는 장인이 당나라 법장의 장인처럼 3년을 기다릴 수는 없었다.

닥나무는 경상도와 전라도에 가장 많이 식재되어 있지만, 현재 닥나무 속껍질의 품질이 가장 좋다고 평가받는 곳은 강원도와 충청북도다. 같은 닥나무라도 기후와 토질에 따라 섬유의 폭과 길이가 달라서 품질에 영향을 준다. 닥나무는 거름을 많이 주지 않아도 무성하게 잘 자란다고 한다. 산기슭, 밭둑, 길가 등 일반식물을 재배하기 어려운 곳에서도 잘 성장한다. 경사진 밭의 경우 농작물 사이에 심어두면 토양의 유실을 막기도 한다.[47] 농지를 차지하지도 않고 밭을 보호하기도 하며 옷감을 만들 삼까지 아낄 수 있으니, 여러모로 썩 괜찮은 선택이었던 셈이다.

잘라낸 닥나무 가지를 찌면 껍질을 '쉽게' 분리할 수 있는데, 이 분리된 껍질에서 다시 거친 겉껍질을 제거한 다음 속껍질만 종이의 재료로 쓴다. 깨끗하게 겉껍질을 제거하는 작업은 쉬운 일이 아니다. 공들여 깨끗이 벗겨내면 희고 섬유질이 풍부한 속껍질이 남는데 이것을 흐르는 개울에 흔들어 씻어주면 더욱 하얗게 된다. 삼이나 대나무 같은 재료에 비하면 훨씬 흰데도 한반도 장인들은 더 흰빛을 원했던 모양이다. 추가 표백은 쿠랑이 말한 대로 햇볕에 널어 말리는 방식으로 이루어졌다. 이렇게 햇볕에 잘 말린 닥 껍질은 오랜 시간 보관이 가능하다. 1년 내내 종이를 만들 수 있는 것이다. 흑피, 즉 겉껍질이 붙은 형태로도 보관, 거래가 되었지만, 이렇게 백피로 가공됨으로써 1차 가공이 완료된 셈이다.

장인과 닥나무가 함께 만든 역사,
조선의 과학기술사

〈그림 4〉위에서부터 찐 닥, 거피 과정, 백 닥.
찐 닥나무 껍질을 벗긴 뒤 흐르는 물에 씻어주면 하얗게 되는데,
한반도의 장인들은 이를 더 하얗게 만들기 위해 햇볕에 널어 말렸다.
출처: 국립무형유산원.

첫 번째 두드리기, 추

닥 껍질로 종이를 만들기 위해서는 섬유를 분해해야 한다. 이를 위해 먼저 길쭉한 헝겊 조각처럼 보이기도 하는 속껍질을 잿물에 불려 삶아야 한다. 속껍질에서 수지 부분을 녹여내고 종이 만들기에 좋은 섬유 부분만을 추출하기 위해서이다. 이 과정에 쓰는 잿물은 볏짚 등을 태워 만든 재를 쓴다. 쉽게 구할 수 있어서이기도 했지만, 석회 등 알칼리성이 강한 물질보다 손상 없이 섬유를 추출해내는 장점도 있었다. 알칼리성이 강할수록 닥 섬유가 많이 녹아버린다.

이렇게 처리된 닥 껍질을 분해하는 공정에서 한반도 장인들은 또 색다른 선택을 했다. 중국과 일본의 장인들, 그리고 그 이후로 나무의 펄프를 이용해 종이를 만들었던 다른 사람들처럼 이 섬유를 완전히 분해시킨 것이 아니라 돌 위에 놓고 쳐서 적절히 빻는 쪽을 택했다. 맷돌 같은 오래된 도구를 외면하고 힘이 드는 길을 택한 것이다. 백추지라는 이름의 추碓가 바로 이 과정을 이르는 표현이다. 쿠랑이 빻는다고 하고 김영연은 방망이로 때린다고 한 과정이다.

이 공정이 한반도에서 만들어진 공정이라는 점은 바로 추라는 글자가 중국에서 쓰이지 않던 한자라는 데서 드러난다.[48] 종이 이름에 글자를 만들어 넣을 정도로 자랑스러워한 이 공정은 닥나무의 긴 섬유를 활용할 수 있는 선택이었다. 닥 섬유의 가느다란 가닥들을 길쭉하게 남기는 최적의 방법이었던 것이다. 현재 남아 있는 문서지를 분석하면 문서의 시기와 종류에 상관없이 이렇게 길쭉한 형태의 닥 섬유가 발견된다. 이 두드리는 공정에 대한 애착은 그만큼 오래 지속되었다.[49] 이는 강한

장인과 닥나무가 함께 만든 역사,
조선의 과학기술사

닥 섬유를 극복하지 못한 어쩔 수 없는 선택이라기보다 그 강한 섬유를 살려내고자 했던 기지로 보인다.

닥 섬유와 연대하는 닥풀

이렇게 준비된 재료를 물에 풀어 넣고 발로 얇게 뜨면 종이가 된다. 마치 김을 만드는 것과 같은 방식이다. 닥나무 섬유가 남아 있는 한반도 닥종이의 재료는 물에 쉽게 가라앉는다. 이 재료를 물 위에 고루 떠 있게 하고, 그 섬유들이 서로 붙어서 매끈한 종이를 이루도록 돕는 것이 한반도 장인들이 닥풀*Hibiscus manihot*이라고 불렀던, 접시 모양의 꽃이 피는 화초의 뿌리이다. 닥풀 뿌리에는 점액성의 물질이 많았는데, 이 점액질의 작용으로 닥 섬유가 떠 있게 된다. 한지를 복원하는 장인들에 따르면 닥풀의 농도가 낮으면 종이를 뜰 때 물 빠짐이 빨라서 두꺼운 종이가 되고, 농도가 높으면 물 빠짐이 느려서 얇은 종이가 되는 식의 조절도 가능하다고 한다. 또한 젖은 종이를 겹쳐 놓더라도 붙지 않아서 떼기가 좋다고 한다.[50]

　닥풀이라는 첨가제를 찾은 것이 한반도 장인들인지는 알 수 없다. 티엔춘슌에 따르면, 번짐 방지와 틈 메우기loading 역할을 하는 이런 첨가물은 나무껍질 제지 초기에는 쓰이지 않다가 점차 첨가되었는데 언제부터인지는 기록이 없다. 현재 중국에서 사용되는 첨가물은 털가시나무*Ilex pubescens*, 후박나무*Machilus thunbergii*, 소가죽에서 얻은 아교, 콩류 등이 있고, 흔히 닥풀의 한자 이름으로 쓰이는 황촉규와 무궁화도 언급되었다. 황촉규는 학명이 *Hibiscus abelmoschus*로 사전에서 찾으면 사향 아욱이라고 번역되는데 한국에서 보통 황촉규로 부르는 식물과 같지는 않다. 닥풀이라는 한반도 재료에 나중에 황촉규라는 중국 문헌의 이름을 대입했을 수도 있다. 일본에서도 닥풀과 비슷한 접시꽃류의 식물을 두루 썼다.[51]

한반도에서는 다른 접시꽃류 중 뿌리에 점액질 물질이 있는 것을 모두 닥풀로 부르며 썼다. 닥풀은 또한 중국의 주 첨가제인 아교, 전분, 백분과 비교하면 부패를 막는 효과도 있었다. 전분과 아교를 쓴 중국 종이는 다시 방충 기능이 있는 황색 염료를 써서 종이가 더 누런 빛을 띠었고, 이렇게 방충 가공된 종이를 황제가 씀으로써 그 누른빛을 더 귀하게 여기기도 했다. 닥 섬유를 서로 붙여주면서 닥 섬유와 결합되면 젖은 종이를 떼기 쉽게 하고 부패가 없는 닥풀의 성질은 천연 고분자라는 독특한 분자구조 덕분이라고 한다.

흘림 뜨기와 두 번째 두드리기, 도침

한반도 장인들은 두드려 분해한 닥과 닥풀을 섞어 넣은 지통紙筒에서 종이를 뜨는 과정에서도 독특한 공정을 추가했다. 길게 남겨둔 닥 섬유를 십분 활용하는 외발 뜨기 혹은 흘림 뜨기라는 방법이었다. 종이 뜨는 발틀을 한쪽만 고정해서 섬유를 떠오르게 한 다음 전후, 좌우 모든 방향으로 물을 흘려보내 섬유가 서로 얽히도록 하는 방식이다. 중국, 일본의 쌍발 뜨기보다 더 힘이 들고 숙련을 요하는 방법이지만, 섬유의 얽힘에 의해 종이가 훨씬 단단해진다.[52]

이렇게 긴 닥 섬유를 얽어놓은 종이는 말린 후에도 가는 닥 섬유 올

장인과 닥나무가 함께 만든 역사,
조선의 과학기술사

이 도드라질 수 있었다. 곱게 갈아서 만든 중국이나 일본 종이의 표면
이 매끈한 것과 다른 모습이었다. 닥 섬유의 강인함을 살리고자 한 선
택 덕분에 한반도 장인들은 한 번 더 작업을 해야 했다. 종이를 쌓아놓
고 다듬이질하듯 두드리는 도침이었다. 외발 뜨기와 도침 모두 힘이 드
는 과정임은 분명하지만, 이 덕분에 한반도 종이는 밀도가 높아져서 더
단단하고 더 윤기가 흘렀다. 이 공정은 묵의 번짐을 조절하는 데도 효
과를 발휘해서 중국 서화가들의 사랑을 받았다.

다듬이질 공정을 지칭하는 도침이라는 말 역시 '추砧'처럼 고유한
용어로, 《조선왕조실록》과 《의궤》 등에 널리 쓰였다. 하지만 종이 제작
이나 가공 과정에 대해 이야기하는 문헌에서는 중국에서도 조선에서도
이 용어를 볼 수 없다. 추지법[搖紙法], 추백지 만드는 법[造搖白紙法] 등이

〈그림 5〉 윤기가 감도는 도침된 종이. 출처: 국립무형유산원.

중국 문헌에 나오고, 《증보산림경제》나 서유구가 쓴 《임원경제지》의 〈이운지〉에도 역시 중국의 방법을 인용해 추지법 등으로 나온다.

천따추안은 '추지법'이 송대 저작에 실려 있었음을 근거로 한반도의 도침법이 중국의 방법을 가져온 것이라고 주장했다. 몇몇 한국 연구도 그에 동의하거나, 적어도 이 '추지법'을 조선의 도침 방법으로 소개하곤 했다.[53] 하지만 '속법'이라고 명시된 《증보산림경제》의 '추지법'이 실제 조선의 제지 작업장에서 썼던 방법인지, 아니면 그 이름이 암시하는 대로 종이의 품질을 높이고 싶은 양반가에서 중국 문헌의 종이 두드리는 법을 참고해 옮겨두고 시도한 방법인지는 분명하지 않다.

현재로는 '추지법'을 조선의 장인들이 쓰던 도침법으로 볼 근거가 없다. 오히려 추지법이 조선의 도침을 흉내 낸 방법이었을 가능성은 있다. 재료를 갈아 만드는 중국의 종이는 굳이 두드릴 이유가 없었고, 중국과 일본의 제지 도구에는 솔이나 조약돌처럼 종이의 결을 다듬고 문지를 도구가 있을 뿐 다듬질 방망이가 없었다.[54]

중국의 '추지'법이 서화나 책을 귀하게 보관하기를 원했던, 묵을 잘 받는 고려지에 그림을 그리고 싶어 했던 중국 문인들이 고려지를 흉내 내려던 데서 나왔을 가능성은 다음 자료에서 볼 수 있다. '계림지'에 남긴 글씨가 최고의 수작이라 평가받은 미불이 특히 종이 두드리는 법에 관심을 보였던 점이다. 자신이 관료로 있던 월 지방에서 종이 두드리는 사업을 주도해 감독했고, 수없이 두드린다면 신통찮은 월주 종이조차 윤이 나고 단단하게 만들 수 있어 온주의 '견지' 정도는 부럽지 않다고 그 성과를 기록했다. 온주의 견지는 고려지 아래 단계의 종이다.[55]

중국 문헌 속의 추지법은 실제로 일상적인 제지 공정에서 실행하기

장인과 닥나무가 함께 만든 역사,
조선의 과학기술사

에는 너무 힘들고 복잡한 방법이다. 추지법을 기록한 이는 한번 시도해 볼 수 있는 방법으로, 그 결과가 "아주 좋긴 하지만 매우 힘들다"고 논평했다.[56] 닥 섬유가 남아 있는 종이, 물에 적셔도 서로 달라붙지 않는 종이를 두드리는 공정과, 섬유가 안 보이는 꾸지나무, 대나무 종이 등을 윤이 나고 단단해지도록 만드는 공정이 같을 수는 없다.

조선 종이는 이름과 가격에 따라 밀도의 단계가 뚜렷했다.[57] 이는 도침을 상당히 체계적으로 조절했다는 의미이고, 도침의 방법이 다양했다는 의미이다. 이러한 복잡한 기술을 문헌에 '추지법'이라고 명시된 특정 방법으로 한정지어서는 안 된다. 스스로를 '도침장'이라 칭한 조선 장인들의 역동적인 궤적을 뒤따르는 편이 낫다.

한반도 종이의 재발명

그동안 역사는 사물에 관심을 두지 않았던 문헌의 기록만을 바탕으로 '종이가 중국에서 발명되어 세계로 전파되었다'라고 말해왔다. 중국의 4대 발명은 서구 중심주의에 대한 비판의 근거가 되기도 하지만, 발명에 초점을 두는 이야기로는 서구 중심주의 서사로 오래 비판받아온 조지 바살라의 '전파' 서사를 바꿀 수 없다. 근대 과학기술이 서구에서 발명되어 전 세계로 전파되었다는 서사이다.[58] '발명' 중심의 시각을 벗어나지 못하면 '전파' 서사의 서구 중심주의와 제국주의적 가정을 비판해온 연구들조차 결국 증기기관과 전신처럼 엄청나게 중요하고 거대한 과학기술품을 발명한 것이 서구임을 부인할 수는 없다고 말한다. 전파 과정의 제국성은 비판받아 마땅하며, 현지화 과정에서 서구의 발명에 대한 의미 있는 저항과 창의적 변용이 모두 있었지만, 발명이라는 가장 의미심장한 일은 결국 서구에서 일어났다는 것이다.[59] 정교한 설계도와 작동 원리에 대한 설명으로 입증되는 발명이 다양한 환경에서 그 착상을 구현해내기 위한 수많은 시행착오 없이 '완성된' 사건이라고 보기 때문일 것이다.

하지만 설계도면의 멋진 생각을 실현하지 못한 채 특허사무소에 문서로만 남은 발명은 무수히 많고, 그 발명이 증기기관과 같은 착상을 담고 있다는 것만으로 증기기관처럼 중요하다고 말할 수는 없다. 종이의 역사에 대한 서사 역시 기록에 남은 간단한 착상만을 기억해 실제 그 착상을 실현하는 복잡한 과정을 무시한 채 기원과 아류라는 구분을 만들어왔다. 하지만 특정 지역의 환경에서 그 지역의 사물과 지역 사회의 인력을 동원하여 그 설계를 구현하는 과정은 단순히 '전파'된 '생각'을 받아들이는 것으로 끝나는 과정은 아니었다. 이슬람에서도 네덜란드에서도 프랑스에서도 일본에서도 종이는 계속 재발명되었던 것이다.

한반도 제지에 대한 역사 서술도 마찬가지 문제를 노정해왔다. 한반도에서 종이를 만든 일에 대해 채륜의 '곡'을 그대로 가져오거나 '저'로 만든 법장의 종이 제작법을 전수받았다고 했고, 중국의 곡나무와도 일본의 산닥나무와도 구분되지 않는 'paper mulberry'로 만든 것이라고 했다. 꾸지나무와 삼지닥나무와 닥나무라는 사물의 차이에 관심을 기울이지 않았기에 매 단계 특별한 한반도 장인들의 기지를 중국이나 일본의 것과 구별하지 못한 경우도 많았다.

하지만 한반도의 '저'는 3년을 기다리면 너무 묵어서 섬유가 거칠어지는 '저'이고, 해마다 가지를 베어내면 뿌리에서 햇가지가 나오는 떨

장인과 닥나무가 함께 만든 역사,
조선의 과학기술사

기나무이다. 3년을 기다린 법장의 '저'는 아니었다. 꾸지나무가 아닌 닥나무 껍질의 길고 질긴 섬유를 찾아낸 한반도 제지 장인들은 이를 활용하기 위해 많은 노력을 했다. 새로운 한자인 '추^䋶'로 표현된 두드리는 방식의 분해 과정, 염기가 약한 잿물, 이 섬유들을 어울려 붙여 뜨기 위한 닥풀, 힘들고 정교한 외발 뜨기, 그리고 도침이라는 고유한 이름을 붙인 마무리 공정과 그 사이사이 재료를 심고 수확하고 찌고 씻고 껍질을 벗기고 또 씻고 하는 수많은 공정을 만들어낸 것이다.

천연 고분자 성분인 닥풀을 찾아낸 것을 그저 운이라고 하고, 닥의 길쭉한 섬유를 정교하게 다스리는 도침을 단순히 노동이라고 할 수 있을까? 사물의 차이, 그 사물이 지역의 다른 사물이나 환경과 일으키는 상호작용, 사물을 가공하는 과정에서 발휘되는 장인들의 세심한 기지에 주의를 기울여서 바라보면 한반도에서 닥종이를 만든 일은 채륜이 최초로 종이를 발명한 일에 버금가는 의미심장한 사건이고, 하나하나의 공정과 노동에 기지가 들어간 일이었다. 게다가 닥나무라는 오랜 재료를 가장 중요한 벗으로 조선의 장인들이 펼치게 되는 500여 년의 여정은 새로운 재료로 실험하는 것보다 훨씬 더 창의성과 도전을 요하는 복잡한 과정이었다. 이어지는 장에서 그 과학기술적·사회적 기지를 하나하나 들여다보자.

2장

도침, 기지와 새로운 장인

조선의 지장紙匠들은 글을 썼던 집단은 아니다. 자신들의 목소리를 담은 글이 거의 없다. 도침처럼 자신들의 명성을 쌓아가는 데 중요한 역할을 했던 기술에 대해서조차 직접 남긴 기록은 없다. 그러나 이들은 기록문화의 물질적 유산을 만들었던 장본인이고, 그 유산인 종이 위에 이들이 발휘한 기술을 담은 양반들의 기록은 많이 남아 있다. 종이가 글을 쓰는 집단인 양반 사대부의 가장 중요한 일용품이었고, 조정이 지방을 통치하는 데 필수 수단이었으며, 중국에 보낸 주요 조공품이었던 까닭일 것이다.

예를 들면《대전속록大典續錄》(1491)에서부터 종이의 규격은 명시되었다. 저주지楮注紙는 길이 1척 6촌, 너비 1척 4촌 이상, 저상지楮常紙는 길이 1척 1촌, 너비 1척 이상의 제품만을 사용하고, 지나치게 얇거나 흠이 있는 제품을 사용하지 말라는 규정이다.《대전후속록大典後續錄》(1533)에서는 품질 관리를 위한 처벌 규정이 추가되었다. 표지表紙와 자문지咨文紙 제조에 태만하여 나쁜 종이를 제조한 장인의 경우 곤장 80대로 처벌하고, 잘못을 거듭하면 매번 10대씩 추가하되 최대 100대 밑으로 처벌하라는 규정이다.[1]

이 같은 기록을 보면, 사대부들은 종이의 규격을 정할 수 있고 특정한 종이를 쓰지 못하게 할 수도 있으며 나쁜 종이를 만든 장인을 벌할 수도 있는 막강한 권한을 가진 반면, 장인들은 정해진 규격과 품질 기준에 따라 종이를 만들어야 하고, 그에 미치지 못할 경우 벌까지 받는 약자의 위치에 놓인 존재처럼 보인다. 실제로 장인들이 정치, 경제, 사회, 문화의 모든 측면에서 더 큰 자산을 가진 양반들과 대등한 관계를 맺었을 가능성은 없다. 하지만 이 기록을 살짝 뒤집어보면, 《경국대전》(1466)이 제정한 관영 수공업제도 아래 등록되어 관리되던 지장들도 양반들이 기대한 것과 다른 크기나 두께의 종이를 마음대로 만들었고, 규정을 만들기 전까지 양반들은 지나치게 얇거나 흠이 있는 종이를 감내해야 했음을 짐작할 수 있다. 표지와 자문지 제작이 조지서의 가장 중요한 임무임을 아는 지장들이 감히 게으름을 부리는 일도 일어났고, 이에 대해 양반들은 엄한 처벌로 위협해 다시는 그런 엄두를 내지 못하게 하는 정도였다. 양반들이 남긴 통제의 기록은 다른 한편으로는 지장들이 자율을 발휘하며 저항한 기록이었다.

이 장에서는 실록과 법전의 논의와 규정을 의궤, 등록, 사례 등에 흩어져 있는 도침 관련 기록들과 견주어 살펴보면서 도침이라는 조선 제지의 핵심적 기지가 부상하는 모습을 조명하고자 한다. 이른바 "약한 자들의 정치"인 못 들은 척하기, 대강대강 하기, 내빼기 등의 전술은 개개 사건 차원에서 검토하면 약자의 승리로 끝난 적이 거의 없는 무의

장인과 닥나무가 함께 만든 역사,
조선의 과학기술사

미한 행동처럼 보인다.[2] 하지만 수백여 년의 기간을 거치며 장인들이 도침이라는 소중한 기지에 대한 자신들의 생각을 마침내 관철시킨 것은 사소한 일상의 정치가 가질 수 있는 힘을 잘 드러내준다. 도침을 닥종이에 추가된 노역으로나 보던 양반들의 인식을 밀어내고 전문 장인들만의 특별한 기술로 인정받도록 하는 데는 목소리 높인 봉기가 아닌 일상의 사소한 정치가 그 힘을 발휘했다.

다른 분야 장인들의 성장과 궤를 같이하지만 제지 장인들의 가장 두드러진 성공인 도침의 부상은 닥과 같은 사물의 법칙이 관료들이 기획한 관영 생산 체제를 무너뜨린 후 홀로 남아 있게 된 서울의 조지서에서부터 포착된다. 관료들은 늘 종이 위에 종이의 품질에 대해 쓰면서도 그 종이라는 사물에서 장인들의 기지를 읽어내는 데 둔감했다. 관료와 종이 사이의 가깝지만 먼 거리가 도침의 부상을 위한 협상의 틈을 어떻게 만들었는지 살펴보자.

조선 사대부가 완성한
종이 생산 체제 속의 도침

조선을 세운 사대부들은 사실 공업 생산과 생산물의 유통에 지극한 관심을 기울였다. "공工·상商에 관한 제도가 없어서 백성들 가운데서 게으르고 놀기 좋아하는 자들이 모두 수공업과 상업에 종사하였기 때문에 농사를 짓는 백성이 날로 줄어들었으며, 말작末作이 발달하고 본실本實이 피폐"해진 것을 개혁하는 일은 사대부들이 고려 왕조를 무너뜨리고 새 왕조를 세우는 과정의 핵심 과제였다.

고려 왕조가 통제되지 않은 사치품의 생산과 낭비에 빠져 부패한 불교 세력 등과 결탁하고 나라를 돌보지 않은 것이 문제였던 만큼 새 왕조에서는 "검약에 힘쓰고 사치를 경계하는" 공·상의 제도가 필요했다.[3] 이에 사대부들은 130종, 2,800명으로 구성된 서울의 경공장京工匠과 27종, 3,800명으로 구성된 지방의 외공장外工匠을 만들어 전국 단위의 관영 수공업 체제를 세웠다. 전체 경공장의 약 44퍼센트를 차지한 것은 644명의 장인이 무기를 제작하던 군기시軍器寺와 579명의 장인이

장인과 닥나무가 함께 만든 역사,
조선의 과학기술사

궁중의 일용품을 생산하던 상의원尚衣院이었다. 군수품 생산과 왕실 및 지배층의 생활용품을 확보하는 것이 경공장의 주요 기능이었다.[4] 외공장의 운영, 시전市廛제도를 통한 상업의 통제, 장적帳籍을 통한 장인 동원과 통제, 요역과 공물貢物제도를 통한 노동력과 원료 확보 등은 왕실의 안위와 국방의 수요를 넘어 백성으로 하여금 본업인 농업에 종사하며 검소하게 자급자족을 하도록 만들겠다는 의지를 담은 개혁이었다. 외공장의 13퍼센트 정도인 493명의 야장冶匠은 지방 군영에서 필요한 물품뿐만 아니라 농기구와 같은 지역민의 필수품도 공급했다.

재료부터 유통까지, 종이에 관한 모든 것

종이의 생산과 공급을 위한 제도는 특히 세심했고, 지장에 대한 대우도 각별했다. 《경국대전》 편찬 시점에 조지서는 경관직 종6품 아문으로 종6품 사지司紙 1명, 별제別提 4명에 일을 총괄하는 겸직 제조提調 2명을 두었다. 소속 장인의 수는 총 91명으로 도구를 만드는 목장木匠 2명, 발틀을 만드는 염장簾匠 8명, 지장紙匠 81명이었다. 그 외 차비노差備奴 90명, 근수노根隨奴 5명도 배정되었다. 닥을 준비하고 심부름을 할 인력으로 추정된다.[5]

출판을 담당하는 교서관校書館에도 4명의 지장이 있었지만 경공장의 지장 수는 전체의 3퍼센트로 적다. 외공장의 경우 전체 중 가장 많은 705명이 함경도와 평안도를 제외한 전국의 거의 모든 군현에 할당되었다. 경상도 264명, 전라도에 237명, 충청도 132명, 황해도 39명, 강원도 33명으로, 군현 단위에서는 전라도 남원과 전주가 가장 많은 각 23명이고, 나머지는 대략 1~3명이 지정되었다.

장인들은 모두 장적에 등록되어 1년 중 정해진 기간 동안 입역하고 나머지 기간은 장세匠稅를 내고 자체 생산할 수 있었다. 경공장 지장의 경우는 상의원의 능라장綾羅匠과 함께 3교대로 입역했다. 다른 모든 분야는 2교대로 1년의 절반만 자유로웠으니 지장과 능라장을 우대한 것이다. 1445년 폐지되기는 했지만 지장은 지장전紙匠田이라는 토지와 입역 시 농사를 도울 봉족奉足도 지급 받았다.[6] 공천公賤에 속했던 다른 장인들은 받지 못한 혜택이었다. 지장은 사농공상 신분제하에서 농민에 가깝게 대접받았던 것이다.

종이를 만들 닥과 잿물을 만들 재는 공물貢物로 지정되었다. 《경국대전》에 따르면 모든 읍의 수령은 옻나무, 뽕나무, 과일나무의 수와 닥나무밭[저전楮田], 왕골밭[완전莞田], 화살대[전죽箭竹]가 생산되는 곳을 대장으로 작성해서 관리하고 닥나무, 왕골, 옻나무는 공납해야 했다. 재는 서울과 성에서 10리 안에 거주하는 주민에게 부담시켰다. 지전은 육의전 중 하나로 지정되어 종이의 매매는 지전에서만 가능했고, 지방 관청에서 생산된 종이는 중앙 관청에 바치는 것 외에 지방 양반들에게 때마다 지급되었다.[7]

'도침'은 빠진 《경국대전》

사대부들이 만든 이 제도는 종이 생산을 위한 인력, 도구, 재료와 생산물 유통까지 세심하게 고려한 것이다. 하지만 제지의 과학기술적 제작 과정에 대해서는 침묵했다. 오늘날에도 흔히 나타나는 과학기술적 과

장인과 닥나무가 함께 만든 역사,
조선의 과학기술사

정에 대한 이런 외면은 지장, 즉 과학기술인에게 그것을 일임한 것일 수 있었다. 차비노가 각각의 지장을 보조할 수 있을 만큼 배정된 점도 지장의 전문성에 대한 인정일 수 있었다.

지장이 제지 공정을 실제로 어떻게 진행했는지 알려주는 기록은 찾기 힘들다. 닥 섬유 분해 등을 차비노에게 맡기고 닥풀 등을 넣은 다음의 재료 배합과 종이를 뜨는 일을 주로 담당했을 것으로 추정되는데, 그렇다면 도침은 어떻게 했을까?《경국대전》에는 도침을 담당할 사람이 조지서에 배치되지 않았다. 도침이라는 말도, 도련이라는 말도 아예 없었다. 대신 외교문서를 담당하는 승문원承文院에서 "종이를 다듬을 때[연지鍊紙] 그 사람이 하루 일하면 이틀 일한 것으로 계산한다는 조항이 〈병전兵典〉에 수록되어 있었다.[8] 승문원에 배정되어 표지와 자문지의 도침을 담당하는 것으로 군역을 대신한 사람에 대한 규정이었는데, 이는 도침이 다른 공정보다 힘든 노역임을 인정한 것이다.[9]

《경국대전》에는 빠졌지만 도침에 대한 규정이 없지는 않았다. "곤장 100이 넘는 죄를 범한 자는 그 경중에 따라 곤장의 수를 줄이고 도역徒役으로 정한다"는 규정이었다. 각종 중앙 관사의 청지기로 배정해 3년간 허드렛일을 하도록 한 규정인데, 조지서 도침 일도 여기에 포함되었다.[10] 1444년의 상소를 보면 여러 중앙 관사 중 조지서에 도침군 명목으로 배정된 도역군이 많았다. 도침 작업을 담당할 인력이 부족하다는 호소에 대한 조치로 보인다.

도역자에 대한 여러 논의를 보면 실제로 조지서에 배정된 도역자들이 어떤 일을 했는지는 분명치 않다. "양가의 자제들로서는 고초가 막심하다"는 호소에 따라 이들을 성 밖의 조지서가 아닌 집 근처에서 다른 역을 살도록 해주는가 하면, 2년 후 "도침하는 일이 일과가 없으므로, 아무 하는 일도 없이 세월만 보내게 되니 악을 벌주는 뜻에 어긋남이 있다"며 소금을 굽거나 쇠를 달구는 다른 힘든 일에 배정하기도 했다.[112] 1474년에는 다른 지방 관서의 관노비를 살았던 사람들과 함께 조지서에서 3년을 도역한 21명을 방면한 기록도 있다.[12] 도역자를 도침에 배정한 마지막 기록이 나온 해는 1519년이다. 1628년에는 도역자를 조지서 등 중앙 관서에 배정하는 것을 중단하고 황해도와 평안도 등으로 유배를 보내는 것으로 대신했다.[13]

조선을 세운 사대부들은 공산품의 생산과 유통에 관심을 기울였다. 특히 종이 만드는 일을 중요하게 보았다. 지장을 다른 어떤 장인보다 우대했으며, 전국적으로 가장 많은 장인을 종이 만드는 일에 배정했다. 하지만 사대부들이 만든 제도 속에 한반도 종이의 명성에 핵심적인 도침이라는 기술의 자리는 애매했다. 도침이 필요하다는 것은 어렴풋이 인지되었지만 군인이나 범죄자처럼 강제로 징발된 공짜 노동력에 맡겼다. 전문성이 필요 없는 단순한 추가 노역이라고 생각한 것이었다.

장인과 닥나무가 함께 만든 역사,
조선의 과학기술사

관영 종이 생산 체제와
충돌하는 사물의 법칙

사대부들이 써놓은 종이의 생산과 유통제도는 규정해놓은 것도 많지만 침묵했던 부분도 많았다. 도침을 비롯한 종이 만들기의 복잡한 실제에 대해 문자화된 규정이 없는 상황에서 종이 만들기는 어떤 기준과 절차에 따라 수행되었을까? 종이의 생산과 유통에 대한 방대한 제도를 만든 이들과 이 제도에 따라 자신의 임무를 수행하는 이들 사이에는 제도와 실제 사이의 공백을 메울 협상이 필요했다. 관영 수공업 체제의 붕괴는 이 협상이 실패했음을 의미했다. 이들의 복잡하고 길었던 협상을 그 방향을 설정한 사물의 법칙, 물리物理에 주목해 살펴보자.

사물의 법칙, 물리

우선 관영 생산제도는 종이 생산량에 대한 규정이 분명하지 않았다. 생산량이 기업능력과 국가 수준의 지표가 되는 현대적 관점에서 보면 이 규정의 공백은 심각한 문제처럼 보인다. 하지만 이들이 양적 관념이 부족했거나 숫자를 무시한 것으로 보이지는 않는다. 곤장을 치는 것도 정해진 기준이 있었고, 분야·지역별로 정해진 수의 장인을 배정했다. 법전의 규정은 직접적 생산량 대신 한 사람의 장인이 종이나 옷감을 얼마나 생산할 수 있는지를 추산하여 장인의 수를 배정했을 것이다.

하지만 조지서나 지방에 특정 양의 종이를 요구할 때는 몇 명의 장인을 며칠 일하게 하라는 명령 대신 오늘날처럼 필요한 생산량, 즉 몇 장의 종이를 요구했다. 원래 필요한 종이의 양은 관사마다 할당되어 있었지만, 규정에 미처 넣지 못한 종이 수요는 자꾸만 생겨났다. 게다가 관리자들은 종종 생산력의 물리적 한계를 잊어버리곤 했다. 이들은 재료 공급량과 공급 속도, 85명의 중앙 지장과 705명의 지방 지장들이 생산해낼 수 있는 한계를 넘어서는 요구를 하며 관영 수공업 체제에 압력을 가했다.

통제 불능의 종이 수요

이러한 양적인 압력은 조선 초기에 빈번하였다. 두 강력한 주체가 규정에 없던 종이를 가장 자주 요구한 것이다. 조선 왕조가 좋은 관계를 유지하려 애쓰던 명과 조선 국왕이었다. 조선 조정은 명과의 관계에서 그리 적극적으로 협상했다고 볼 수 없다. 태종 대까지 이미 97명의 처녀와 환관 후보인 어린 남자를 보내라는 요구에 응했고, 이는 중종 대까지 이어져 조혼 풍습을 낳았다.[14] 명은 1년에 평균 세 번 정도 사신단을 보냈다. 청대에 비해서도 명 사신단의 조선 방문은 불규칙하고 잦았다.[15]

장인과 닥나무가 함께 만든 역사,
조선의 과학기술사

사행 시 조공하는 종이는 규정으로는 1회 수백 장 정도였지만, 이를 훨씬 넘어서는 요구가 이어졌다. 태종 연간인 1406년에는 명 황제의 요구에 따라 불상을 만들어 보냈는데 이 불상 제작에 전라도 백지 2만 8,000장을 썼다. 1407년에도 명 황제의 명에 따라 순백지 8,000장을 바쳤으며,[16] 1408년에는 4월에 1만 장, 11월에 처녀 다섯 명, 환관 후보자 12명 등과 함께 좋은 백지 2만 1,000장을 바쳤다.[17] 세종 즉위 후인 1419년에는 황제의 뜻을 받들어 환관 후보자 40명과 불경을 인쇄할 종이 2만 장을, 1420년에는 후지厚紙 3만 5,000장을 바치며 조공품인 금은의 양을 줄여줄 것을 청했다.[18]

1425년에는 "종이를 발명"한 나라인 중국의 황제가 조선 왕 세종에게 '종이 만드는 방법을 적은 글'을 바칠 것을 요구했다. 중국에서 '고려지'를 만들어보겠다는 뜻이었을 것이다. 세종은 전주의 지장을 불러들여 이에 응했지만, 이후로도 조선 종이에 대한 요구는 사라지지 않았다.[19] 조선을 방문한 명의 사신들은 정해진 수보다 많은 종이를 요구하여 사욕을 채우기도 했다. 조선 종이에 대한 명성이 높아지면서 서위徐渭(1521~1593)와 동기창董其昌(1555~1636) 등 중국의 유명 서화가들이 조선 종이에 글씨나 그림을 남겼던 일과 무관하지 않을 것이다. 황제가 아닌 고위 관료들도 사신단 편으로 서화가들 사이에 이름 높은 경면지鏡面紙 등을 요구하곤 했다.[20]

조선 조정이 편찬 사업과 중앙집권적 통치를 위해 관영 종이 생산 체제에 가하는 압력은 중국 쪽 요구보다 더 컸다. 평안도와 함경도를 제외하고 지장이 있던 다섯 도에서 정기적으로 종이를 납부했지만, 정부의 수요는 그것을 훨씬 넘어섰다. 세종은 1425년 《성리대전性理大全》

과 사서오경을 인쇄하기 위한 13만 장의 종이를 충청, 전라, 경상도에 요구했고, 1434년에는 《자치통감》 500부를 인쇄하기 위해 조지서, 전라도, 충청도, 경상도, 강원도에 600만 장의 종이를 주문했다.[21] 세조는 1457년 대장경 50벌을 인쇄할 812만 장이 넘는 종이를 만들어 해인사로 보내게 했다.[22] 1450년 문종 원년에 경상도 13만 장, 전라도 9만 장, 충청과 강원도 각 4만 장, 총 30만 장으로 배정되었던 책지 관련 규정이 무색한 요구였다.

15세기에 양반들의 닥종이 사용이 금지되고, 닥이 아닌 새로운 재료에 대한 조정의 관심이 증가했던 것은 백성들의 유교적 덕목을 기르기 위한 《삼강행실도》를 비롯해 불경까지, 다양한 편찬 및 간행 사업이 지속적으로 이루어지면서 닥이 심각하게 부족했기 때문이었다.[23] 각 관청의 문서 용지 수요도 계속 증가했다. 1605년에 공납 수량을 재조정했음에도 1617년에 이미 1년 치 공납 분으로는 반년도 대지 못한다는 호소가 제기되었다.[24] 과장일 수 있지만, 종이 공납에 대한 새로운 규정과 지침을 담은 문서가 날로 늘었음은 분명했다.

닥나무의 변신과 여행

지장 한 사람이 대략 하루 500장 정도의 종이를 뜬다고 한다. 모든 재료가 준비되어 있고, 말리고, 정리하고, 마무리하는 도침은 고려하지 않은 속도이다. 전국 790명의 지장이 3교대로 근무하므로, 실제로 관에 속한 지장은 이의 3분의 1이다. 대장경 인쇄를 위한 812만 장의 종이는 조지서를 제외한 다섯 도에 분정되었다. 다섯 도의 지장들이 69일

정도에 떠낼 수 있는 양이다.

세종은 《자치통감》 인쇄에 필요한 600만 장 중 100만 장을 조지서에 배정했다. 모든 것이 준비된 상황에서 74일 정도가 소요될 양이었다. 가능해 보이는 분량이지만 여러 차례 이런 명령을 내려보았던 세종은 그렇지 않다고 판단했다. 그는 단순히 종이 600만 장을 요구하는 데 그치지 않고 그것을 만들 수 있는 방법에 대해서도 지침을 내렸다. 지장이 아닌 승려에게 옷과 음식을 주고 종이를 뜨게 하라는 것이었고, 닥을 구매하고 다른 재료를 섞을 방안도 덧붙였다.[25] 이 600만 장의 종이 제작은 2년 후에 마무리되었다. 관영제도 바깥의 자원으로 만들어진 셈이다.[26]

재료를 준비하는 일은 문서상으로는 관영 체제를 넘을 일이 없어 보였다. 《경국대전》은 모든 읍의 수령에 대해 닥나무밭을 관리해서 닥을 바치도록 했고, 닥나무밭 대장은 수령이 바뀔 때 재고를 조사해 고과를 매기도록 한 항목이었다. 300여 읍의 닥나무 소출은 지장이 배정된 서울과 경상, 전라, 충청, 황해, 강원도에서 넉넉히 수집할 수 있었다. 문제는 닥나무가 모든 읍에 자라지 않았고, 닥나무의 겉껍질과 속껍질이 저절로 벗겨지지도 않았으며, 무게와 부피가 있는 닥나무 가지와 껍질을 꽤 멀리 옮겨야 했다는 점이다.

백성에게 부과하는 요역은 1년에 6일을 넘지 못하도록 규정되어 있었다. 하지만 공물 준비에 백성의 노동력을 동원하는 것에 관한 규정은 백성을 아끼라는 지침밖에 없었다. 지방 수령이 읍이 관리하는 닥나무밭 관리에 관노비가 아니라 백성을 동원하자 백성들은 닥나무를 베어버리면서 저항했다. 닥 껍질은 백성에게 가장 해를 끼치는 품목 중 하나로 꼽히게 되었다. 그래서인지 막대한 《대장경》 인쇄지를 요구한 세조는 1냥의 닥도 백성에게 걷지 말 것을 명했다.[27]

사물의 차이가 열어놓은 틈

닥나무에 대한 기록은 가장 미로에 빠지기 쉬운 것 중 하나이다. 강원도 평강 등의 지역에서는 닥이 나지 않아 해마다 사람을 보내 서울에서 닥을 사서 공납貢納했다고 한다.[28] 방납防納 혹은 대납代納이라 불리는 일이다.

땅에 대한 전세, 노동에 대한 요역과 더불어 조선 초 세금제도를 구성했던 부賦 혹은 공물이라는 현물 세금은 운영이 쉽지 않았다. 방납은 제도의 빈틈을 뚫고 진작부터 이루어졌다. 닥과 같이 생산지가 한정된 사물은 평강처럼 비생산 지역의 방납을 강제했다면, 종이는 방납의 더 복잡한 문제를 드러냈다. 바로 현물에 대한 품질 기준의 문제였다. 돈이 아닌 현물로 지역 토산물을 받는 경우 물건의 품질 차이가 생기게 마련이다. 그런데 종이처럼 그 성질이 쉽게 포착되지 않는 사물의 경우 이 품질 규정을 마련하는 일이 쉽지 않았다. 이 규정의 공백을 틈타 방납을 자처한 중개인은 군현으로부터는 좋은 물건을 구매하는 값을 받고도 질 나쁜 물건으로 대납하면서 차익을 사취했다. 또 관청에서는 공납받은 좋은 물건을 쓸 만한 저가품으로 바꿔치기해 차익을 얻었다.

1516년 한 현의 공물貢物 주인이 세금으로 거둔 포 1필로 책지 25권을 바꾸어 교서관에 납부하려 했는데, 교서관에서 책지가 "좁고 색이 나쁘다"며 받기를 거부했다. 이런 경우를 점퇴點退라고 불렀다. 교서관

장인과 닥나무가 함께 만든 역사,
조선의 과학기술사

에서 요구한 넓고 흰 종이는 포 1필로 겨우 2권을 살 수 있었다.[29] 자신들이 바친 종이가 공납이 안 될 정도로 형편없다고 인정하는 공물 주인은 거의 없었다. 점퇴를 당한 이들은 대개 공납을 받는 이들이 멀쩡히 좋은 종이를 퇴짜 놓은 다음 품질은 나쁜데 값만 비싼 종이를 지정해 사오게 한다고 불평했다. 전주와 남원처럼 제지로 이름난 곳의 종이조차 품질 미달이라는 것은 납득할 수 없다는 푸념이었다. "외방에서 보낸 종이는 모두 쓸 수가 없다. 지전에서 사들인 종이가 아니면 바치는 데 합당치 않다"는 공물 수납관들의 주장은 종이의 품질보다 지전과의 거래가 점퇴의 더 큰 목적임을 암시했다.[30]

점퇴 기준에 대해 의문을 가진 이들은 서울에서 사서 방납하지 않으면 맞출 수 없는 공물 기준에 대해 "좁고 색이 나쁘다"는 것 이상의 분명한 기준을 요구하기 시작했다. 이에 명종 연간부터는 공납할 종이의 실물 표본인 견양지見樣紙가 만들어졌다.[31] 사물 자체로 비교 기준을 제시한 것이다. 하지만 이 물적 표본도 점퇴 기준에 대한 논란을 잠재우는 데는 실패했다. 불만은 그치지 않았고, 되레 견양지 공납까지 맡게 된 영암, 해남, 강진 등 전라도 군현에서는 이 공물 추가에 따른 어려움을 호소했다. 17세기 초반까지 전주, 남원의 품질 좋은 종이조차 퇴짜를 받아서 거칠고 얇은 종이, 지나치게 짧은 종이, 좋지 않은 종이가 대납됨으로써 관청의 종이 품질이 나쁘다는 지적이 계속되었다.[32]

각 기관에서 공물을 받아들여 되질을 하고, 무게를 달고, 물건의 품질을 살펴보고, 창고에 들여놓는 일은 창고지기를 비롯한 하급 관리와 하인의 몫이었다. 공물을 거부하는 것이 공물 납부 비용을 10배 이상 높일 수 있는 상황에서 이들의 거부권은 강력했다. 상인들은 이들과 결탁했다. 공물 수령 증서를 작성하는 명목으로 받는 작지가作紙價와 수고비가 되는 인정人情은 뇌물 성격을 띠었다. 이권을 키우는 데에 부패한 고위 관료도 가담했다.[33]

공물제도가 부패의 온상이 되어 백성의 세 부담을 늘리자 조야의 비판이 끊이지 않았다. 양성지는 이 문제에 대한 긴 상소를 1466년, 1469년 두 차례 올렸다. 1469년의 상소는 공물이 과중한 점, 토산이 아닌 것이 부과된 점, 수납 시의 퇴짜 놓기와 뇌물 문제로 인한 백성의 부담 증가, 수령이 자의적으로 현물세를 추가하는 문제 등을 망라하고 이를 막기 위한 처벌 규정도 담았다. 부당한 방납을 알고서도 묵인한 관리에 대해서는 파직하고 재임용하지 않는다는 엄격한 규정이었다.[34]

엄격한 처벌조항은 지속적으로 제정되었다. 공물 점검을 잘못한 사람을 쉽게 알 수 있도록 종이 한쪽 끝에 연월일을 쓰고 도장을 찍도록 한 법령과 공물을 퇴짜 놓을 경우 호조에서 재점검해서 이유 없이 점퇴한 것을 적발하는 법령이 《대전속록》에 실리기도 했다.[35] 1570년에는 삼정승의 주관하에 식견 있는 선비를 선임해서 공물 수수를 감독할 정공도감正供都監을 세웠다. 그러나 정공도감은 임금과 대신들 모두 "전례를 중시하고", 담당 선비들이 공물을 살피는 대신 "단지 문서로 필삭筆削하며 헤아렸으므로" 효과가 없다는 평가를 받고 2년 만에 혁파되었다.[36] 정공도감의 선비들이 적극적으로 현장에 나가 공물 점검 과정을 살피며 담당자들을 감시하는 대신, 그냥 전례를 따라 담당자들이 올린 문서의 내용만 살펴본 것이다. 소매를 걷고 하례들이 있는 현장에 뛰어든 관료는 드물었다.

장인과 닥나무가 함께 만든 역사,
조선의 과학기술사

움직이지 않는 사물의 힘

모든 노력이 실효를 보이지 못하는 와중에 이이李珥(1536~1584)는 한번 더 완벽한 규정을 만들 것을 요구한 공물제도 개혁안을 제안했다. 각 읍의 토산 여부와 형편을 조사한 후 꼭 그 고장에서 나는 것만 상세히 적시한 공안貢案을 만든다면 방납이라는 예외를 허용할 필요가 없다는 제안이었다.[37] 사물의 지리적·기후적 한계를 완벽히 반영해서 그 읍에서 생산되는 것만, 필요한 만큼 받자는 것이었다.

공안을 현실화하자고 제안한 사람은 이이가 처음이 아니었다. 1392년 처음 공안이 마련된 뒤 공안은 급속히 변하는 환경에 따라 개정을 거듭해왔다. 1408년에 제주도 공안이 처음 마련되고, 1413년에 그동안 세금을 내지 않던 평안도와 함경도에도 공납제가 적용되어 전국에 대한 공안이 마련되었다. 그만큼 농지가 활발하게 개간되고 인구가 늘어나고 있었다. 이 변화는 사냥이나 채취를 통해 얻던 공물의 획득에는 악영향을 미쳤다. 사슴과 호랑이 가죽, 녹용, 꿀 등을 얻는 것이 전보다 훨씬 어려워졌다는 호소가 이어졌다. 이에 1418년 "수기소산隨其所産, 즉 생산되는 것에 따른다"는 원칙이 공표되어 일부가 면제되기도 했다.[38]

각 지역에서 생산되는 토산품을 정확히 파악하는 데는 상당한 노력이 필요했다. 세종은 지리지 편찬과 함께 공물안 현실화를 위해 노력했고, 1439년 개정안을 마련했다. 소순규에 따르면 세종의 공안은 무엇보다 공물액을 각 관서 지출액의 대략 2배 정도로 상정해 재정 안정화에 힘을 썼지만, '수기소산'을 완성하지는 못했다. 세조 11년인 1465

년의 공안은 방납에 대한 대납 가격 기준을 산정해서 지역별 공물 총액에 형평을 맞추고 이를 예산과 연결 지었다. 중앙 예산과 재정 측면을 개선했지만, 역시 수기소산과는 거리가 멀었다.[39]

이후에도 공안 개혁은 주로 재정과 방납 폐해의 개선에 초점이 맞춰지며 공안 현실화에는 이르지 못했다. 이이는 1501년 이후 고정되어 있던 공물안의 개정을 제안한 것이었다. 그러나 그의 제안도 현실화되지 못했다. 5장에서 더 상세히 다루겠지만, 늘 변하는 수기소산의 토산물을 정확히 조사할 수도 없었고, 그것으로 품질 차이를 비롯한 다른 사물적 차이가 해결되지도 않았다.

상당한 노력을 기울였던 1454년 《세종실록지리지》의 종이 관련 항목은 공물제도에 압력을 가한 또 다른 사물의 법칙을 보여준다. 《세종실록지리지》에 따르면 전라도에서 종이가 생산되는 곳은 남원과 전주뿐이었다.[40] 물론 이는 사실과 다르다. 전라도 군현 중 남원과 전주가 각각 23명으로 지장이 가장 많았지만, 191명이나 되는 지장이 다른 군현에 안배되어 있었다.

《세종실록지리지》의 정보는 관찰사가 공물의 상납을 책임지던 정황을 반영했다.[41] 공물의 효율적 상납을 위해서 관찰사는 군현별 공물 생산능력만을 고려할 수는 없었다. 중앙에 특정 토산물을 상납할 때 그 지역에서 어떤 산물이 난다는 사실만큼 무시할 수 없는 현실은 바로 그 산물의 이동에 관한 것이었다. 닥과 종이를 비롯해 모든 사물은 일정한 부피와 무게를 가진다. 사람에 의해서건 말이나 수레와 같은 탈것에 의해서건 운반이 필요했고, 이 운반에는 많은 비용이 들었다. 잘 알려져 있듯 조선에서 수레 사용은 드물었다. 배를 이용해 일부 구간을 이동할

장인과 닥나무가 함께 만든 역사,
조선의 과학기술사

수 있는 경우는 그나마 나았지만, 그 경우도 공물의 이동은 복잡한 여정이었다. 산 중턱 같은 생산지에서 백성의 집까지, 백성의 집에서 관아까지, 관아에서 배까지, 배에서 포구까지, 포구에서 도로와 창고까지 등등 모든 구간에서 공물을 이동시켜줄 인력이나 수단이 필요했다.

임진왜란 당시 왜군의 침입 소식이 서울까지 가는 데 사흘이 걸렸다고 한다. 파발마를 바꿔 타며 밤낮없이 달린 속도였다. 보통 서울과 부산은 열흘이나 보름이 좋이 걸리는 길이었다. 닥이나 종이와 같이 부피와 무게가 만만치 않은 물건이라면, 운반하는 동안 말과 사람의 숙박과 식사비가 물건의 가치를 초과할 수 있었다. 이 때문에 백성에게 운반을 시키거나 운반비 명목으로 세금을 추가로 거두는 수령들이 많았다. 백성의 부담을 줄여주려는 훌륭한 수령들은 규정에 없는 이 같은 직접 운반비를 절약하고 납부 기한을 맞추기 위해 방납을 택하기도 했다. 전라도처럼 교통이 편리한 한두 현에 공물 생산을 전담시키는 것도 운반 비용의 부담을 더는 방법이었다.

종이가 일으킨 최초의 방납사건도 운반 부담이 원인이었다. 서울 근교 사찰의 한 승려가 종이 공물을 대납해주겠다며 전라도 수령들에게 제안하고 나섰던 것이다.[42] 지역의 종이 생산능력이 아닌 운반비 부담이 방납을 택할 만한 충분한 요인임을 자신한 제안이었다. 초기에 이런 제안을 거부하던 수령들도 점차 서울에 경주인京主人 등을 파견해두고, 서울에서 사서 내는 방식을 선호하게 되었다.[43]

공납제와 연계된 관영 수공업제도는 지속적인 조정이 있긴 했지만 결국 이러한 물리적 조건을 극복하지 못했다. 임진왜란 전까지 대략 두 가지 흐름이 생겼다. 우선 관영 수공업이 감당하지 못하는 생산량이나

도침, 기지와
새로운 장인 |

방납품 생산을 위한 민영 생산장이 늘어났다. 또한 닥처럼 가공 과정이 힘들고 양이 많은 것은 공물이 아닌 상품으로 시장에서 거래되기 시작했다. 세종이 600만 장의 책지 생산을 승려들에게 맡겼듯 종이 제작의 초기 민영 생산자는 대부분 사찰의 승려들이었다.

조선 초 개혁에 의해 토지, 노비 등의 생산 기반을 잃고 사회적 영향력을 차단당한 승려들의 자구책 중 하나가 종이 생산과 같은 수공업이었다. 승려들은 불경 제작을 통해 갈고닦은 기술이 있었고 사찰이 있는 산기슭에서 쉽게 닥나무를 재배하고 운반해올 수 있었다. 민영 생산장의 부상은 지방과 서울의 관영 지소에 영향을 미쳤다. 지방관들이 관영 지소를 포기하고 민영 지소에 의존하는 방식을 택하게 만든 것이다.

남원과 전주의 이름난 종이도 탈을 잡히는 마당에 관영 지소에서 감독해가며 종이를 만드는 것은 힘들여 책이나 잡힐 일이었고, 다시 제작해 공물로 납부할 경우 왕복 두 차례의 운반비를 포함한 비용만 더욱 증가했다. 하지만 이름난 남원과 전주의 종이에 의존할 수 없는 상황에서 조지서의 역할은 더 중요해졌다.[44] 또 방납에 필요한 종이를 시전에 구비하는 일은 입역하지 않고 있던 조지서 장인들에게도 기회였다. 이들이 조지서에서 복역하지 않는 기간 동안 생산한 산물을 안정적으로 판매할 수 있다면 조지서의 장인으로 등록되어 시전과 관계를 맺으며 생산하는 것은 나쁘지 않았다.

한 연구는 이런 과정을 조지서 자체의 성격이 관영이 아닌 '민영 제지 수공업장'으로 변한 것이라고까지 말했다. 하지만 81명이 동시에 근무할 수 없는 조지서 생산시설의 물리적 한계를 생각하면 그것을 조지서 자체의 민영화라고 말하는 것은 무리이다.[45] 관의 주문에 따른 생

장인과 닥나무가 함께 만든 역사,
조선의 과학기술사

산은 조지서에서, 시전 상인을 비롯한 민간의 주문에 따른 생산은 조지서 밖의 지장촌이라 불리는 곳에서 이루어졌다. 지방의 관영 지소가 철폐되고 조지서 인력이 강화되는 가운데, 새로운 민관 결합의 제지 체제가 조지서를 중심으로 형성되어간 것이다.

관영 수공업 체제가 붕괴되고 새로운 체제가 만들어지는 변화를 설명하는 연구들은 보통 방납을 비판하던 당시의 논자들처럼 사회정치적 측면에 초점을 맞추었다. 방납이 상업 세력의 형성과 발달이라는 긍정적 측면을 가져왔다고 보는 연구도, 부패한 관료와 상인, 하급 관리의 결탁이라는 부정적 이권 다툼에 초점을 맞춘 연구도 앞서 드러난 물리적 문제보다 관련자들의 이해관계에 초점을 맞췄다.[46]

방납에 얽힌 이해관계와 방납 금지 조치에 대한 저항을 면밀히 살피는 것은 몹시 중요한 일이다. 하지만 조선 초의 야심찬 제도를 무너뜨리고 새로운 제도를 형성시킨 핵심에는 사물과 인간이 얽혀있는 물리적 법칙이 있었다. 저절로 움직이지 않는 사물은 때로 인간 사이의 힘의 관계를 뒤흔들었고, 닥이 자랄 수 없는 기후지리 조건은 방납을 피할 수 없게 했다. 사물의 차이를 모르는 관리도 중요한 요소였다.

산기슭에서 자라고 있는 닥나무를 제지에 필요한 닥 껍질 상태로 변형시켜 이동시키기 위해서는 공물 목록에는 언급되지 않았던 수많은 사람의 기지와 시간이 소요되었다. 백성들은 물리적으로 제한된 자신의 힘과 시간을 지키려 닥밭을 태워버렸다. 닥은 이 물리적 조건 때문에 공물로 머물 수 없었다. 인간의 근력을 쓰고, 말이나 수레에 실어 보내는 '저에너지' 방식이라 해도, 사물의 변환과 이동에 소요되는 에너지는 기계와 비행기를 이용한 에너지와 다르지 않았다. 그런 에너지가 이 모든 참여자들의 힘과 시간을 통해 얻어져야만 물질은 변형되어 이동했다. 이 타협 불가능한 사물의 조건은 조선의 생산 체제를 구성한 여러 주체에게 위기와 기회를 만들어주었고, 그 위기와 기회에 대한 다양한 반응이 각축을 벌이며 협상의 경로를 바꾸었다.

닥은 서울이나 각 관영 지소로 모여드는 대신 산기슭의 사찰 주변에 번성하다가 상품이 되어 시장에 나왔다. 관료들의 물리적 법칙에 대한 지속적 무관심은 또 다른 기회를 만들었다. 종이를 품평할 기준을 정하는 데도 서툴렀고 견양지를 대보려고 하지도 않았던 관료들은 남원의 지소에서 잘 만든 종이가 거칠거나 짧고 길다는 애매한 말만을 듣고 시전의 더 비싼 종이를 사들였고, 결국 비싸고 나쁜 종이를 써야 했다.

꽤나 정교했던 관영 수공업제도는 사물을 둘러싼 노동, 시간, 기술을 상당히 간과했고, 사물을 제대로 보지도 알지도 못했다. 사익을 추구하는 이들에게 이러한 사물에 대한 무관심과 침묵은 언제나 유리했다. 관리들이 보지 않으니, 사물을 달아보고 창고에 넣는 사람들이 큰 힘을 가졌고, 그 힘에 다시 관리들이 얽혔다. 보아주든 보아주지 않든 제 법칙을 행사하게 마련인 사물은 인간 사회의 복잡한 얽힘을 파악하기 위해서도 눈여겨봐야 할 부분이다.

장인과 닥나무가 함께 만든 역사,
조선의 과학기술사

홀로 남은 조지서와
늘어나는 종이 규격

사물에 주목하지 않을 수 없는 집단인 지장들의 목소리가 이 같은 협상에서는 거의 드러나지 않았다. 이런 탓에 조지서의 지장들은 묵묵히 조지서 안팎에서 지전 상인들이 마련해준 재료로 종이를 만들어 넘겨주던, 지전 상인의 지배를 받는 '손'에 불과했으리라는 추측만 있다. 그러나 조지서 지장들은 머물거나 도망가거나, 기대에 부합하거나 어긋나는 종이를 만들며 자신들의 뜻을 잘 표출했다. 지장들이 마치 붙박이 로봇처럼 자신들이 놓아둔 곳에서 자신들이 정해준 규격에 따라 종이를 만들어주길 바랐던 관리들은 이들의 행동이 예상을 벗어나고, 이들이 만든 종이가 기대를 벗어날 때 당황한 듯 기록을 남겼고, 규격을 추가하기도 했다. 도침에 대한 더 뚜렷한 목소리를 듣기 전에 지장들이 행동으로 남긴 이러한 목소리를 그들이 남긴 사물을 통해 살펴보자.

　사물의 법칙과 자주 어긋나고 사물을 다루는 사람들의 복잡한 셈에도 무심하던 전국적 관영 수공업 체제는 임진왜란(1592~1598), 정묘호란(1627), 병자호란(1636~1637) 등 전란을 거치며 공식적으로 포기되었다. 공물제도 폐지를 근간으로 하는 대동법의 시행과 함께였다. 어떠한 감시와 처벌로도 사라지지 않던 공물 폐해를 막을 방법이 공물제도의 폐지라는 점은 분명했고, 전쟁으로 흩어진 민심을 되돌려야 했다.

그럼에도 모든 세금을 땅에 대한 전세로 일원화하는 대동법의 시행은 더뎠다. 서울에서 가장 먼 곳에서부터 시행되었어야 할 것 같은 대동법은 서울에서 가장 가까운 경기도부터 시행되었다. 1608년이었다. 이를 강원도로 확대하자는 1610년의 청은 받아들여지지 않았고, 강원도 1623년, 충청도 1651년, 전라도 1658년, 경상도 1677년, 황해도는 첫 시행 후 101년째인 1708년에야 시행되었다.[47]

첫 시행부터 닥과 재 같은 종류의 현물세는 대부분 폐지되었다. 하지만 종이는 예외였다. 1658년 전라도에도 대동법이 시행되며 청으로 보내는 방물지에 대한 공납까지 폐지했지만 잠시뿐이었다. 청과의 관계가 아직 안정되지 않은 상황에서 예상치 않은 요구가 있을 수 있었고, 종이 품질에 대한 트집이 있을 수도 있다는 우려 때문이었다. 청은 1643년에 174만 장, 1649년에 45만여 장의 종이를 원했고, 효종 1년인 1650년에는 10월과 12월 두 차례에 걸쳐 총 231만 장의 종이를 요구했다. 섭정왕의 장례에 날려 보낼 조선의 흰 종이를 추가로 원한 것이다.

조선의 협상력이 뛰어났다고 할 수는 없었으나, 청은 점차 방물을 줄여주며 정해진 규칙을 넘는 요구는 삼갔다. 정해진 종이 방물方物은 1회 22만 장까지였다. 하지만 매년 1회의 정기 방문 외에 별사가 방문했을 때도 종이는 빠지지 않았다. 종이 관련 방물은 전체 방물 예산의 3분의 1 정도였다.[48] 이렇게 중요한 방물인 종이는 1661년 다시 경상, 전라, 충청에 절반을 나눠 맡겼다. 방물용 종이는 보통 유명무실했던 지방의 관영 지소가 아니라 지방 사찰에서 생산되었다.[49] 직접 종이를 생산해 납품하는 관영 지소는 방물지의 절반을 담당하는 서울의 조지서가 거의 유일했다. 조지서는 1882년 폐지되기까지 도자기를 생산하는 사옹원司饔院의 광주 분원과 함께 가장 늦게까지 유지된 관영 생산 기구였다.

떠나는 지장들의 힘

이 조지서 지장들의 추이는 추적이 힘들다. 임진왜란 전까지 방납이 지속되는 동안 조지서의 지장들은 비교적 그 수를 유지한 것으로 보인다. 임진왜란 전인 1460년에 74인의 지장이 있다는 기록이 있다. 정원인 81인보다 7명이 부족한 상태이지만, 부족하다는 말 없이 74명으로 기록되어 있고, 그 밖에도 조지서의 지장이 부족하다는 호소가 없는 것으로 보아 임진왜란 전까지는 적어도 지속적으로 충원되고 있던 것으로 추정된다.[50]

하지만 임진왜란 동안 시설이 상당히 파괴되어 지장들이 갈 곳이 없게 되었고, 이후로도 이 상황은 오랜 기간 개선되지 않았다. 1596년 승문원 사자관의 상소에 따르면, 다른 관사들은 대부분 복구되었지만 조지서는 복구되지 않아 표지와 자문지까지 지방에서 공급받아서 품질이 문제가 되었다. 우선 열 칸 정도의 집만 마련해준다면 닥과 장인, 도침 도구 등이 모두 있기 때문에 쉽게 생산량을 회복할 수 있다고 상소했다. 상소는 더 실력 있는 승려 장인을 충원하자는 말도 덧붙였지만 관사가 없음에도 넉넉한 수의 장인이 남아 있었던 것이다.

이 복구안은 받아들여지지 않았다. 표지와 자문지는 중요하지만 호조가 조지서 주변에 지장을 모으고 돈을 주어 종이를 뜨고 있는 당시의 체제에 문제가 없다는 견해였다.[51] 지장촌이 공용 종이 공급처 역할을 충분히 한 것이다. 하지만 이 임시방편은 충분하지 못했다. 1626년까지도 복구가 이루어지지 않자, 지장은 흩어져서 4명이 남았다. 이런 상황을 담아 1626년 조지서를 복구해야 한다는 안이 다시 제기되었고, 결국 재가를 받아 조지서는 재건되었다.[52]

조지서에 지장을 충원하려는 노력도 이루어졌다. 1713년 기록을 보면 조지서의 지장 수는 81인보다 늘어난 99인 정원으로 운영되기 시작했다. 1706년에는 각 읍에서 각각 5명의 지장을 추천하도록 하는 조례가 만들어졌고, 1737년에는 대읍은 8명, 중읍은 6명, 소읍은 4명을 채우도록 하는 규례가 만들어졌다.[53] 도는 명시되지 않았지만 삼남으로 국한해도 매우 많은 수의 지장을 추천받고 추천을 강제한 것은 그만큼 지장들이 자주 떠났고 지방에서도 조지서 입역을 원하는 지장을 찾기 어려웠던 현실을 보여준다.

1753년 영조가 공납 관련 어려움을 모은 자료에는 지장의 목소리도 담겨있다. 이들은 정해진 표지와 자문지 일은 문제가 없지만 관청과 세도가의 잦은 침해로 "마을의 어리석은 백성[村里蠢珉]"들이 난리를 만난 것처럼 떠나고, 원래 50여 명이던 지장이 이제는 7~8명도 부지하기 힘들게 되었다고 호소했다.[54]

장인과 닥나무가 함께 만든 역사,
조선의 과학기술사

각 관청의 종이 품격

지장들이 점차 조지서를 버리고 떠나는 이 상황은 종이 생산에 어떤 영향을 주었을까? 관청의 종이 품질이 나빠졌다는 불평이 가장 컸던 때는 앞서 보았듯 방납 문제가 심각했던 17세기 초 광해군 연간이었다. 조지서가 파괴되고 조지서 장인들이 흩어지기 시작하는 17세기 중반에는 도리어 종이가 과하게 두껍고 좋다는 불평이 관민 양쪽에서 커졌다. 조정과 관리들은 이제 종이의 품질을 규정에 맞게 떨어뜨리기 위해 애썼다.

대동법 시행과 함께 종이 공납 체계가 바뀐 것이 이런 종이 품질 변화의 한 요소였다. 호조 산하의 장흥고長興庫와 풍저창豊儲倉에서 모든 종이 공물을 받은 후 매월 각 관청에 지급하는 방식이었고, 장흥고와 풍저창에 종이를 공납하는 담당자도 지정되었다. 삼남(경상, 전라, 충청)의 방물지를 담당한 방물지계 공인方物紙契貢人과 지전 상인이었다. 각 관청이 규정보다 좋은 종이를 쓴다는 호소는 1626년부터 등장했다. 대개 등급이 높은 관청에서 그 하인들이 장흥고에서 납품하는 종이를 점퇴하며 더 좋은 종이를 요구한다는 호소였다. 장흥고 담당자에 따르면 관청마다, 또 용도마다 정해진 종이가 있었음에도 그냥 평범한 백지를 쓸 일에 저주지를 원하고, 저주지를 쓸 곳에 초주지草注紙를 쓰려고 했다. 초주지는 그 이름에는 풀(초)이 들어갔지만 저주지와 마찬가지로 닥나무로만 만든 종이로, 도침이 더 많이 되고 두꺼워 어람용 책자 등에 쓰는 최고급 종이였다. 저주지는 각 관청의 일상 업무에 쓰는 백지 윗단계로 계목啓目 작성 등에 쓰이는 종이였다.[55] 관리들이 이 규정에 아랑곳없이 더 품격 높은 종이를 일상적으로 쓰고 싶어 했던 것이다.

이를 막기 위한 각종 금령과 규제가 이어졌다. 우선 약 포장을 위해 종이가 두꺼워야 하는 내의원內醫院을 제외하고 모두 저주지만 쓰라는 명이 내려졌다. 하지만 관리들이 저주지의 품질을 계속 문제 삼아 결국은 초주지에 가까운 품질의 저주지를 받아 쓴다는 지적이 나왔다. 1649년에는 왕이 쓰는 문방구를 관리하는 액정서도 예외를 두지 않는다는 조항을 넣으며 품질 제한을 강화했다.[56] 종이 규격 기준도 거듭 조정했다. 백지, 저주지, 초주지 순으로 등급을 정하고 종이별로 크기를 다르게 해서 쉽게 구별되도록 한 것이 첫 시도였는데, 그럼에도 정해진 등급에 미치지 못한다며 더 좋고 두꺼운 종이를 요구하는 상급 관청의 태도는 바뀌지 않았다. 관청의 격에 맞게 종이의 품격을 올리겠다는 것이다. 이에 따라 등급별로 무게에 대한 기준이 추가되었다. 20장 1권, 혹은 좋은 종이는 1장 단위로 무게 기준이 정해졌고, 1683년에는 근거 없는 점퇴에 더 잘 대응하기 위해 풍저창을 장흥고와 통합했다.[57]

그 결과 1698년에 장흥고 제조가 하인들에게 자와 저울을 휴대시켜 무리한 요구를 물리쳤다는 이야기가 있고, 1716년에 거듭 타이른 결과 중앙 관청의 지품이 좀 떨어졌다는 이야기가 있었다. 하지만 1713년, 1741년, 1745년, 1760년, 1784년, 1794년 등에도 규정보다 더 좋은 종이를 요구하고 쓴다는 이야기가 이어졌다. 상급 관청에서 규정을 무시하고 장흥고 하인에게 퇴짜를 놓으며 뇌물을 요구하기도 한다는 것이었다.[58] 1745년 방물지계 공인의 호소에 따르면 원래 3근 10냥인 대호지大好紙 무게가 5근 10냥 혹은 6근까지 올라갔다.

방납 사례와 다른 점은 상급 기관의 이러한 행태에 대해 새로운 규칙을 정하고 종이 규정을 정교하게 다듬는 것으로만 대응했을 뿐 처벌

장인과 닥나무가 함께 만든 역사,
조선의 과학기술사

규정은 상당 기간 논의되지 않았던 점이다. 1785년 《대전통편》에서야 종이 품질 규정을 어긴 관리를 파직하고 하리의 죄를 다스린다는 규정이 나왔고, 마침내 1794년 임금의 명을 어긴 죄로 제서유위율制書有違律을 적용하자는 제안이 받아들여졌다.[59]

과거 시험지의 품격

더욱 고치기 힘들었던 것은 양반들의 개인적 선택이라고 볼 수 있는 과거시험용 종이, 즉 시권試卷 혹은 시지試紙의 품질이다. 과거시험에 너무 두꺼운 종이를 사용하지 말라는 명은 1649년 처음 내려진 것으로 보인다. 유생들이 여전히 두껍고 좋은 종이를 고집하자 1651년에는 이 규정을 널리 알리기 위해 시권의 견양지를 만들어 각 도에 보내고, 그보다 두꺼운 종이는 시험관이 답인踏印을 찍어주지 않아 제출할 수 없도록 금령을 강화했다.[60]

그러나 이 뚜렷한 규정도 효과를 발휘하지 못했다. 1660년 과거시험에서 응시자들의 시권을 규정대로 검사하고 답인踏印을 하니 응시자 등록[錄名]이 제대로 되지 않은 채 시험일이 다가왔다. 결국 "견양지보다 조금[秒] 좋은 종이는 답인을 하고 상당히[頗] 좋은 경우만 일절 금하는" 애매한 규정을 추가해 시행해야 했다. 예조는 시험 때마다 견양지보다 좋은 종이는 답인을 찍지 말 것을 거듭 명했지만, 뇌물을 받고 답인을 찍어준다는 이야기도 나왔다.[61]

1700년에는 여전히 두꺼운 종이를 쓰는 것에 변화가 없다며 등수에 관계없이 종이가 두꺼운 경우는 탈락시킨다는 규정을 시험장 사목事目

에 추가했다. 1702년에는 왕이 장원급제 답안을 살펴보다 시권이 너무 두꺼운 것을 발견해 자격을 박탈했고, 그 시권을 답인한 담당자까지 죄를 물었다. 이 규정은 1706년의 《전록통고典錄通考》에도 실렸다.

시권의 규격도 명시했다. "하하품下下品의 도련지搗鍊紙를 사용하고, 길이와 규격은 똑같이 만든다. 종이의 길이는 1자 8치이고, 포백척布帛尺으로 측정한다"는 것이었다.[62] 그러나 응시자들이 지품의 좋고 나쁨에 등락이 달려있다고 믿고 "서로 다투어 사치를 숭상하여" 두꺼운 종이를 쓴다는 호소는 그 후로도 지속되었다. 외교문서용 최고급 자문지를 뒤에 덧대어 쓰는 일까지 있었다. 1737년에는 시권 가격을 정해 더 비싼 종이를 찾지 못하도록 막았지만, 고가를 주고 더 좋은 것을 몰래 거래하는 일이 끊이지 않았다. "경성 이외의 선비들은 법이 정해진 것을 모른다"는 것이 시중의 말이었다. 1750년에도 초시 합격 후 종이 때문에 자격을 박탈당한 이가 다음 회시會試 자격을 요청했다가 거부당하는 일이 있었다.[63]

사물과 감각의 분리

좋고 두꺼운 종이에 대한 집착처럼 보이는 이 현상은 신기할 지경이다. 장흥고 하인이나 공인들이 무리하게 더 높은 등급의 종이를 공급하며 200여 년을 지탱했다는 것도 놀랍다. 여기에는 두 가지 요소가 완충제와 촉매제 역할을 한 듯하다. 이 같은 추정은 다음의 몇 가지 측면에 근거한다.

첫째, 공인에게 주는 공가가 시가보다 훨씬 높게 책정되어 있었다는

장인과 닥나무가 함께 만든 역사,
조선의 과학기술사

점이다. 대동법의 실시와 함께 공인에게 공납을 맡기면서 책정한 공가는 공납이라는 막중한 일을 물가의 등락이나 각종 어려움 속에도 기꺼이 맡을 수 있도록 넉넉히 책정되었다. 품목에 따라 차이가 있지만 평균 시가의 3배 정도였다. 이 가격에는 운송비는 물론 궁궐의 여러 일, 이를테면 화재 시 재건에 힘을 보태는 비용도 포함되었다. 공인들의 호소에 따른 인상분도 있었다.[64] 상급 관청 하인들이 뇌물을 요구했다는 이야기는 드물게 있었지만, 이들이 좋은 종이를 받아서 팔고 나쁜 종이를 대신 올렸다는 방납 때와 같은 이야기는 없었다. 각 관청에서 실제로 "지나치게 좋은" 종이를 썼고, 상급 관청의 관리들도 하인들의 종이 승급 요구를 승인하고 말리지 않았다. 원가보다 훨씬 비싼 값을 주고 있으니 좀 더 좋은 종이를 요구하는 것이 무리가 아니라고 보았을까?

둘째, 꽤 정교해 보이는 종이 규격이 실제 종이 품질을 정해주지 못했고, 양반 관료들이 종이의 물리적 성질을 제대로 파악하지 못했다는 점이다. 양반가에 소장된 고문서 1,504건을 분석해 시기별·문서별 특징을 살펴본 손계영에 따르면, 실제로 과거시험의 결과를 알려주는 홍패에 사용되는 상품 도련지의 경우 비교적 $0.613{\sim}0.635\text{g/cm}^3$ 사이의 높은 밀도를 안정되게 나타내고 시기별로 뚜렷한 변화가 없었다.

반면 임명장인 고신교지告身敎旨 종이는 임진왜란 전후로 품질에 크게 차이가 났다. 627건으로 양반가에 가장 많이 남아 있는 문서인 고신교지는 저주지를 쓰도록 규정되어 있었는데 임진왜란 후로 밀도가 현저히 떨어졌다. 종이가 좋아진다는 관료들의 지적과 반대였다. 임진왜란 전의 평균밀도가 0.603g/cm^3인 반면 그 직후 급격히 떨어져 0.346g/cm^3이 된다. 1650년과 1700년 사이 좀 향상되어 그 상태를 대략 유지했

는데 1650년 이후 평균밀도는 0.476g/㎤으로 임란 이전 수준을 회복하지 못했다.[65]

1725년 영조는 종이 품질이 너무 좋으니 관리들을 꾸짖으라는 말에 "요즈음의 종이는 그 두께는 혹 전보다 더하나 그 품질은 전보다 훨씬 못하다"라고 했다.[66] 손에 두껍게 잡히고 묵직하여 과하게 좋다고 관리들은 걱정했지만, 영조는 동의하지 않았다. 지방 관청에서 쓰는 대부분의 종이나 시중의 백지는 평균밀도가 0.2g/㎤ 정도라고 한다. 중앙 관사에 들어오면 모든 종이가 단단하고 좋게 느껴질 것이다. 또 매일 자신이 다루는 종이가 아니라면 여러 장을 겹쳐야 무게 차이를 알 수 있다. 밀도에 대해서도 무게에 대해서도 관리들의 감각은 정확하지 않을 수 있었다.

드디어 종이 품질이 나빠지고 있다는 1849년의 이야기에 따르면 백면지 무게는 옛날에 100권이 200여 근이었는데, 해마다 점차 떨어져서 180근이라고 했다. 미심쩍어 옛것을 가져와 무게를 달았더니 그렇게 달랐다는 이야기였다.[67] 백면지는 대호지, 소호지와 함께 조공 방물지이므로 규격이 분명했다. 《대전통편》에도 《대전회통大典會通》(1865)에도 변하지 않은 백면지 규격은 길이 2자 4치 5푼, 너비가 1자 7치 5푼, 1권 무게가 3근 14냥이다. 16냥이 1근이니, 100권이면 387.5근이다. 좋다는 옛날 종이도 기준의 절반을 좀 넘는다. 원 기준의 절반을 살짝 넘긴 옛 종이가 좋다는 평을 받았다. 무게라는 기준을 더하고, 더 많은 종류의 종이에 대해 규격을 정했지만, 양반 관료들이 만든 종이 규격은 사물로 된 종이를 정확하게 구분하지 못했고, 이들이 종이에 대해 남긴 품평은 서로를 혼동시킨 듯하다.

장인과 닥나무가 함께 만든 역사,
조선의 과학기술사

사물이 말하는 장인의 기지

양반들의 이런저런 종이 품평에 목소리를 내지 못했던 장인들은 이 혼동 속에서 어떤 역할을 하고 있었을까? 시권이 두꺼워지는 것을 지적하는 상당수 관료들은 두꺼운 종이를 사기 위해 다투는 시험자들뿐만 아니라 지장에게도 책임을 물어야 한다고 했다. 감히 자문지까지 쓴 일에 대해 조지서 지장의 범죄 사실을 엄중하게 따지고 지방 응시자들의 경우는 지방의 지장에게 죄를 물어야 한다거나, 지방에서 온 이들이 정해진 종이가 있는 줄 모르고 더 두꺼운 종이를 찾는 것은 지장도 금령을 어긴 것이니 두꺼운 종이를 쓴 선비를 찾은 후에 만들어낸 지장도 함께 찾아서 벌하자고 했다. "종이값을 많이 취하려고 정도에 지나친 종이를 만들어 사적으로 매매"하는 것이 괘씸하다는 것이었다.[68]

지장들이 이익을 보고 있다는 판단에서 나온 말이었다. 하지만 1753년 영조에게 고했던 지장의 말은 달랐다. 그에 따르면 정해진 종이를 지전에서 구해야 하는 것을 어긴 것은 지장들이 아니라 각 아문, 관가 및 이름난 집안의 사람들이었다. 실제로 군문 등이 세도가의 노복들과 짜고 사설 종이 가게를 차려 이익을 취한다는 보고도 있었다.[69] 이들은 조지서에 와서 품질을 검사한다며 시권을 가져가고는 돈도 주지 않았고, 값을 요구하면 질질 끌다가 시가의 절반도 안 되는 돈을 주었다. 심지어 지장을 데려가 가두고 시지를 만들도록 감독하며 때리기까지 하여 지극히 원통하다고 했다. 또한 각 아문, 관가 및 이름난 집안 심부름꾼들은 시지와 책지를 도침할 때 마을에 와서 허송세월하며 밥과 술을 축내고 아무에게나 욕을 하고 행패를 부렸다.[70] 질 좋은 종이를 납품하며 잘 지내던 지장촌 사람들과 지장이 떠나는 이유였다.

　임진왜란 전에는 관 소속 장인들을 집안 노비인 양 값을 주지 않고 일을 시키는 경우가 꽤 흔했지만 나랏일에서는 공짜 노동이 거의 사라지고 있었다.[71] 그러나 그런 흐름에 아랑곳하지 않고 비싼 시지를 권력으로 빼앗으려는 아문이나 세도가들이 있었고, 일부는 규정을 무시해가며 늘어나는 과거 응시자들을 대상으로 사적 이익을 취하기까지 했다. 100년이 넘도록 정도에 지나친 종이를 구하고 쓰는 일을 막지 못한 관료들은 이렇게 생산과 판매에까지 뛰어든 세도가의 행태를 지적하지는 않았다.

　영조로부터 발언 기회를 얻은 지장은 이런 행태를 드러냄으로써 조정의 규정에 어긋난 종이를 만든 것이 자신들의 뜻이 아님을 밝혔다. 도망친 마을 사람과 장인들은 부당한 권력 행사를 이기지 못한 피해자라 할 수 있고, 떠나지조차 못한 이 지장은 도망도 못 간 더 무력한 주체로 보일 수도 있다. 하지만 기회가 주어지자 이 지장은 무도한 권력 행사의 부당함과 그로 인한 종이 생산의 문제를 목소리 높여 지적함에 주저하지 않았고, 지장들의 도피를 이런 부당함을 용인하지 않는 결단으로 정당화했다.

　지장들은 양반 관료들의 생각과는 다른 자신들의 생각을 종이를 통해 더 뚜렷이 드러냈다. 우선 이들은 중량 기준에 절반 가까이 미달되는 백면지를 오랫동안 양반들의 점검에서 통과되도록 할 수 있었다. 백면지는 다른 종이와 달리 양반들, 때로는 왕이 직접 점검하는 방물지였다. 하지만 지장들은 양반 관료들이 모르는 뭔가를 알았고 구현할 수 있었다. 이들은 그 견고한 지식과 기술력을 바탕으로 양반들이 써놓은 기준과 다른 종이를 꾸준히 통과시켰다.

이들은 또 종이 품질이 좋아진다는 양반들의 목소리가 높아지는 동안 고신교지처럼 중요한 종이조차 자기들 식으로 밀도를 낮춰 만들었다. 밀도가 낮은 종이는 도침을 덜한 종이다. 도침을 덜하면 종이의 두께는 더 두꺼워진다. 종이를 두껍게 뜨는 것은 얇게 뜨는 것보다 쉽다. 고신교지의 낮아진 밀도를 보면 이들은 종이를 두툼하게 떠서 잘 감각되는 두께로 무게감을 주고, 기준이 없는 밀도는 자신들이 정한 듯하다.

밀도는 눈으로 보아서는 알기 힘든, 사물에 밀착된 이들이 더 가깝게 인지하는 성질이다. 관료들이 종이 품질에 대해 혼선을 빚은 것과 달리 종이를 직접 만드는 이들의 선택은 종이에 각인되었다. 임란 전보다 도침이 덜 된 낮은 밀도의 저주지는 상품 도련지보다는 낮아야 할 저주지의 격에 오히려 맞았다. 지장들은 종이 규격을 아는 듯 모르는 듯 도침을 아끼고 두께를 높이며 관료들을 혼동시켰다.

새로운 장인들

지장들이 뚜렷한 견해를 갖고 종이 규격을 조절하고 있다거나, 이들이 만든 사물이 양반들의 품평대로가 아닐 가능성은 거의 이야기된 적이 없다. 이들이 붓을 들지 않았고, 붓을 든 양반들이 보고 남긴 기록이 이들의 생각과 성과를 대변했기 때문이다. 사물에 밀착된 지장들의 언어는 권위 있는 문헌에는 특히 영향을 미치지 못했다. 《대전통편》과 《대전회통》의 조지서 정원은 여전히 목장 2명, 염장 8명, 지장 81명이고, 외공장조의 도별 지장의 수도 《경국대전》의 지장 숫자와 같았다. "400년의 시차에도 불구하고 지장의 수가 크게 달라지지 않았다"는 인상마저 준다.[72] 사물의 이치를 충분히 헤아리지 못해 일찌감치 삐걱거리다 공식적으로 폐지된 거대한 관영 생산 체제가 문서로는 이렇게 영원해 보일 수 있었다.[73]

다행히 도침에 대해서는 그 역동적인 변화의 궤적을 남겨놓은 문서가 있다. 최근 들어 많이 활용되는 《의궤》와 《등록》이다. 각종 서적 간

장인과 닥나무가 함께 만든 역사,
조선의 과학기술사

행과 편찬 사업에는 어김없이 도침이 진행되었다. 《의궤》와 《등록》은 도안까지 사용하며 공들여 만들 때도 있지만 대부분 꾸밈과 설명이 없는 무미건조한 기록물이다. 하지만 도침에 배치된 인원, 장소, 도구, 환경 등의 변화를 살펴볼 수 있다. 특히 실록과 왕실 족보인《선원보璿源譜》를 간행하기 위한 꾸준한 작업은 시기별 도침 작업의 변화를 보여준다. 앞서 살펴본 지장은 영조에게 18세기 중반 조지서에 지장이 일고여덟도 남지 않았다며 그런 상황을 만든 관청이나 세도가의 행태를 비판했다. 《선원보》 편찬에 차출된 이들은 그와 함께 조지서에 남은 이들이다. 이들은 이 작업의 조건을 어떻게 받아들이거나 거부하고, 또 협상했을까?

느긋한 협상가

우선 도침에 대한 지장들의 요구를 가장 고집스럽게 보여주는 자료를 통해 그들의 생각을 읽어본다. 1744년 창덕궁에 큰 화재가 났다.《승정원일기》가 보관된 승정원도 상당 부분 불탔다. 당시 보관 중이던 1624년 이후의 일기 중 1722년분까지는 남은 것이 없었다. 영조는 1746년 이를 복원하기 위한 일기청을 세웠고, 133년분 일기를 일부 혹은 전부 복원하는 작업이 19개월간 진행되었다. 1748년 편찬된《개수일기등록改修日記謄錄》(이하《개수등록》)은 이 과정에 대한 기록이다. 1737년 장원 급제로 관직에 나왔던 홍계희洪啓禧(1703~1771)가 이철보李喆輔(1691~1775), 임정任珽(1694~1750)과 함께 당상을 맡았다. 이철보와 임정은 각각 99일과 75일을 일했고 홍계희는 364일을 근무하면서 개수 작업을 총괄했다.《개수등록》은 상세함이 특히 돋보인다. 일기를 옮겨 쓰는 서역書役과 교정을 담당한 153명의 이름과 그들이 쓴 종이의 수를 장 단위까지 기록했고, 전교傳敎, 계사啓辭, 이문移文, 감결甘結, 내관來關 등 각 아문과 일기청 사이를 오간 문서도 빠진 것이 없어 보인다.[74]

이 방대한 작업에 엄청난 양의 종이가 필요했음은 말할 것도 없다. 1746년 5월 16일 일기청의 당상으로 임명된 이들은 5월 21일 업무 규정인 사목事目과 편집 원칙이라 할 수 있는 범례凡例를 정했다. 추후 보완을 염두에 두었던 이 사목에서 가장 먼저 조정된 것 중 하나가 종이 관련 규정이었다. 홍계희는 5월 22일 영조에게 "지난번에 보통 종이[상지常紙]를 쓰라고 말씀하셨는데, 보통 종이는 오래지 않아 손을 타서 찢어질" 것이라며 두꺼운 백지[후백지厚白紙]를 도침해서 쓸 것을 청하여 허락을 받았다. 이 개수 작업에 소요된 종이는 5만여 장이었다. 19개월 간의 만만치 않은 도침 작업이 시작된 것이다.[75]

도침된 종이가 질기다는 것은 알았지만, 홍계희가 도침 작업의 성격을 처음부터 이해한 것 같지는 않다. 그가 처음에 한 일은 병조에 도침군擣砧軍과 건장한 군사壯軍를 요구한 것인데, 8명을 청했다가 10명으로 올리는 등 인원만 조정했을 뿐이었다. 도침 작업을 단순히 힘든 노역으로만 인식한 것이었다. 하지만 홍계희의 이런 생각은 도침을 담당한 지장 중 한 명인 이진건李震健의 소지所志를 받고 이를 호조에 전달해 관철시키는 과정에서 변해갔다.

이진건은 자신들이 급료를 받지 않기 때문에 창고지기 등 다른 개수 사업에 근무 중인 군인에게 주는 것과 똑같은 점심값이 아닌 하루 세 끼분의 요미料米와 무명 3척 5촌의 실질적 급여가 지급되어야 한다고 청

장인과 닥나무가 함께 만든 역사,
조선의 과학기술사

원했다. 홍계희는 이 요구가 정당하다고 보고 호조에 전달했지만, 호조에서는 응답이 없었다. 홍계희는 다시 이진건의 청원을 요약해 보내며 2,000장당 8명의 장인이 3일 도침하는 것으로 정식을 만들어 4,000장을 도침한 값을 계산해 지급해줄 것을 청했다.[76] 이는 하루에 장인 한 사람이 약 83장의 종이를 도침하는 속도이다.

도침 방법은 앞에서 말했듯 확실히 알 수 없다. 초주지와 저주지의 밀도 차에서 보듯 경우에 따라서도 다르다. 하지만 옷감도 한 겹으로 놓고 다듬이질을 하지는 않는다. 대개 종이 수십 장이 한 묶음이다. 하루 작업 시간을 8시간으로 생각하면 이 한 묶음의 종이에 대해 1분에 10번이라는 매우 느린 속도로 두드린다고 가정해도 4,800번 방망이질을 하게 된다. 찢어지거나 털이 일어날 과도한 횟수로 보인다. 아주 특별한 다른 이유가 없다면 장인들이 제시했을 2,000장당 8명에 사흘은 아주 넉넉한 요청이다. 그만큼 자신들의 공임工賃을 높게 잡았다고 봐야 한다.

호조는 이 공임 요청에 동의하지 않았다. 지장들이 "원래의 급료가 있고, 또 전례가 없다"는 것이다. 하지만 홍계희는 급료를 받는 지장이 8명 중 4명뿐이고, 다른 도감에서 하는 일시적인 도침 작업과 일기청 작업은 그 중요도나 성격이 다르다고 강조했다. 전례가 없는 일인 만큼 전례를 따를 수 없다는 것이다. "많은 종이를 다듬질하는 데 오랫동안 고용되었으니, 급료가 지급되지 않는 장인이 극구 원통하다고 하는 것은 당연하고 공가公家에서 일을 부리는 방도"가 아니라는 것이다. 이 호소에도 호조는 여전히 전례가 없다며 거부했지만, 지장들도 홍계희도 포기할 생각은 없었다. 새로운 상황에 대해 "전례를 따진다면 한 가

도침, 기지와
새로운 장인

지 일도 시행할 수 없을 것"이고, 호조가 상황을 잘 모르는 것 같다며 거듭 호소했다.

8월에 이렇게 두 차례 공문이 오갔지만 여전히 호조가 움직이지 않자, 11월에는 종이를 도침해 쓰는 일은 영조의 직접 재가를 받았음을 강조하며 다시 요청했다. 급료 받는 지장 4명은 일기청 일을 할 수 없어 빠졌고, 급료 없는 지장 4명이 2,000장을 도침하는 데 걸린 시간을 7일로 계산했으니, 도침을 끝낸 2만 장에 대해 70일 치 요미를 지급하라는 것이다. 2,000장당 8명 3일에서 4명 7일로 오히려 늘어난 요청이었다. 결국 호조는 12월에 일부를 병조에서 지원하는 조건으로 마침내 급여를 지급했다.[77]

높은 공임 외에 도침을 둘러싼 또 다른 변화도 보인다. 우선 홍계희는 8명, 10명으로 늘려 병조에 군인을 요청하던 것을 멈추었다. 도침이 건장한 군인에게 대신 맡길 수 있는 일이 아님을 인지한 것이다. 또한 도침을 담당한 4명의 장인을 위해 1747년에도 꾸준히 급료를 요청했다.[78] 장막을 쳐서 도침할 장소를 궁궐에 마련해놓고 도침을 직접 감독하려던 처음의 계획도 철회했다. 조지서의 급료를 받지 않는다는 이 지장들은 대신 조지서에서 작업을 했고, 도침된 종이를 가져와 납부하면서 홍계희와 자주 소통했다.

1747년 1월에는 지장 변수邊首(우두머리. 편수라고도 읽는다) 등이 조지서의 도침하는 봉이 낡아서 도침을 할 수 없다는 '발괄[白活]'을 보냈다.[79] 발괄은 억울함을 하소연한 말이나 글인데 홍계희는 이번에도 이들을 위해 나섰다. 도침이 중단되면 옮겨 쓰는 것도 지연될 소지가 있으므로 하루빨리 호조의 산원算員을 보내 도침봉 제작 비용을 계산하고 문제를 해결해달라고 요구한 것이다. 조지서는 원래 국가의 문서를 마련하는 곳이니 호조가 신속히 해결하라는 압력도 더했다.[80]

이 전례가 없는 도침 작업을 통해 지장들은 도침이 힘센 누구라도 할 수 있는 노역이 아니라 아주 높은 공임을 받아야 할 만큼 정교한 장인의 기술임을 분명히 역설했다. 홍계희와 교류하는 이들의 태도에는 이 긴요한 기술을 가진 장인의 자신감이 드러났다. 자신의 이름과 편(변)수라는 신분을 밝히고 자신들이 뜻하는 바를 분명히 말하거나 쓰고 있다. 그리고 이 지장들 중 조지서의 급료를 받는 당번 장인 4명은 공짜 일을 거부한다면서 빠졌다.

홍계희는 이들 대신 급료를 받지 않는 비번 장인 4명을 지정해 더 많은 공임을 산정했다. 주목할 점은 이 조지서의 급료도 받지 않는 지장 4명은 호조가 급료 지급을 거부한 반년 동안 급료 없이도 이 도침 일을 할 수 있을 정도로 생활에 여유가 있었다는 것이다. 홍계희가 조바심을 내며 호조와 병조로 요청을 보내는 동안 이들은 그저 자신들이 도침해온 종이를 내밀며 급료가 지급되지 않았다는 사실을 거듭 알렸을 뿐이었다. 양반들의 인식에는 천민일 뿐인 장인과 양반의 신분 차이가 그리 두드러지지 않는 교류였다. 균역법 시행에 기여한 홍계희가 이들의 권리에 대한 인식이 특별해서 그러했을 가능성도 없지는 않겠지만, 이 성공은 일회성에 그치지 않았다. 어느 정도의 굴곡이 보이기는 하지만, 18세기부터 19세기까지의 《의궤》들을 살펴보면 도침에 대해 지장들이 정한 규칙은 18세기 말에서 19세기로 넘어가며 확실한 관행으로 자리 잡았다. 작업 여건, 도침의 전문화, 높은 공임이라는 측면 모두에서였다.

확산되는 장인들의 자긍심

1753년 지장이 호소한 것처럼 도침을 할 때 관가의 사람들이 조지서가 있는 장의동으로 와서 도침을 감독하는 것은 관행이었다. 이는 간행 관련《의궤》에 분명하게 기록되어 있다. 관청을 비우고 출장 가는 일은 뺄 수 없는 보고사항이었던 듯하다. 《의궤》에서 찾을 수 있는 마지막 조지서 출장은 1795년이다.[81]

사실 양반 관료들은 새벽부터 저녁까지 바쁘게 돌아가는 관청의 일에서 잠시 벗어날 수 있는 출장을 꺼리지 않았던 것 같다. 탕춘대에서 풍경을 감상하며 숨을 돌릴 기회였다. 홍계희는 한 번도 조지서에 가지 않았지만, 18세기 중반은 이러한 조지서 출장이 가장 여유 있게 이루어지던 때였다. 이른바 낭청의막소郎廳依幕所를 만들기 위한 자리, 등 받침, 바람막이와 해 막이, 사기 타구唾具, 다기에 더해 다모茶母까지 동반하는 출장이었다.[82] 낭청의막소를 갖추기 위한 이 물품 목록은 점점 짧아지다가 1795년 이후에는 등장하지 않는다.[83] 양반 감독자가 지장촌 사람들에게 술과 밥까지 요구하며 민폐를 끼친다는 비판 때문이었다. 대신 장인들 스스로 감독을 맡는 경우가 점차 일반화되었다. 변(편)수와 '영솔장인領率匠人' 등이 도침에 배정된 것이다.[84] 홍계희도 도침군을 요청할 때 지장, 장수匠手 등의 표현을 쓰다가 점차 지장 변(편)수 등의 표현을 쓰면서 이들의 지도력을 인정했다. 이로써 도침은 장인들의 일, 장인들 스스로 감독하는 일이 되었다.

하지만 '도침군'이라는 용어는 계속 사용된다. 1751년, 1752년을 비롯해 도침에 지장만을 배정한 기록이 있긴 하지만, 이 전후로 지장과

장인과 닥나무가 함께 만든 역사,
조선의 과학기술사

도침군을 함께 배정하고 있는 기록도 많았다. 다만 〈표 1〉에서 보듯 도침군과 지장의 구성비는 사례별로 상당한 편차를 보였다.

〈표 1〉 지장과 도침군의 구성 변화

연도	1748	1751	1752	1758	1764	1776	1795	1812
지장	6	6	6	6	3	2	5	2
도침군	3	0	0	8	10	15	5	15

지장과 도침군이 도침 작업에서 하는 일이 크게 다르다면 〈표 1〉처럼 크게 차이 나는 인원 구성으로는 작업을 할 수 없다. 지장이 6명, 도침군이 3명인 1748년도의 구성과 지장이 3명, 도침군이 10명인 1764년의 구성에서 지장과 도침군이 서로 다른 작업을 한다면 균형이 맞지 않아 한 집단이 대기하는 시간이 길어질 수밖에 없다.

이렇게 자유로운 인원 구성이 가능했던 이유는 도침군 역시 전문 장인이었기 때문이다. 도침군은 조지서에 올라와 일하는 승려 장인으로, 전국 사찰에 부과된 남북한산성을 지키는 의승義僧의 임무 중 하나였다. 대부분의 조지서 지장들 역시 사찰에서 충원되었으므로 지장과 도침군은 뿌리를 공유하는 전문 장인이었던 셈이다.

이 의승방번제義僧防番制는 여러 논란 끝에 1756년에 폐지되었다. 5장에서 더 보겠지만 승려들의 청원이 받아들여진 것이다. 가장 큰 반대 이유는 당번을 맡기 위해 2개월마다 오가는 비용이 실제 역보다 더 큰 부담이 된다는 점 때문이었다. 승려들은 방번제 대신 각 사찰에서 방번전防番錢을 납부할 테니 그 돈으로 산성에 정주할 인원을 지원해달라고 요청했다. 이 방번전은 조지서에도 할당되어 도침군을 고용하는 비용이 되었다.[85]

어떤 일을 전문적으로 하는 사람을 칭하는 "꾼"이라는 말은 군軍에서 왔다. 조지서의 지장과 함께 도침을 위해 호출되던 '도침군'이라는 명칭도 군과의 연결고리가 있다. 바로 병조에 대한 재정적 의존이다. 조지서 지장의 인원을 99인으로 늘렸던 18세기 초, 조지서를 감독하는 별좌와 제조 인원은 비용 절감에 따라 감축되었다. 1719년 서리의 수가 2인으로 줄어들고, 1746년 《속대전》 편찬 시에 제조는 2인에서 1인, 별좌는 4인에서 2인, 사지는 폐지되었다. 하지만 1764년 제조 1명이 다시 추가되었다. 총융청 우두머리인 총융사가 조지서 제조를 겸하게 한 것이었다. 이유는 일기청에서 호조가 그랬던 것처럼 조지서 운영에 병조의 재정적 도움을 받았기 때문이었다. 1785년 정조가 의승방번전을 반감해준 것은 병조에 대한 재정 의존을 더 높였고, 1795년에는 병조의 음관으로 별제도 1명 증원되었다.[86]

1882년 조지서가 폐지될 당시의 정원은 서원 2명, 기별서원奇別書員 1명, 사령使令 6명, 구종驅從 2명, 지장 편수紙匠邊首 4명, 도침군 60명이었다.[87] 조지서가 종이를 만드는 기구가 아니라 네 명의 우두머리 지장하에 병조의 지원을 받는 60명의 도침군들이 도침을 전문으로 하는 곳으로 바뀐 것이다. 도침이라는 기술이 조지서의 존재 이유가 되었다.

남아 있던 장인들이 조지서를 도침 중심으로 바꾼 이유 중 하나는 도침에 대한 금전적 혜택이다. 지장들이 홍계희에게 요구한 다소 과해 보이는 공임은 당시 시중에서 어느 정도 공인되던 임금이었다. 1753년

장인과 닥나무가 함께 만든 역사,
조선의 과학기술사

궁중에서 사용하는 각종 물품의 공납을 맡은 제용감濟用監에는 도련 용역을 담당하는 도련 주인搗鍊主人이 있었다. "이미 그 가격이 결정된 지 오래"인 도련가 규정에 따르면 종이를 도련하는 값은 5냥, 6냥, 7냥이었다. 보통 2냥 이하이고 최대 2.5냥이던 옷감 도련 값에 비해 최소 두세 배는 높았다.[88]

1808년 편찬된 업무 지침《만기요람萬機要覽》에 따르면, 초주지는 권당 쌀 1석이었던 반면 상품 도련지는 권당 4석으로 값이 네 배였고, 하품 도련지도 2석 10두였다. 《만기요람》 기준으로 1석을 4냥으로 계산하면 상품 도련지 1권은 16냥이다. 종이 스무 장에 16냥인 것이다. 서울에 500냥 내외의 집이 있던 점을 생각하면 매우 높은 값이다. 물론 초주지도 저주지에 비해 도련도가 높은 고급 종이인데, 손계영의 분석에 따르면 밀도와 가격이 완전히 일치하지는 않아서 실제로 임금의 명을 전하는 교서敎書에 쓰이는 초주지는 상·하품 도련지보다도 밀도가 높았다. 도련과 도침은 종이의 품질을 상징하는 일종의 상표가 되어 '도련지'는 더 높은 값을 확보했던 것이다.[89]

도침에 대한 높은 공임은《육전조례六典條例》에도 정식화되어 있었다. 병조 예산 아래 마련된 도침군의 급료는 15냥으로 장인들이 받는 급료 중 가장 높았고, 서원書員의 급료보다 높았다.[90] 오랜 기간 아무나 할 수 있는 공짜 노역으로 치부되던 도침은 이렇게 지장의 독자성을 인정받는 근거가 되었고, 지장을 대표하는 최고급 기술로 자리 잡게 되었다.

사물에 밀착된 제지 장인들의 기지

18세기 중엽까지만 해도 장인은 여전히 관에 예속된 관노비에 가깝다는 생각이 남아 있어서 장인들의 공임이 잡역부를 고용하는 고가雇價보다 낮았다. 그러나 18세기 중반을 넘어서면 제지 분야뿐만 아니라 다른 분야에서도 기술의 부가가치를 인정하는 경향을 보였다. 기술에 대한 공임이 공정·기술별로 구분되어 지급되었고, 잡역부들을 고용하던 고가를 넘어섰다.[91]

이러한 전반적인 변화 중에서도 도침이라는 제지 장인들의 기술은 특히 인정받았다. 여러 가지 이유가 있겠지만, 무엇보다 사물에 밀착된 제지 장인들의 기지가 중요해 보인다. 종이는 글을 쓰는 양반 관료들이 늘 가까이하고 가장 애용하는 사물이었다. 하지만 종이 품질에 대한 혼동된 품평이나 두꺼운 종이만 고집하는 취향을 보면 붓을 들고 종이와 만났던 그들의 종이에 대한 감각은 그리 섬세하지 않았다.

지장들은 이러한 양반 관료들의 취향이나 요구에 대해 많은 말을 남기지 않았다. 그러나 지장들의 움직임과 이들이 만든 종이라는 사물은 닥나무와 연대함으로써 얻어진 기지에 대한 자신들의 확신을 드러냈다. 때로는 그냥 도망가기도 하고, 때로는 나쁜 종이를 만들어 시전과 결탁하기도 하고, 때로는 과장스럽게 어려움을 호소하기도 하지만, 이들은 종이를 뜨고 말리고 다듬으면서 얻게 된 닥종이의 사물적 특성에 대한 지식과 그것을 조절해서 구현하는 기술을 통해 결국 그 사물적 기지에 대한 확실한 인정을 얻어냈다.

　장인과 닥나무가 함께 만든 역사,
조선의 과학기술사

3장

휴지와 환지, 귀한 쓰레기가 만든 조선적 관료제

조선의 종이는 수많은 생을 살았다. 조선의 장인들이 한 번 쓴 종이의 삶이 새로워질 수 있다고 생각하고 하나의 생을 마감한 종이에 다음 생을 주는 기지를 발휘한 덕분이었다. 오늘날 쓰레기를 대신하는 말로도 쓰이는 휴지休紙는 한 번 쓰고 난 문서를 지칭했는데, '쉬는 종이'라는 명칭은 쉬고 난 다음의 삶을 전제한 것이다. 쉬는 종이를 모아두는 휴지 상자도 생겼다. 휴지 상자는 오늘날처럼 휴지를 우리가 모르는 어딘가로 보내 사라지게 만들기 위한 휴지통과는 거리가 멀었다. 그 글을 썼거나 받았던 때의 추억을 떠올리게 해주는 한가한 날의 친구였고, 그 일부 혹은 전부는 장인을 통해 환지還紙, '돌아온 종이'가 되었다. 점차 휴지는 환지만이 아니라, 옷으로, 삿갓으로, 군인들의 밥그릇과 방석으로, 여행용 물병과 가방으로, 새색시의 요강으로도 다른 삶을 살았다.

사용한 물건을 쓰고 또 쓰는 재활용은 20세기 초까지는 모든 문화권에서 꽤 열성적으로 수행되던 일이다. 자연이 준 자원을 무한한 듯

쓰고 버리는 문화는 없었다. 물 쓰듯 한다고 하는 물조차 물 쓰듯 할 수는 없었다. 수도꼭지만 틀면 물이 나오게 된 것은 20세기 초, 대부분은 20세기 중반을 넘어서며 가능해진 일이었다. 힘들게 길어온 물을 그냥 세수만 하고, 설거지만 하고 아무 데나 버릴 수는 없었다.[1]

대개 넝마로 종이를 만든 유럽이나 식물 섬유로 종이를 만든 중국과 일본에서는 조선에서와 같은 종이 재활용이 없었다. 한자를 공유했지만 '휴지'라는 말도, '환지'라는 말도 중국과 일본에는 없었다. 물론 물건을 함부로 버리지 않았기에 중국에도 북송 대에 환혼지還魂紙라는 재생지가 시도되었고, 일본에서도 헤이안 말기에는 궁중 제지소 지옥원紙屋院에서 숙지宿紙 혹은 박묵지薄墨紙라 불리는 재생지가 시도되었고, 도쿠가와 시대에는 에도에서 각종 재활용 산업이 성행하며 종이도 재활용했다. 하지만 중국과 일본의 재생지 기술은 조선의 휴지, 환지와 전혀 달랐다. 중국에서는 한 번 쓴 종이를 고지故紙 아니면 폐지나 파지라 불렀고, 일본에서는 진지塵紙(치리가미·부스러기 종이)라고 불렀다. 잠시 쉴 뿐이라는 조선의 명칭처럼 새로운 삶을 전제한 이름이 아니었다. 저가인 일본 재생지는 '오토시가미落とし紙'라고 불리는, 화장실에서 쓰고 버리는 종이였다.[2]

조선시대에 종이 재생이 유독 발달한 데는 여러 이유가 있다. 사치를 경계하고 검소함을 강조한 조선의 통치이념도 그중 하나이다. 하지만 휴지의 재활용에 통치이념보다 더욱 영향을 끼친 것은 장인들의 기지와 앞서도 본 사물의 법칙이었다. 사물에 관심을 기울이지 않았던 문헌의 기록은 재활용을 상상치 못한 조정의 신재료 실험만을 성공으로 칭송했고, 문헌에 의존해온 역사는 이 성공한 실험의 창의성이 지속되

장인과 닥나무가 함께 만든 역사,
조선의 과학기술사

지 못한 것을 아쉬워하며 성공한 재활용의 기지에 대해서는 침묵했다.

이 장은 왕과 관료들의 '성공'으로 기록된 실험을 사물적 측면에서 재검토하고, 주목받지 못한 장인들의 재활용 실험이 가졌던 기술적, 사회적 힘도 재평가한다. 사물에 밀착한 장인들의 기지는 조선 고유의 휴지 재활용 기술을 발달시키고 엄정한 휴지 행정까지 만들어냈다. 이는 관청의 휴지 한 장, 한 장의 재고를 기록하고, 한 장, 한 장을 세어서 다른 부서에 넘겨주는, 오늘날의 투명성으로도 상상할 수 없는 행정이었다. 집의 벽장에 넣어둔 휴지 상자만이 아니라, 관청의 휴지를 분류하고 관리하는 관료들은 어떻게 등장하게 되었을까?

쉬다가 돌아오는 종이

휴지라는 말은 조선 이전에는 발견되지 않는데, 조선에서는 국초부터 그 말이 나온다. 종이돈인 저화楮貨, 종이 갑옷인 지갑紙甲의 제작과 관련된 제안에서였다. 1415년 태종은 각지에서 저화를 만들어 바치던 것이 문제가 되니 한 곳에서 만들자면서 조지서를 세웠다. 1401년 도입된 저화의 유통이 더딘 문제를 개선하고자 저화 생산을 분담시켜 통화량을 늘리려고 했지만, 각지에서 만든 화폐의 품질이 달라서 민간에서는 더욱 사용을 꺼렸기 때문이다. 각 도에서도 제작의 어려움을 호소했다. 그러면서 휴지를 모아 서울에서 만들면 품질도 통일이 되고 재료 수급도 가능하다고 제안했다.[3]

군기감이 종이 갑옷 제작용으로 휴지, 그중에서도 특히 시험장에서 낙방한 이들의 답안지인 낙폭지落幅紙를 보내달라고 요청한 것은 쇠 공물이 부족하기 때문이었다. 군기감에서는 두꺼운 종이로 만든 갑옷이 쇠사슬로 만든 갑옷, 쇄자갑鎖子甲보다 가볍고 화살과 창을 막는 데도

장인과 닥나무가 함께 만든 역사,
조선의 과학기술사

더 효과적이라고 주장하며 1424년 지갑 제작을 위한 재료로 휴지, 표지, 송진, 실 등을 공급받았다.[4]

1415년과 1424년에 휴지가 언급된 것을 보면 해당 관료들은 휴지라는 말을 알고 있었고, 이를 활용해 물자를 절약하고 필요한 물건을 마련하려고 했다. 다만 이 휴지라는 말이 널리 쓰이지는 않았던 것 같다. 이는 "옛 문서로 더는 쓰임 없는 종이를 민간에서 휴지라고 한다[古文書不用者, 俗謂之休紙]"라는 설명이 1425년 기록에 추가된 사실에서 확인 가능하다.[5] 또한 이 설명은 '휴지'라는 말을 관료들이 받아서 쓰게 된 사실을 말해준다. 물론 이 진술 하나로 휴지란 말을 누가 먼저 썼는지는 알 수 없다.

관료들이 시도한 초기의 휴지 재활용 노력은 모두 지속되지 못했다. 1424년의 조치 후 1년 만에 휴지 공물도 산삼, 도라지 등과 함께 경기도 등에 민폐를 주는 공물이라는 청원이 제기되면서 휴지로 종이 갑옷을 만드는 일은 중단되었다. 1406년 황해도 관찰사의 상소에 따르면 군인들은 "종이 갑옷은 본래 색도 없고 좀먹기 쉬우며, 만들기도 쉽지 않은 데다 실용성이 없다"고 불평하며 푸른색 쇠 갑옷을 청했다고 한다. 그런 점에서 보면 군인들도 종이 갑옷 제작이 중단된 것이 아쉽지는 않았을 것이다.[6]

저화의 경우는 기록이 더 불분명하다. 조지소는 서울에서 동일한 규격으로 저화를 만들어야 한다는 청원이 몇 년간 이어진 후에 겨우 세워진 것이다. 그럼에도 설립 기록 외에 다른 활동이 보이지 않고 실제 1415년의 저화 제작 과정에 휴지를 썼는지조차 불분명하다. 사섬시의 관리가 저화 제작 시에 별도로 닥종이를 마련해서, 추가로 저화를 인쇄해서 쓰다가 처벌을 받은 기록 정도가 전부이다. 세종이 1420년에 조지서를 세웠다는 《용재총화》와 《세종실록지리지》의 기록은 한 차례 저화를 제작한 후 조지서에서 다른 작업을 하지 않았던 정황을 보여주는 것으로 추정된다. 표준 저화도 유통이 잘 되지 않아서 사섬시에 쌓여 있었으니, 저화 제작을 목적으로 한 조지소에는 작업할 일이 없었다.[7]

범죄가 된 장인들의 휴지 재활용

휴지가 제대로 주목받기 시작한 것은 휴지로 환지(재생종이)를 만들려는 지장들의 시도가 발각되면서부터였다. 이를 알게 된 관료들은 옛 문서를 휴지라 부르며 활용하려는 지장들의 시도를 반기지 않았다. 1459년 이를 발각해낸 사헌부는 바로 환지에 대한 금령을 내렸다. 관료들의 실패한 휴지 재활용처럼 지장들의 환지도 그대로 실패할 참이었다. 환지를 금지해야 하는 이유도 타당해 보였다.

환지는 그 품질이 거칠고 연약하여 쓰면 곧장 찢어지니, 문서를 오래 전할 수가 없습니다. 또 종이를 만드는 자가 여러 관사의 서리, 노비들과 공모하여 문서를 훔쳐다가 만들므로, 이 때문에 관청의 창호지와 벽지, 국가의 긴요한 데 관계되는 문서와 초안이 다 환지로 되니, 그 폐단이 적지 않습니다. 청컨대 이제부터 환지를 일체 금지시키십시오.[8]

지장을 중심으로 한 무리가 국가에 긴요한 문서조차 휴지라며 가져다 환지를 만들었고, 품질조차 형편없다는 지적이었다. 금령은 내려졌

장인과 닥나무가 함께 만든 역사,
조선의 과학기술사

지만, 환지를 만드는 이들의 행동은 오히려 과감해졌다. 이들은 모든 창고에 쌓여 있는 문서를 휴지로 보기 시작했고, 승정원의 일기까지 가져다 환지로 만들었다.

지장들의 이런 시도에 대해, 이익에 비해 처벌이 약해서 그런 것이라며 환지 행위에 대한 처벌의 수위는 거듭 올라갔다. 1466년에는 환지를 매매하는 사람은 물론 관청이나 민가에서 환지를 쓰는 사람도 100대까지 곤장을 치고, 환지를 만든 지장은 최고 참형까지 줄 수 있도록 벌이 강화되었다. 상민에게는 온 집안을 변방에 귀양 보내는 전가사변全家徙邊의 벌을 주고, 관리의 경우는 재임용이 불가능하게 하는 1461년의 엄격한 금령도 효과가 없었기 때문이었다.[9] 환지는 집에서도 관청에서도 널리 쓰였고, 시장에서도 팔렸다. 초기에는 쓰면 곧장 찢어지던 품질이 한층 좋아져 쓸 만해졌기에 일어난 변화였다.

지장들이 강력한 처벌에도 불구하고 환지를 지속적으로 만들고 휴지를 빼낸 일은 당시 지장들이 처한 사회물질적 조건을 반영한 것이었다. 15세기 중반이면 조정의 거듭되는 닥나무 재배 장려책에도 불구하고 민간에서는 닥나무밭을 없애던 시기였고, 세조가 주문한 800만 장의 대장경 종이를 비롯한 다량의 책지 생산으로 인해 엄청난 양의 닥이 사용되던 때였다.[10] 1445년 지장전이 폐지되어 입역 중이 아닌 장인은 종이를 만들어서 살아야 했는데, 종이를 만들 재료는 어디에도 없는 상황이었다.[11] 안 그래도 공물로 묶여 있고 지전에서 독점 거래되던 닥이 지장들이 얻기 쉬운 재료는 아니었을 것이다. 서울에서 관청의 노비들과 함께 환지를 만들다 발각된 지장들은 조지서 경공장으로 등록된 지장이었을 테니, 사찰의 지장들처럼 닥을 재배해서 종이를 만들 상황도 못 되었다. 새로운 재료가 절실했다. 관청의 쓰이지 않는 문서를 겁도 없이 가져다 되살려보려는 이들의 선택은 궁여지책에 가까웠다.

하지만 장인들로서 이 궁여지책이 괜찮은 선택이라고 믿을 근거가 있었다. 닥나무라는 한반도 특유의 제지 재료와 닥 섬유의 강인함을 살리고자 애썼던 앞선 지장들의 여러 과학기술적 기지가 한 번 쓰고 난 종이도 특별하게 만든 것이다. 일본 지옥원의 숙지가 묵을 제대로 씻어내지 못해 남은 묵 흔적 때문에 박묵지라고도 불렸다면, 한지는 "세계 어느 나라의 종이보다도 물에 강했다." 기계로 닥을 갈아 만든 현대식 한지도 그렇듯 완전히 펄프를 갈아서 만드는 종이는 물에 빨면 곧 형체 없이 녹아버려 다시 쓰려면 여러 추가 공정이 필요하다. 하지만 옛 방식으로 찧어 닥 섬유를 길게 살려 흘려 뜬 닥종이는 비벼가며 빨아도 "닥 섬유의 결이 더 곱게 살아나서 마치 비단처럼 반짝거렸고 어느 한 곳 상처 없이 아름다웠다."[12] 물론 닥나무를 빻는 정도에 따라 달랐지만 다른 수제 종이와는 현격한 차이가 있었다.

한지의 이 성질을 제대로 되살리는 일이 단번에 되는 일은 아니었다. 닥풀이 섞여 있고, 먹도 묻어 있고, 도침도 된, 처음의 닥과 완전히 다른 사물과 대화해야 했다. 시작은 쓰자마자 찢어지는 종이부터였다. 하지만 처벌 규정을 강화한 1460년대의 논의에서는 더이상 환지의 품질이 거론되지 않았다. 오히려 양반들이 강력한 처벌 규정에도 불구하고 휴지를 가져다 환지를 맡길 정도로 기술이 안정화되었다.

관료들은 이렇게 기지가 정교해지는 것을 선뜻 반기지 않았다. 장인들이 휴지라고 보는 것을 휴지라고 보지 않았고, 이들의 재활용 노력을 도둑질이라고 보았으며, 이들의 성공을 참형으로까지 응징하겠다고 점

장인과 닥나무가 함께 만든 역사,
조선의 과학기술사

점 강하게 경고했을 뿐이다. 조선의 생산과 소비를 관리하려고 애쓰던 조정의 관료들은 쓸모없던 것을 유용하게 만들려는 장인들의 과학기술적 기지를 아직 자원을 아낄 수 있는 기지라고 보지 않았다.

종이 위의 성공, 종이 안의 성공

성현의 《용재총화》 기록에서 보듯 조선의 통치자와 양반들은 닥나무 부족을 해결하기 위해 자신들만의 실험을 했다. 1장에서 간단히 보았듯 지장들이 환지를 처음 시도한 15세기는 닥이 아닌 다른 재료를 섞어서 종이를 만드는 실험이 가장 활발했던 때였다. 지장들이 접했던 닥 부족이 관영 수공업 체제에도 압력을 가했기 때문이었다.

왕이 추진하는 각종 간행 사업을 위한 책지 수요 때문에 닥이 부족해진 만큼 닥 부족 상황을 극복하기 위한 실험을 주도했던 것 역시 통치자와 양반 관료들이었다. 닥이 아닌 재료를 다양하게 발굴해서 섞어보고 일본의 산닥나무까지 들여왔던 이들의 실험은 휴지를 고집했던 제지 장인들의 노력에 비해 개방적이고 진취적으로 보인다. 역사에 뚜렷한 성공의 기록을 남긴 이 실험들은 역사에 기록되지 않은 장인들의 환지 실험과 어떤 차이를 가지고 있을까?

장인과 닥나무가 함께 만든 역사,
조선의 과학기술사

조정의 해외 기술 도입 실험

조정이 시도한 실험은 두 가지 측면에서 그들이 특권적으로 갖고 있던 자원에 대한 접근성을 보여준다. 이들에게는 사회적으로나 물질적으로 새로운 자원을 동원함으로써 닥 부족을 해결할 능력이 있었다. 우선은 국외의 자원에 접근할 능력이다. 적어도 종이에 관한 한 조선의 통치자들은 편협한 국수주의를 보이지 않았다. 책지는 유분이 많은 인쇄용 먹으로 찍어내는 용도라서 붓글씨를 쓰는 종이와 다른 성질을 요구했다. 대외교류를 거의 독점했던 이들은 가장 자주 교류한 중국과 일본의 책지 재료와 기술에 적극적 관심을 드러냈다. 태종이 '국외'의 자원을 활용한 방식은 국경이 아직 유동적이던 조선 초기의 상황을 보여준다. 1412년 1월 태종은 숙주肅州에 있는 요동 사람 신득재申得財를 서울로 불렀다. 숙주는 고려의 군사 요충지 역할을 하던 오늘날 평안도 지역으로 거란과 홍건적 등의 침입이 잦던 곳이다. 요동 사람 신득재는 종이를 잘 만들어서 중국의 것과 거의 같다고 소문이 났다. 태종은 그에게 쌀과 면포를 내려주고 종이 만드는 방법을 다른 장인에게 전수해주도록 명했고, 그가 서울에 와서 종이를 만들고 기술을 전수할 동안 그의 어머니를 부양할 수 있도록 쌀을 내리고 매부의 군역을 면제해주었다. 그에게 주어진 시간은 6개월이었던 듯하다. 그는 7월에 화지華紙를 만들어 바쳤고, 태종은 이를 주자소에 내려 책을 인쇄하게 했다.[13]

세종은 일본에서 선물 받은 종이를 좋아해서, 그 재료에까지 관심을 기울였다. 1427년에 소장하고 있던 왜지倭紙를 내어주어 《강목통감》을 인쇄시키고, 1428년 통신사행을 떠나는 사신들에게 일본 종이는 단단하고 질기니[堅靭] 만드는 법을 배워 오라고 명했다.[14] 세종은 1430년에는 왜닥을 들여올 것을 명하고 이 왜닥이 제대로 뿌리를 내릴 수 있도록 마음을 썼다. 1434년에는 왜닥이 잠시 자라다 절종이 될 우려가 있다고 보고, 처음 심도록 한 동래와 강화의 재배 상황을 해마다 여름과 가을에 보고하도록 명했다. 1439년에는 조지소의 청을 받아 강화의 왜닥 씨앗을 바다 기운을 접하고 있는 충청도의 태안, 전라도의 진도, 경상도의 남해, 하동에 나누어 심게 했다.[15] 바닷가 지역이 일본과 풍토가 비슷하다고 본 듯하다.

성종은 1475년 지장 박비를 사은사 편에 북경에 보냈다. 박비가 처음 기록한 북경의 마지麻紙 제조법은 석회로 재료를 무르녹게 찌고, 맷돌로 곱게 갈고, 풀은 쓰지 않는 방법이었다. 한국의 닥종이 제조법과 많이 달랐다. 그는 그 외에 죽순, 볏짚, 생마, 뽕나무 껍질을 사용하는 종이 제조법도 기록해왔다. 조선 이름이 밝혀지지 않은 활조滑條라는 풀이 닥풀 대신 들어가는 제조법이었다.[16]

조정의 신재료 발굴 실험

국내에서 새로운 재료를 발굴하는 실험도 왕과 관료들의 강력한 자원 동원력을 보여준다. 세종은 왜닥에 관심을 기울이기 전부터 닥을 보완할 재료를 찾고 있었다. 1424년 8월에는 지조소에서 댓잎[죽엽竹葉], 솔잎[송엽松葉], 귀리짚[호절蒿節], 창포대[포절蒲節]를 섞어 만든 4색 책지 4만 600장을 주자소에 보냈다. 11월에도 지조소에서는 귀리짚 종이 고절지와 솔잎 종이 송엽지를 바쳤다. 고절지(고정지蒿精紙라고도 불린다) 2

장인과 닥나무가 함께 만든 역사,
조선의 과학기술사

만 8,000장, 송엽지 2,200장이었다.[17] 세종은 《자치통감》을 인쇄할 종이 600만 장에 대해서 귀리짚 외에 밀과 보릿짚, 죽피竹皮, 마골麻骨(삼대)을 닥과 5대 1로 섞어 만들 것을 명했다. "종이의 힘은 자못 강한 데다 책을 찍기에 적합하고 닥을 쓰는 것도 많지 않다"는 이유였다.[18]

문종은 1450년 책지 공물을 각 도에 나눠주며, 경상도는 보리짚과 버드나무를 섞은 종이를, 전라도는 귀리짚과 버드나무를 섞은 종이를, 충청도는 삼대를 섞은 종이를, 강원도는 버드나무 종이를 만들어 올리도록 명했다. 단종은 1452년 초절목피와 닥을 16대 3으로 섞은 잡초지를 만들게 했다.[19] 1457년 세조는 대장경 인쇄지 800여만 장을 만드는 데 중국 삼[한마漢麻]을 닥과 섞어 쓰라는 명을 내렸다.[20] 이처럼 왕들이 주도한 신재료 실험은 창의성으로 유명한 세종에 국한되지 않았다.[21]

책지 생산에 초점이 맞춰진 이들 실험은 《용재총화》의 찬사가 아니라도 일단은 성공적이었다. 1436년 인쇄된 《자치통감》 종이에서는 각종 짚, 대나무, 마가 닥과 함께 검출되었다. 세종의 명처럼 5대 1보다는 닥이 압도적으로 많아 보이는 등 혼합도와 만든 상태가 모두 다르고 갈변이 많이 된 것도 있지만 보존 상태는 나쁘지 않다.[22] 1457년에는 삼대로 만든 흰 마골지 1만 장을 중국 사신에게 선물로 주었고, 1467년에는 류큐琉球 국왕에게 후지 200장 외에 책지 2,000장을 선물했다.[23] 선물에 손색이 없다는 자부심이었을 것이다. 새로운 책지에 대해서는 양반들도 칭찬 일색의 기록을 남겼고, 문서지에 대해서와 같은 반발은 없었다.

사물이 말하는 실험의 성패

그러나 성공적으로 새로운 책지를 생산해내고 몇 대를 이어 진행한 이 실험이 조선 책지 생산 방식을 바꾸지는 않았다. 분석된 시료의 수가 그리 많지는 않지만 1986년의 56건과 2003년의 33건에 대한 책지 조사 결과를 살펴보면 귀리짚, 볏짚, 마 등만 19세기까지 어느 정도 남아 있고, 산닥의 경우 15세기 말엽 이후로는 오직 1781년의 한 책에서만 검출되었다.[24]

왕들의 독보적인 자원 동원 능력에 기반한 창의적인 실험은 모두 재료, 즉 사물에 대한 고려라고 볼 수도 있다. 하지만 이들의 사물에 대한 고려는 실제 재배되어 종이로 구현되는 과정 모두를 포괄한 것이 아니었다. 가장 사려 깊게 도입되어 풍토적 장애까지 고려하며 전파시키려 노력했던 왜닥의 경우 오늘날 산닥이라 불리는 사물 자체로는 성공적 전파가 일어났다고 할 수도 있다. 왜닥에 대한 조정의 관심에 응한 듯 1461년에는 전남 영광에서 왜닥이 자생한다는 보고도 있었고,[25] 《동국여지승람》에는 경상도 창원, 거제, 고성과 황해 풍천도호부까지 네 곳의 왜닥 산지가 기록되었으며, 《신증동국여지승람》(1530)에는 경상도의 경주와 울산이 추가되기도 했다.[26] 사실 두 기록 모두에 강화도와 남해, 태안, 하동은 포함되어 있지 않은데, 강화도와 남해에는 지금도 왜닥이 자생하니 당시에도 있었을 가능성이 크다.

그럼에도 왜닥이 검출되는 종이는 많지 않고, 실제로 왜닥 도입 4년 후 《자치통감》 인쇄지 마련을 고민하던 세종은 강화와 거제의 왜닥 대신, 밀과 보릿짚, 죽피, 마골을 섞어서 쓰라는 명을 내렸다. 그것들이

장인과 닥나무가 함께 만든 역사,
조선의 과학기술사

닥보다 "준비하기 쉬운" 재료였던 것이다. 1461년 수령에게 영광에 왜닥이 있다고 보고한 승려는 군민을 번거롭게 한다는 죄목으로 군인에 의해 섬에 갇혔다가 가까스로 탈출했다. 닥과 마찬가지로 산닥을 닥 껍질로 가공하는 과정이 그만큼 힘들었던 것이다.

게다가 산닥은 재배도 어려웠다. 척박한 산지에서 잘 자라고 풍토도 한국과 맞았지만, 포기를 나누어 번식시킬 수 있는 닥과 달리 씨앗으로만 번식이 되었다. 재배하지 않아도 종자를 퍼뜨려 오래 자생할 수는 있지만, 발아 후 수확까지 시간이 오래 걸렸고 밭에 심어 재배하기도 좋지 않았다.[27] 섬유의 특성은 닥처럼 길고 강인하지만, 닥이 이미 있는 상황에서 왜닥의 이러한 물리적 어려움과 싸워가며 재료를 추출할 이유는 많지 않았다.

조정이 주도한 재료 실험을 있는 그대로 읽으면 창의적 도전과 새로운 성공이 계속되는 과정이다. 하지만 거꾸로 읽어보면 기록되지 않은 실패와 그로 인한 재도전의 과정이기도 했다. 세종이 제일 먼저 시도한 댓잎, 솔잎, 귀리짚, 창포대는 모두 한반도에 흔한 재료였다. 이 재료들은 대나무, 소나무, 귀리 등의 목재도 식용이 아닌 부분을 쓸모 있게 만들고, 특별한 쓰임이 없던 창포대를 활용하는 탁월한 선택이었다. 하지만 첫 실험 이후 댓잎과 창포대는 다시 등장하지 않았다. 이 중 살아남은 것은 귀리짚과 솔잎인데, 자세히 살피면 솔잎 종이는 두 번째 기록에서 이미 2,200장으로 고절지 2만 8,000장에 비해서 매우 적었고, 이것이 마지막 기록이었다.[28]《자치통감》종이를 대량 생산해야 했던 1434년 기록에서는 완전히 제외되었다.[29]

대신 다양한 짚과 죽피, 삼대가 건의되었는데 1450년에는 각종 짚과 삼대에 더해 버드나무라는 새 재료가 추가되었다. 유목지柳木紙 등 이름으로는 남아 있는 버드나무는 아직 옛 종이에서 검출된 적이 없다.[30] 1452년에 그냥 '초절목피'라고 말한 것은 이렇게 특정 나무를 지정했던 것에 대한 반발을 반영한 것으로 보인다. 이후 특정 나무에 대한 언급은 없고, 1457년에는 중국 삼을 섞으라고 했다. 한국 삼과 구별되는 중국 삼을 한반도에서 재배했다는 기록은 없다. 한삼[한마漢麻]이라는 표현이 쓰인 유일한 경우여서 어쩌면 요동 지역에서 수입한 삼일 가능성도 있다.

주목할 부분은 대부분의 재료가 한 번 시도된 후 사라지고 있었다는 점이다. 이렇게 사라진 재료들에는 공통점이 있다. 모두 사람들이 산이나 늪으로 가서 채취해와야 했던 재료라는 점이다. 솔잎이나 창포대는 채취하는 사람의 상당한 이동, 힘든 노동, 적절한 도구가 필요한 재료였고, 채취한 후 종이 만드는 곳까지 옮겨오는 것도, 옮겨온 솔잎이나 창포대를 찧어서 재료로 만드는 것도 마찬가지로 새로운 기술과 도구와 노동을 요했다. 버드나무도 한반도에 널리 분포했지만 사람들이 강가나 개울가로 나가 베어 와야 했다.

책지가 각 도에 분정된 후 지역의 민원이 컸던 것은 이 공짜 재료에 수반되는 복잡한 채취와 가공 작업 때문이었다. 봄·가을로 책지를 생산할 때 농민들을 모아 오랫동안 일을 시켜서 농사에 방해가 된다는 호소였다. 백성에게 부과하는 요역이 1년에 6일을 넘기면 안 된다는 규정이 엄격히 지켜지는 경우는 드물었지만, 책지로 인한 공역의 부담은 지역 양반들이 보기에도 상례를 훨씬 벗어났다. 1446년에도, 1450년에도, 1453년에도 농사를 지어야 할 장정들이 책지 만드는 일로 오래 집

장인과 닥나무가 함께 만든 역사,
조선의 과학기술사

을 떠나게 된다며, 이를 감할 것을 청하는 상소가 이어졌다.[31] 결국 살아남은 새로운 재료는 재배가 가능한 귀리짚 종류와 삼이었다. 책지는 대부분 삼을 섞거나 삼으로만 만들게 되었다.

발상의 몫, 사물과 노동의 몫

과학기술적 창의성은 흔히 착상과 발견이라는, 생각하고 인지하는 과정에 집중되어 이야기된다. 혁신은 생각하는 두뇌의 싸움이다. 하지만 자연 속에 있는 사물에서 인간이 원하는 성분을 얻어내는 일에서 두뇌로 생각하고 말로 표현하는 것은 그야말로 시작일 뿐이다. 퀴리 부인이 라듐이라는 새 원소를 얻어내는 과정에도 필요했던 물질과의 오랜 육체적 대화, 즉 노동은 모든 과학기술의 핵심이다.

왕의 착상이라 해도 백성들이 담당하게 되는 기나긴 노동의 과정에 대한 협상 없이 새로운 재료를 이용할 수는 없었다. 어쩌면 고절지와 마지라는 혁신적인 새 종이를 만들어냈으니 괜찮은 성공률이라고 생각할 수도 있다. 하지만 고절지는 닥이 잘 자라지 않는 함경도에서 오랫동안 닥과 섞어 만들던 종이였고, 마지는 한반도에서 처음으로 만든 종이였다. 15세기 통치자들이 주도한 실험의 기록을 단순하게 나열하면 창의적이고 새로운 시도의 행진처럼 보인다. 따라서 이 다양한 종이들이 16세기 이후 지속적으로 생산되지 못한 것은 세종과 같은 위대한 왕에 미치지 못하는 지도자나, 이러한 새로운 실험의 창의성에 저항하는 보수적인 장인들의 문제로 치부될 수 있다. 하지만 시간의 흐름을 고려하면서 이 기록을 다시 보면 한 번의 성공 이후 사라져간 사물의 흔적

휴지와 환지, 귀한 쓰레기가 만든
조선적 관료제

이자 실패의 잔재였다.

지금까지 제지에 대한 역사는 모두 이 문헌상의 일회성 실험을 예외 없이 성공으로 기록했다. 실패한 실험의 연속에 가까웠던 과정을 한데 모아 창의성의 분출이라 상상했던 것은 어쩌면 우리가 얼마나 '혁신'에 목말라하며 살아왔는지를 보여준다. 또 그 혁신에 대한 염원이 얼마나 사물의 법칙과 과학기술의 실행 과정이라는 핵심을 무시한 채 이루어졌는지도 분명하게 드러낸다.

휴지가 만드는 인자한 왕과
청렴한 관료

휴지는 사물의 이치, '물리'의 관점에서 탁월한 장인들의 선택이었다.
휴지는 닥나무의 물리적 변형과 이동의 과정을 이미 거친 자원이다. 다
양한 노동과 긴 시간이 응축되어 있는 이 귀한 자원이 장인들이 쉽게
손을 뻗을 수 있는 곳에 있었다. 사물의 법칙을 잘 아는 장인들이 자신
들의 눈앞에 있는 자원의 가치를 모를 수는 없었다. 그들은 거듭되는
처벌과 위협에도 이 사물과 지속적인 대화를 나누며, 휴지 재활용을 위
한 노력을 멈추지 않았다.

　휴지 재활용에 관한 장인들의 기지는 사물적인 측면에 그치지 않았
다. 솔잎, 창포대, 버드나무를 섞어서 종이를 만들게 하려던 왕들은 백
성에게 부과하는 요역에 대한 사회적 합의를 어겼다가 반발을 겪었고,
결국 포기해야 했다. 충성하는 마음으로 그저 왕의 실험을 돕는 백성은
없었다. 그러나 장인들이 훔친 휴지가 보관해야만 할 귀중한 문서라며
이들에게 참형을 언도했던 사회적 합의는 변화했다. 관료들이 휴지에

대한 장인들의 정의를 받아들이고, 나아가 이를 인자한 왕과 청렴한 관료라는 이상을 실현할 도구로 등극시켜 새로운 규정을 만들어나간 것이다.

솜옷보다 따뜻한 휴지옷

양반 관료들도 이 물리적으로 탁월한 자원의 매력에 차츰 경도되었다. 가장 먼저 공식적으로 휴지가 도입되어 지속적인 성공의 사례가 된 것은 낙폭지를 이용한 군인들의 옷이었다. 이번에는 갑옷이 아닌 겨울외투였다. 닥종이만의 질긴 성질을 유용하게 재활용할 수 있는 사례였다. 게다가 지속적 비판과 처벌에도 불구하고 응시자들이 두꺼운 시지를 고집해준 것은 금상첨화였다. 1522년 함경남도 절도사가 다음과 같이 보고하였다.

> 본도는 무명이 나지 않아 군민들이 모두 삼으로 길쌈하여 옷을 만들고 삼으로 솜을 대신하며, 더러 개가죽으로 옷을 만들기 때문에 엄동을 당하면 비록 건장하고 용감한 이라 하더라도 기력이 위축되어 적을 보고도 용기가 없습니다.[32]

군인들의 용기를 북돋워주기 위해 낙폭지로 옷을 만들어 추위를 이기게 하자는 제안이었다. 중종이 관료들에게 논의에 부쳤던 이 안은 채택되었던 모양이다. 1547년 이 "실로 아름다운 정책"을 다시 시행하자는 사헌부의 제안에 따르면 낙폭지 외투는 낙폭지를 면포로 싸서 만든

장인과 닥나무가 함께 만든 역사,
조선의 과학기술사

것이었다. 한 번 만들어준 이 옷을 다시 만들어줘야 하는 이유는 낙폭지 옷을 그대로 입고 있는 군인이 없었기 때문이었다. 이들은 낙폭지 옷이 너무 과분한 듯 나누어서 홑겹으로 만들거나 중국 사람들에게 팔아넘기기까지 하였다.[33] 함경도 관찰사들은 낙폭지 외투를 병사들에게 입히면 "솜옷과 술을 내린 듯"이 감격할 것이라거나, 변방의 백성들이 기뻐할 것이라며 낙폭지를 보내줄 것을 계속 청했다.[34] 이 지속적 청원은 결국 1627년 유의襦衣 500벌과 낙폭지 400장을 매년 변방 군사에게 보내는 규정으로 정식화된다.[35]

닥종이 대신 고절지를 만들고 면화도 키울 수 없었던 북방의 백성들은 낙폭지 외투를 진정으로 반겼다. 휴지 따위나 준다는 불평은 없었다. 솜보다 낫다는 것이었다. 낙폭지를 넣은 유지의襦紙衣를 봉화를 지키는 봉수군에게도 내려주도록 법이 추가되자, 이 유지의를 중간에 착복해 봉수군이 받지 못하는 일까지 지속적으로 보고되었다. 탐내는 사람이 그만큼 많았다. 결국 1729년에 백성들이 강력하게 원하는 만큼 낙폭지를 넉넉히 보내도록 결정되었다.[36]

비변사와 시험관의 낙폭지 협상

반면 낙폭지 활용이 활발해지면서 다시 만들어진 종이 갑옷은 여전히 군인들에게 인기가 없었다. 종이 갑옷은 17세기 초까지도 제작되었지만 좀이 슬거나 쇠 갑옷만 못하다는 등의 불평이 그치지 않았다.[37] 그럼에도 비변사는 변방의 군인, 봉수군, 주민들에게 열렬한 환호를 받은 낙폭지가 종이 갑옷은 물론 화전火箭, 비옷[유의油衣] 및 장막, 유둔油芚

(방석) 등 군수품 생산의 필수 자원이라 주장하며 낙폭지 확보에 나섰다.[38]

낙폭지를 군 자원으로 바꾸려면 우선 양반들의 사회적 관행을 바꿔야 했다. 낙폭지는 원래 떨어진 응시자라면 다시 보고 싶지 않을 시험장의 쓰레기였다. 그러나 환지가 가능해지면서 낙폭지는 시험관들이 서로 거둬 부족한 수당을 보완하고 친구에게 선물도 하는 물건으로 탈바꿈했다.[39] 시험관들은 낙폭지를 모두 서울로 올려보내라는 비변사의 요구를 달가워하지 않았다. 비변사는 시험관들이 남김없이 실어 보내야 할 낙폭지를 "매번 200~300장으로 책임만 때우고 있다"며 낙폭지를 사사로이 쓰지 못하게 해야 한다고 강조했고, 분명 응시자가 많을 경상도에서 낙폭지를 조금만 보냈다며 지방관을 추궁했다.[40]

각 도에서 보낸 낙폭지 200~300장은 실제로 변방에 매년 보내는 수요만 감안하면 그리 부족한 분량은 아니었다. 하지만 비변사는 시험관들이 사사로운 욕심을 채운다고 지속적으로 비난하며 낙폭지 전부를 보내야 한다고 주장했다. 1705년에는 한 시험관이 낙폭지 수송량이 적은 것을 이유로 파면되기도 했다.[41] 휴지 횡령죄인 셈이다. 시험관과 비변사 사이의 이 실랑이는 1729년, 군인만이 아닌 변방민에게도 낙폭지를 넉넉히 보내기로 한 시점에 새로운 규정이 만들어짐으로써 표면상으로는 일단락된다. 100년이 넘게 걸린 협상이었다. 모든 시험장에서 응시자의 수, 제출한 답안의 수 등을 기록하고, 그 수의 10분의 8을 비변사로 보내도록 한 규정이었다.[42]

비변사가 시험관에게 10분의 2에 대한 권리를 보장해준 양보였지만, 사소할 수 있는 휴지 문제로 의심을 받던 시험관들은 귀찮은 기록

장인과 닥나무가 함께 만든 역사,
조선의 과학기술사

업무까지 얻은 셈이었다. 그래서인지 시험관들은 이 10분의 2에 대한 권리 인정을 반기지만은 않았다. 1738년에는 회시 제2시험소의 감독관으로 나갔던 호조판서가 제출된 낙폭지가 적다는 추궁을 받았고, 이에 시험관들이 나눠 가졌던 10분의 2까지 다시 걷어 제출했다가 태도가 반항적이라면서 문책까지 받았다.[43] 하지만 《만기요람》에도 실린 이 규정은 19세기 말까지 꾸준히 이행되었다.[44]

비변사가 이렇게 군수품 생산과 변방민에 대한 왕의 은혜 등을 내세우며 성공적으로 낙폭지를 확보하는 동안 재정 담당 부서인 호조도 움직였다. 변방으로 낙폭지를 보내는 규정이 정식화되기 전까지는 다른 관용 물품처럼 호조에도 낙폭지가 들어왔다. 낙폭지가 비변사의 직할이 된 후에 일부 군영이 여전히 호조에 낙폭지 지급을 요청하자, 호조는 1627년 규정 이후 호조에는 낙폭지가 없다는 점을 강조하며 이 상황에 대한 불만을 드러내기도 했다.[45]

호조의 새 휴지 만들기

호조는 새로운 휴지 확보에 나섰다. 호조의 새 휴지는 세초 뒤에 남는 휴지와 연분재상年分災傷 혹은 재실災實 장계狀啓였다. 세초는 원래 《실록》 편찬 과정에서 일어나는 협상의 흔적을 지우는 일이고, 연분재상 혹은 재실 장계는 재해 상황을 반영해 그해 세율을 확정하기 위해 각 지방에서 올리는 문서였다. 승정원의 일기를 훔쳐낸 것에 대한 초반의 비판이나 후대의 참고를 위해 잡초지를 쓸 수 없다는 항변을 생각하면 《실록》 편찬에 관계되는 세초지도, 세금 산정에 참고하는 연분재상지

휴지와 환지, 귀한 쓰레기가 만든
조선적 관료제

도 그리 쉽게 생각할 수 있는 문서는 아니었다. 그럼에도 두 경우 모두에 대해 과감한 휴지로의 재정의가 일어났다.

《실록》을 편찬하는 과정에서 생겨난 초고를 조지서가 있는 세검정에서 씻는 세초는 실록 편찬에 애쓴 관료들을 위로하는 연회인 세초연洗草宴과 함께 이루어지는 의례에 가까웠다.[46] 초기에는 먹을 씻어낸 이 휴지에 관심을 기울이는 관료는 없었다. 세초 자체에도 충분히 관심을 기울이지 않아 먹물이 남은 채 방치되기도 하고, 세초가 부실하다며 잘라서 태우기도 했다.[47] 세초는 실록 편찬 과정의 흔적을 지우는 것이 가장 큰 목적인 작업이었다.

하지만 낙폭지에 대한 권한을 비변사로 넘겨준 1630년대부터 호조는 이 세초한 종이를 호조의 창고로 되실어 와 세초 휴지 혹은 백휴지로 관리하기 시작했다. 이와 함께 《실록》 편찬 때도 충실하지 않았던 세초를 모든 간행 사업에 도입했다.[48] 낙폭 휴지를 관리하기 위해 도입했던 기록 정신도 발휘되었다. 세초를 위해 조지서로 싣고 나가는 종이의 양이 얼마인지를 19상자[櫃], 10상자, 6상자 등으로 기록하고, 세초 후에 호조로 실어오는 백휴지의 양도 기록했다. 더 꼼꼼한 관료들은 조지서로 보내는 세초 대상 중에 초안지가 몇 장인지, 글을 잘못 써서 생긴 오서지誤書紙가 몇 장인지도 기록했다. '271권 4장 반' 등 반 장까지 기록한 경우도 있었다.[49] 세초 후의 휴지는 세초 직후에는 3,505근인데 호조에서 말린 후에는 660근이라는 식으로 대개 중량으로 관리했다.[50] 《만기요람》에 따르면 1근의 백휴지, 즉 세초된 휴지는 닥 껍질 1근과 같은 가격이었다. 검소함을 강조했던 정조는 원자가 《맹자》 강독을 끝낸 후 백면지 3권과 함께 백휴지 7근을 상으로 주었다.[51]

장인과 닥나무가 함께 만든 역사,
조선의 과학기술사

호조가 세초 휴지에 만족하지 않고 연분재상 문서를 연분, 재상 혹은 재실 휴지 등으로 부르며 관리하게 된 것은 휴지의 귀중함에 대한 이들의 인식이 더욱 깊어졌음을 보여준다. 세율 결정의 준거가 되는 이 중요한 문서를 참고를 위해 보관하는 대신 휴지로 재활용하겠다는 것이었다. 재상 장계를 휴지로 만들려는 움직임은 세초한 휴지의 품질과 관계된 듯하다. 지방에서 올리는 재상 장계는 너무 좋은 종이를 쓰지 말라는 타이름에도 불구하고 꽤나 좋은 종이를 써서 낙폭지를 대신할 만했다.

호조는 처음에 이 재상 휴지를 다른 부서에 내주지 않으려 했다. 흉년을 당한 1682년에 전 관청의 종이 소비를 반감하라는 명이 내려지자 《승정원일기》를 기록하는 일을 줄일 수 없었던 승정원은 호조에 재상 휴지를 나눠줄 것을 청했다. 호조는 원래 종이 공급은 장흥고를 통해야 하고, 호조가 직접 보관하고 있는 재상 장계를 내어주는 것은 선례가 없으며, "사관이 기초하는 종이를 휴지로 쓴다는 것은 구차스럽기 막심"해서 일의 체면으로도 그렇게 할 수 없다며 반대했다. 승정원의 재상 휴지 요청은 체면에 대한 동의가 이뤄져서 승정원에만 종이 공급을 복원시켜주는 것으로 일단락되었다.[52]

휴지 분류 체계와 휴지의 공공화

하지만 호조는 이와 함께 재상 휴지 관리를 공식화했다. 세초 휴지 등이 감당하지 못하는 재상 휴지만의 역할이 있었다. 1684년의 왕후 장례와 1687년 장렬왕후의 책보 보수 등의 사업을 보면, 휴지를 요청하는 이들은 각 휴지의 품질 차이를 알았고 용도에 적합한 휴지를 청했다. 그냥 휴지를 요청했다가 호조가 백휴지를 지급하면 품질이 나쁘다며 돌려주고 재상 휴지를 요청해서 교환하는 식이었다.[53]

1780년《실록》편찬 작업 담당자는 필요한 만큼의 재상 휴지가 없자, 재상 휴지만 못한 백휴지로는 작업을 할 수 없다며 가을에 재상 장계가 들어와 재상 휴지가 생길 때를 기다리겠다고 했다.[54] 당해 연도의 재상 장계도 바로 휴지로 활용했음을 확인할 수 있는 대목이다. 세초된 백휴지의 강도로는 할 수 없는 일이 있었던 것이다. 재상 휴지의 용도는 휴지의 활용이 다른 기술에까지 영향을 미치는 모습을 보여준다. 실록 인쇄 시 활자 사이의 틈을 메우는 전공지塡空紙가 재상 휴지의 주요 명목이었는데, 이는 인쇄 과정에서 활자 사이의 틈을 메우고 고정시키던 밀랍을 대체한 것이었다.[55]

왕실 사업에 쓰이는 휴지는 이렇게 종류별로 구분되어 관리되었고, 일부는 사용 후 되돌려졌다. "감시낙폭지監試落幅紙 2도度, 정시낙폭지庭試落幅紙 2장張 …… 백휴지 2근 반, 재상 휴지 105근 …… 전공지 21근 (되돌려주었다)" 같은 식이다.[56] 그만큼 모든 관사에서 휴지를 철저히 분류해 관리했고, 휴지 한 장도 허투루 버리지 않았다.

휴지 재활용은 여기서 끝나지 않았다. 상소문은 승정원의 승지와 담당관서가 검토한 후 왕에게 선별해 올리도록 되어 있는데, 왕에게 올라가는 상소문의 양이 그리 많지는 않았다. 상소 중 왕이 살펴보는 것은 10분의 1도 되지 않는다는 이야기도 나왔다. 채택되지 않은 상소문은 휴지로 관리되었다. 1780년이 되면 승정원이 아니라 비변사에서 상소문 휴지를 관리했다.[57] 지방에서 서울로 보내는 장계에도 모두 응답이

장인과 닥나무가 함께 만든 역사,
조선의 과학기술사

있지 않았다. 1793년에는 장용영壯勇營에서 비변사의 낙폭지 재고가 부족하다며 회답하지 않기로 한 장계 휴지 700근을 요청해 지급받았다.[58]

인쇄 과정에서 종이를 재단하고 남는 자투리 종이, 굽지[제지蹄紙]도 관리 대상이었다. 무게를 달아 간행 작업을 지휘한 제조의 하인과 낭청에게까지 나눠준 경우도 있는데 대부분은 창준唱準, 창고지기, 서리 등 하급 관리와 장인에게 나눠주었다. 수당 보완용으로 지급된 것이다. 801근, 51근, 128근 등 남는 양이 다양했는데, 1,000근 이상의 굽지가 생겨 굽지 분처기分處記를 별도로 작성한 경우도 있었다. 닥 껍질 1,000근에 맞먹는 자투리 종이가 생긴 것을 보면 굽지를 탐낸 누군가의 모의가 있었을 듯한데, 분처기를 작성시키는 방식으로 감시를 하자 한 차례로 그친 듯하다.[59]

몇 장 반, 몇 근 반의 휴지를 넘겨주고 넘겨받고, 자투리 종이를 모아 무게를 달아 나누고, 그것을 하나하나 기록하는 것은 상당한 업무였다. 사소한 물건에 대한 과도한 관리 감독일 수도 있었다. 휴지의 가능성이 알려지기 시작한 15세기 말 이후 100년 이상이 지난 17세기 초중반에야 휴지 행정이 자리 잡아 가는 것은 이 같은 과도한 행정에 대한 관료들의 저항을 보여주기도 한다. 진작부터 "문서 처리에나 힘쓰는 일은 학문과 수양을 통한 덕치를 저해"한다는 비판이 제기되었다.[60]

나아가 이러한 세심한 휴지 행정은 지장들의 휴지에 대한 접근권을 제한했다는 점에서 지장들에게 불리한 변화일 수도 있었다. 하지만 달리 보면 이는 휴지에 대한 장인들의 생각이 지배층에게 받아들여지면서 사회적 변화를 일으키는 과정이었다. 관료들은 휴지 개념을 받아들이자, 서로 좋은 휴지를 확보하기 위해 경쟁하면서 휴지 관리를 다른

휴지와 환지, 귀한 쓰레기가 만든
조선적 관료제 |

부서로 넘기지 않으려 했다. 휴지의 가치를 그만큼 높게 인식한 것이다. 왕의 따뜻한 마음을 담아 백성의 추위를 막는 옷으로 변한 휴지의 변신은 그런 놀라운 변화의 사례 중 하나였다. 각 부서가 앞 다투어 이처럼 뜻밖의 용도를 찾아 휴지를 자신들의 관할하에 두고자 경쟁하고 견제한 덕분에 휴지 행정은 높은 투명성을 확보했다. 이 투명한 기록은 휴지에 관한 관료들의 청렴함을 강제했고 휴지를 어느 한 개인이 유용할 수 없는 공적 자원으로 탈바꿈시켰다. 휴지의 공공화였다.

장인과 닥나무가 함께 만든 역사,
조선의 과학기술사

귀한 쓰레기의 변신

휴지 행정은 관청 문서를 빼내서 환지를 시도한 장인들의 과감함에서 시작되었다. 하지만 장인들의 기지가 한순간, 한 세대의 실험으로 끝났다면 관료들의 저항을 이겨내고 완전한 전환을 이룰 수 없었을 것이다. 공식 기록상 이들의 환지 실험은 거칠고 약한 종이를 만든 실패한 실험이었고 참형을 받아도 좋을 범죄였다. 그러나 낙폭지를 앞다투어 찾고 자투리 종이를 하급 관리들과 나눠 갖는 양반 관료들의 점진적 태도 전환은 지장들의 환지 실험이 실패한 시도에 그치지 않았음을 잘 보여준다. 19세기가 되면 보통 백지 20장을 물에 다시 풀어 최고급 상품 도련지 15장을 떠내는 식의 환지까지 가능해졌다.[61] 관료들이 부서마다 휴지 관리를 자청하며 욕심을 낸 것은 단순히 휴지를 쌓아놓기 위해서가 아니었다. 이들은 장인들이 과학기술적 기지를 발휘해 휴지에 더해준 가치를 즐겼고, 이들의 기지가 더 많은 가치를 실현해줄 것이라 믿었다.

휴지를 활용해 새로운 물건을 만드는 일에는 전문 장인들 외에 여성을 비롯해 다양한 집단의 인물이 참여했던 것으로 보인다.[62] 특히 노역개라고 불리는 종이끈[지승紙繩]을 이용한 공예품 생산에는 지방의 경우 양반들까지 참여한 흔적이 보인다. 1801년부터 1806년 사이에 경상도 기장현에 유배를 갔던 심노숭沈魯崇(1762~1836)은 지방의 풍속이 서울과 달리 검소하고 실질적이라고 칭찬했다. 유배 중에 그를 많이 도와주고 글도 배운 한 유생은 짚만을 쓴 서울의 신과 달리 해진 천을 찢어 재단한 것을 노역개와 섞어서 짠 신을 신고 있었다. 이 노역개 신은 오래 갈 뿐 아니라 희고 아름다웠는데, 심노숭은 어린아이들도 스스로 자기 신발을 만들 줄 안다고 칭찬했다. 심노숭도 시름을 잊을 소일로 휴지를 꼬아 노역개를 만들었다.[63]

유지보수를 생산이라 여기지 않는 관점에서 보면 오늘날의 가정은 생산적이지 않은 공간이다. 하지만 유지보수를 당연히 포함해야 할 생산은 가정생활의 중요한 요소다. 생산 기능의 전문화가 덜 진행되었던

〈그림 6〉 종이를 이용한 다양한 공예품들. 왼쪽부터 지승 술병, 팔각표자, 합환주 술잔.
출처: 국립민속박물관.

장인과 닥나무가 함께 만든 역사,
조선의 과학기술사

조선시대에는 오늘날보다 더욱 다양한 가내 생산 활동이 있었다. 휴지를 재활용한 가정 생산 활동의 전 면모를 조명하는 것은 흩어져 있는 자료의 한계로 쉽지 않다. 여기서는 비교적 문서 자료와 실제 유물이 더 많이 남아 있는 군영의 종이 재활용 제품을 통해 휴지에 새로운 가치를 부여한 과학기술적 기지를 살펴보고자 한다.

군영 작업장의 새로운 장인들

비변사가 낙폭지를 넉넉히 확보한 덕분에 군영의 작업장은 조선 후기 휴지 재활용의 중심지였던 듯하다. 군영 작업장은 임진왜란 후 군역, 요역, 군제, 신분제 변화의 소용돌이 속에 탄생한 공간이었다. 앞서 보았듯 군기시는 경공장 중 가장 많은 수의 장인을 확보한 기구였다. 군의 생산 역량은 조선 초 관영 수공업 체제부터 아주 높았던 것이다.

물론 이 군기시 체제는 군제의 변화와 함께 지속적인 변화를 겪었다. 군사력에 의해 왕권을 확립한 왕조 초기에는 군인이 되는 것이 권력의 중심에 서는 일이었다. 중앙군인 갑사甲士에 입속하는 것은 부유한 지배층 자제가 아니고서는 힘들었다. 병종에 따라 스스로 말을 마련할 수 있을 정도의 재력까지 필요했다. 녹봉도 높아서 서울의 경관직 관리들 전체 녹봉의 63퍼센트를 갑사가 차지할 정도였다. 양인들은 이를 벼슬로 생각해서 갑사가 되기 위해 군사 훈련을 받고 경쟁적으로 시험에 응했다.

하지만 재정 부담으로 직계와 급여는 낮아지는데 인원만 늘어나자, 중앙 군제는 점차 교대로 입역하는 농민에 의존하는 의무번상제로 운영되었다. 하지만 농민들도 짧은 당번 기간을 위한 이동 비용 등을 피하기 위해 대립군代立軍을 대신 고용하면서 병농일치의 의무군역제는 그 의미를 잃었다. 이런 상황에서 임진왜란을 겪으며 1593년 탄생한 것이 조선 후기 중앙 5군영의 중심이 되는 훈련도감이고, 지방에도 이와 비슷한 방식의 군영을 두게 되었다. 이 군영은 기본적으로는 병농분리로 급여를 받는 직업군인에 의해 유지되었지만, 초기에는 지원자는 적고 도망자가 많았다. 이에 신분제 붕괴를 우려한 반발에도 불구하고 천민에게도 지원을 허락하고 지역별로 인원을 할당했으며, 이렇게 모은 인원을 교대 기간이 긴 장번제長番制로 운영했다. 재정은 군역을 지지 않는 이들에게 군포를 받아 충당하는 것이 핵심이었는데, 양반들이 이 의무에서 빠져나가며 농민들의 부담이 가중되었다. 이로 인해 균역법이 제정되는 등 군제의 지속적 조정이 시도되었지만, 군역의 불평등은 중요한 갈등 요소였고 군영의 재정은 항상 취약했다.[64]

이러한 군영의 재정에 중요한 역할을 한 것이 군영 작업장이었다. 군영 작업장에 참여한 장인들은 군역의 불평등을 나름의 방식으로 해소했다. 군영 작업장은 군영의 자급자족을 위한 생산뿐만 아니라 초과 생산품 거래를 통해 군영 재정에 기여하는 조직이었고, 이를 위해 군영 장인에게는 시전 거래권이 주어졌다. 군영은 유능한 장인을 확보하기 위해 애썼다. 군영 장인이 되면 여러 혜택을 누릴 수 있었다. 군역을 직접 지게 되니 군포가 면제되는 것은 물론, 이래저래 추가되는 다른 신역도 피할 수 있었고, 장세도 면제였다. 이러한 면세, 면역 혜택에 더해 일반 군병보다 높은 급여, 그리고 공노비 신분인 경우 면천을 비롯한 신분 상승 기회도 있었다. 생산 작업에서 공을 세울 경우 지휘관으로

장인과 닥나무가 함께 만든 역사,
조선의 과학기술사

진급하기도 했고 궁궐 사업을 수행하는 도감에 차출되는 영광을 얻을 수도 있었다. 이러한 기회는 일반 군인에게도 매력적이었던 모양이다. 1631년 사헌부의 상소에 따르면 군영 생산 작업이 훈련도감의 본업을 능가하는 지경이었다.

> 국가가 보인保人을 주고 급료를 지급하면서 훈련도감의 군졸을 기르는 까닭이 어찌 그 자신만 넉넉히 재주를 갖게 하는 것이겠습니까. 군사가 된 사람으로서 포를 맡은 자는 포를, 검을 맡은 자는 검을, 활쏘기를 맡은 자는 활을 쏘아 위급한 사태가 발생했을 때 쓰임이 되게 해야 마땅한데, 그 본업을 버리고는 다른 기술을 다투어 일삼고 있습니다. 이는 마치 석수, 목수, 요리사와 금은 등의 온갖 기술에 이르기까지 배워 솜씨를 내세우는 여염의 공장과 다른 점이 없습니다. 그런데도 장관將官이 된 자 역시 부리기에 편리한 점 때문에 더이상 단속하지 않고 있으니, 훈련도감을 설치하여 군사를 조련하는 뜻이 어찌 이와 같겠습니까.[65]

장인으로 소속된 인원뿐만 아니라 일반 군병조차 기술을 배우고 물건을 만드느라 군사 훈련은 뒷전이라는 지적이었다. 이에 군인들이 본업을 버리고 기술을 배우지 못하게 하고, 그렇게 했을 경우 책임자를 처벌하자는 사헌부의 안이 바로 승인되었다. 하지만 군 재정에 핵심적인 작업장의 생산을 막을 수는 없었다. 강혁훤은 이런 상황이 군영 작업장만의 활발하고 효율적인 '제조문화culture of making'를 만들었음을 잘 보여주었다. 무기와 관련된 지속적인 혁신과 기술 전파가 이루어졌

휴지와 환지, 귀한 쓰레기가 만든 조선적 관료제

고, 중간 기술 관리자라고 할 수 있는 새로운 과학기술 인력도 부상했다. 이들은 기술적 역량을 인정받아 장교로 신분이 상승되며 사회적 인정도 받았다. 중간 기술 관리자들은 그림과 언해가 포함된 지침서 등 다양한 문자 지식도 생산했다.[66]

군영 장인들을 통한 휴지옷의 명품화

이러한 창의적인 제조문화는 휴지 재활용품 생산에서도 드러났다. 군용품으로 휴지를 활용해 성공한 첫 사례인 낙폭지 옷을 보자. 얼핏 보면 낙폭지 옷은 별다른 과학기술적 기지가 추가된 사례로 보이지 않는다. 두껍고 잘 도침된 종이를 선호하는 과거 응시자들 덕분에 낙폭지에 별 가공을 가하지 않고도 충분한 환영을 받는 듯했다. 변방의 주민들은 조정의 관원을 보면 "낙폭지 한 장만 얻으면 겨울을 너끈히 날 수 있다"며 닥종이를 구했다.[67] 앞서 보았듯 최초의 유지의는 낙폭지를 안에 넣고 면으로 감싸 꿰맨 것이었다. 낙폭지를 면으로 싸서 옷 모양만 갖추면 낙폭지가 바람막이 효과를 발휘해서 보온효과가 난 것이다. 아주 큰 기술이 필요치 않을 이 초기 유지의는 훈련도감 등 군영이 아닌 각 도에서 만들어 바쳤다. 그러나 낙폭지를 넉넉히 넣지 않아서 옷이 얇은 것이 문제가 되기도 했고 보온력이 떨어져 별도로 솜을 지급하기도 했다. 결국 비변사가 총괄하여 서울에서 만들거나 유지의계 공인에게 사서 지급하게 되었다.[68]

《만기요람》이나 《육전조례》에 정식화된 규격을 보면 유지의는 초기에는 종이 저고리의 통칭으로 쓰였으나 점차 유의襦衣와 지의紙衣로 구

장인과 닥나무가 함께 만든 역사,
조선의 과학기술사

분되어 재료, 규격, 가격이 정해졌다. 유의는 안팎이 생무명이고 솜을 놓은 옷인데 무게의 표준은 3근이었다. 지의는 겉은 종이로, 안은 무명으로 받친 옷으로 무게가 4근이었다.[69] 비변사에서 이 옷을 사는 값을 각 도로부터 받는데, 유의의 값은 목면 3필 14척까지 받았고, 지의의 값은 1필 21척이었다.[70] 1필이 40척이니 유의 값이 지의보다 2.2배 정도 비쌌다. 하지만 낙폭지로 만든 지의는 유의보다 더 오래갔다. 품목에 따라 정해진 연한을 보면 지의는 7년에 한 번, 유의는 5년에 한 번 새로 마련하도록 했다. 종이를 작게 잘라 송진 등으로 붙여 비늘을 만들어 꿰매 붙인 종이 갑옷의 경우 첨가물로 인해 부패하는 경우가 많았던 데 비해, 지의는 적어도 유의보다 오래갔다. 지의는 헐값인데 더 무거웠고, 면으로 밖을 감싸주지 않아서 종이로 만든 옷임이 뚜렷이 드러났다. 군영에서는 점차 유의, 지의라는 이름 대신 목유삼木油衫, 지유삼紙油衫으로 불렀다. 군영 생산물 목록에서 군막 우비軍幕雨備와 나란히 제시되는 목유삼과 지유삼은 우비처럼 기름을 먹여 방수 기능을 더한 저고리였다. 면이 바깥이면 목유삼, 종이가 바깥이면 지유삼으로 구분되었다.[71]

지의와 지유삼은 휴지를 이용해 제작비가 훨씬 적고 종이가 바깥으로 드러나 저렴한 옷이라는 티가 났다. 그러나 꼭 지위가 낮은 군인들이 입었던 것은 아니었다. 1796년 새로 변방 두 곳에 파수를 설치하고 장수 1명, 병졸 2명을 배치한 후 이들에게 내린 옷을 보면 장수에게는 지의, 병졸에게는 유의를 주었다. 두 배 이상 저렴한 옷을 장수에게 준 것이다.[72] 1797년 수원 화성에 친군위親軍衛를 설치한 후 군기를 마련할 때는 아예 목유삼은 마련하지 않고 청색 지유삼 50벌과 일반 지유삼을

휴지와 환지, 귀한 쓰레기가 만든
조선적 관료제

합해 총 1,020벌의 지유삼만 준비했다.[73] 친군위에 대한 특혜로 보인다. 《만기요람》에 지유삼과 목유삼을 입는 군종이 표시된 용호영龍虎營의 경우 임금의 어가를 따르는 가후군駕後軍, 대장 등 각 장관에 딸린 수하병인 표하군標下軍에게는 지유삼을, 나머지 각 7개 번의 금군에게는 목유삼을 주었다.[74] 어가를 따르는 등의 눈에 띄는 일을 하는 이들에게 오히려 종이로 만든 저렴한 옷을 준 것이다. 헐값의 종이옷이 입는 이의 격을 낮추지 않았음을 짐작하게 한다.

입는 이의 격을 오히려 높여주는 저렴한 종이옷의 장점은 군영 작업장에서 고도로 발달시킨 방수 기능과 내구성으로 보인다. 야영이 주가 되는 군 훈련과 활동에서 방수와 내구성이 긴요할 것은 말할 것도 없다. 군영 작업장에서는 군막 우비뿐만 아니라 무기 등 각종 장비를 덮는 덮개[전후차장前後遮帳], 등갓[지롱紙籠], 유둔, 자리[지의地衣] 등을 모두 종이로 제작했다.

이렇게 방수 기능을 더하는 방법에 대한 기록은 없다. 각 제품에 따라 적절한 두께와 크기로 만드는 것이 첫 단계였을 것으로 보인다. 유둔의 경우 사장부四張付 유둔, 육장부六張付 유둔 등으로 구분되어 겹친 종이 수에 따라 이름이 붙어 있다. 자리와 덮개의 경우도 낙폭지의 두께에 따라 다르겠지만 이어붙여서 크게 만드는 작업, 여러 번 접었다가 펴는 과정 등에서 찢어지지 않도록 하는 가공에도 상당한 기술이 필요했을 것이다. 다음 단계는 기름을 먹이고 옻칠을 하는 것이다. 조선 종이의 방수 기능은 국제적으로 유명했다. 원래도 물에 잘 풀어지지 않는 닥종이에 기름을 먹이고 옻칠까지 하면 반들반들해서 물이 쏟아져도 닦아낼 수 있는 장판지가 되듯이, 도침하고 기름을 먹여 잘 마무리한

장인과 닥나무가 함께 만든 역사,
조선의 과학기술사

제품은 가공한 옷감보다 방수 성능이 좋았던 것으로 보인다. 일본에서는 왜관을 통해 무역을 청하는 구청求請 무역 품목으로 백면지, 경면지에 더해 우산지를 요청했고, 물속에서 진주를 채집하던 만주족은 강희제에게 조선 종이를 내려줄 것을 청했다.[75]

종이옷의 보온 및 방수 기능은 백성들 사이에 널리 인지되었다. 민간에서 거래되는 가격은 낙폭지 재고를 갖고 있는 군영의 저렴한 공가와 달리 옷감 저고리보다 비싼 경우가 많았다. 그래서 북쪽 임지에 나가는 남쪽 선비의 아내가 큰맘 먹고 장만을 하거나 여행용으로 마련해둔 것을 서로 빌려 입었다.[76] 17세기 한 기록을 보면 기름을 먹인 유지의는 비단 저고리만큼 비쌌고, 유둔은 잔치에 먹을 돼지 한 마리 값과 같았다.[77]

초기엔 이런 고가에 불평이 쏟아지기도 했지만, 19세기가 되면 유지의나 유둔의 높은 가격은 심상하게 기록될 뿐이다. 1840년대의 한 일기를 보면 유지의는 2.7냥, 흰색 면 저고리는 1.05냥이었다. 같은 자료에 기록된 닭 한 마리 값은 0.3~0.8냥이었다.[78] 1892년에는 유지의 가격이 15냥으로 올랐다. 같은 기록에서 돼지는 45냥, 수입된 유리 등갓 0.8냥, 중국제 거울이 4.5냥이었다.[79] 종이옷은 희귀 수입품을 훌쩍 뛰어넘는 가치가 있었던 것이다.

군영 생활의 품격을 높이는 노역개 그릇

7년에 한 번씩 새로 만들도록 한 지유삼은 실제로 남아 있는 것이 없다. 해진 것도 나름의 쓸모에 따라 다시 재활용되었을 가능성이 크다. 반면 남아 있는 유물로서 정교한 기지를 드러내는 군수품이 있다. 바로 종이로 된 표주박 그릇, 지표자紙瓢子이다. 밥그릇으로 사용된 자그마한 그릇으로, 휴대나 야외 식사에 편리하도록 고리가 달려 있고, 남아 있는 것들마다 모양과 색은 조금씩 다르지만 지름 9센티미터로 대략 크기가 같다〈그림 7〉. 옻칠이 잘 되어 윤이 나는 이 지표자는 19세기 제품으로 추정되는데 박물관에서 볼 수 있다. 〈그림 7〉에서 볼 수 있듯 얼핏 대바구니처럼 보이는 지표자는 심노숭이 칭찬한 종이 신발처럼 노역개로 짠 제품이다. 종이 신발 역시 방수 기능을 이용했을 수 있지만, 남아 있

〈그림 7〉 지표자.
둘 다 직경 9cm.
출처: 국립민속박물관.

장인과 닥나무가 함께 만든 역사,
조선의 과학기술사

는 종이 신발은 짠 방식이 다르고 옻칠을 한 제품도 없다.

노역개로 어떤 형태의 물건을 짜는 것은, 신을 삼고 대바구니를 짜는 기술처럼 상당히 널리 퍼진 기술이다. 이 기술을 군용 밥그릇에 최초로 적용한 것은 18세기 초중반으로 보인다. 다른 군 장비와 함께 신고 다니다가 야외에서 이용하기 쉬워야 하는 군용 밥그릇은 원래는 표주박 등을 사용했다. 나무 그릇도 더러 쓴 것 같은데 아예 규정이 없었다. 1729년 훈련도감은 "도감의 군병은 위급할 때 믿는 자들인데 여러 군장軍裝 중에 밥이나 마실 물을 담을 그릇이 본래 없으니 너무도 허술한 일"이라며 장인 감독들을 중심으로 팀을 꾸렸다. 이들은 실험 끝에 5,000개의 새 그릇을 만들어서 칠하고 장식한 후 견본 20개를 올렸다. 가죽으로 만든 피표자皮瓢子였다.[80] 깨질 염려가 없고 보관과 운반도 쉬운 좋은 대안이었다. 이에 상당히 만족한 듯 1731년 금위영은 1728년

〈그림 8〉 동표자.
직경 10.2cm. 출처: 서울대학교박물관.

휴지와 환지, 귀한 쓰레기가 만든
조선적 관료제

이인좌의 난에 출정한 이후 보완이 필요해진 군기 중 하나로 피표자를 선정하고 1,000개의 피표자를 새로 제작했다.[81]

그러나 피표자는 생각만큼 내구성이 좋지 않았다. 이에 대한 대안으로 지표자가 1750년대에 시도된 듯한데, '피표자와 지표자 중 어느 것이 더 나은가'라는 영조의 물음에 아직은 "피표자"라는 답이 나왔다.[82] 1781년에는 아주 과감한 새 재료도 등장했다. 귀한 구리와 철을 써서 동표자銅瓢子를 만든 것이다(〈그림 8〉). 피표자는 쉽게 상하고 한 번 상하면 수리도 할 수 없다는 것이 동표자를 고안한 장인의 주장이었다. 동표자는 비록 귀한 재료를 쓰지만 손상되는 경우에도 쉽게 때워 쓸 수 있다는 장점이 있었다.[83] 정조는 이 제안을 바로 승인했다. 하지만 실제 제작은 장용영을 세우고 내탕금까지 내주어 돈이 마련된 1788년으로 보인다. 1788년 장용영을 처음 세우고 군기를 마련할 때 동표자 750개, 피표자 1,000개가 만들어졌다. 1793년 장용영 관사가 세워졌을 때는 피표자 325개를 새로 만들고, 수리가 불가능하다던 피표자 26개와 동표자 10개를 수리했다. 1797년에도 동표자 1,000개를 새로 만들고, 피표자 320개, 동표자 1개를 수리했다.[84] 피표자 수리 방법을 찾은 것으로 보이지만, 피표자가 빨리 상했던 것은 분명했다.

정조의 근위대인 장용영이 정조가 죽자 1802년 폐지되면서 동표자는 제작되지 않았다. 순조는 다시 피표자로 돌아와 1805년에는 피표자만 2,000개를 새로 만들었다.[85] 제품의 품질보다 재료 비용이 문제였을 것이다. 이 상황에서 다시 대두된 두 가지 대안이 목표자와 지표자였다.[86] 1750년대 시도되었다가 사라졌던 지표자는 기록으로는 비변사 폐지 뒤 설치된 삼군부三軍府의 1870년대 어영청 재고 조사 목록에서

장인과 닥나무가 함께 만든 역사,
조선의 과학기술사

찾아볼 수 있다. 1871년 목록에는 동표자 1,790개, 목표자 1,067개, 지표자 841개, 미투리[승혜繩鞋] 726건이었고 1872년에도 동표자, 목표자, 지표자의 수는 바뀌지 않았고 미투리는 1,000건이었다. 피표자는 이 모든 기록에서 보이지 않는다.[87] 지표자는 1871년에 841개인 것으로 보아 그 이전에 만들어졌을 것으로 추정된다. 지표자는 내구성에 문제가 있던 피표자를 완전히 대체하여, 사라진 피표자와 목표자와는 달리 동표자와 함께 남아서 박물관의 한 자리를 차지했다.

창의적 기지를 위한 관계의 지속성

동표자에 버금가는 지표자의 내구성은 장인들이 환지의 품질을 새로운 과학기술로 지속적으로 향상시켰듯 노역개로 짠 제품을 새로운 과학기술로 향상시킨 덕분일 것이다. 1750년 무렵 피표자보다 못하다는 평을 들었던 지표자를 장인들이 포기하지 않았던 것이다. 이를 장인들의 보수성이라고 할 수 있을까? 모든 장인이 그렇지는 않겠지만, 분명히 이 허술한 지표자를 처음 만들었던 이들 중에는 휴지라는 사물에 대한 애착을 갖고, 그 성질을 최대한 살려내고자 한 사람들이 있었다. 오늘날도 가죽 제품에 완벽한 방수를 할 수 없듯, 뜨겁고 물기가 있는 내용물을 담는 데 가죽은 좋은 답이 아니었다. 사기나 나무도 모두 무게나 내구성에 문제가 있었다.

휴지를 활용해 만든 비옷과 장판지는 가벼움과 방수 기능으로 휴지 그릇의 가능성을 보여주는 제품이었다. 그래서 여행자를 위한 옷에 더해 다른 여행용 물품에 종이를 활용하려는 생각은 지속된 듯하고, 여행용 물병에 다수가 적용되어 오늘까지 박물관에 남아 있다. 노역개 제품에 방수 기술을 더하는 것에 완벽한 자신감이 생겼음은 새색시의 혼수품으로 종이 요강을 넣어준 데서 확인 가능하다. 그리고 결혼식에서 합환주를 마시는 팔각 술잔이 노역개 공예품으로 만들어진 것은 이 휴지 공예품이 귀함과 상서로움을 상징하게 되었다는 의미로 읽힌다. 물이 새지 않는 노역개 공예품을 만드는 방법을 터득하는 일은 15세기에 환지를 쓸 만하게 만들었던 과정보다 훨씬 더 오래 걸렸다. 휴지와의 관계를 유지하며 끝없이 새로운 도전을 하고, 새로운 이해가 쌓이고, 새로운 기지가 발휘되는 과정을 세대를 통해 이어갔기에 1750년 피표자에 밀렸던 지표자가 100여 년 이후 다시 등장할 수 있었을 것이다.

휴지로 만든 노역개를 두고 이어지는 지표자 실험은 사물을 이해하는 일의 어려움과 그 어려움을 극복하고 사물의 성질을 인간에게 필요한 것으로 전환시키는 과정의 핵심 기지를 잘 보여준다. 솔잎이나 창포대를 섞어보자는 그럴듯한 생각이 실패한 것도 생각 자체의 문제가 아니었다. 닥종이를 이용하여 성공했던 방수 기능을 노역개로 만든 새로운 작품에 하나하나 적용하여 결국 방수 노역개를 만들어낸 장인들의 노력 역시 생각의 탁월함 덕분에 성공했다고 할 수 없다. 다양한 사물에서 필요한 성질을 얻어내는 일은 오랜 시행착오와 체화된 기지로 완성될 수밖에 없고, 그것에는 '생각하는 손mindful hand'이 필요하다.[88] 마치 새것인 듯 남아 있는 지표자는 사물의 말을 열린 태도로 듣고 사물과 함께하는 과학기술적 기지의 힘을 가장 잘 보여주는 것이 아닐까 싶다.

장인과 닥나무가 함께 만든 역사,
조선의 과학기술사

가장 사물적인 기지가 가져온 지배층의 변화

글을 남기지 않은 장인들이 사물과 끈기 있는 대화를 통해 얻어낸 새로운 과학기술적 성공은 지금껏 충분히 평가되지 못했다. 왕과 관료들이 시도한 과감하고 창의적인, 그러나 사물의 현실과는 다소 거리가 멀었던 실험만 조선의 창의성을 보여주는 성공 사례로 기억되어왔고, 장인들은 그런 창의성이 없는 무력한 집단, 심지어 그러한 창의적 실험에 저항해온 집단으로 의심받았다. 물론 무력하고 보수적인 장인들도 상당수였을 것이다. 하지만 등장했다 바로 사라진 신재료의 흔적을 따져보면 성공으로 기록된 '혁신'은 실패의 연속에 가까웠고, 지금까지 박물관에 남아 있는 지표자는 기록된 적 없는 성공을 뚜렷이 말하고 있다.

장인들이 오랜 시행착오를 통해 이룬 성공은 단지 사물적 변화만을 이끌어내는 데 그치지 않았다. 장인들은 자신들의 말에 쉽게 설득되지 않는 양반 관료들의 사회적 관행, 기대, 욕구 등을 바꿔나갔다. 장인들의 문서 재활용 시도에 강경한 태도를 보이고, 그들이 처음 만든 환지의 품질에 불만을 표시했던 양반 관료들은 17세기 이후 거의 사라졌다. 한걸음 더 나아가 18세기에는 새로운 휴지를 향한 양반 관료들의 경쟁이 새로운 기록 정신과 휴지 행정의 투명성을 거의 완성시켰다. 19세기가 되면 이들은 기꺼이 휴지 재활용품에 수입 거울보다 높은 값을 치렀다. 사물과 꾸준히 대화했던 장인들이 이룬 사회적 변화였다. 더딘 변화라고 할 수 있지만 도침의 사례에서 그랬던 것처럼, 장인들은 사물적 기지를 발휘하는 데 멈추지 않고 사회가 그 사물적 기지를 인정하고 적절한 값을 매기도록 만들었다.

재활용을 위해 사회와 사물을 재구성한 장인들의 과학기술적·사회적 기지는 오늘날 매우 절실하다. 한때 모든 문화에서 당연했던 재활용 문화는 포드 자동차 회사가 이른바 과학적 관리를 통해 모델 T를 대량생산하는 데 성공하며 사라져갔기 때문이다. 과학적 관리를 주창한 프레드릭 테일러Frederick Winslow Taylor(1856~1915)가 예견한 대로 대량 생산은 당장은 해고 사태를 가져오지 않았고 모두에게 혜택을 주는 듯했다. 수천 달러씩 하던 자동차 가격이 360달러까지 낮아지자 포드 공장의 직원을 비롯한 더 많은 사람이 자동차를 살 수 있었고, 포드 공장은 세계 자동차 시장을 점령하며 생산라인을 늘리고 생산의 속도를 높이며 새로운 노동자를 고용했다. 하지만 제한된 인구가 자동차를 구매하는 속도는 자동차를 생산하는 속도를 따르지 못했다. 한 번 사면 수십 년을 탈 수 있는 것도 문제였다. 포드를 따라 대량 생산에 성공한 모든 공장에 재고가 쌓이고, 쌓인 재고를 감당하지 못한 해고와 파산 사태가 이어지며 1929년의 대공황은 왔다.

1932년 부동산 개발업자 버나드 런던Bernard London은 '계획된 진부화를 통한 대공황 끝내기Ending the Depression Through Planned Obsolescence'란 글을 발표했다. 고장이 나서든 유행이 지나서든 생산된 물건이 진부한 구닥다리가 되도록 해서 새 물건을 소비하게 하면 대량 생산에 의한 경제 위기는 없어진다는 제안이었다. 이미 일부 분야에서 성공적으로 시도 중이던 계획된 진부화는 보증 기간이 끝나면 고장이 나도록 설계된 제품이나 인위적으로 수명을 조정한 제품, 그리고 유행과 유통 기한을 통해 모든 산업에 녹아들었고, 과잉소비를 통해 성장을 지속하는 특수한 경제구조를 만들어왔다. 문제는 그 성장이 제한된 자원과 수억 년이 걸려 축적된 화석에너지를 급속도로 고갈시켰고, 온실가스 배출을 통해 지구의 온도를 가파르게 올렸으며, 엄청난 양의 처리하기 힘든 첨단 쓰레기를 양산했다는 것이다.[89]

금세 고장 날 물건을 빨리 만드는 과학기술이 아니라 한 번 쓴 물건을 다시 쓸 수 있게 하는 과학기술적 실천에 관심이 집중되는 까닭이다. 물론 많은 과학기술자들이 이에 관심을 쏟고 있고, 많은 변화를 이루고 있지만, 이 과학기술적 실천은 생산과 소비에 그치지 않는 전 사회적 변화와 함께해야만 하는 일이고, 그래서 긴 시간의 진화를 통해 일어난 휴지 재활용의 성공은 깊이 곱씹어 볼 만하다.

4장

지구적 실학과
조선의 제지

조선 후기 '실학자'들의 과학기술적 성취는 많은 관심을 받았다. 도침이나 휴지, 환지처럼 장인 집단이 정교하게 발달시켜온 과학기술이 거의 이야기되지 않았던 것과 대조를 이룬다. 앞서 말했듯 과학기술에 대한 이해가 이론 중심이었던 것이 한 요인이다. 또 다른 요인은 어찌 보면 매우 사물적이다. 장인 집단은 글을 남기지 않았고 실학자들은 엄청난 분량의 문서를 남겼다. 글로 남긴 지식이 종이와 묵 덕분에 더 잘 사물화되어 말로 전해지면서 몸으로 직접 사물에 수행된 지식보다 더 많이 주목받았다.

여기서는 이 '사물적' 시각을 조선 후기 학자들이 이룬 지식의 전환을 살펴보는 데까지 확장하고자 한다. 구체적으로 책이라는 사물을 포함해 조선 후기에 폭증한 여러 사물에 초점을 맞추어 조선 후기 실학자의 과학기술적 성과를 살펴본다. 이들의 방대한 과학기술적 논의 중 제지와 관련된 논의에 초점을 맞추는 것은 제지가 장인들의 사물적 기지가 유달리 성공적인 분야였고 종이가 실학자들이 가까이했던 사물 중 하나였기 때문이다. 자신들과 밀착된 사물을 만드는 과학기술에 대한 조선 후기 학자들의 실학은 사물과 어떻게 연결되어 있었고, 그들은 이 사물적 기지를 얼마만큼 이해하고 있었을까?

임종태가 지적했듯 과학사학계는 일찍부터 실학자들의 과학기술 지식을 높이 평가하지 않았다. 임종태는 과학사학계 1세대라 할 전상운, 박성래, 김영식의 연구를 다음과 같이 요약한다. 전상운은 실학자들이 외래 과학의 주체적 수용에 실패했다고 보았고, 박성래는 그들의 지식이 동시대 일본과 중국의 수준에 현저히 미치지 못했다고 보았으며, 김영식은 그들의 사상이 주자 성리학으로 대표되는 동아시아 전통 사유를 넘어선 것은 아니라고 했다. 이는 한국사 연구자들이 과학기술을 조선 후기 실학의 핵심으로 제시하며 실학자들이 서구 과학을 적극적으로 받아들여 "실증을 중시하는 과학적 방법론을 도입했고, 이용후생을 위한 실용적 지식과 기술을 진작시키려 했으며, 중국 중심의 '중세적' 세계상에서 탈피하여 지구, 지전설地轉說에 토대를 둔 '근대적' 세계관을 전개했다"고 높이 평가한 것과 대조를 이룬다.

임종태는 사학계의 이런 평가에 담긴 이론적·개념적 문제가 과학사학계의 박한 평가를 형성하는 데 중요했다고 지적한다. 전상운은 '실증'을 내세운 실학자들의 '과학적' 방법론이 장인의 실천과 거리가 먼 문헌적 연구였음을 지적했고, 박성래는 실학자들이 서구 과학을 적극적으로 수용했다는 평가가 서양인과 직접 교류했던 일본·중국과의 비교 없이 형성된 일국사적 관점임을 문제 삼았으며, 김영식은 주자 성리학부터 서양 학문 수용까지 모든 측면에서 중국에 의존했던 사상적 맥

장인과 닥나무가 함께 만든 역사,
조선의 과학기술사

락도 따지지 않은 채 조선 후기의 성취를 자주적·근대적인 것으로 포장하는 태도를 우려했다.[1]

과학사학계는 앞선 세대의 이러한 문제의식을 폭넓게 받아들여왔다.[2] 조선 후기 실학에서 근대·진보·개혁·민족의식의 싹을 찾으려던 학자들도 그것을 당대의 맥락에서 구체화하려 애써왔고, 그 과정에서 자연현상과 기예 등에 대한 실학자들의 논의를 지속적으로 발굴하여 당대의 언어로 재해석했다.[3] 천문역산을 담당하는 중인이나 일종의 전문가 정체성을 드러내는 의관은 물론 군기감의 장인에 대한 연구도 진행되면서 조선 '과학기술자'의 범위도 넓어지고 있다.[4] 또 일국적 관점에서 벗어나 중국과의 비교는 물론 유럽 근세까지 시야에 넣는 연구도 나왔다.[5] 이 과정에서 '중국의 문제'라고 명명된 중국이라는 '중심부' 학문에 대한 '주변부' 조선의 의존, 혹은 중국 지식 수용에서 일어나는 "시간 지연, 변형 및 왜곡" 등 일종의 낙후성으로 보이는 현상에 대해서도 다양한 새로운 해석이 나왔다. "시간 지연의 사례들은 중국에 비해 조선이 낙후되었음을 뜻하는 것이 아니라 오히려 중국과 조선의 차별성, 조선의 중국으로부터의 독자성을 보여주는 것"이며 덮어놓고 바로 수용하는 것이 더 종속적이라는 지적 등이 그것이다.[6]

사물로 해체되는 중심과 주변

여기에서는 사물을 통해 이 '중심부'와 '주변부'라는 구분을 되짚어보고, 나아가 새로운 사물의 이동과 조선 후기 실학의 연결 양상을 드러냄으로써 조선 후기의 학문 전환을 지구적 맥락에서 보고자 한다. 물론 사물은 저절로 움직여서 교류되지 않으며, 균등하게 교환되지도 않는다. 대부분 중국을 경유해 이루어진 이 교류는 조선의 사물이 중국으로 간 것보다 중국과 세계의 사물이 조선으로 온 것이 압도적으로 많은 불균등한 교류였지만, 이 교류를 주도한 것은 압도적으로 조선인들이었다.

18세기 이래 쏟아져 들어온 서학, 일본 책을 포함한 수많은 서적, 고동서화, 각종 기물器物과 기이한 동식물은 중국인 혹은 서양인의 전파 노력보다는 중국의 감시망과 조선 조정의 금령을 뚫은 조선 후기 실학자들의 적극적 노력 덕분이었다. 지금까지 조선 후기 실학의 특성을 논할 때 해외에서 유입된 사물은 경화세족 문화나 예술 취향의 배경으로 다루어졌다. 하지만 새로운 사물과 함께 등장하는 새로운 학문적 경향과 그러한 학문을 담은 새로운 용어에는 사물이 촉발하는 새로운 태도, 실천, 가치가 각인되었다. "호기好奇", "벽癖, 치癡", "취趣 혹은 취미趣味", "아雅", "속俗", "사事", "수집蒐集 집성集成" 그리고 "실實" 등이다.[7] 이는 유럽과 중국의 학계에도 새로운 사물의 등장과 함께 비슷하게 부상했던 용어들이다.[8] 사물을 통해 지구화되었다고 할 수 있는 조선 후기 실학은 그러나 사물 유통상의 조선적 특징, 혹은 교류의 불균등성에 대한 조선 학인들의 인식에 의해 나름의 특징을 갖는다. 제지 기술에 대한 이들의 논의를 통해 그 특징의 일단을 살펴본다.

장인과 닥나무가 함께 만든 역사,
조선의 과학기술사

중국의 책과 조선의 학문

조선의 남성 유학자들은 모두 한문으로 학문 활동을 펼쳤다. 한글이 창제된 후 더러 편지 정도를 한글로 쓰기도 했지만, 학문적 토론의 경우 편지도 모두 한문을 썼다. 오늘날의 학자들이 영어로만 학문 활동을 했을 때 일어날 일을 상상해보면, 이 단순한 사실은 많은 것을 의미한다. 이는 외교관계에서 정략적으로 선택된 사대와는 다른 문제이다. 싸워서 이길 수 없는 대상에 대한 외교적 사대는 완전한 복속을 피하기 위한 불가피한 선택일 수 있지만, 이 선택은 학문을 위한 글자도, 그 글자로 쓴 글도, 그 글자로 닦고 펼치는 도리도 모두 '중국'의 것으로 하겠다는 학문적 통치 세력의 자발적 선택이었다. 다만 조선 남성 유학자들에게 '중국'은 명·청이라는 국가적 실체보다는 요·순이 다스렸던 문명국 중국에 가까웠다.[9]

조선의 유학자들은 중국 학문을 중국에 가서 중국 사람처럼 배울 수 없었다. 처음 유학을 들여온 고려의 사대부들은 원을 직접 방문하여 공부하고 그곳의 학자들과 교류하기도 했지만, 조선을 이끌게 되는 신진 사대부들은 직접적 학문 교류 없이 조선에 들어온 책이라는 사물에 의존하는 경우가 대부분이었다. 이들은 중국 책을 서로 토론하고 비판하며 자신들의 중국 학문 공동체를 만들었다.[10] 이 학문 공동체는 일본, 베트남 등 한자로 연결된 다른 지역의 학문 공동체와도 주로 한문 서적으로 교류했다. 한문으로 이어진 책을 통한 교류는 앞서 말한 대로 중국에서 조선으로의 유입에 치우쳐 있다. 그러나 중국 책을 배울 것을 선택한 조선의 학인들은 늘 어떤 책을 배울 것인지에 대한 선택권을 행사했다. 중국의 모든 책을 들여올 수도 없었지만, 그럴 뜻이 있었던 것도 아니다. 그리고 이들은 조선 후기로 갈수록 더 적극적으로 선택권을 행사하며 서적을 조선 후기 새로이 유입되는 사물의 중심에 놓았고, 조선의 학문을 중국과 다르게 진화시켰다.

중국 책 유통이 말하는 조선 학계의 변화

연구자들은 "학문을 배우고 연구하기 위해서는 관련 도서의 확보가 전제"되어야 하고, 그래서 조선에 어떠한 중국 책이 유입되었는지 검토해야 한다고 일찍부터 말해왔다.[11] 다만 조선의 학자들이 어떤 책을 얼마만큼 확보했고 어떻게 유통시키고 읽었는지 세부 사항을 정확히 밝히기는 쉽지 않았다. 《사서오경대전四書五經大全》, 《수호전水滸傳》 등 특정 서적의 수용에 대해서는 좀 더 상세히 추적할 수도 있겠지만, 책의 엄청난 종류에 비해 그렇게 선택해서 연구할 수 있는 책은 일부일 수밖에 없다.[12]

장인과 닥나무가 함께 만든 역사,
조선의 과학기술사

책 유통의 전반을 파악하는 연구의 어려움은 책 혹은 소설책의 생산·소비·유통이나, 독서 행위를 검토하는 연구들이 드러내는 여러 혼선에서 목격된다. 기본적인 출판 주체(국가/민간), 출판 비용, 책의 가격, 유통 범위, 방법, 그리고 중요한 재료인 종이의 가격 등이 모두 불분명하다.[13] 체계적인 자료 수집이 힘든 상황을 반영하는 듯하다. 그래도 이런 시도 덕분에 자료가 쌓이면서 새로운 문제가 제기되고 있고, 중국으로부터의 서적 유입이나 동아시아 문헌 교류에 대한 연구도 늘어나고 있다. 일부 장서가들이 남긴 장서 목록 등이 발굴되면서 이를 살펴본 연구도 시도되고, 인용 서목을 밝힌 조선 후기 유서類書를 통해 당시 서적 유통 현황을 파악하기도 한다.[14]

중국 책의 유입과 유통 양상은 시기별로 크게 변하며 조선 학계의 변화를 짐작할 수 있게 한다. 조선 초에는 조정이 중국 책의 도입과 배포를 주도했다. 명으로부터 들여온 중국의 책은 명 조정의 금제를 피하고 예부의 허가 절차를 거쳐야 했고, 비용과 운반에 따르는 어려움도 극복해야 했다. 이때 엄선해 들여온 책이 상당했던 것은 조선 초기 조정과 신진 사대부들의 의욕적인 도입 노력을 보여준다.

조선 초 가장 적극적으로 도입된 것은 물론 성리학 서적이었다. 1401년 명과 국교가 정상화되자 명은 조선에 대해 각종 간행물을 하사했다. 성리학 주해서인 《성리대전性理大全》과 《사서오경대전》은 모두 1415년 명에서 편찬된 후 4년 만인 1419년에 조선에 내려졌고, 조선은 별도 구매본도 마련해 1426년과 1429년에 각각 조선판을 간행했다. 《근사록近思錄》, 《대학연의大學衍義》 등에 의존하던 성리학 연구를 본격화하기 위함이었다. 1476년에는 《주문공집朱文公集》, 《주자어류朱子語

類》등도 들여와 주자학을 심화할 기반을 마련했다. 이에 더해 통치제도와 법을 마련하기 위해《자치통감》등 각종 사서,《문헌통고文獻通考》와《통감강목通鑑綱目》등을 들여왔고, 대명력大明曆, 수시력授時曆, 회회력回回曆 등 각종 역서曆書를 들여와《칠정산七政算》등의 편찬에 사용하였으며, 서운관의 풍수지리 업무를 정비하기 위해《지리대전》등 지리서도 갖추었다.《의방유취醫方類聚》등 의서 편찬을 위한 의서도 방대하게 수집하였고, 언어 분야의《홍무정운洪武正韻》등도 들여와《훈민정음》,《동국정운東國正韻》편찬에 참고했다. 각종 병서兵書와 글씨본, 유명 작가 문집도 갖추었다. 일본으로부터도 도서를 들여왔는데,《해동제국기海東諸國記》저술에 참고된 일본 지리와 역사서 등이 그 사례이다.[15] 이상을 통해 볼 때 조선은 통치이념으로 내세운 성리학을 제대로 이해하고 보급하는 데 도움이 되는 책, '중국'의 정수로 파악한 통치제도와 법률을 마련하고 각 관청의 대내외 실무를 확립하기 위한 책들을 대거 들여왔음을 알 수 있다.

조정이 서적 수입과 출판에 대해 어느 정도 독점적 영향력을 행사했던 것은 이렇게 조선 초에 국한되었다. 1576년에 이미 민간에서《고사촬요攷事撮要》를 간행한 기록이 있고, 1578년에는 사적으로 조보朝報를 인쇄해 판매하려던 민간 인쇄업자들이 발각되어 처벌받는 등 16세기 후반에는 민간 출판이 시도되었다. 고려부터 조선 말까지 최소 8,000종이 출간된 문집도 17세기 이후로는 관찬에만 의존하지 않았다. 18세기가 되면 안성은 소설을 비롯한 각종 방각본 출판으로 호황을 누렸다. 조정에서 충분히 인쇄한 적 없는《사서삼경대전》을 20세기 초까지 지속적으로 인쇄해서 늘어나는 수요를 감당한 것도 민간이었다.[16]

장인과 닥나무가 함께 만든 역사,
조선의 과학기술사

서적 출판뿐만 아니라 서적의 유통도 민간이 점점 더 큰 부분을 담당했다. 상당수 기존 연구에서는 조선에 서점이 없었다고 보았다. 그러나 중국, 일본과 비교하면 소박한 상황이지만 조선 후기에 책쾌[冊儈]라고 불리는 책 거간꾼의 활약과 함께 책을 인쇄하고 파는 서사書肆가 운영된 기록이 실록·지리지 등에 분명히 있고, 시전에도 책을 파는 곳이 있었다.[17] 책을 빌려주는 세책貰冊 집도 많아서 부녀자들이 소설을 빌려 보느라 가산을 탕진한다는 걱정이 끊이지 않을 정도였다.[18]

이와 관련해서 중요한 변화는 사무역을 통해 들여오는 중국 서적의 양이 급격히 늘어난 것이다. 이는 대청관계가 안정된 17세기 말 이후 더욱 두드러지지만, 4,000여 권의 장서를 소유했다는 허균許筠의 사례에서 볼 수 있듯 연행 사절을 통한 사적인 서적 유입은 이미 16세기 말~17세기 초부터 막대했다. 명말 문인 진계유陳繼儒(1558~1639)는 "조선 사람들은 지극히 책을 좋아하여 무릇 사신이 중국 땅에 도착하면 구서와 신서, 패관소설을 구하려 하나 부족함이 있었다. 오륙십 인이 날마다 시장에 가서 각 서목을 베껴 제목을 나눈 뒤 사람들을 만나 두루 묻고, 비싼 값을 주는 것을 아까워하지 않아서 그 나라가 오히려 기이한 책과 숨은 판본을 가지게 되었다"고 했다.[19] 허균은 이단이라고 할 수 있는 공안파 서적,《수호전》등의 소설,《본초강목》등 전문 분야 최신간 등을 국내 최초로 도입했다.[20]

이런 사적인 구매는 대청관계가 껄끄러워 사신단의 행동에 제한이 많았던 17세기 중반에 주춤했지만, 17세기 후반 이후로 더욱 강화되었다.[21] 조선 초에는 장서가의 서재에《사서오경대전》같은 조선 번각본이 중요한 자리를 차지했다면, 조선 후기 규모가 만 권 단위로 늘어난 장서가의 '만권루萬卷樓'에는 중국본의 비중이 크게 늘어서 거의 '중국본의 서재'였다고 한다.[22] 이런 책의 유입과 유통이 서울의 경화세족을 중심으로 이루어졌음은 분명하다. 하지만 그러한 경향이 조선 후기까지 지속되었다고 말하기는 힘들다. 19세기 후반 가난한 서얼 출신으로 전국 각지를 전전하며 살았던 이규경李圭景(1788~?)이 만권루를 자랑한 경화세족 서유구徐有榘(1764~1845)보다 다양한 신구간 서적을 인용했던 점은 책이 지속적으로 확대 유통되고 있었음을 보여준다.[23]

기이한 책의 증가

이렇게 사적으로 사들여 오는 중국 서적의 구성을 정확히 파악할 수는 없다. 장서 목록이 있긴 하지만 그다지 많지 않고 남아 있는 장서 목록도 소설 애호와 같은 개인 취향을 반영한 것이 대부분이다. 장서 목록과 마찬가지로 개인적 기록이라는 한계는 있지만 조선 후기에 쏟아지는 중국 책에 대해 당시의 식자들이 남긴 인상평은 중국 서적 구성을 파악하는 데 도움을 준다. 이 인상평들에는 공통점이 있다. 수입되는 중국 책이 명의 문화를 존숭한다거나 하는 이념과 거리가 멀었다는 것이다. 정상기鄭尙驥(1678~1752)는 "사대부 및 중서배들 가운데에서 글을 좋아하는 자들이 기이한 글과 이상한 서적을 중국에서 많이 사왔다"고 했고, 유만주俞晩柱(1755~1788)는 책 읽기가 하나의 벽癖을 이루어 "팽팽한지 느슨한지, 평범한지 기이한지, 바른지 속된지를 따지지 않고 모두 보려고 한다"고 했다. 정조는 "북경에서 들여오는 책 중에 열에 아홉은 패관소설과 소품문, 고증학에 대한 것"이라고 한탄했다.[24] 소설의 경우

장인과 닥나무가 함께 만든 역사,
조선의 과학기술사

17세기에는 재자가인才子佳人 소설 같은 다소 교훈적 부류가 더 많았다면, 18세기가 되면《금병매》처럼 성적인 묘사가 노골적인 음사淫詞 소설까지 다량으로 유입되어 별다른 저항감 없이 읽혔다.[25] 안정복安鼎福(1712~1791)은 서학서가 선조 말년부터 조선에 들어왔는데 "벼슬아치와 선비들 중 읽지 않은 사람이 없었고, 이를 제자諸子나 불교, 도교의 부류로 보아 서실의 완상품[書室之玩]으로 갖추었다"고 했다.[26] 정조는 명·청 문집의 소품문이나 소설 등이 거칠고 괴이하며 신랄하고 꾸밈만 많아서 재미도 없고 나쁘다고 했지만,[27] 다르게 생각하는 독서가들이 훨씬 많았다.

정조의 태도에서도 볼 수 있듯 조정은 이러한 새로운 독서와 학문 경향을 반기지 않았다. 때로는 적극적으로 제재도 가했다. 박세당朴世堂(1629~1703)의《사변록思辨錄》에 대해서처럼 특정 서적의 내용을 문제 삼아 사문난적으로 몰았고, 조선 왕실의 사적을 왜곡한 내용이 담겼다는 이유로《명기집략明紀緝略》을 유통한 서점 주인과 상인을 처벌했으며, 진산의 두 선비가 제사를 거부하고 신주를 불사른 1791년의 '진산 사건' 후에는 서학 서적을 압수해 불태웠다. 정조는 1792년 문체반정文體反正으로 문체에까지 개입하려 했고, 중국 책 수입을 금하기도 했다.[28] 하지만 17세기 이후 사무역이 주도한 중국 서적 유입이나 조선본 간행 경향, 정조 연간 중국본 수입이 오히려 늘어나는 것을 보면 조정이 뚜렷한 정책을 일관되게 행사했다고 보기는 힘들다. 통치이념의 근간인 성리학 교과서조차 갖춰지지 않았던 국초의 상황에서 서적 입수와 간행은 정책적 우선순위를 가졌지만 그러한 필요는 초기의 노력으로 사라졌다. 이후 조정은 학자들 개개인이 자신들의 학문을 추구할 책을 확보하려는 노력을 방관했고, 학자들은 여건이 허락하는 한 자유롭게 자신들의 흥미를 끄는 서적을 들여옴으로써 새로운 학문적 관심을 추구할 수 있었다.

주도 집단은 변했지만, 조선의 중국 책 유입 정황은 '중심부'와 '주변부'의 구도를 크게 벗어나지 않은 것처럼 보인다. 물론 '주변부'인 조선의 책을 '중심부'였던 중국으로 수출하는 일이 없었던 것은 아니다. 허균이 누이 허난설헌許蘭雪軒(1563~1589)의 시를 중국에 가져가 인쇄한 것을 비롯해 조선의 글이 중국의 책이 된 사례가 없지 않았고, 이는 18세기 이래 지속적으로 증가했다. 하지만 중국 서적의 유입이 조선 서적의 유출을 언제나 압도했다. 누군가는 이를 학문적 종속으로 볼 것이다. 그러나 성리학이라는 학문을 택한 조선 학인들은 짧은 시간에 나름의 이해를 얻어 이론적 쟁점에 대한 치열한 토론을 벌였고, 학문적 계보를 만들었다. 그리고 중국에서보다 더 철저히 정착시켜서 "유학의 모범국가"라는 칭호를 얻었다. 영국의 베이컨이나 뉴턴이 고대 그리스의 저작부터 탐구하며 자신들의 새로운 학문을 만들어 영국을 중심부로 부상시킨 것과 유사성이 있는 시도였다.

이들의 성리학 공부는 중국의 원이나 명나라가 조선에 명한 일이 아니었고, 중국 학자가 조선 학자를 가르쳐주어서 했던 일도 아니었다. 고려라는 나라를 무너뜨리고 새로운 나라를 만들겠다고 선언한 통치 세력이 유교적 도덕률로 지배되는 새 국가를 목표로 스스로 배워 달성한 일이었다. 이들이 만든 나라나 학문은 명, 청, 송 및 그들의 학문과 달랐다. 건국과 안정화라는 목표에 종속되어 있던 조선 초의 학문 풍토가 다소 국가적이고 경직되어 있었다면, 조선 후기에 폭발하는 중국 서

장인과 닥나무가 함께 만든 역사,
조선의 과학기술사

적에 대한 수요는 국가에 필요한 학문의 범위를 넘어 확장되었다. 나름의 학문적 목표와 재미를 추구하는 새로운 식자층이 형성되고 있었다. 언문을 쓰는 지식층을 포섭하지 못한 것은 큰 한계일 수 있지만, 한문 덕분에 쉬웠던 확장이었다.

치열해진 관직 경쟁과 경제적 발달이라는 조건하에 이 새로운 지식층은 매우 다양한 목표를 갖고 학문을 추구했고, 오늘 우리가 보기에도 흥미로운 성과를 냈다. 박지원朴趾源(1737~1805)이나 정약용丁若鏞(1762~1836) 같은 조선 후기의 학자들은 모두 방대한 문집을 생산하며 조선 내 상당수의 학자와 학문적 성과를 소통했다. 조선 정세와 상황을 놓고 조선 내 학자들과 교류하며 생겨난 관심 속에, 자신들이 택한 다양한 책을 참고하며 형성된 이들의 학문은 모방이나 종속이라기보다는 나름의 학문적 중심을 잡아가는 일이었다. 이들은 자신들이 택한 중국 책으로 자신들의 학문적 의제를 만드는 한편, 점차 중국 바깥의 이상하고 기이한 책으로 관심을 넓혀가며 조선에서 '중국'이라는 중심부도 약화시키고 있었다.

이동하는 사물과
조선 후기 실학의 지구화

사무역을 통해 조선 후기 사회로 쏟아져 들어오게 된 사물은 책만이 아니었다. 17세기 후반부터 조선 사신단의 일원이 좀 더 자유롭게 둘러보게 된 북경의 거리에는 그들의 눈길을 끄는 물건이 많았다. 코끼리처럼 큰 것은 보는 일로 끝이었지만 앵무새, 수선화같이 조선에는 없던 새로운 동식물, 편지지·벼루·연적 등의 각종 문방구, 자명종·시계 등의 진귀한 도구, 골동품과 서화, 각종 비석문 등이 수많은 책과 함께 국경을 넘어왔다. 이렇게 흥미로운 사물의 활발한 이동은 조선만의 현상은 아니었다. 19세기 이전의 지구화는 범위와 속도 면에서 19세기 이후에 비해 규모에 제한이 있지만, 중국의 비단과 차, 인도의 면직물, 동남아의 향신료, 남미의 금은, 북미의 목재와 모피 등이 유럽으로 유입되면서 만들어진 새로운 유통망은 세계 곳곳을 연결했다.[29] 그리고 조선도 점점 적극적으로 이 연결망에 참여하게 되었다.

새로운 사물의 흐름과 교환은 경제적·사회적 변화뿐만 아니라 새로

장인과 닥나무가 함께 만든 역사,
조선의 과학기술사

이 연결된 여러 중심의 학문적 전환도 이끌었다.[30] 초기의 과학사는 사물보다는 코페르니쿠스의 천문학 혁명, 뉴턴의 역학혁명 같은 몇몇 천재의 머릿속에서 완성된 이론적 전환을 과학혁명이라 불렀기에 근세의 지적 전환을 유럽이라는 하나의 중심에서 일어난 예외적 사건으로 규정했다. 이 과학사 서사의 영향력은 막강했다. 코페르니쿠스와 뉴턴이 없는 다른 지역에서는 "왜 중국에서는 과학혁명이 일어나지 않았는가?" 혹은 "한국사에도 과학이 있는가?", "아프리카에서 과학, 기술, 혁신은 무엇인가?" 같은 질문을 던지거나 지동설과 비슷한 아이디어를 찾아보고 뉴턴 법칙의 수용 양상을 검토하며 유럽 과학과 비슷한 것을 찾거나 그것의 성공적 수용 여부를 평가했다.[31] 유럽 혹은 서구와 그 나머지가 구분되고 원조와 아류의 역사로 나뉘면서 한때 원조였던 중국이 아류로 취급받는 구도가 만들어진 것이다.

사물을 통해 보는 과학혁명

이러한 서구 중심주의적 전파 서사에 대한 비판은 탈식민·지구사적 관점에서 이루어졌다. 탈식민·지구사적 연구는 서구 과학의 제국성을 비판하는 한편, 서구 과학 형성에서부터 전파 과정에 이르기까지 비서구인의 주도적 역할과 기여를 조명하며 그 지구적 기원을 보여주었다.[32] 또 다른 비판은 유럽 과학혁명 서사가 천문학과 역학의 이론적 변화에 집중된 것에 가해졌다. 학문적·사회적 영향력에서 훨씬 광범위한 변화를 가져온 것은 자연사natural history, 자연철학, 의학 등을 아우르는 분야에서 점진적으로 일어났다는 것이다. 해롤드 쿡은 향신료, 커피, 설

탕, 차 등 막대한 부를 가져오는 새로운 '교환의 사물matters of exchange'
의 역할에 주목했다. 이런 자연물을 더 확보하기 위한 교역의 확대 과
정에서 정확한 객관적 '사실'을 추구하는 방법론적 전환이 일어났다는
지적이었다.[33]

사물은 유럽과 다른 지역에서 일어난 학문 전환의 관계가 중심/주
변의 관계가 아님을 잘 보여준다. 유럽에서 자연사 분야의 전환에 주목
한 연구들은 모두 이 사물적 변화와 함께 등장하거나 새로운 의미를 얻
게 된 용어나 활동에 주목했다. 호기심curiosity, 열정passion, 소유욕
possession, 취미taste, 우아함과 저속함elegant and vulgar, 사실facts, 수집
collection 등이 그것이다.

이런 말과 그것이 대변하는 태도는 새로운 사물이 쏟아져 들어오던
18세기 조선에도 등장했다. 18세기 조선 학자들이 근세 유럽의 용어들
을 전해 들어서는 아니었다. 이 용어는 '잉여 사물superfluous things'에 대
한 품평을 쏟아내던 명대 말기에 등장해서 "그들 나름의 방식으로on
their own terms" 자연학 전통을 형성하던 청대 중국에서도 유통되었다.[34]
상이한 지역에서 일어난 문화적 전환 사이의 이 유사성은 학문의 유용
성을 내세우는 '실학'에 대한 믿음과 유용한 학문의 도구로 수학이 부
상된 점에서도 포착된다. 유럽 학자들은 "개혁된 자연 지식"이 "진실
로 무해하고 강력하며 무사무욕"하기에 "도덕적·사회적·정치적" 유
용성을 가지며, 수학이 그런 유용함을 증진시킨다고 주장했는데, 이러
한 관점은 조선, 중국에서 모두 이 새로운 사물과 함께 등장했다.[35]

지금까지의 연구는 이 유사성을 논한 적은 거의 없는 대신 차이를
강조해왔다. 박물관이나 18세기에 독일에서 등장한 객관성이라는 용어

장인과 닥나무가 함께 만든 역사,
조선의 과학기술사

처럼 유럽에는 있지만 중국, 조선에는 없는 것에 주목하면서 한쪽의 전환은 완성된 것으로, 다른 쪽의 전환은 이 빠진 것들이 '전파'되어서 완성되어야 할 것으로 보았던 것이다. 하지만 호기심은 'curiosity'가 전파되어 번역된 것이 아니라 새로운 사물이 일으킨 것이었다.

알고 싶어지는 사물과 호기심

"알면 참으로 사랑하게 되고, 사랑하면 참으로 보게 되고, 보게 되면 모으게 되니, 그것은 헛되이 모으는 것은 아니다." 꽤 알려진 이 말은 1796년 글솜씨로 이름난 유한준俞漢雋(1732~1811)이 어의御醫를 지낸 김광국金光國(1727~1797)의 6권짜리 서화첩《석농화원石農畵苑》에 발문으로 써준 것이다.[36] 소유욕과 지식욕을 결합함으로써 사물의 축적에 새로운 지적 의미를 부여하는, 유럽과 중국에서도 볼 수 있었던 태도를 응축한 표현이다. 《석농화원》은 중국, 서양, 일본 그림까지 망라한 화첩으로 유명하다. 막강한 자금력의 뒷받침이 필요했던 이 수집력은 김광국이 연행에 참여해 우황 등의 약재를 무역하여 얻었다고 알려져 있다.[37] 양반 문인들이 공적으로는 용인할 수 없는 말단의 이익을 추구한 결과 모은 그림이었다. 유한준이 발문을 통해 그것이 의미 있는 축적이라고 한 것은 알고 아끼게 되는 사물이 매개가 되어 축적의 의미가 변하고 그와 중인 김광국의 관계가 돈독해지는 정황을 보여준다.[38]

새로운 것에 대해 알고 싶은, 호기심이라는 용어의 원래 뜻은 기이한 것을 좋아함[好奇]이다. 기이한 것에 대한 관심은 '완물상지玩物喪志' 즉 물건에 빠져 뜻을 잃는 것을 경계하는 《서경》의 가르침에서 드러나

듯 유학자들이 장려할 수 없던 일이었다.《산해경》과 같은 책에도 볼 것이 있고,《시경》의 꽃과 짐승 이름 정도는 알 만하다는 정도였다. 신유학을 성공적으로 전유한 조선의 학계에도 뿌리 깊게 존재했던 이런 태도는 18세기를 지나며 급속히 변했다.

1703년 박세당의《사변록》은 경전에 대한 새롭고 기이한, 즉 신기新奇한 주장으로 처벌을 받았고, 1726년 영조는 세상의 도리가 떨어져 "신기한" 주장으로 이기기에 힘쓰는 것을 한탄했다.[39] 하지만 18세기 후반이 되면 신하들은 자신의 주장이 비록 신기하지는 않지만 그래도 의미가 있다며 양해를 구했다.[40] 오래된 가르침을 따라야 함을 역설적으로 강조하려는 이들이 흔히 취한 수사였지만, 신기함을 긍정하는 이들이 적지 않았음을 보여준다. 새로운 태도를 가장 강력하게 드러낸 것은 박제가朴齊家(1750~1805)였다. 꽃 그림만 그렸다는 김덕형金德亨의《백화보百花譜》를 위해 1785년 그가 쓴 서문에서였다. "독창적인 정신을 갖추고 전문의 기예를 익히는 건 벽이 있는 사람만 가능하다. 아아! 저 벌벌 떨고 빌빌대며 천하의 큰일을 그르치면서도 스스로 치우치는 병통이 없다고 여기는 자들은 이 책을 보고 경계로 삼을진저!"라며 벽이라고 할 정도로 치우친 애착까지 옹호했다.[41]

박제가, 박지원과 함께 백탑시파로 활동했고, 연암 일파 혹은 북학파로 불리는 인물들은 호기심을 숨기지 않았다. 왕족인 이서구李書九(1754~1825)는 연행 사절을 통해 선물 받은 녹색 앵무새에 대한 관찰 기록을 썼고, 이 초고를 받은 이덕무李德懋(1741~1793)와 유득공柳得恭(1748~1807)은 그 분량을 두 배나 늘려 그의 호기심에 호응했다. 이들은 박지원의 서문을 받음으로써《녹앵무경綠鸚鵡經》을 완성했고, 유득공은

장인과 닥나무가 함께 만든 역사,
조선의 과학기술사

집비둘기에 대한 《발합경鵓鴿經》 등을 썼다.[42] '사소한' 사물에 대한 이야기를 '경經'이라고 높여 놓은 것이다. 호기심에 대한 긍정은 19세기로 갈수록 강해졌다. 형인 홍석주洪奭周(1774~1842)와 함께 글 솜씨로 유명한 홍길주洪吉周(1786~1841)는 모든 종류의 기이하고 속된 글에도 "극히 오묘한 구석이 없는 문장은 없다"며 "선입견을 힘써 주장하여 새것을 사모하지 않는 사람은 일가를 이룬 자가 아니라면 결단코 깨달음이 부족한 자다"라고 했다. 호기심이 없는 사람을 편협하다고 본 것이다.[43]

오늘날 호기심은 지식 추구의 기본 동력으로 모든 교육자가 장려하는 긍정적인 태도이다. 하지만 조선과 마찬가지로 중세 유럽에서도 호기심은 선악과를 따먹도록 만든 원죄와 연결되어 경계되었다. 그러다가 대항해를 통해 점점 더 많은 흥미로운 사물이 유럽으로 유입되면서 긍정적인 특징으로 전환되었다. "지식을 규정적이기보다 확장적인 것으로 만들고자 하는 근세 사회의 독특한 정서"를 이끄는 덕목이 된 것이다.[44]

우아한 취향의 시대

조선에서도 호기심은 《녹앵무경》의 분량을 두 배로 늘리는 것과 같은 지식의 확장적 경향, 신기한 것을 계속 탐구하고 수집하고자 하는 열정을 만들었다. 하지만 헛된 축적이 이들의 목표가 아님은 유한준의 말에서 뚜렷했다. 아무 사물이나 헛되이 축적하는 것이 아니라 대상의 올바른 '취趣'를 알기 위한 지식 활동, 감식안이 확보되어야 한다는 것이다. 헛된 축적으로 보이는 현상에 대해 이들이 우려했음을 보여준다.

북학파를 열광시킨 새로운 물품이 연행을 통해 쏟아져 들어오게 된 원동력은 조선 후기의 상업적 성장이었다. 18세기 후반에는 한양의 술집에서 소비되는 술을 만드는 데 드는 쌀이 국가 재정을 담당한 호조의 경비를 넘어선다고 할 정도로 기방妓房과 술집이 성행했고, 조정의 거듭된 금령에도 불구하고 호화 수입품에 대한 과소비가 그치지 않았으며, 도박이 유행했고, 옷차림으로 상하를 구분할 수 없었다. 정조는 '사치와의 전쟁'이라고 할 정도로 검소함을 강조했지만, 이를 막을 수 없었다. 고동서화 등 취가 있는 호화 수입품의 경우 수집 열기를 노린 사기 행위가 성행했다.[45] 북학파는 신기한 것에 대한 호기심을 거리낌 없이 드러낼 만큼 이러한 소비문화를 만끽한 것처럼 보인다. 하지만 그들은 글을 통해 물질주의적 세태를 꼬집었다. 또한 그들을 아끼며 등용했던 정조가 1788년 반포한 대로 "사치에서 검소함으로 들어가는[由奢入儉]" 삶을 견지했다.[46]

북학파에게는 올바른 취향, 헛되지 않은 축적이 더욱 중요했다. 취라는 말은 그들이 영향받은 공안파 문학비평에도 중요했는데, 취미, 취향이라는 뜻 이외에도 그림이나 글의 본뜻, 즐김, 관심, 표현, 경향 등 다양한 뜻으로 쓰였다.[47] 취향에 대한 논의의 핵심은 저속한 축적과 자신들의 관심을 구분하는 것이다. 가벼운 듯한 그들의 논의는 어린아이와 같은 순수한 즐거움 속에 대상의 덕목을 제대로 인식하는 지식 활동을 겸비함으로써 속된 소유욕과 차별화될 수 있었다.[48]

유럽에서도 '취미taste'라는 말은 확장되는 호기심과 수집열을 저속한 물질주의와 구분하는 역할을 했고, '잉여 사물'이 넘쳐나기 시작하던 명말 중국에서도 마찬가지였다. 우아한雅(elegant) 취미와 속된俗

장인과 닥나무가 함께 만든 역사,
조선의 과학기술사

(vulgar) 취미가 구분되어, "고상한 지식tasteful knowledge과 자연스러운 덕목natural virtue"을 겸비한 사람을 뜻하는 "명인名人(virtuoso)"이라는 이탈리아어가 다른 유럽어로 퍼졌다. 조선에서는 군자나 정약용 등이 쓴 운사韻士라는 말이 이를 대신했다.[49] 물론 미각이라는 감각이 두드러지는 유럽의 '취미'는 동아시아의 '취'와 달랐고, 중국의 취와 조선의 취가 달랐으며, 유럽의 명인도 조선의 운사나 군자와 달랐다.[50] 하지만 이 모든 지역에서 대상에 대한 열정적 관심을 뜻하는 새로운 용어가 등장하고, 이것이 지식과 결부되어 우아함과 저속함을 구분하게 된 것은 주목할 만한 유사성이었다.

사물을 통한 도의 완성

문제는 이 우아함과 저속함을 구분하는 일이 쉽지 않았고 사람마다 일마다 기준이 달랐다는 것이다. 정조는 한양의 새로운 사물적 번성을 〈성시전도城市全圖〉에 담게 한 다음 규장각 신하들에게 이 그림에 대해 시를 쓰도록 했는데 이덕무의 시에 대해 '아雅'라는 평을 주었고, 이덕무는 '아정雅亭'이라는 호를 만들어 이를 기렸다. 하지만 문체반정을 수행하면서 정조는 이덕무의 글을 문제가 되는 패관소품稗官小品적 글쓰기의 사례로 지목하며 반성문 제출을 요구했다.

정조가 재능을 아꼈던 박지원도 바르지 못한 문체를 유행시킨 주도자로 지목되었다. 거름 더미에서 수레까지 청대 문물에 대한 상세한 묘사, 지동설에 대한 논의에다 풍자 어린 소설까지 포함된 《열하일기》가 순정純正한 고문체의 우아함에 미치지 못하는 소설, 소품, 필기筆記류

문체를 퍼뜨리고 있다는 우려였다. 소품문이나 소설까지 애독했다는 영조에 비하면 그런 글이 기괴하고 재미없다는 정조의 기준이 유독 엄정했다고 볼 수도 있을 것이다. 하지만 정조 외에도 청의 물질적 번성을 대놓고 칭찬하는 북학의 논의와 글쓰기의 경박함을 우려하는 이들이 많았다.[51]

새로운 사물에 열광하며 새로운 글쓰기와 학문을 추구하는 이들도 이러한 우려를 깊이 인식했다. 이들은 대부분 경전의 가르침을 되살리거나 재해석하는 방식으로 자신들의 사물에 대한 관심을 정당화했다. 격물치지格物致知를 국가를 다스리고 천하를 평안하게 하는 수신修身의 출발로 삼은 《대학》의 가르침은 사물에 대한 탐구를 정당화하는 첫 번째 도구였다. 물론 '격물'의 방점이 실제 사물에 대한 경험적 탐구에 놓인 것은 아니었지만, 사물 하나하나의 이치를 파악하는 일이 세상의 지극한 도리를 아는 일과 뗄 수 없음을 강조한 것이다. 이 같은 관점에서는 격물을 위해 이들이 추구한 명물도수名物度數와 박학博學도 대도大道로 나아가기 위한 소도小道가 될 수 있었다.[52] 또한 격물하는 태도는 의리지학義理之學에 머물거나 사장지학詞章之學에 매몰되어 실질을 잃는 허학虛學의 위험을 피하고, 공리공담이 아닌 실제 사실에서 참을 구하는 '실사구시實事求是'의 태도가 될 수 있었다.

실사에 대한 견문이 중시되면서 연행과 같은 여행도 새로운 의미를 얻었고, 그 경험을 공유하는 여행기도 새롭게 쓰이고 읽혔다. 마지막으로 이런 사물에 대한 관심이 외물外物에 휘둘려서 덕을 잃는 일이 아닌, 덕을 수양하는 일이라는 인식의 전환이 더해졌다. 공부하는 틈틈이 "예에 노니는[遊於藝]" 것의 필요성을 강조하면서 육예六藝, 즉 예禮, 악

장인과 닥나무가 함께 만든 역사,
조선의 과학기술사

樂, 사射, 어御, 서書, 수數를 단련하도록 한 공자의 가르침이 든든한 기반이 되었다. 엄정한 정조도 육예의 단련을 강조하며 음악을 즐기고 수학을 공부했고 탁월한 서예와 활쏘기 솜씨를 통해 모범을 보였다.[53] 이들은 완물상지에 대한 경전의 우려를 '완물적정玩物適情', 즉 사물을 즐김으로써 정을 다스리는 일로 치환했다.[54]

문헌의 박물관, 도시를 잇는 박물관

이렇게 유럽, 중국, 한국의 새로운 학문 집단은 새로운 사물에 열광하며 그에 대한 새로운 감각과 태도, 학문적 접근법을 형성시키는 데 상당한 유사성을 보였다. 하지만 이들이 각각 선택할 수 있었고, 선택해서 수집한 사물, 또 이들이 청아하다고 본 사물에는 차이가 있었다. 이 사물의 차이는 훨씬 더 면밀한 분석이 필요하다. 그렇지만 분명한 것은 조선에서 저속함을 면하기 가장 쉬웠고 가장 많이 축적된 사물이 책이었다는 점이다.

앞서 보았듯 북경을 방문한 조선인들은 한문으로 씌어진 책이라면 청아를 구분하지 않고 사들여 왔다. 이름난 책을 지목해 구하던 조선 초와 달리 이 시기에는 북경 서점의 신간 목록을 구해 당대의 최신 저작을 최대한 구입했다. 한자라는 매개를 통해 번역된 서학서, 일본 서적도 활발히 유통되었다. 이덕무는 "기이한 책을 많이 얻는 것"이 "슬기와 지식을 더할" 방편이라고 하면서 자신을 "책 바보, 간서치看書痴"라고 했다. 책 읽는 재미에 추위나 더위, 배고픔도 알지 못했고, 읽은 적이 없는 책을 보면 웃어서 그가 웃으면 기이한 책[奇書]을 얻었다는 것을 사람들이 알았다는 것이다.[55] 끼니를 걱정하며 살았던 이덕무와 박지원 등은 만권루를 갖추지 못했지만, 책을 빌려서 읽고 베껴두고 읽었다. 책을 대신 베껴 써주는 이들도 있었다. 조선 후기 경화세족의 권세를 누렸던 서유구 집안과 홍석주, 홍길주, 홍현주洪顯周(1793~1865), 이들의 육촌 동생인 홍한주洪翰周(1798~1868) 형제들은 집안 가득한 장서의 혜택을 누렸다.[56]

유럽에서도 책은 새롭게 유통되는 사물의 상당 부분을 차지했다. 이에 따라 문헌학이 경험주의와 함께 발달해 과학이 정립되기 시작한 19세기에 과학과 경쟁하며 전성기를 구가했다.[57] 명·청시대 중국에서는 고대의 책과 비문 등이 발굴되며 새로운 문헌에 기반한 잡기雜記, 필기筆記부터 총서叢書, 전서全書, 유서類書가 쏟아져 "문헌의 박물관textual museums"을 이루었고, 책의 정보를 비교 대조해서 검증하는 고증학이 발달했다.[58] 조선이 달랐던 점은 새로운 사물 중 책이 차지하는 비중이 압도적이었고, 책뿐만 아니라 거의 모든 사물이 육로로 중국의 시장을 거쳐왔다는 점이다.

몇몇 조선인은 지구화된 중국의 시장에 가볼 수 있는 특혜를 누렸다. 다만 시장 외에 각 사물이 생산되는 지역을 여행한 조선인은 거의 없었다. 그 결과 유입되는 사물의 종류가 유럽과는 매우 달랐다. 유럽에서는 자연물의 수집이 가장 중요해서 동식물과 광물 표본이 박물관을 채웠고, 대항해를 통해 점점 더 많은 사람이 완전히 다른 기후와 풍습을 가진 지역을 여행하며 새로운 사물을 가져왔다면, 조선에는 이런 신기한 사실을 담은 기이한 책과 도시의 시장에서 찾을 수 있는 사물이 주였다. 자연물조차도 야생에서 채집된 것이 아닌 수선화와 앵무새처

장인과 닥나무가 함께 만든 역사,
조선의 과학기술사

럼 중국의 시장에서 이미 상품화된 것이 유입되었다. 이들은 유럽인들이 '호기심의 방cabinet of curiosity'을 전시하듯, 이 신기한 사물로 가득한 자신들의 서재를 그림으로 그려 전시했다.

새로운 학문의 유용성

이처럼 선택된 사물도, 그 사물이 이동되는 경로도 달랐지만, 조선 후기 학자들은 자신들의 새로운 학문이 도덕적·사회적·정치적 목표를 이룰 수 있는 '실학'임을 내세우며 실용성을 통해 자신들의 학문을 이전의 학문 활동과 구분 지었다. 이도 다른 지역의 새로운 학자들과 비

〈그림 9〉 19세기 책가도. 전주국립박물관 소장(부분).

슷한 모습이었다.

박제가는 조선에서는 백성들이 움막과 같은 집에 살림살이조차 갖추지 못하고 살며, "중국은 아무리 귀한 물건이라도 풍부하지만 우리나라는 아무리 천한 물건이라도 넉넉하지 않은" 것은 놀고먹는 무리가 "인구의 과반수를 차지"하기 때문이라고 질타했다. 조선의 선비들이 사물에 대한 실학을 게을리했다는 비판이었다. 이 같은 관점은 자연스레 북학 주창으로 이어졌다.[59] 서유구도 조선에는 일상의 도구가 한숨이 날 정도로 형편없다면서 그 이유를 실학에 힘쓰지 않는 사대부에게 돌렸다.[60] 앵무새와 같은 사소한 사물을 탐구하여 새로운 사실을 밝히는 일도 헛되이 문장을 꾸미거나 명성을 추구하는 것과 차별되는 '실학'이었다.

유학 전통에서는 모든 공부가 자기수양과 경세치용經世致用을 목표로 하는 것이 당연한 것이었다. 농업이나 기술, 본초와 같은 전문적 기예를 다룬 중국의 '실학'자들도 모두 천하의 질서를 바로잡고 백성의 삶을 윤택하게 하는 이용후생을 목표로 내걸어 자신들의 공부가 유용하다고 강조했다.[61] 하지만 조선 후기 학자들은 이 같은 유학 전통에서의 도덕적·사회적·정치적 목표에 새로운 강조점과 학문적 관심을 가져왔다. 기이한 책을 통해 배운 서양 수학은 유용성에 대한 그들의 주장을 특히 확장시키고 특화시켰다.

장인과 닥나무가 함께 만든 역사,
조선의 과학기술사

유용한 도구로서의 수학, 도구의 향상을 위한 수학

조선 후기 사물에 대한 호기심을 드러낸 학자들은 수학에 대한 높은 관심과 평가를 널리 공유했다. 조선 후기 황윤석黃胤錫(1729~1791)을 통해 서울 수학계의 특징을 살펴본 구만옥, 임종태에 따르면 "수학의 가치를 중시하고 이를 전문적인 수준으로 탐구하는 양반 학자들이 노론, 소론, 남인 등 주요 당파 모두에서 나타났고, 그들 사이에 당파를 넘어서는 교류"가 있었으며, 때로는 중인 수학자와의 교류 또한 이루어지고 있었다고 한다.[62] 당파성이 두드러진 인물성동이론人物性同異論이나 북학이라는 특정한 의제에 대한 입장 차이, 중인과 양반의 여전한 경계도 사물에 대한 이들의 호기심을 막지 못했고, 수학을 위한 이들의 교류도 가능하게 했다.[63]

이들이 깊은 관심을 드러낸 수학은 기이한 책에 담긴 서양 수학이었다. 서양 수학에 대한 공통된 관심과 높은 평가는 서양 혹은 서교西教에 대한 이들의 전반적인 냉랭함과 대조를 이루었다. 조선 후기 학자들은 서양에 가본 적이 없었고, 서양인을 만난 것도 거의 연행 과정에 국한되었다. 대부분은 책을 통해 서양을 만났다. 중국에서 예수회 선교사와 그들의 협력자들이 선교를 위해 한문으로 번역한 책이었다. '진산사건' 등 18세기 말 일련의 사건이 파장과 반감을 불러일으키기 전까지 서양은 조선에서 이런 책 속에 존재하고 있었다.[64]

책을 통해 접하게 된 서양 문물에 대한 조선 학자의 태도는 "대체로 비판적"이었다. 성모의 수태와 예수의 부활을 비롯해 합리적이지 않은 면이 있었고, 자연철학적 설명도 이치에 닿지 않는 부분이 많았다.[65] 지동설을 받아들이는 등 서학 전반에 우호적인 이익도 서양 학문에 "규모와 언어가 전혀 달라서 받아들여 이해할 수 없는 바가 있다"면서 서양 의학도 "천착의 폐단"을 면치 못했다고 비판했다. 정약용도 연루되었던 19세기 초의 서학 탄압 이후 서학이 도리에 맞지 않는 점이 있다는 인식은 더욱 강해졌다. 하지만 서양 수학의 정밀함은 서양 학문의 '덕'이나 '예'의 열등함을 강조하던 구한말의 위정척사파조차도 인정했다.[66]

수학의 유용성은 서양 수학을 서학 전체와 별개로 용인하게 만드는 데 핵심적 역할을 했다. 동도서기東道西器, 중체서용中體西用의 익숙한 구도이다. 서호수는 서양 수학을 공부하는 것이 분별없는 일이 아닌가 하는 질문에 "무릇 도는 형체가 없어 현혹하기 쉽고, 예藝는 형상이 있어 거짓으로 꾸미기 어렵다. 나는 도를 좋아하지 않는 것이 아니다. 겉으로는 도를 좋아하는 척하지만 실제로는 부도不道하며, 아울러 이른바 예藝라는 것에는 얻음이 없는 것을 미워할 따름이다"라고 하며 육예의 하나인 수학의 유용성을 말했다.[67] 나아가 "사물에 나아가 수를 말하는 참된 수", "천하의 일을 성취할 수 있는" 실용적 수를 강조했다.[68]

홍석주도 서양 학문 전반에 대해서는 높이 평가하지 않았지만 서양 수학책은 읽어야 할 책으로 추천했다. 수학의 전방위적 유용함이 그 이유였다. 그는 서양 수학이 특히 치밀하고 상세하여 "수학의 집대성"이라 할 만하다고 보았다. "수數는 육예 가운데 하나이다. 천지음양은 수가 아니면 기록할 수 없고, 지극히 작고 섬세하며 미묘한 것은 수가 아니면 분석할 수 없다. 수가 밝아지면 예악이 흥하고, 깊어지면 조화를 도울 수 있다. 농부가 이것을 얻으면 밭두둑을 헤아릴 수 있고, 장인이 이것을 얻으면 기용器用을 이롭게 할 수 있으며, 상인이 이것을 얻으면 재물을 계산할 수 있어, 백성이 날마다 써도 끝이 없으니 이 예藝는 도에 참여할 수 있다"는 것이다.[69]

박제가, 박지원, 이가환, 정약용, 서유구도 홍석주, 서호수처럼 수학이 농·공·상의 모든 일에 응용되는 것임을 강조했고, 홍계희도 도침의 공임을 계산하고 휴지와 잘못 쓴 종이를 헤아리는 모든 사무에 수학을 활용하면서 수학의 유용성을 강조했다. 연행을 다섯 차례나 다녀온 역관 이희경李喜經(1745~1805)은 박지원이 벽돌과 기계 만드는 일을 도왔는데, 수학을 깊이 공부할 짬은 없었던 것 같지만 도량형, 도수度數의 유용성을 강조했다.[70] 홍석주의 동생 홍길주는 서양 수학책에 미진한 부분을 더 상세히 풀이하는 수학책을 두 권 썼는데, "기하술은 유학에 가장 가까우니 공부할 만하다"고 했다.[71] 남병철南秉哲(1817~1863)은 '상수지학象數之學' 내지 '역산曆算'을 유학자의 실학으로 보았고, 그 동생 남병길南秉吉(1820~1869)은 수학을 "격치의 실학", 집안과 국가의 "실용"으로 규정했다.[72]

수학의 유용성에 대한 논의는 오래전부터 있었다. 육예의 하나인 수학을 도학에 연결 지으며 수양의 도구라고 하는 주장도 오래되었고, 수학이 사물을 다루는 "여러 기술의 기초가 된다는 인식"도 《주례周禮》부터 이어져온 것이다.[73] 조선 후기인들 대부분은 하·은·주 삼대三代를 성인이 다스린 이상사회로 보았다. 도의 측면에서는 후대에 이룬 진보가 없었다. 영조는 세손 정조에게 "반드시 옛것을 따르고, 절대로 새로운 것에 힘쓰지 말라"고 가르치며 탕평정치의 목적이 요 임금과 순 임금의 다스림을 회복하는 것이라고 했다.[74] 정약용도 먼저 경학과 역사를 섭렵한 후 실학에 마음을 두고 "옛사람이 나라를 경영하고 구했던 글들을 즐겨 보아야 한다"고 했다.[75]

그러나 수학은 좀 달랐다. 이익은 도구와 수[기수器數]에 관한 법은 후대로 갈수록 더욱 정밀해진다고 주장했고, 이가환李家煥(1742~1801)은 수치를 생각하여 사물을 이해하고 만드는 명물도수의 학문은 세대가 내려오며 더욱 발전하게 된다고 했다. 정약용도 '기예技藝'는 "사람이 많이 모일수록 정교하게 되고, 세대가 아래로 내려올수록 더욱 공교하게 된다"고 했고, 최한기崔漢綺(1803~1877)도 역산과 물리는 후대에 더욱 밝아졌다고 했다.[76] 서호수는 지금의 지동설이나 세차법이 옛 법보다 뛰어난 것은 "지금의 법이 일부러 옛 법과 다르게 하려고 그런 것이 아니라 실측을 해보니 그런 것"이라고 말했다.[77] 수학은 사실에 부합하고자 하는 도구로서 사실과 더욱 일치할 수 있도록 정밀해졌다는 것이다. 이렇게 서양 수학의 정밀함이 인정되면서 수학은 도와 별개로 독자적 발전이 가능한 영역이라는 인식이 생겨났다.

예전보다 분명히 더 나아진 또 다른 것은 이 정밀한 수학 없이는 만들 수 없을 것 같은 정교한 서양 도구들이었다. 서양의 관측도구와 시계, 기계 장치 등은 장인이 주먹구구로 만드는 듯한 익숙한 도구와 현격히 달라 보였고, 이들의 감탄을 자아냈다. 도구의 개선을 위해 서양 수학을 받아들이는 일에는 정조와 엄정한 유학자도 앞장섰다. 선교사 테렌츠Johann Terrenz Schreck(鄧玉函·1576~1630)와 개종한 중국인 왕징王徵(1571~1644)이 펴낸 《기기도설奇器圖說》을 정약용에게 내려 화성 건설에 필요한 기계를 만들게 한 것은 정조였다.[78] 홍대용은 《주해수용》과 같은 서양 수학 연구가 "천지의 본체와 형상"을 탐구하는 관측장치 제작

장인과 닥나무가 함께 만든 역사,
조선의 과학기술사

에 기여한다고 보아 중시했고, 신경준, 정상기, 정항령, 서명응徐命膺 (1716~1787), 이가환, 황윤석, 이벽 등도 북극 고도 측정과 서양 수학의 정밀함을 연결시켰다.

새로운 사물 중에서도 서양 수학을 담은 "기이한 책"이 미치는 영향력은 서울을 넘어 지방으로 확대되었다. 지방의 유학자 나경적羅景績 (1690~1762), 이여박李如樸(1740~1822), 하백원河百源(1781~1845) 등도 서양식 수차 등 더 나은 도구를 만들기 위해 서양 수학을 공부했다.[79] 이규경은 끊어진 명물도수학을 다시 살린 대표자로 서광계徐光啟와 왕징을 내세우면서 이들이 서양 수학을 통해 창시한 '상수학象數學'이 중국 명물도수 전통을 더 계발했다고 말했고, 자연학, 광학, 광산업 등 모든 분야를 향상시킬 도구로 이 새로 창시된 '상수학'을 중시했다.[80]

유럽에서도 긴 과학'혁명'의 시기에 수학이 부상했다. 유럽 학자들도 더 정확한 측정과 계산으로 사물에 대한 이해와 조작능력을 향상시킬 수 있다고 주장했고, 나아가 조선에서 도학과 수학을 연결했듯 수학에 철학적·형이상학적 의미와 지위를 부여하려 했다.[81] 주목할 점은 세계적 선교를 주도했던 예수회 수학자들이 전문 기예에 불과했던 수학을 하나의 학문으로 내세우며 그 폭넓은 유용성을 주장하는 데 앞장섰다는 것이다. 중국에서 마테오 리치가 번역한 수학 교과서 역시 그 점을 강조하는 예수회 수학 교과서였다.[82]

조선에서 수학이 새로운 지위를 얻는 데 이 예수회 교과서의 주장이 영향을 미친 것일까? 좀 더 면밀한 연구가 필요하겠지만, 적어도 조선 학자들의 '유학'과 '도리'의 형이상학이 유럽 철학의 용어와 같지 않음은 분명하다. 조선의 홍석주 형제나 남병철 형제가 서양 수학을 수용한

것은 격물치지의 실학을 수행하고, 천지조화에 참여함으로써 만물의
이로움을 더하는 유학자의 목표를 더 잘 이루기 위해서였다.[83] 또 하나
분명한 점은 측정이나 도구 개발을 수학의 가치로 내세운 조선 후기 학
자들이 실제 측정 활동이나 도구 개발에 나선 일은 드물었다는 것이다.
물론 상당수 유럽의 자연철학자들도 자신들이 제안한 기계를 모두 만
들어보고 실험했던 것은 아니었고, 조선의 학자들도 실험과 제작에 나
섰던 경우가 있었다. 하지만 유럽에서 모이 먹고 똥까지 누는 보강송
Jaques de Vaucanson(1709~1782)의 '자동 오리' 등이 경쟁적으로 제작되며
대중의 흥미를 자아내던 것과는 많이 달랐다.[84]

사물이 이끈 중심의 재구성

그래서 지구상의 다른 지역에서 일어났던 것과 모든 면에서 다르지만
또 놀라운 유사성을 갖는 학문적 전환이 조선 후기에 이루어지고 있었
다. '교환의 사물'이 이끈 유럽의 학문적 전환이나 '잉여 사물superfluous
things'이 이끈 중국과 조선의 전환은 모두 이 사물에 반응한 새로운 학
문과 이전 학문 사이의 긴장을 만들었다. 쏟아져 들어오는 새로운 사물
에 대해 적극적으로 대응하는 새로운 학자들은 이전과 다른 학문 활동
의 태도, 기준, 목표를 내세웠다. 열렬한 호기심, 우아함과 저속함을 구
분 짓는 취향, 사실적 지식의 부상과 수집벽, 수학에 대한 관심과 실학
에 대한 강조 등 조선에서 형성되고 있던 사물에 대한 새로운 감각과
태도는 유럽과 중국의 전환에 대한 뒤늦은 번역 수용이 아니라 새로운
사물을 통해 독자적으로 형성되었다.

장인과 닥나무가 함께 만든 역사,
조선의 과학기술사

조선의 학자들을 움직인 사물은 달랐지만, 어느 곳에서도 새로운 학자들을 움직인 사물은 외부로부터 유입된 사물이 주를 이루었다는 점에서 오히려 중심부는 해체되고 있었다. 이 사물에 먼저 진지하게 반응한 조선의 학자들은 새로운 사물과 소통하고자 벌인 나름의 지적 도전을 통해 이 같은 변화를 감지하고 있었다. 그들은 청의 문물, 서양과 일본 "오랑캐"의 학문과 도구조차 유용하고 배울 만하다고 말하게 되었다.

사물에 대한 감각과 태도를 지식 활동의 부차적인 것으로만 보았던 역사는 조선 후기 '실학'과 다른 지역에서 이루어진 전환을 비교할 때 유사성보다 차이를 강조했다. 그 차이는 대개 유럽의 표준을 통해 보완해야 할 결핍으로 해석했으며 유사성을 발견하면 영향과 전파를 통해 설명하려 했다. 새로운 사물의 흐름이 크고 작은 여러 중심을 연결하며 일어나고 있던 변화를 몇몇 유럽 지식인이 주도한 혁명으로 말했기 때문이다. 조선의 전환은 그 유사성만이 아니라 그 차이를 제대로 이해하기 위해서도 이들을 움직인 사물을 더 면밀히 분석해야 한다. 바다를 통해 모든 대륙과 연결된 유럽이나 그런 유럽의 상선이 직접 들어오던 중국과 달리 조선 학자들을 움직인 사물은 거의 중국 시장에서 상품가치를 인정받은, 육로를 통해 들어오기 좋은 것들이었다. 애완용 동식물과 각종 기물, 고동서화, 더 신기한 것에 대해 알려주는 서적들이다. 이 사물이 만든 차이의 일단은 제지처럼 사물에 밀착된 과학기술 혹은 조선의 것에 대한 이들의 태도에서 더 드러난다.

문자 연계 과학기술과
조선의 제지 과학기술

조선 제지에 대해 새롭게 형성되는 논의를 포함해 조선 후기의 학문 경향에서 가장 두드러진 변화는 서적 생산력의 막대한 증가이다. 홍한주는 "천하에 서적이 많기가 요즘 같을 때가 없다. 고금의 사람 중에 조금이라도 문자를 아는 자들은 저술로 스스로 자명自命하지 않는 이가 없으니 무릇 이른바 모집某集이며 모서某書며 하는 것들이 거의 집을 채우고, 소와 말을 땀나게 할 정도"라고 했다.[85]

홍대용의 《담헌서》는 280여 개, 박지원의 《연암집》은 550여 개, 이덕무의 《청장관전서》는 2,400여 개 글을 담았다. 《청장관전서》는 71권 42책의 거질인데, 그의 짧은 생애를 생각하면 더욱 놀랍다. 19세기의 서유구는 할아버지 서명응의 《고사십이집》 편찬 등을 돕고, 113책의 《임원경제지》라는 거질을 저술한 외에도 《풍석고협집楓石鼓篋集》, 《행포지杏蒲志》, 《금화지비집金華知非集》, 《금화경독기金華耕讀記》, 《난호어목지蘭湖漁牧志》, 《번계시고樊溪詩稿》 등을 남겼다. 이덕무의 손자인 이규경도

장인과 닥나무가 함께 만든 역사,
조선의 과학기술사

1,400여 항목에 대한 고증을 담은《오주연문장전산고五洲衍文長箋散稿》60권, 광물의 종류, 성질, 제련법을 다룬《오주서종박물고변五洲書種博物考辨》3권, 조선과 안남의 교역 기록, 수레, 선박, 인삼 재배법, 염색법, 규방시가에 이르는 각종 주제를 다룬 서적을 저술했다.[86] 서적 생산량으로 보면 새로운 학문 활동에 대한 열정은 정조의 사후인 19세기에 더욱 고조되었고, 이 "문헌의 박물관"에는 전에는 보기 힘들었던 사소한 사물에 대한 논의도 증가하고 있었다.

전상운은 이렇게 생산적인 조선 후기 실학자들의 연구에 대해 다음과 같이 총평했다.

> 그들은 서구의 근대 과학기술의 자극을 받아 철학적 사색에만 치중하던 사조에 반발하여 실사구시를 이상으로 삼는 과학 정신에 입각한 실학운동을 벌여 서구 학문을 수입하고 과학적 개혁을 추진하였다. 그들의 노력은 다분히 비현실적인 주장과 문헌의 집성과 열거에서 끝난 약점을 가지고 있었다. 실학자들의 업적은 과학기술에 있어서의 실용적 가치로서는 대단한 것이 아니었다.[87]

전상운의 한국 과학사 연구는 1664년 만들어진 조선의 천문시계에 대한 연구를 시작으로 다양한 유물과 그 유물을 만들어낸 과학기술을 면밀히 천착한 만큼 "문헌의 집성과 열거"에서 끝난 듯한 실학자들의 성과를 높이 평가하기 어려웠다. 사물에 자극받아 나름의 "과학 정신에 입각한" 운동이었지만 과학기술적 실용성 차원에서는 아쉽다는 것이다. 하지만 왕성한 생산력을 보였던 이 실학자들은 새로운 사물에 가장 민감히 반응하며 조선 후기 실학을 대표했던 이들이기도 했다. 이들은 실사구시의 정신을 뚜렷이 표출하며 사물에 대한 학문 활동을 주도했고, 제지에 대해서도 전에 없는 관심을 드러냈다. 제지에 대한 이들의 논의를 통해 새로운 실사구시의 특징을 좀 구체적으로 살펴보자.

실사구시 학자들의 조선 제지술 한탄

우선 박지원 등의 추앙을 받았던 홍대용은 연행 중 역사적 고적, 풍광이나 정세만이 아니라 수레, 벽돌, 종이 같은 일상적 도구에 대해 처음으로 진지한 기록을 남겼다. 그는 바쁜 여행 일정 중에 종이 만드는 곳에 직접 발을 들였다.

> 심양에서 종이 만드는 곳을 구경하였는데, 큰 맷돌을 설치하여 그 안에 누런 물을 가득 담아놓고 말 세 필로 그것을 돌려 갈았다. 간 것을 발로 건져내는데, 우리나라의 종이 만드는 법과 같았다. 곁에 벽돌담을 쌓고 그 속을 비게 하여 안에다 석탄을 때고 있는데 양면이 온돌처럼 되어 있어서 젖은 종이를 펴놓으면 잠깐 사이에 말라 떨어졌으니 대개 겨울철에 쓰기 위한 것이었다. 그 재료를 물어보았더니, 역시 닥나무 껍질[楮皮]을 사용하고 있었다. 생각건대, 중국에서는 갈아서 가루가 되게 하여 종이를 만드는 까닭에 질기지 못하고, 우리나라에서는 가늘게 풀어서 만들기 때문에 털이 생기는 것 같으니, 각각 장단점이 있는 것이다. 그들이 또한 우리나라 종이도 닥나무 껍질을 재료로 하여 만든다는 말을 듣고, 서로 돌아보며 말했다.[88]

장인과 닥나무가 함께 만든 역사,
조선의 과학기술사

홍대용은 1765년 방문한 중국의 조지소를, 연자매나 벽돌로 된 종이 건조대를 제외한 나머지는 원료부터 종이를 뜨는 법까지 조선과 비슷한 곳으로 묘사했다. 다만 원료인 닥나무를 중국에서는 맷돌로 갈아서 종이가 매끈하지만 약하고, 맷돌을 안 쓰는 조선은 질기지만 털이 일어날 수 있어 일장일단이 있다고 보았다.

1778년 처음 중국 땅을 밟은 박제가는 수레, 벽돌, 종이 등에 대한 홍대용의 관심을 계승했고, 이런 일상 기물에 대한 기록을 《북학의》의 핵심으로 삼았다. 그는 중국 종이와의 비교를 한 단계 더 진전시켰다. "우리나라 종이가 천하에 으뜸이라고 우쭐대는 사람도 있는데 아마 글씨를 쓸 줄 모르는 자일 것"이라며, 연행 중에 만난 누군가의 말이 아닌 "중국 식자"의 권위를 빌렸다. 바로 명대 서화가이자 문장가이며 조선 후기 작가들 사이에 '취趣'가 있는 삶의 전형으로 일컬어진 서위徐渭(1521~1593)였다. 서위는 "기이한 재능과 고상한 의리, 도도하고 고고하며, 몸은 액을 당하였지만 명성은 높았던" 선비라고 칭송되었다. 박제가, 이덕무, 박지원을 연상시키는 인물이다.[89]

박제가가 인용한 서위의 말은 "고려지는 그림 그리기에 알맞지 않다. 동전처럼 두꺼운 것 정도가 좋은데 그것도 해서체의 잔글씨를 쓰기에나 적당할 뿐"이라는 부정적 평가였다. "잘 찢어지지 않는다고 훌륭한 종이"가 아니라 서화에 적합해야 하는데 그 점에서 부족하니 조선 종이를 좋다고 보기 어렵다는 것이다. 나아가 그는 조선 종이의 치수를 문제 삼았다. 서책을 만들려고 반으로 자르면 너무 크고, 세 등분하면 너무 작았다. 박제가는 종이가 전부 서책을 위한 것은 아니지만 서책에 적합한 종이는 다른 용도로도 좋으니 "서책으로서 길이의 표준을 삼을 이유가 분명하다"고 주장했다. "중국 종이의 치수가 모두 균일한 것"은 서책에 맞추어서라는 것이 그의 관찰이었다.[90]

주목해볼 것은 박제가가 서위의 글을 인용한 방식이다. 박제가는 고려지가 그림에 알맞지 않다는 구절부터 인용했지만,[91] 친구에게 보낸 서위의 편지 원문은 고려지가 부적당하다는 데서 시작하지 않았다.

비단은 작은 해서를 쓰는 데는 좋지 않네. 마르면 먹이 들어가지 않고, 조금 축축하면 [먹이] 엉겨서 흐릿하게 되지. 동전처럼 두꺼운 고려지가 비로소 좋은데, 역시 글씨에 좋은 데 그칠 뿐 그림을 그리는 데 좋지는 않아.[92]

서위는 비단에 해서를 쓰는 것이 어떠냐는 친구의 물음에 오히려 두꺼운 고려지를 써보라고 권했고, 다만 이를 그림 그리는 데는 좋지 않다는 단서를 달았다. 하지만 이 말의 순서를 뒤집고 앞부분을 누락시키자 조선 종이는 그냥 나쁜 것이 되었다. 2년 뒤 중국을 방문했던 박지원의 《열하일기》는 스스로 말했듯 실용적인 중국의 기물과 제도에 대해 박제가와 마치 "한 사람의 손에서 나온 듯한" 서술을 남겼는데,[93] 종이에 대해서도 그러했다. 다만 그는 종이에 대한 항목을 따로 두지 않고 여정의 경험을 이야기하는 중에 짧게 언급했다. 조선의 한 명필이 중국 저택에 남겨둔 글씨를 본 후, 그 글씨가 중국 글씨보다 못한 이유를 설명하기 위해 조선의 붓과 종이의 품질을 논한 것이다. 그에 따르면, 좋은 글씨를 제대로 본 적 없이 금석문만 본 데다 중국과 다른 종이와 붓으로 글씨를 배우니 중국과 같은 필체가 나올 수 없었다. "중국에서 옛

장인과 닥나무가 함께 만든 역사,
조선의 과학기술사

날부터 고려의 백추지, 낭모필을 칭송했다고 하나, 이는 특히 외국의 진기한 물건이라 해서 그런 것이지 실지로 서화에 좋아서 그런 것은 아니었으리라"는 짐작이었다. 근거는 역시 서위의 말로, "서위는 고려 종이는 그림에 맞지 않고 다만 돈처럼 두꺼운 것만 좀 괜찮다고 했으니, 좋지 않다 여긴 것이 이와 같았다"라고 박제가처럼 인용했다. 나아가 그는 조선 종이는 다듬이질을 하지 않으면 털이 일어나고, 다듬이질을 너무 많이 하면 단단해져서 붓이 머물지도, 먹물을 받아들이지도 못한다는 견해를 덧붙여, 장인들이 성공적으로 인정받은 도침 기술에 대해서도 흠을 잡았다.[94] 박지원은 종이의 크기에 대해서는 언급하지 않았다.

이희경은《설수외사》에서 종이에 관해 꽤 길게 논의했는데, 조선 종이의 두께부터 문제 삼았다. 중국 종이 중에도 궁전지宮箋紙 등은 꽤 두껍지만 조선 종이로 치면 중간 두께 정도일 뿐 동전 두께의 종이는 없었다. 아마 그것이 서위 같은 이들이 조선 종이를 찾은 이유일 텐데, 그렇다고 이것이 조선 종이를 자랑할 이유는 아님을 분명히 하기 위해 그역시 서위의 말을 빌렸다. "고려 종이 중에 동전처럼 두꺼운 백추지는 작은 해서는 쓸 수 있지만 선화渲畵(묵이 번지게 하는 그림)를 그릴 수는 없다"는 인용이었다. 서위의 원문처럼 조선 종이를 해서에 쓸 수 있다는 말부터 시작했고, 그림에 좋지 않다는 말을 먹을 번지게 하는 화법과 결부시켜 나름의 설명을 덧붙인 차이가 있지만, "옛사람"이 이미 우리 종이가 "단단해서 다루기 어렵다는 것을 알았다"는 총평을 더함으로써 박제가와 박지원처럼 조선 종이 비판론으로 인용했다.[95]

그는 남원, 전주, 공주 종이는 우수하다 할 만하고, 도침을 하면 글씨를 쓸 만하지만, 역시 묵의 스밈을 조절하기 힘들다고 했고, 무엇보다 종이를 두껍게 만들어서 생기는 낭비를 탓했다. 그는 "우리나라의 종이는 성질이 본래 질기기 때문에 창에 발라도 오래가며, 동전 두께의 종이는 기름을 발라 방안에 깔아두면 물을 엎어도 젖어들지 않고 매끌매끌하여 긁히지 않습니다. …… 이 때문에 우리나라의 종이를 천하의 최고로 칩니다"라는 어떤 이의 말을 전한 뒤, 그렇다고 서화에 쓰는 종이까지 두껍게 만들 필요는 없다고 반박했다.

게다가 이희경이 중국에서 본 것에 따르면 중국에서는 아무리 얇은 종이로 창을 발라놓아도 창 아래에서 노는 아이들 가운데 구멍을 뚫거나 더럽히는 아이가 하나도 없었다. 풍속만 바뀐다면 창호지도 두껍게 할 필요가 없었다. 이런 관점에서 그는 "중국을 본받아 비용을 줄이는 것"이 좋다고 강조했다.[96] 조선 종이, 중국 종이가 각각 한 가지인 양 비교했던 홍대용, 박제가, 박지원과 달리 이희경의 비교는 종이의 다양한 품질과 용도를 더 감안했지만 서술의 초점은 조선 제지에서 개선이 필요한 부분에 집중되었다.

박지원은 서위가 조선 종이를 아꼈음을 모르지 않았다. 그는 《열하일기》의 다른 부분에서, "왕세정은 조선 종이[동지東紙]를 일컬어주었고 서위는 조선 종이로서 돈같이 두꺼운 것을 심히 사랑했다"고 썼다. 이어 전겸익錢謙益(1582~1664)이 1438~1439년 조선에서 인쇄한 한 문집을 보고 "견지가 탄탄하고 면밀하여 자획이 가느다란데도 오롯하니 중국에서도 역시 좋은 책이라 할 것"이라 평했다는 것도 인용했다.[97]

박지원을 깊이 존경하여 수학 시절 글을 쓰면 모두 박지원에게 보여주곤 했다는 서유구도 《금화경독기》, 《임원경제지》 등에서 조선 제지에 대한 비판에 적극 동참했다.[98] 거의 모든 기술 분야에 대해 그렇듯

장인과 닥나무가 함께 만든 역사,
조선의 과학기술사

서유구가 《임원경제지》의 〈이운지怡雲志〉에서 다룬 종이 관련 논의는 조선에서 나온 종이에 대한 지식 중 가장 체계적이고 충실하다. 《임원경제지》는 기본적으로 자신이 세운 체제와 분류에 따라 자신의 저술을 비롯한 각종 문헌에서 내용을 발췌하고, 부분 부분 '안案'이라는 논평을 더한 책이다. 종이 부분은 '잉여 사물'에 대한 사실적 묘사로 유명한 명말 저작 《준생팔전遵生八牋》을 비롯한 9종의 중국 문헌, 자신의 《금화경독기》를 포함한 6종의 조선 문헌, 일본의 만물 백과사전 《화한삼재도회和漢三才圖會》를 활용하여 중국, 일본, 조선의 종이 품질, 종이 제조법, 염색법, 관리법과 관련 도구에 이르는 24가지 항목을 논했다.[99]

《임원경제지》의 서두에 밝힌 포부에 따르면 이 방대한 문헌의 집성은 "당장 적용 가능한 방법"을 우선으로 했다. "인간이 살아가는 땅이 각기 다르고 관습과 풍속이 같지 않다. 그러므로 시행하는 일이나 필요한 물건은 모두 과거와 현재의 격차가 있고 나라 안과 나라 밖의 구분"이 있어서 나라 밖의 것은 조선에서 시행하는 데 장애가 있을 수 있었다. 어려움 없이 당장 쓸 수 있는 조선에 적절한 것부터 모았다는 설명이었다.[100]

우선 살펴볼 것은 그가 조선 종이의 품질을 논한 부분이다. 자신이 편집을 도왔던 서명응의 《고사십이집》과 박지원의 《열하일기》를 인용하고, 자신의 《금화경독기》에서 두 항목을 가져와서 마무리했다. 1782년 《북학의》의 서문을 써준 서명응이지만, 조선 종이에 대한 평가는 박제가의 한탄과 반대였다.

송나라 사람이 여러 나라의 종이 품질을 논할 때 반드시 고려의 종이를 으뜸으로 쳤다. 이는 다만 당시 조공품의 종이를 보고 말한 것이다. 지금 조지서의 자문지咨文紙나 평강의 설화지雪花紙, 전주·남원의 선자지扇子紙, 간장지簡壯紙, 주유지注油紙, 유둔지油芚紙 같은 것은 실로 천하에 드문 것이며, 태지苔紙, 죽청지竹淸紙는 더욱 뛰어나게 좋다. 다만 우리 풍속이 질박함을 숭상하여 종이의 이름이 중국의 화려하고 장식적인 데 따라가지 못할 뿐이다.[101]

서유구는 이 자랑에 뒤이어 서위를 인용하고, 도침의 문제를 들어 조선 종이가 중국 것만 못하다고 한 《열하일기》의 서술을 덧붙였다. 《금화경독기》에서 발췌한 두 글은 서명응과 박지원의 이 상충되는 평가에 대한 서유구 자신의 논평이 된다. 첫 번째 글은 "중국 사람들은 우리나라 종이를 아주 귀하게 여겼다"는 점을 송대 문헌을 이용해 다시 검증하는 것으로 시작했지만, 현재의 조선 종이는 서명응의 말과 달리 형편없다는 자신의 견해를 담았다. 털이 일어나 거칠고, 책을 만들면 무겁고, 그림을 표구해서 축을 만들면 뻣뻣해서 잘 마르지 않는 것이, 중국의 이름난 종이는 말할 것도 없고, 일본 종이보다도 못하다는 평가였다. 조선의 장인들이 갑자기 종이를 못 만들게 되었을 리 없으니, 중국인들의 칭찬은 그저 외국 것이라서 그랬던 것 아니겠냐고 박지원의 논리를 따랐다.[102]

이어진 마지막 항목은 박지원의 글을 언급하지는 않지만, 박지원의 조선 종이론에 모순을 일으킨 전겸익의 "견지" 글에 대한 논평이자, 견지라는 이름에 대한 문제 제기였다. "견지가 탄탄하고 면밀하다"고 한 말이 있지만, 조선 사람들은 실제로 견지가 무엇인지 어떻게 만들어

장인과 닥나무가 함께 만든 역사,
조선의 과학기술사

책을 찍는지 몰랐다는 것이다. 고렴高濂의 《준생팔전》에도 "고려에 면견지가 있다" 했는데, 어떤 등급의 지품인지 아는 것이 없지만 견지를 그렇게 부른 것 같다고 덧붙였다.[103]

서론에도 언급했듯 《준생팔전》의 이어지는 문장에서 고렴(1573~1620)은 면견지에 대해 "색이 희기가 능라 비단[綾] 같고, 단단하고 질기기는 명주 비단[帛] 같은데, 글씨를 쓰는 데 사용하면 발묵을 아낄 만하다"는 평을 남겼다.[104] 서유구는 이 부분을 누락시키는 대신, "견지"나 "면견지"는 조선에서 안 쓰는 이름이라서 어떤 종이인지 모른다고 했다. 앞서 보았듯 박지원은 자연스럽게 '견지'를 중국인들이 조선 종이에 대해 붙인 이름으로 받아들여 전겸익의 말을 전했다. 서유구가 널리 인용했던 이익李瀷(1681~1764)의 《성호사설星湖僿說》에는 "고려에 면견지가 있다"에 이어진 상찬을 송나라 조희곡趙希鵠(1231년 전후 생존)의 《동천청록洞天淸錄》에서 인용한 후 '견지'가 당시 일본에서 들여오는 종이라고 주장했다. 송대의 것도 일본 종이였으리라는 짐작이었다.[105]

하지만 현전하는 《동천청록》에는 면견지에 대한 내용도, 고려나 일본 종이에 대한 언급도 없다. 《화한삼재도회》와 조일 무역 기록에도 일본에서 '견지'를 만들고 수출했다는 흔적은 볼 수 없다.[106] 이규보李奎報(1169~1241)는 《동국이상국집東國李相國集》에서 분명히 고려 종이를 견지라 불렀다. 청의 강희제康熙帝(1654~1722)도 조선의 사신에게 견지의 재료를 물었다. 그는 조선 사신에게 확인한 내용을 바탕으로 견지의 재료가 '견'이 뜻하는 누에고치가 아닌 닥나무라는 사실을 변증한 기록을 남겼는데 이는 조선 사신과 강희제 모두 '견지'를 조선 종이로 생각했음을 보여준다.[107] 서유구는 화려한 조선 종이 이름의 불확실한 내력을 들어 이렇게 널리 쓰인 이름을 부정함으로써 조선 종이에 대한 상찬의 신뢰성을 깎아내렸다.

《임원경제지》전체 인용서목 853종 중 조선 문헌은 74종으로 비중이 10퍼센트에 미치지 못한다. 이에 비하면 종이 부분의 조선 문헌은 16종 중 6종이니 38퍼센트로 의존도가 높다. 하지만 서유구는 각종 종이 제작법이나 염색 등 종이 처리법에 대한 항목에서는 거의 조선 문헌을 이용하지 않았다. 조선 제지의 독특한 재료인 닥나무로 종이를 만드는 법은 아예 수록하지 않았다. 대신 중국의 유명한 기술서인《천공개물》에 수록된 죽지 제조법, 일본의 백과사전이라 할《화한삼재도회》에 수록된 안피雁皮 종이 제조법 등을 수록했다. 종이 제조법 부분에서 조선 문헌을 인용한 것은 둘인데, 하나는 1475년(성종 6) 지장紙匠 박비朴非를 사행에 동반시켜 배워 왔던 중국의 종이 만드는 법이었다.[108] 다른 하나는《산림경제보》에 실린 '북지北紙' 제조법으로 닥나무가 잘 나지 않는 북쪽 지방에서 귀리짚을 섞어 만들던 방법이었다.

앞서 말했듯 도침은 닥 섬유를 다 갈지 않고 길게 남겨두는 조선의 제지 공정 때문에 생겨난, 중국이나 일본의 제지 공정에는 필수가 아닌 공정이다.[109] 그래서 중국의 책에는 '도침' 방법이 없고 '종이 두드리는 법[추지법搥紙法]'이 있었다. 이는 표백이나 광택을 위한 밀랍, 쌀가루 등의 첨가제를 더하지 않고 물리적인 다듬이질로 윤을 내고 밀도를 높여 벌레에도 강하고 발묵도 좋았던 고려지가 명성을 얻자 서화에 관심이 많던 중국인들이 시도했던 방법이었지 닥종이를 두드리는 조선의 도침법은 아니었다.

서유구는 백추지가 유명했던 원대의 저작《거가필용居家必用》과 그

장인과 닥나무가 함께 만든 역사,
조선의 과학기술사

것을 참고한 듯한 명대 저작에서 '종이 두드리는 법'을 가져왔다. 중국 책을 이용해 '원조' 도침이 아닌 '아류' 추지법을 소개했다고 할 수 있다. 이 외에 염색하고 무늬를 넣은 각종 편지지를 만드는 법이나 쌀가루를 입힌 흰 종이를 만드는 법, 종이를 통풍시키고 말리고 재단하고 보관하는 법, 종이 칼, 가위 등에 대한 내용도 거의 중국 문헌을 참고했다. 두어 가지 예외가 있다. 이덕무와 이인상李麟祥(1710~1760)이 시도한 것으로 무늬를 넣거나 쌀가루 입힌 편지지 만드는 법 소개 글과 조선의 편지지 및 편지 봉투에 두껍고 큰 종이를 써서 낭비가 심하다는 자신의 《금화경독기》 글이다. 조선에서 가장 이름난 기술이라 할 제지에 대한, 조선에서 가장 충실한 19세기 저작은 북학론을 충실히 이어받아 조선 제지를 거의 전면적으로 부정하고 중국과 일본의 기술을 배워야 할 대안으로 소개했다.

실사구시의 '견문'과 '징험'

제지와 종이에 대한 실학자들의 새로운 관심이 만들어낸 조선 후기의 종이 관련 지식은 지금껏 학계가 주목해온 그들의 학문적 원칙과 잘 부합된다고 보기 힘들다. 조지소에서 홍대용이 보여주는 모습은 그가 천문 관측에 대해 강조한 엄밀한 모습이 아니다. 제지가 대단치 않은 기술이라고 생각해서이기도 할 것이다. "일상생활을 편리하게 할 만한 것"에 집중했던 박제가는 일상생활에서 수요가 더 높았던 창호지나 장판지 대신 서책이나 서화를 종이 품질의 평가 기준으로 삼아서 조선 종이의 내구성을 쓸모없는 특징으로 폄훼했다. 박지원도 "일체 이용후

생의 제도를 찾겠다"고 했는데 종이에 대해서는 외국 것에 혹하는 중국인들을 꼬집는 데 그쳤다. 이희경은 창호지에 절대 구멍을 내지 않는 중국 아이들을 직접 보고 말했음에도 사람들이 자신을 믿지 않는다고 탄식했다. 자신의 목격담이 신빙성을 얻지 못한 것이 오랑캐 아이들에 대한 조선인의 편견 탓이라고 보는 듯했다.

3장에서 말한대로 대나무, 죽순, 삼과 뽕나무로 종이 만드는 중국의 방법은 1475년에 배워 온 이래 조선에 제대로 정착되지 못했다. 대나무의 산지는 넓지 않았고, 뽕나무와 삼은 조선에서 사용처가 따로 있었으며, 마지는 한반도에서 오래된 기술이었지만 닥종이의 아성을 무너뜨릴 수 없었다. 서유구는 이런 제지법을 "당장 적용 가능한 것"으로 만들 별도의 방법을 제시하지 않았다.

이들이 서위의 애매한 진술을 조선 종이에 대한 권위 있는 비판인 양 서로 인용하는 모습은 이들에게 기대되는 학문적 엄정성에 의문을 갖게 한다. 이들이 내세운 원칙과 실제 지식 활동에 모순이 있거나, 이들이 주장한 '실사구시'의 핵심이 우리가 떠올리는 것과 다른 강조점을 가졌을 가능성을 보여준다. 이런 점에서 '실사'에 대한 경험 지식을 얻는 일로 여겨져온 '견문'과, 지식의 신뢰도와 정확성을 높이는 '징험'이라는 두 연관된 방법론을 좀 더 살펴볼 필요가 있다.

견문이라는 말은 활동적 경험, 어딘가로 몸을 이동시켜 직접 보는 행위를 떠올리게 한다. 조선을 떠난 적이 없던 서유구를 제외하면 홍대용 1회, 박제가 4회, 박지원 1회, 이희경 5회에 이르는 연행 경험은 이들의 견문 지식에서 핵심으로 여겨진다. 실제로 이들은 자신이 본 것에 대해 때로 엄청나게 상세한 관찰 기록을 남겼다. 자연물이나 그림에 대

장인과 닥나무가 함께 만든 역사,
조선의 과학기술사

한 묘사에서는 특히 탁월한 관찰력을 발휘했다.

하지만 이들이 몹시 관심을 가졌거나 아꼈던 대상에 대한 관찰을 이들의 일반적 견문 태도로 보는 것은 위험하다. 본 것 못지않게 이들의 기록에서 핵심이 되는 것은 듣는 것이다. 견문의 보기[견見]와 듣기[문聞]를 떼어놓기는 힘들지만, 이들의 견문 기록에서는 듣는 것이 대개 더 큰 역할을 했다. 홍대용의 《연기燕記》는 사실 대화의 기록이라 해도 과언이 아니다. 현재는 쓰이지 않는 '문견'이라는 말이 '견문'보다 더 많이 쓰인 것도 '듣는 일'의 중요성을 보여준다.[110] 박제가는 넓은 땅을 "실컷 본" 몇 개월의 여행 동안 새로운 것을 보았다고 말하지 않고 "오와 촉 지방의 선비들과 교유"하고 "평소에 듣지 못한 사실을 새롭게 들었다"고 했다.[111] 박지원은 박제가가 "농사, 누에치기, 가축 기르기, 성곽 축조, 집 짓기, 배와 수레부터 기와, 삿자리, 붓, 자의 제작에 이르기까지 일일이 눈으로 세고 마음으로 비교하여 보았고, 눈으로 보아서 알 수 없는 것이면 반드시 물어보았고, 마음으로 풀리지 않는 것이 있으면 반드시 배웠다"고 칭찬했다.[112]

눈여겨보는 일은 중요했지만, 그것으로 견문이 완성되지는 않았다. 견문이 있는 이에게 물어가며 그에 대한 식견識見을 체득하는 일은 보는 것에 필적하는 과정이었다. 그렇기에 중국에 간 적은 없지만 할아버지, 아버지, 숙부, 사촌 등 가족의 일원이나 박지원 등 직접 중국을 다녀온 이들로부터 많은 견문과 식견을 쌓은 서유구도 중국과 조선의 종이, 각종 기술의 차이에 확신을 갖고 중국 기술의 도입을 주장할 수 있었을 것이다.

그렇다면 듣는 일은 어떻게 수행될까? 특히 기술이나 도구에 대해 이들이 눈으로 보아 알 수 없는 것을 물어본 대상은 누구일까? 박지원은 "모르는 것이 나타나면 길 가는 사람이라도 붙잡고 물어보는 것, 그것이 올바른 학문의 방법"이라고 했고,[113] 서유구는 초목과 물고기의 이름을 알기 위해 나무꾼과 어부에게 물었던 것으로 유명하다. 하지만 이들이 수레를 만들고 종이를 만드는 장인에게 묻는 모습은 찾아보기 힘들다. 직접 물레와 베틀을 만들어 시험했던 이희경도 실을 잣고 베를 짠 동네 사람들과 더러 이야기를 나누었지만, 장인들과 대화를 나눈 기록은 없다. 촉박한 연행 일정 탓이기도 했겠지만 직접 작업장을 방문한 경우도 드물었다. 홍대용이 조지소를 방문하고, 박제가와 박지원이 벽돌 굽는 가마에 가본 정도였다. 박제가와 가마 주인의 대화는 한 가마에 벽돌 몇 장을 굽는지, 그에 필요한 연료의 종류와 분량은 어느 정도인지에 그쳤으며, 글의 나머지는 모두 자신의 세세한 관찰과 원리에 대한 추리로 채워졌다. 박지원은 지나가다 보게 된 가마를 세밀히 관찰했지만, 가마 안까지 보여준 가마 주인과 나눈 대화는 기록에 남기지 않았다.[114]

앞서 본 중국 조지소에 관한 기록에서 홍대용은 작업 중인 장인들과 대화를 나누었으며, 그들에게 종이의 재료에 대해 묻기도 했다. 하지만 한문 연행록의 이 기록은 그가 남긴 한글 연행록의 기록과 달랐다. 한문 연행록의 묘사는 홍대용 자신이 중국인들에게 종이의 재료를 묻고 닥 껍질이라고 들은 뒤 조선에서도 닥을 쓴다고 응수해 중국인들이 서로 이야기를 나누는 모양새였다. 하지만 한글 연행록에는 홍대용이 중국의 종이 재료에 대해 묻는 부분이 없다. 누런 물속을 들여다본 홍대용이 닥을 풀어 넣었다고 스스로 판단했고, 질문을 한 것은 오히려 중

장인과 닥나무가 함께 만든 역사,
조선의 과학기술사

국인들 쪽이었다. 중국인들은 그에게 조선 종이의 재료를 물었는데, 닥이라는 답을 듣고서도 만족하지 않았다. 자기들끼리 웃으며 말하다가 "닥으로 만드는데 어찌 그리 질깁니까"라고 되물었다.

이 대화 기록은 중국의 닥과 조선의 닥이 다른 것 아니겠느냐는 홍대용의 답에 중국인들이 수긍한 것으로 끝이 났다.[115] 실제 어떤 대화가 오갔는지는 알 수 없다. 한문 연행록에 자신이 중국 재료에 대해 "물었다"는 내용이 추가된(혹은 명시된) 이유도 알 수 없다. 또 한문 연행록에는 중국과 조선의 닥이 서로 다르리라는 설명 대신, 중국은 닥을 곱게 갈아서 만드는데 한국은 다 갈지 않는 차이 때문에 종이 품질이 달라진다는 새로운 '식견'이 더해졌다.

홍대용의 조지소 방문 기록은 작업장이라는 낯선 공간에서 얻는 정보의 불확실함, 불충분함과 더불어 홍대용이 이 중국인 작업자들을 그런 부족함을 메워줄 정보 제공자로 보지 않았음을 보여준다. 뭔가 서로 어긋나는 대화에서 의문을 품는 쪽은 중국인 작업자들이었고, 홍대용은 그들의 의아함을 풀어주는 해결자였다. 박지원은 "한갓 입으로 말하고 귀로 들은 것에만 의지하는 이들과 학문을 이야기할 수는 없을 것인데, 하물며 그의 평생에 뜻과 헤아림[정량情量]이 미치지 못한 것에서야 더욱 말할 것이 있겠는가"라고 말해, 실제로는 자신이 견문을 넓히기 위해 그저 길 가는 사람을 붙잡고 물어보지 않았음을 드러냈다.[116] 박제가는 "오늘날의 노농老農은 믿지 못하겠다. 그들은 식견을 갖고 들판에서 농사짓는 자들이 아니라 그저 무지몽매하게 근력을 써서 일하는 자에 불과하다"고 했다.[117] 서유구는 하늘의 뜻을 따르고 땅의 구분을 따라야 하는 중요한 농사일에 대해서도, 법도를 따라야 할 기물을 만드는 일에 대해서도 어떻게 "하나같이 어리석은 농부들[장인들]에 의지하여 법도도 없이 망치고서, 그들의 엉성하고 조잡한 보답을 가만히 앉아서 받을 수 있겠습니까"라고 탄식했다.[118] 손과 몸을 써서 도구를 만드는 이들의 경험은 신뢰받지 못했고, 현장 경험을 가지고 있는 이들을 묻고 배울 대상으로 보지 않았다. 중국에서도, 조선에서도 실제 현장 기술은 견문의 핵심이 아니었다.

이들이 질문을 던진 주요 대상은 자신들이 가장 아끼던 사물인 책이었다. 특히 문방구에 대해서는 조선 후기 새로이 도입된 청언소품문, 유서, 필기류들이 핵심 참고서가 되었다. 물론 이들의 학문이 문헌에 의존했던 것을 부인하는 연구자는 없었다. 하지만 오랑캐 땅을 밟는 것조차 주저하지 않으면서 여행 경험을 강조하던 이들의 태도는 수레와 벽돌에 대한 이들의 논의가 직접 목격된 '사실'로 인해 진실에 더 가깝게 보강된 것이라는 믿음을 유지시켰다.

"적실하게 보고 참되게 알게 된다면, 저 책이란 것은 쓸모없는 옛 종이에 불과할 것이니, 묶어서 다락에 집어넣어 두어도 좋은 것입니다"라는 홍대용의 말은 이들이 책 속의 지식을 아예 뒷전에 놓았다고까지 생각하게 한다. 하지만 이 말은 책만 읽고 행하지 않는, '실'하지 못한 공부에 대한 비판일 뿐 독서가 불필요하다는 것이 아니다. 정밀하고 참된 "독서란 그 공부가 참으로 한정이 없는 것으로서, 과연 학문하는 사람들의 종신 사업"이라는 것이 그의 이어지는 호소였다.[119]

박지원도 선비가 널리 혜택을 미칠 수 있는 첫 번째 방법으로 독서를 강조했다.[120] 제대로 실천하기 위해서는 제대로 읽어야 하고, 좋은 책을 지침으로 삼아야 한다는 것이다. "농사짓는 것이 귀하다는 말만

장인과 닥나무가 함께 만든 역사,
조선의 과학기술사

들고서, 역서曆書가 반포되기를 기다리지도 않고 한겨울에 밭을 갈고 씨를 뿌려 손가락에서 피가 나고 얼굴에 땀이 나도록 하는 일"은 "행行을 먼저하고 지知를 뒤로하는" 오류였다.[121] 행함으로써 학문의 '실'을 얻기 위해서는 지식이 필요했고, 지식을 얻기 위해 늘 질문해야 할 대상은 책이었다. 이들 모두를 아꼈던 정조가 말하고 박제가가 그에 응해 답했듯 "학문은 사물의 이치를 밝히는 격물치지보다 큰 것이 없고, 격물치지의 요체는 또 문자에 앞서는 것이 없었기" 때문이다.[122]

이들에게 제지와 같은 일에 대한 가장 믿을 만한 정보는 현장에 있는 것이 아니라 종이 위의 믿을 만한 문자에 있었다. 이들은 책이 전하는 말을 통해 견문과 식견을 쌓았고, 문자의 올바른 뜻을 알기 위해 애썼다. 박지원은 중국 사회에 대한 박제가와 자신의 기록이 "우리 두 사람이 눈으로 직접 본 것"이라서 일치하게 된 것이 아니라고 자인했다. 이들의 견문이 서로 조금도 어긋나지 않게 된 이유는 이들이 중국으로 가기 전에 이미 책을 통해 배우고 서로 토론하여 숙지한 것을 단지 "눈으로 한 번 확인해본 것" 뿐이었기 때문이다.[123]

믿을 만한 문헌 지식을 확보하고 숙고, 숙지한 뒤에 "눈으로 한번 확인驗之於目"하는 행위가 이들이 수행하는 '징험' 혹은 실증 작업의 본령이었다. 이들은 직접 경험을 가진 장인에게 묻지 않는 대신 스스로 징험했음을 강조했다. 징험이라는 말은 이와 유사한 '측험測驗'이라는 말이 일찍부터 천문이나 기상 관측에 대해 쓰였듯 새로운 말이 아니다. 다만 홍대용처럼 '측량'과 '실측'을 강조하는 이들이 조선 후기에 두드러지게 나타났고, 이들 북학론자들도 모두 경험적 검증을 강조하고 실천함으로써 분명한 변화를 보였다.[124]

다만 동시에 주목해볼 점은 조선 천문학에서 이 '측험'이 새로운 이론을 정립하기 위한 관측이 아니라 '확인 관측'의 의미가 강했다는 전용훈의 지적이다.[125] 이런 측면은 천문을 포함하여 모든 일에 더 두루 쓰이던 '징험'이라는 말에서도 관찰된다. 제지 기술을 비롯한 기술 지식에서 이들이 보이는 징험의 양상은 대부분 이미 책에서 배우고 깨달아 그 올바름을 확신하게 된 사실에 대한 마지막 확인을 뜻했다.

이희경은 일정한 간격을 두고 씨를 심는 구전법區田法이라는 옛 책의 방법을 시험해보고 싶어서 사방 수십 보 밭에 직접 보습을 잡고 갈아 보리를 심었는데, 지나던 농부가 보리는 곁가지가 없어 그렇게 듬성 듬성 심어서는 쓰러질 것이라며 "세상물정 모르는 선비"가 책을 믿는 것을 나무랐다. 그가 보기에도 보리 싹을 낱낱이 셀 수 있을 것 같은 밭의 모습은 걱정이었다. 하지만 봄이 지나자 "갑자기 싱싱한 잎과 뒤엉 킨 뿌리가 밭 전체를 가득 메우더니 이삭이 팼을 때는 사람 어깨만큼이나 울창하게 자라났다." 사람 어깨만큼 자라는 보리는 어떤 농법으로도 보기 힘든 것이지만, 오래 묵힌 밭에 정성을 다해 거름을 준 결과 "온 마을 사람들이 놀랄 만한" 모습이 된 것이다. 10배의 수확을 했다는 이 한 번의 경험은 "옛사람의 농사법이 끝내 나를 속이지 않았음"을 확인하는 데 충분했다.[126] 서유구도 구전법의 도입을 역설했다. 문헌에 적시된 효험을 들며 구전법의 올바름은 "모두 고인들의 시험으로 확인된 사실"이라고 말한 뒤, 자신이 1814년 한 차례 보리 한 말을 심어 세배의 성과를 얻은 사례로 그 징험을 마친 듯했다.[127]

이들의 엉성해 보이는 실험 방식은 실험적 방법론이 발달하지 못한 조선의 '전근대성' 탓은 아니었다. 강혁훤에 따르면 17세기 염초 국산

장인과 닥나무가 함께 만든 역사,
조선의 과학기술사

화 작업에 나선 군기감 장인들은 중국에서 목격하고 들은 염초 생산 과정을 재현하기 위해 대조군을 두고 조건을 바꿔가며 실험에 실험을 거듭했다.[128] 책에도 없는 지식을 확보해 전에 없던 물질을 생산해내야 하는 실무자들이 이러한 엄정한 실험 과정을 거치지 않은 채 새로운 방법을 정립하고 새로운 조합을 만들어낼 수는 없었다. 그 방법이 철학자들의 책에 체계화되어 수록되고, 그런 활동을 더욱 통제된 상황에서 할 수 있도록 공간을 만들어서 '실험실'이라는 이름을 붙인 것은 유럽이다. 하지만 실제 물질을 다루는 사람들에게는 들판과 논밭, 화로, 주물 작업장, 부엌 등이 모두 이런 엄정한 실험을 통해 다양한 재료의 성질과 상호작용을 파악함으로써 새로운 공정을 만드는 '실험실'이었다. 아프리카의 금속 장인과 토기 장인에 대해 샤드렉 시리쿠레가 지적한 대로이다.[129] 한 번의 확인으로 족했던 실학자들의 실험 방식은 이들이 실제 사물을 생산하는 데 관련된 집단이 아니었음을 반영했을 뿐이다.

신기한 사물이 낳은 새로운 '중국' 편향

실학자들은 지식 생산자로서 책을 통해 얻은 사실을 경험으로 확인해야 한다는 데 동의했던 엄밀한 학자였지만, 이런 검증은 때로는 학자에 대한 신뢰가 대신했다. 실험자의 신사적 품위를 따졌던 유럽 학자들과 다르지 않았다.[130] 서유구는 서양 천문학, 농학, 기술학을 소개하는 데 주도적 역할을 했으며 자신처럼 벼슬자리에서 소외된 적도 있던 서광계를 모범으로 삼을 정도로 그를 깊이 존경했다.[131]

서광계가 재상으로서의 업적은 혁혁하게 기록될 만한 것은 없으나 백성을 구제하는 실제적인 쓰임은 도리어 한 질의 농서 안에 모두 실어 놓았다고 생각한다. 설령 재상으로서의 업적이 세상에 크게 드러났더라도 한 시절을 경영한 일에 불과했을 테니, 참으로 이것을 저것과 바꿀 필요는 없다고 생각한다.[132]

서유구가 서광계의 지식 활동에 대해 "백 년의 세월을 뛰어넘어 공감"한 대목은 다음이다.

기름은 일상생활에서 빠질 수 없는 것이지만 민간에서 쓰는 기름은 대부분 참깨, 콩, 들깨, 채소 등에서 채취한다. 참깨나 콩은 곡식이 아니고, 들깨나 채소도 곡식이 아닌가? 들깨나 채소를 재배하는 곳은 곡식 재배하는 밭이 아닌가? 오구나무와 같은 재료는 참깨, 콩, 들깨, 채소에 비해 기름을 10배나 거둘 수 있다. 게다가 버려진 산이나 공터에서 채취하여 기름으로 쓰는 것이다. 기름을 짜는 데 쓰일 참깨, 콩을 아껴 양곡에 충당하고 들깨, 채소를 재배하는 밭을 줄여 곡식을 심게 하면 곡식을 저축하는 데 보탬이 되는 점이 적지 않을 것이다.[133]

오구나무는 수지가 생산되는 나무로, 양초와 비누 등을 만들 수 있었다. 이 오구나무를 심으면 등잔 기름을 만드는 데 쓰일 곡식과 식량을 절약할 수 있고, 빈터도 활용하니 그 유용함은 배가 된다. 서유구는 오구나무를 찾기 위해 상당한 노력을 기울였다. 여러 중국 문헌을 참고해 형태와 씨앗 등을 파악하고, 비슷한 나무가 없는지 수소문했다. "강

장인과 닥나무가 함께 만든 역사,
조선의 과학기술사

남은 위도가 32도 7분이고, 우리나라 영호남 연해주의 군들은 위도가 34도이니 기온이 차고 더운 것은 그다지 차이가 나지 않을 것이다. 근래에 어떤 강진 사람이 흰 초 몇 자루를 가지고 왔는데 백랍인 것 같기도 하고 아닌 것 같기도 하고, 수지(脂)인 것 같기도 하고 아닌 것 같기도 한데 희고 깨끗하며 빨리 닳지 않아 오래 썼는데 두어 치를 태우고 밤을 새울 수 있었다. 고금도에 어떤 나무가 열매를 맺는데 가서 그 씨를 취하여 초를 만든다고 하였다. 내가 그 줄기와 잎, 꽃과 열매를 물으니 오구와 유사하였다"라며 씨앗을 받아 심어 시험할 계획이라고 밝혔다.[134] 유용한 지식을 찾아 이용후생을 개선하려는 의지와 실증적 태도가 여실히 드러나는 사례였다.

하지만 서광계에 대한 신뢰와 실용적 지식을 얻으려는 간절함이 그의 실증적 사고에 미치는 영향도 잘 드러났다. 서유구는 서명응과 서호수의 주장을 이어받아 북극 고도를 정확히 측정하여 지역별로 정확한 시각을 정하는 것이 농사에 중요한 영향을 미치기에 좁은 조선 땅에 대해서도 경·위도 차이를 살펴야 한다고 주장했다. 1도가 되지 않는 차이도 농사의 성패를 좌우할 수 있다는 지역적 환경 차이를 중시한 듯한 주장이었지만, 오구나무는 1도가 넘는 위도 차도 극복할 수 있다는 것이었다.[135] 아열대 식물인 오구나무는 아직은 한반도에서 재배되지 않았다.

그는 "새우가 변해 메뚜기가 된다"는 서광계의 설도 검증했다. 송대 저작인 나원羅願의 《이아익爾雅翼》에서 갈대가 변한 갈대새우에 대한 이야기를 찾았고, 이는 갈대밭에 메뚜기가 많다는 자신의 경험과 함께 "새우가 변해 메뚜기가 된다"는 서광계 주장의 근거가 되었다. 서광계

가 "본초학자들이 미처 밝혀내지 못한 것을 상당히 많이 증명했다"는 믿음이 전제된 검증이었다.[136]

서유구는 당장 적용 가능한 지식을 수록하는 것을 우선으로 했지만, "좋은 제도가 있어서 지금 살펴 행할 만한 것"인데도 "우리나라 사람들이 미처 강구하지 못한 것도 모두 상세히 적어놓았다"고도 《임원경제지》의 〈예언〉에서 밝혔다.[137] 그의 어류와 건축, 제지에 대한 논의를 보면 《임원경제지》에는 사실 당장 시행할 것보다 "우리나라 사람들이 미처 강구하지 못한 것"이 더 많았다. 《난호어목지》에 묘사된 물고기를 검토해본 어류연구원의 이두순에 따르면, 중국 책과 일본 책에서 보이는 유용한 어류 가운데 서유구가 어부들에게 확인해서 조선에도 있다고 생각한 어류가 조선에 없는 것이 많았다. 서유구는 중국과 일본에서 나는 것이 바다로 이어진 우리나라에서 나지 않을 리가 없다고 생각했지만 그렇지 않았다. 《섬용지》의 건축법을 살펴본 건축가 김왕직의 검토에 따르면, 서유구가 조선 건축 전체의 문제로 싸잡아 비판하고 있는 내용 대부분은 일부의 문제인 경우가 많고, 장점으로 칭찬하는 중국 건축의 현실은 문헌에 의존해 실제와 어긋나는 경우가 많았다.[138]

이런 '중국' 편향은 사물이 영향을 미친 선택으로 볼 수 있다. 이들은 중국, 일본과 비교하면서 조선 일상용품의 초라함을 한탄했지만, 이들이 접한 것은 중국과 일본의 일상용품이 아니었다. 특히 연행을 통해 이들이 들여온 사물은 거의 중국, 일본, 서양 일상용품 중 지역, 국경을 넘어서는 가치를 인정받아 연경의 시장에서 거래된 것으로서 조선에서 보던 물건과 비교될 수 없었다. 조선이 물질적으로 더 궁핍했던 것은 분명한 사실이지만, 타 지역 산물과의 제한된 접촉으로 강화된 "선진

장인과 닥나무가 함께 만든 역사, 조선의 과학기술사

중국과 후진 조선의 이분법"이 격차를 더욱 크게 느끼도록 만들었을 것이다.[139]

서유구는 물론 박제가와 박지원 등에게서도 공통되는 이 태도는 낭모필, 활, 접는 부채 등 중국에서 칭찬하며 수입하던 다른 조선 상품에 대해서도 신뢰성을 깎아내리거나 비판하는 태도로 나타났다. 서유구는 접는 부채가 조선의 조공품으로 명에 처음 알려졌다는 기록의 신뢰성을 문제 삼으며 "중앙에서는 모두 중국에서 만든 종려선을 쓰고, 그 외에는 일본에서 만든 이금화 부채를 쓰는 것이 마땅하다"고 제안했다. 중국과 일본에서 종려선과 이금화 부채를 수입하는 비용을 전혀 고려하지 않은 제안이었다.[140]

실사구시 학자들의 초고도 생산능력

이국의 사물을 소개하던 이들의 공부는 이국의 사물 덕분에 놀라운 생산성을 보였다. 홍석주는 자신이 섭렵한 472종, 1만 6,000권을 평한 《홍씨 독서록》에서 다음과 같이 말했다.

한나라가 번성하던 시절에 유향과 반고가 교감한 책이 대개 1만 3,269권이다. ……비록 천하의 책을 다 보는 것이라도 힘이 드는 일이라고 말할 수 없었다. 후세가 되면서 갈수록 문식文識이 더욱 승하게 되니, 학문을 하는 사람은 점차로 근본에서 이탈하여 부질없는 말로 서로 다투어 자랑하고, 책에 실린 것이 날마다 더욱 많아졌다. 독서하는 사람은 흰머리가 날 때가 되어도 그 10분의 1에 미치지 못하였다. 박학에 힘쓰는 사람 가운데 밤낮을 다하고 정신을 폐하고 오직 기록하고 암송하는 일에 전념하는 사람도 있었다. 그러므로 독서할 일이 많아질수록 마음은 더욱 흩어지고 지식이 더욱 넓어질수록 덕업이 더욱 황폐해졌다. 아, 우리 공자께서 이른바 "널리 배우고 많이 들으라"라는 말씀이 어찌 이것을 말한 것이란 말인가![141]

평생 읽을 수 있는 정도의 책을 가지고 있던 세상이, 평생을 부지런히 읽어도 그 10분의 1도 읽지 못하는 세상으로 바뀌었다. 견문을 넓혀 실사구시에 매진하려는 이들의 열정 덕분이었다. 문헌을 통한 실사구시가 직접 경험에 의한 실사구시보다 쉽지만은 않았다. 사물에 대한 새로운 책에는 지금까지 알지 못하던 글자로 써진 나무와 물고기 이름이 가득했다. 하나의 글자가 어떤 물고기를 뜻하고, 어떤 나무를 뜻하는 것인지를 글로 된 묘사를 통해 이해하는 일은 밤을 새우며 책 더미 속을 헤매는 일이었다.

정조는 "오늘날 문체가 날로 못해져서 수습할 수 없는 지경까지 이른 것은 고증학이 그 폐단을 열어놓은 것이다. 자신이 지은 작품으로는 작자作者의 범주 안에 들기 어렵다는 것을 스스로 헤아리기 때문에 옛사람의 저작 중 지리, 인명, 세대, 계보 등에 혹 잘못된 부분이 있는 곳을 찾아낸 다음 가지가지 증거를 끌어다 대며 부연 설명하는 것으로 책 전체를 채워놓았는데 이렇게 하고도 문장을 제대로 할 수 있는 사람은 드물다"고 비판했다. 책을 참고해 새로운 사실을 제시하는 것을 통해 "힘을 들이지도 않고 후세에 명성을 거두고자" 하기에 고증학이 성행하고 글이 나빠진다는 비판이었다.[142]

장인과 닥나무가 함께 만든 역사,
조선의 과학기술사

정조의 이런 비판은 서유구를 비롯한 위 학자들도 대개 공유했다. 하지만 명물에 대해서는 고증을 하지 않을 수 없었기에 명물 고증학에 나선 이들이 늘어났다.[143] 이들은 사물에 대해 파악하기 위해 늘어나는 책의 서로 상충하는 정보를 어렵게 비교해가며 진위를 가리고 근거를 밝히는 까다로운 작업에 매달렸다. 서유구는 노년까지도 책과 붓을 손에서 뗄 수 없었다. "매번 뵈올 때면 붉은 먹과 검은 먹의 붓 두 자루를 손에 들고 하루 종일 한마디 말씀도 없었을" 정도였다.[144] 서광계 등이 책을 통해 자신에게 전해준 "한 시절을 넘어설" 유용한 사실을 하나라도 더 검증하고 수집하려는 열정적 수집열이었다.[145]

감탄하지 않을 수 없는 실학자들의 방대한 문집에 대한 연구가 진전되면서 그들의 저술이 "문헌의 집성과 열거에 그쳤다"는 전상운의 아쉬움과는 반대되는 해석을 내놓는 이들이 많아졌다. 실학자들이 차별화를 위해 내세운 말을 적극 수용해 그들이 '과학기술'에 특화되고 실생활에 보탬이 되는 실용적 지식을 생산했다는 해석이다.[146] 실학자들이 '자연'에 대한 지식, '과학기술'에 관한 지식을 이전의 어떤 조선 유학자보다 많이 생산했던 것에는 의심의 여지가 없고, 그것이 실사구시를 통해 이용후생하고자 하는 의도를 가졌다는 것도 의심할 이유가 없다. 다만 사물을 염두에 두고 살펴보면 이들의 '실증'은 조선의 상황과 거리가 멀었다. 이들이 더 나은 '중국'의 방식으로 제시한 대안에는 오구나무나 사탕수수처럼 조선에 뿌리내리기 힘든 것이 적지 않았다.

실학자들의 호기심을 자극한 것은 친숙한 조선의 사물이 아니었다. 조선에도 동서양의 기술이 접목된 천문기계를 만들어낸 장인이 없지 않았지만, 연행을 통해 쏟아져 들어온 사물의 정교함은 그것을 현저히 뛰어넘는 것으로 보였다. 이 신기한 사물과 조선의 사물을 비교하고 그러한 비교에 따라 조선의 기술을 비판하는 경향은 청에 대한 조공품의 3분의 1을 차지하고 있던 조선의 제지 제품에 대해서도 어김없이 나타났다. 북학론자가 중심이 된 조선 후기의 새로운 제지론은 책을 통해 근거를 수집하는 효율성과 사물에 대한 유용한 지식을 생산하려는 이들의 열정은 드러냈지만, 전상운이 지적한 대로 "문헌의 집성과 나열"이 그 핵심이었다.

그렇다고 실학자들의 지식이 조선의 제지 현실과 거리가 멀다는 지적이 조선 후기 실학이 무용하다는 주장은 아니다. 수많은 과학사학자들이 지적했고, 파멜라 스미스가 14세기부터 양산된 유럽 장인들의 기술지침서를 통해 다시금 강력하게 주장했듯 체화된 암묵지가 중심인 과학기술 지식을 문자로 전달하는 데는 언제나 한계가 있다. 이를 알고 있던 유럽 장인들이 기술지침서를 쓰기 시작한 이유는 지식의 전수가 아니었다. 이들은 실용 지식의 문자화를 통해 지식의 요소를 새롭게 체계화함으로써 자신들의 전문성을 부각시켰고, 이렇게 실용 지식의 전문적 깊이를 드러냄으로써 지식 활동의 위계 자체를 바꾸고자 했다. 따라서 이 지침서의 독자는 다른 장인이 아니라, 왕과 광산업자, 철학자 등의 투자 및 후원자였다.[147]

한문으로 쓴 조선 후기 실학 서적의 독자도 농부와 장인은 분명 아니었다. 따라서 이들의 지식이 목표로 했던 것을 실제 현장 기술의 변화로 한정하는 것은 이들의 뜻에 오히려 어긋난다. 이들은 기술 지식 전문가이기보다는 새로운 지식과 사물에 대한 호기심으로 기술 지식에까지 가닿았던 박학가였다. 세상의 도와 경세를 늘 앞세우던 이들의 기

장인과 닥나무가 함께 만든 역사,
조선의 과학기술사

술론을 보면 이들의 목표도 지식 활동의 위계 변경, 지식 요소의 재구성과 같은 사회정치적 목표와 분리되지 않았다. 그래서 많은 연구자가 강조했듯 이들 지식을 좁은 기술 지식의 유용성으로 재단하기보단 더 폭넓은 지적, 사회정치적 측면에서 연구하고 평가해야 할 것이다.

기지와 문자의 지연된 만남

제지 장인들을 대상으로 하지 않았던 실학자들의 제지에 대한 논의가 조선의 제지에 영향을 미치지 못한 것은 당연하다. 조선의 종이는 여전히 대부분의 학자들이 조선의 기술에 대해 자부심을 갖게 하는 분야였다. 대다수는 신라시대부터 희고 광택이 나며 오래가는 품질로 상찬을 받으며 중국에 조공된 조선 종이를 아꼈다.

정조는 조선의 책이 좋은 이유로 종이의 질을 꼽았다. 조선본은 "외우고 읽는 과정에 지질이 단단하고 얇으면서 오래가지만", 중국본은 종이가 가벼워서 눕거나 기대서 읽도록 게으름을 부추겼고 약하다는 것이다. 조선 종이는 두꺼워 책으로 만들면 무겁다는 불평과 반대였다.[148] 고종 대에 영의정을 지냈고 서유구와 가까웠던 이유원李裕元(1814~1888)은 "우리나라가 닥종이 생산으로는 해내에서 으뜸간다"며 칭찬했고,[149] 박지원의 문집 간행에 참여하기도 했던 김택영金澤榮(1850~1927)은 "비 온 뒤의 파초 잎처럼 말리"면서 그 "굳고 강하고 빛나고

장인과 닥나무가 함께 만든 역사,
조선의 과학기술사

맑은" 호남의 종이를 시로 상찬했다.[150]

연행이 징험하는 닥종이의 힘

닥종이는 사실 북학론자들의 조선 종이에 대한 불만조차 뒤바꾸어내는 힘을 보였다. 서위의 글을 거듭 인용하며 고정되어가는 듯했던 북학론자들의 조선 종이 비판은 특히 연행을 통해 바뀌었다. 연행길은 조선 종이에 대한 다양한 체험의 보고였다. 종이는 약재, 붓, 먹, 부채 등과 함께 중요한 선물이었다. 선비의 선물로 적절한 문방구라는 점, 작은 묶음으로 휴대하기 쉬운 점이 한몫했겠지만, 무엇보다 중국인들이 조선 종이를 반겼다. 연행이 지속된 19세기 말까지 종이는 사신들의 짐 꾸러미 한편을 차지했다.

북학론자들이 연행을 통해 발견한 것은 조선 종이에 대한 중국인들의 수요가 기념품 차원이 아니라는 점이었다. 홍대용이 만난 무역이 활발한 항주 지역 선비는 서화용 조선 종이를 자신의 고향 마을 종이 가게에서도 비싸게 판다고 했다. 홍대용이 물었지만 일본 종이는 본 적이 없었다고 했다.[151] 북경 근처도 아닌 멀리 항주에서까지 조선 종이가 고급 서화용으로 유통되고 있었던 것이다.

이는 박제가도 첫 연행 시 이덕무와 함께 경험한 것이다. 대궐처럼 으리으리한 한 중국 상인의 집을 둘러볼 기회가 있었는데, 창고에 가득한 그의 거래품은 무소뿔, 상아, 초서피, 그리고 조선의 종이였다.[152] 박제가도 참가했던 1790년 연행에서는 황제가 직접 조선 종이의 품질을 칭찬했다.[153] 글씨를 잘 썼던 박지원은 연행 내내 만나는 사람들에게 글을 많이 써주었는데, 어떤 이는 글씨가 좋아 오래 남겨야 한다며 조선 종이를 구해 가져오기도 했고, 박지원도 조선 종이를 두루 선물했다. 선비들뿐 아니라 여관 주인이나 수행원에게도 종이를 선물할 수 있었던 것은 조선 종이의 시장성 덕분이었다.

박제가는 이런 경험을 통해 《북학의》에서 말했던 조선 종이에 대한 전면적 부정을 누그러뜨리기 시작했다. 1786년 정조에게 올린 상소에서는 중국과의 무역을 주장하며, "대나무 화살, 백추지, 낭모필, 곤포, 전복 같은 (조선의) 산물은 금은이나 물소 뿔, 무기, 약재 같은 쓸모 있는 물건과 바꿀 수 있다"고 했다.[154] 시문을 제외하고 여행 자체의 정황을 다룬 기록이 없어서, 박제가가 조선 종이를 언제부터 중국 여행 중에 선물로 썼는지는 알 수 없다. 다만 박제가가 자신의 문집에 서문을 써달라고 요청했던 진전陳鱣(1753~1817)이 조선 종이를 선물해준 박제가의 친절함을 말한 기록이 남아 있다. 1801년 박제가의 마지막 연행 때였다.[155] 박제가는 자신이 행서나 초서를 좋아하고 공이 많이 드는 정자체인 해서 쓰기를 몹시 싫어했다고 말하며, 중국 종이[중원지中原紙]에 대해서는 평생 벽이 있노라고 했다.[156] 하지만 연행의 경험을 통해 오히려 받는 이에 대한 예를 손상시키지 않고, 금은 같은 귀한 물건과도 거래할 수 있는 조선 종이 나름의 가치를 인정하게 되었다.

문자로 남은 유일한 제지 관련 지식의 한탄과 달리 국경 너머에까지 증명되는 닥종이의 가치는 조선 사회에서 과학기술을 주도했던 주체가 누구였는지를 보여준다. 사물적 기지를 발휘하며 사물에 직접 자신들의 지식과 솜씨를 각인한 장인들이 그들이다. 이 역시 조선만의 현상이 아니었다. 유럽 중심주의를 강하게 드러내는 산업화의 역사조차 과학

장인과 닥나무가 함께 만든 역사,
조선의 과학기술사

혁명은 산업혁명의 전제 조건이 아니었다고 단언했다. 학자들의 지식이 산업 발전에 기여하게 된 것은 빨라야 실험실을 등에 업은 독일이 부상하던 20세기 초반이라는 것이고,[157] '혁명'이 아닌 점진적 변화였던 산업혁명은 "근면혁명"을 만들고 이어간 수많은 이들에 의한 사회적 변화였다는 것이다.[158]

조선 학자들의 문헌 지식에서 산업혁명의 씨앗을 찾겠다는 생각은 산업적 연구개발R&D 체제가 도입된 20세기 과학기술을 책 더미에 파묻혀 천하의 질서를 고민하던 이들에게 기대하는 일이나 마찬가지다. 다음 장에서 살펴보겠지만 "공사公私를 막론하고 가장 쓰임이 컸던" 종이산업은 조선 후기 상당한 양적 팽창도 이루었다.[159] 조선 학자들의 소략한 제지 지식과 무관하게 조선 제지업의 경로는 사물적 기지를 실현하는 이들에 의해 꾸준히 확장되고 있었다.

조선 후기 지식의 사물적 전환

닥나무와 함께한 장인들의 과학기술적 기지를 면밀히 살펴보고자 했던 이 책이 실제 제지와 무관한 조선 후기 실학의 전환을 살펴본 것은 종이에 대해 심각하게 생각하기 시작한 이 학문적 전환이 가졌던 의미를 일부나마 드러내기 위해서였다. 조선 후기 새롭게 등장한 학자들은 그들 나름의 학문적 기지를 발휘하며 오래된 경전만을 외우는 공부가 아닌 새롭고 기이한 책을 모아 새로운 공부를 시작했다. 여행과 무역이 제한된 조선의 상황에도 불구하고, 지식을 확장하고 심화하려는 이들의 노력이 그치지 않았기에 새로운 문자 지식이 쏟아지듯 유입될 수 있었고, 사물로 새롭게 이어진 세계의 지적 전환과 궤를 같이하는 새로운 학문적 태도를 다듬어나갈 수 있었다. 실학자들이 말하는 '사물' 혹은 '실사'가 우리가 생각하는 것과는 다르더라도 '사물'의 중요성을 부정해온 이전의 전통에는 균열이 가해졌다. 이들이 내세웠거나 지향한 개혁의 방향에는 불확실함이 가득했지만 이들은 형이상학적 도학의 몫을 재조정하며 사물에 대해, 사물을 통해 이야기할 자리를 만들었다. 그 새로운 지평에는 새로운 전망, 다른 가치도 생겨날 수 있었다.

장인과 닥나무가 함께 만든 역사,
조선의 과학기술사

5장

이주자 닥나무 연대와
닥종이 기지의 진화

18세기 조선 학인들은 전통의 답습이 아닌 "지금 조선"에 응답하는 새로운 학문을 통해 조선의 한계를 벗어나겠다는 강한 의지를 토대로 양과 질 모든 면에서 놀라운 수준의 학문 역량을 보였다. 이들은 한자라는 자신들의 말과 동떨어진 매개를 자유자재로 활용함으로써 전에 없이 다양한 지식 전통을 흡수했고, 이 편협하지 않은 '실사구시'를 통해 조선 지식의 시야를 폭넓게 확장했다. 다만 이들은 한자로 읽을 수 있는 세상 모든 유용한 사실을 바쁘게 수집하느라 조선의 사물과 그 사물을 변형시키는 다양한 기지에 대해서는 피상적 관심만 보였다. 한반도라는 별 주목할 것 없는 지역의, 이론으로 발전되지도 못한 과학기술에 대한 무관심이라고 볼 수도 있을 것이다. 하지만 조선 땅 여기저기 뿌리내린 흔한 나무와 그 나무에 밀착되어 가다듬어져 온 과학기술적 기지는 국지적으로 유통된 그들의 지식에 비해 훨씬 더 넓은 지역에서 유통되었다.

조선 장인의 작품 중 종이 제품의 성공은 단연 두드러졌다. 특히 개항과 함께 한국을 여행한 외국인들에게 깊은 인상을 남겼다. 한국에 대해 여러 혹평을 남긴 이사벨라 버드 비숍은 한국의 "제조업은 대수롭지 않다"고 단언했지만, "꾸지나무*Brousonettia Papyrifera*로 만든 몇 가지의 종이"는 예외로 꼽았다. 닥나무를 꾸지나무라고 한 것에서 짐작할 수 있듯 그녀의 관찰 기록은 여러 측면에서 정확하지는 않다. 하지만 그녀의 기록이나 그 기록과 유사한 러시아 여행자들의 기록은 특히 한반도 종이의 강도에 대한 이들의 놀라움을 뚜렷이 보여준다.

비숍에 따르면 양피지처럼 보이는 기름종이는 여러 겹으로 만들면 네 귀퉁이를 잡고 "그 가운데 사람을 집어 던져도 찢어지지 않을 정도로 질겼다"고 한다. 비숍은 물론 러시아 조사자, 여행가들의 거의 일치하는 보고는 "한국 사람들은 이 분야[제지]에 있어서만은 아직까지 그들의 이웃나라 사람들인 중국인들에게 뒤지지 않았다. 아니 뒤지지 않을 뿐만 아니라 심지어 중국인들을 능가하고 있었다. 한국산 종이의 품질이 우수하기 때문에 이들 종이 제품은 중국에 수출되어 판매되었다. 그곳 중국에서는 한국산 종이에 대한 수요가 있었으며 지금도 북경에서는 아직까지 고관들이 한국산 종이로 자기들 집의 벽을 바르고 있다"는 것이었다.[1]

한반도 종이에 대한 이 찬사들은 조선 제지가 조선 제조업에서 드물고 예외적인 성공 사례라고 강조했다. 독보적 대외수출에서도 보듯 제지의 성공은 과연 특별했다. 그렇다고 조선 제지가 조선의 생산 및 소비 전반의 움직임과 동떨어진 것은 아니었다. 조선 제지는 재료의 생성부터 채취, 가공과 재활용, 재가공에 이르기까지 조선 생산과 소비 체

장인과 닥나무가 함께 만든 역사,
조선의 과학기술사

제 전반에 관계되었고, 끊임없이 이어지는 기지와 연대를 통해 조선의 생산과 소비 체제 변화가 가진 중요한 특질을 드러낸다. 닥나무를 둘러싼 새로운 생산 양식은 제지 장인들만의 성과가 아니다. 닥나무를 재배하고, 추수하고, 가공하고, 이 닥나무로 만든 종이와 때로는 가공된 닥껍질까지 국경을 넘나들며 이동시키던 수많은 이들이 수백 년의 협상을 통해 이루어낸 성과이다. 물론 닥나무를 중심으로 한 사물적 연대의 참여자들이 수백 년을 내다보는 일관된 전망으로 협상했다는 주장은 아니다. 그저 이들이 함께 만들어낸 변화의 물결이 《경국대전》 체제의 근간을 무너뜨릴 만큼 강력했고, 새로운 생산과 소비 체제를 만들어감으로써 국가와 백성의 관계, 통치 방식, 다양한 사회 집단 사이의 관계 모두에 흔적을 남겼음을 지적하는 것이다.

40퍼센트에서 60퍼센트로

조선 사회의 변화에 대한 대부분의 이야기에서 닥나무와 같은 사물을 중심으로 새롭게 노동하고 연대했던 사람들의 이야기는 빠져 있었다. 조선 생산력의 쇠퇴를 논하는 연구자도, 조선 생산력의 향상을 논하는 연구자도 생산력의 변화를 측정할 핵심 집단으로 주로 농민을 택했다. 그중에서도 중심은 호적이라는 국가의 시스템에 등록되어 특정한 지역에 머물며 경작하는 농민들이었다. 농업이 주 산업이라는 점에서 당연하고 타당한 접근일 수 있다. 하지만 호적에 등록된 인구가 40퍼센트에 미치지 못했다는 지적은 일찌감치 이루어졌다.[2] 이 소수의 등록된, 세금 내고 소작료 내다가 민란을 일으키기도 했던 농민만으로는 조선 후기의 변화를 충분히 살펴볼 수 없다. 호적에 등록되는 것을 피하며 이주했던 60퍼센트가 넘는 이들이 오히려 변화의 주역일 수 있다는 점에서 특히 그러하다.

'민란의 세기'인 19세기 조선을 영정조시대의 번영을 잇지 못한 쇠퇴기로 본 연구들이 제시해온 호구 수나 소작료, 조세액 감소 같은 탄탄해 보이는 근거는 40퍼센트에 미치지 못하는 인구와 그들의 생산 활동을 토대로 한 것이었다.[3] 이 마지막 장은 끊임없이 이동하며 새로운 삶을 꾸렸던 60퍼센트 이상의 백성들에 주목한다.

조선시대 탄압의 대상이라고 공인된 승려들, 그리고 그들과 연대하며 산으로, 해안가로, 섬으로, 그리고 국경 너머로 이동하던 이주자들은 정해진 국가의 조세와 요역, 또 끝없이 더해지는 궁가宮家와 각 아문, 지방 감영과 군영의 요구에 순순히 응하는 대신 삶의 터전을 버렸다. 이주의 결과가 언제나 성공적이지는 않았다. 그래도 상당수는 이주를 통해 사회적 제약을 조금씩 벗어났고 다른 삶의 방식을 개척해냈다. 그중 하나가 전반적인 소비문화의 변화와 상호작용하며 일어난 닥종이 생산 호황이다. 60퍼센트 이상인 무적無籍의 이주자들이 닥나무와 함께하는 기지와 연대를 통해 일궈낸 변화를 살펴본다.

장인과 닥나무가 함께 만든 역사,
조선의 과학기술사

국가의 닥나무,
백성의 닥나무

이념과 통치 체제는 다를 수 있지만, 백성과 그들의 세금을 확보하지 않고 운영될 수 있는 국가는 없다. 백성의 현황을 파악하기 위한 기본적 호적제도와 백성의 생산량에 대한 기초적 통계는 모든 국가에서 발견된다. 하지만 국민을 거의 남김없이 파악하고, 그들의 거주지 이동과 생산 활동을 일목요연하게 파악할 수 있는 능력은 근대 국가의 특징이기도 하다.

제임스 스콧은 국가가 유용하다고 파악한 자원에 대한 체계적 조사를 통해 그 '터널 비전' 안에 들어온 자원에 대한 '가독성legibility'을 얻음으로써 그 자원을 통제하려는 경향을 기술관료주의 혹은 전체주의로 표출되는 '고도 근대주의high modernism'로 명명했다. 그에 따르면, 고도 근대의 장밋빛 개발 전략은 선택된 자원 바깥에 읽을 수 없는 많은 것들이 도사리고 있다는 점 때문에 취약했다. 연간 목재 생산량을 기준으로 선택된 단일 종의 나무로 이루어진 숲이 다양한 동식물의 역할을 간과함으로써 영양소 고갈과 병충해, 재난 피해로 무너지고, 해충과 잡초를 제거하기 위한 살충제와 농약이 생각지 못한 환경 문제를 일으키는 것과 같은 사례들이다.[4]

토산물 목록에 담긴 국가의 닥나무

앞서 보았던《경국대전》의 관공장제도와 그것을 운영하기 위한 장인 동원 및 조세제도는 조선 건국 세력의 "고도 근대"적 야심을 일정 정도 드러냈다. 관전官田에 닥나무를 심고 닥나무 대장을 지방관의 의무로 작성하게 만든 것은 유용한 자원에 대해 '가독성'을 획득하려는 전략이었다. 물론 조선은 고도 근대 국가가 아니었다. 따라서 가독성을 확보하려는 조선 조정의 노력은 조선 나름의 방법과 지향을 갖고 진화했다. 조선의 장밋빛 전망을 뒤흔들면서 쉽게 읽히지 않는 새로운 그림을 만들어낸 사물과 사람들 덕분이다. 국가와 통치 집단이 만들어낸 닥나무 기록에 빠져 있었던 백성의 닥나무를 살펴본다.

조선 제지의 역사를 검토했던 연구들은 대개 관찬이나 사찬의 지리지와 유서類書를 통해 닥나무와 종이 생산지를 파악하고자 했다. 조정이 편찬한《세종실록지리지》(1454),《신증동국여지승람》(1530),《여지도서輿地圖書》(1765)는 닥나무를 토산물 항목에 기록했다. 이러한 관찬 지리지의 관심은 개인이 펴낸 사찬 지리지, 읍지, 유서에도 계승되었다. 유형원이 저술한《동국여지지》(1656), 서명응이 편찬한《고사신서攷事新書》(1771), 서유구가 펴낸《임원경제지》의〈예규지倪圭志〉(1842?), 김정호金正浩(1804~1866)의《대동지지》(1866) 등에도 모두 토산조에 닥나

장인과 닥나무가 함께 만든 역사,
조선의 과학기술사

무와 종이가 등장했다. 《동국여지지》는 거의 활용되지 않았지만, 시대별로 닥나무와 종이 생산의 추이를 쉽게 파악할 수 있을 것처럼 보이는 목록이 담겨있다.

하지만 이 기록은 초기 검토자들에게 혼동을 자아냈다. 《세종실록지리지》의 경우 경상도는 닥나무 산지가 4읍에 불과한데 종이 생산읍이 48읍이고, 전라도는 닥나무 산지는 35읍인데 종이 생산읍은 남원과 전주 둘뿐이었다.[5] 반면 《신증동국여지승람》의 경우 전국 닥 산지를 총괄해도 경상도 9읍, 전라도 16읍, 평안도 7읍으로 세종 때 전라도 한 지역의 읍 수에도 미치지 못하는 급격한 감소를 보인다. 이 감소세는 200년도 더 지난 시점인 《고사신서》까지 바뀌지 않았다. 《고사신서》는 닥 재배의 중심이라 할 수 있는 전라도 닥 산지를 《신증동국여지승람》과 동일한 16읍으로 기록했다. 이렇게 200년 넘게 변치 않던 전라도의 닥 산지 수는 19세기 초반의 〈예규지〉에서 증가로 돌아섰다. 연구자들은 16세기부터 18세기 말까지 200년 이상의 정체도, 19세기 초의 증가도 '국가'의 닥 재배 장려책의 결과로 해석했다. 국초부터 있었지만 실효를 내지 못하던 장려책이 정조의 개입 이후 효과를 보여서 19세기에는 풍토에 맞지 않다고 생각했던 전라도 연안에서까지 닥이 생산되었다는 것이다.[6]

이러한 해석은 관찬 지리지와 유서가 닥나무 산지를 실제 조사한 정보를 담고 있다는 믿음을 전제한다. 《여지도서》를 인용하며 토산물 정보를 수록했던 〈예규지〉의 경우, 《여지도서》와 비교하면 "전체의 34퍼센트는 인용문에 없던 물품"이었는데, 이에 대해 연구자들은 《여지도서》 저술 시의 정보에 19세기의 변화를 "서유구가 추가하여 새롭게 저술했다"고 추정한다.[7] 하지만 정조의 장려책으로 추가되었다고 추정된 순천이나 부안 등 연안 지역은《세종실록지리지》에도 이미 닥 재배 읍으로 기록되었던 곳이고, 연구자들이 활용하지 않았던 유형원의 17세기 저작《동국여지지》에서도 닥/종이 산지로 올라있다. 실제 닥 재배를 전문으로 하는 섬들이 있어서 이름에 '저楮'가 포함된 섬이 꽤 있었으니, 연안 지역의 풍토가 닥나무 재배에 불리했다는 증거도 없다.

평안도와 황해도까지 더 살펴보면〈예규지〉정보의 출처는 더 분명해진다. 평안도의 경우〈예규지〉의 닥 산지는《여지도서》의 성천, 안주, 상원 세 곳에서 두 배 이상 늘어났는데 추가된 네 곳—증산, 박천, 삼등, 강동—모두는《동국여지지》에 수록되었던 지역이다. 황해도에 왜 닥 산지로 추가된 풍천도 마찬가지이다.〈예규지〉에 추가된 34퍼센트는 정조 이후 19세기의 상황보다는 새롭게 활용된 17세기 문헌의 내용을 반영했을 가능성이 농후한 것이다.[8]

조정에서 편찬한 지리지에 토산물을 기록한 것은 애초부터 지역별 산물 파악이 주 목적은 아니었다고 볼 수 있다. 지역에서 나는 모든 산물이 기록되지도 않았고, 지역에 나지 않는 것도 흔히 기록되었다. 공안貢案의 역할을 한 관찬 지리지 토산조는 국가가 필요로 하는 것을 어느 지역으로부터 확보할 것인지에 대한 방안 수립에 가까웠다. 물론 공물 배분의 이상은 2장에서 살폈듯 각 지역에서 생산되는 것을 확보하는 '수기소산隨其所産'이었고,《세종실록지리지》는 그 이상을 실현하고자 새로이 조사 편찬된 기록물이었다.

다만 세종 대 공안부터 정립된 공물 배분의 단위는 군현이 아닌 도였다.[9] 다시 말해《세종실록지리지》와 이후《신증》편찬 시, 각 군현의

장인과 닥나무가 함께 만든 역사,
조선의 과학기술사

명승과 연혁, 관련 인물은 물론 지역 산물에 대해서까지 조사하는 책임을 맡은 것은 각 도 관찰사였다. 조선시대 관찰사의 평균 임기는 1년이 채 되지 않았다.[10] 관찰사가 이 기간 중에 현지의 토산품에 대해 직접적 지식을 얻기는 힘들었을 것이고, 군현별 특성을 알기는 더욱 힘들었을 것이다. 제한된 인력으로 별도 조사를 수행하기도 쉽지 않았다. 범례를 잘 만들어 수령에게 일임할 텐데, 수령의 평균 재임 기간도 20개월이 되지 않았다.[11]

세종 때의 공안은 토산, 토의土宜, 토공土貢이라는 세 항목으로 나누어 지역 산물을 기록했는데, 각각의 의미에 대한 전체 범례는 찾을 수 없다. 다만《경상북도지리지》경주부에 토산은 '금은동철주옥연석金銀銅鐵珠玉鉛錫'의 광물, '소탕약재篠簜藥材'의 대나무류와 약재, 도기와 자기이며, 토의는 경종잡물耕種雜物, 즉 재배 물품이라는 주석이 있다.[12] 닥나무의 경우는 충청도에서 한 번 토공에 기록된 것을 제외하면 토의에 기록되어 있고, 종이는 토공에 기록되어 있는데, 토의에 기록된 닥도 벌꿀, 녹용처럼 토산에 기재된 산물도 모두 공물이 아닌 것은 없었다. 닥과 종이는 전체 읍의 3분의 2 정도에 배정되어 있었는데 평안도를 제외하면 지장의 배치와 유사한 비율이다.《신증동국여지승람》의 경우 서문에서 "토산은 공부貢賦가 나는 바"라고 공물과의 연결을 더욱 분명히 했다. 닥 산지는 108읍에서 32읍(왜닥 포함 36읍), 종이 산지는 89 읍에서 8읍으로 대폭 줄었다.[13]

《세종실록지리지》의 토산, 토의, 토공조에 따르면 평안도의 거의 모든 읍에서 닥이 났다. 전라도 35읍과 경상도 48읍이 닥 산지로 표시된 것에 맞먹었다. 사실일 수도 있지만, 외교와 국방 비용에 대한 자체 부담을 조건으로 중앙에 결세를 내지 않는 평안도의 상황을 고려했을 때 실제로 닥을 생산한 것이라기보다는 평안도 관찰사와 조정의 협상 결과로 보인다. 결세를 면제받은 대신 닥 공물을 부담하겠다는 평안도와 조정의 합의에 따라, 닥 공물 부담을 각 군현에 고르게 나눈 모양새였다.[14]

《신증》의 급격한 닥 산지 감소는 자연스럽지 않았다. 재정능력으로 유명한 평안도의 경우 닥 산지가 7읍이었지만 황해도, 강원도, 충청도, 경기도는 닥 산지가 모두 0이 되었다. 실제 산지의 변화로 보기에는 너무 급작스럽고 일률적인 변화였다. 15세기 내내 이어진 공안 개정 협상의 결과라고 보는 편이 자연스러울 것이다. 실제로 황해도와 같은 북부 지역 수령들은 닥이 자라지 않아 서울에서 사서 내는 비용 부담이 버겁다며 호소해왔고, 강원도조차 비슷한 호소를 했으며, 경기도는 서울 근처라 신역이 많은데 닥 공물에 따르는 역까지 더할 수는 없다고 호소했다.[15]

닥 공물에 따르는 노역을 피하기 위해 닥밭을 태워버릴 정도로 심했던 백성의 반발은 충청도 같은 삼남 지역의 닥 공물도 위협했다. 국가적 수요를 위해 중요한 닥밭이 유지되도록 하는 길은 닥 공물을 면제해 닥이 토산 항목에서 보이지 않게 하는 것이었다. 이런 점에서 《신증》의 닥 산지는 실제 닥 생산지의 급격한 감소가 아니라 닥이라는 사물을 추수하고 가공해서 이동시키는 과정에 동원될 것을 거부하는 백성의 뜻을 반영한 결과였다.

장인과 닥나무가 함께 만든 역사,
조선의 과학기술사

지역 답사의 방법과 한계

유형원은《신증동국여지승람》의 토산 항목이 실제 지역 산물을 반영하는 것이 아니라 지역별 공물일 뿐이라고 단언하며 자신은 "일체 그 사실에 따라 기록하겠다"고 했다.[16] 하지만 매우 체계적이고 사실적인 그의 지리지를 포함한 서명응, 서유구, 김정호 등의 사찬 지리지도 전국을 대상으로 한 경우의 토산 항목은 관찬 지리지에서부터 관리해온 공물 항목을 거의 벗어나지 않았고, 각각의 토산 여부는 검증이 어렵다.[17]

유형원은 실제 전국 팔도를 두루 보았다고 하고, 서명응, 서유구 등도 여러 지방의 관찰사를 지냈으며, 김정호도 전국을 수차례 답사했다. 하지만 그러한 여행이나 거주 경험이 각 지역의 온갖 산물을 면밀히 파악할 기회가 되기는 힘들었다. 첨단 장비와 전문 인력이 동원된 조사가 수백 년 이어져도 지구상의 자연물을 파악하는 일은 미완성이고, 옥수수 같은 재배종의 종수 파악도 쉽지 않다. 한 도시 내에서도 옆동네의 가로수가 무엇인지 모를 수 있다.[18]

유형원은 범례에서 참고했다고 명시한 지역 지리지나 각지에서 만났을 지역 인사 등의 정보를 사실 확보의 핵심 도구로 쓴 듯하다. 서명응이나 서유구의 정보는 앞서 말한 대로 조정의 역량을 모은《여지도서》와 같은 관찬 지리지의 정보에 유형원의 정보를 결합한 것과 거의 일치한다. 김정호의《대동지지》는《세종실록지리지》를 제외하면 가장 많은 지역이 닥 산지로 기록되어 있다. 전라도 닥 산지 42읍, 경상도 22읍, 충청도 4읍이다. 하지만 정조의 명에 따라 1795년 성책된 닥 산지를 보면 전라도 48읍, 경상도 62읍, 충청도 42읍이다. 김정호의 정보를 충실한 조사 자료로 보기 어려운 이유이다.[19] 또 김정호의 황해도와 평안도 닥 산지는 모두 《동국여지지》, 〈예규지〉와 동일했다.

《동국여지지》, 〈예규지〉, 《대동지지》 모두에서 다른 문헌에 없는 내용이 보이는 것은 종이 산지에 대해서이다. 《동국여지지》는 함경도 북청을 종이 산지로 기록했고, 〈예규지〉는 경기도 수원과 안성, 《대동지지》는 경기도 양근, 지평, 안성을 종이 산지로 기록했다.[20] 여행 중에도 끊임없이 종이를 필요로 했던 이들이 종이를 구하며 우연히 얻을 수 있는 정보였다.

정책을 앞지른 백성의 닥나무

닥에 대한 조정이나 실학자의 관심이 닥이라는 사물과 무관했다는 것은 아니다. 숙종은 수령들에게 닥밭을 특별히 잘 관리할 것을 당부했고, 영조와 정조는 닥 재배를 장려하기 위한 법령과 조례에 정성을 들였다. 대동법으로 대부분의 공물은 사라졌지만 조지서를 위해 닥밭 소출을 보완할 필요는 남았다. 《속대전》에 포함된 영조의 정책은 "진상품을 생산하는 청죽전靑竹田, 관죽전官竹田, 저전楮田은 경차관敬差官과 도사都事가 신경 써서 살펴야 하며, 부지런히 보호하여 기르지 못하면 감고監考 형추刑推한다"는 것이었다. 호조 소속의 청죽, 관죽, 닥나무밭을 제대로 관리하지 못하면 중앙의 감독관과 관찰사에게 모두 형사적 책임을 물리겠다는 엄한 규정이었다.[21]

정조는 1794년 닥나무, 대나무, 옻나무, 뽕나무 등을 배양할 방안에 대한 절목을 만들게 했다. 정책의 핵심은 이 나무들을 배양하는 이들에

장인과 닥나무가 함께 만든 역사,
조선의 과학기술사

대한 조세와 신역의 감면이었다. 원래 닥과 대 등을 재배하는 밭에 대해서는 면세 조항이 있었지만,[22] 대동법 시행 이후 전세가 내리자 많은 이들은 닥밭을 논밭으로 바꿨고, 이 땅은 수세지로 변했다.[23] 정조는 수세지가 된 땅에 만약 다시 닥과 대를 심어서 소출이 난다면 그 땅을 면세지로 되돌려주겠다고 약속했다. 아울러 신역 면제와 감영 등의 침탈에 대한 보호도 약속했다. "살대[전죽箭竹]는 군기 물자이고 닥종이는 날마다 수없이 쓰이는 물건"이니 세금에 대한 우려 없이 닥과 대 등을 심게 해서 생산량을 늘려야 한다는 것이었다. 지방관에 대해서도 공사 저전公私楮田에 대해 다시 대장을 만들고 닥이 재배되지 않는 곳에 시험 재배를 한 다음 이를 중앙에 보고함으로써 고과를 높일 수 있는 유인책을 제시했다.[24]

　조선의 관료들이 영조의 장려책은 무시하고 정조의 장려책만을 따랐다고 볼 수는 없다. 국초의 정책 기조를 유지한 영조의 장려책은 규정과 선례를 충실히 따르는 방식으로 회피할 수 있었다. 관찰사나 수령의 옻나무, 뽕나무, 닥나무 배양 의무는 수령 7사七事에 들어가는 것이 분명했지만, 3년에 한 번씩 다시 작성하라는 왕골밭과 살대밭 대장이나 그런 규정조차 없는 닥밭 대장을 굳이 짧은 임기 동안 갱신할 이유는 없었다. 수령 이임 시에 제출하는 해유解由 양식에 관련 내용을 포함시켜 고과에 연결해놓았지만, 해유 보고서는 전임자로부터 인계받은 것에 대한 변동 사항만 기록할 뿐이었다.[25] 현재 남아 있는 해유 보고서는 영조 대의 것에도, 정조 대의 것에도, 그 이후의 것에도 닥밭 등을 포함한 것이 없다. 정조의 성책 요구에 응해 올라온 보고서를 보면 삼남에는 관저전이 더러 있었지만, 어느 지역 해유 보고서에도 그 내용이

추가되지는 않았다.[26]

　연구자들은 보통 정조의 장려책에 응해 올라온 대장을 장려책의 성공 척도로 인용했다. 바로 성책되어 올라온 대장을 보면 충청도는 당시 충청 54읍에 닥밭은 42읍의 737곳이었고, 구종舊種 647, 신종新種 90이었으며, 대밭은 227곳에 구종 207, 신종 20, 나무 수효로 표시한 뽕나무의 경우 총 17만 9,090그루에 구종 17만 1,976그루, 신종 7,114그루였다. 전라도는 닥밭이 48읍에 3,028곳인데 구종이 2,806, 신종이 222였다.[27] 모두 어명에 따라 새로 심은 것을 4~13퍼센트까지 보고하고 있지만, 오히려 정책 실시 전부터 닥 생산이 매우 활발했다는 것을 보여준다.

　유일하게 19세기 후반에 올린 장계가 남아 있는 충청도를 보면 증가세는 보통 정조의 개혁책이 힘을 잃었다고 판단되는 19세기에도 가팔랐다. 1868년과 1892년에 올라온 이 보고는 닥밭 수가 서로 같은데, 전체 4,170곳에 구종 1,631, 신종 2,539이다. 정조 말의 737곳에서 1868년에 이미 5.7배 정도의 성장을 보인 것이다. 1892년 보고에도 닥나무 수가 같긴 하지만 이것이 1868년 보고를 그냥 복제한 것은 아니었다. 뽕나무 수는 1868년 41만 5,394그루에서 1892년 86만 8,939그루로 두 배 증가했고, 1892년의 '구종'은 1868년 그루 수인 41만 5,394가 아닌 21만 6,124그루이다.[28] 1892년 보고서가 1868년 훨씬 이전의 해를 기준으로 작성했음을 보여주는 대목이다. 닥밭의 경우 2.2배 정도 성장을 이룬 것이 1868년 훨씬 이전의 어느 해였고, 그로부터 다시 1868년까지 2.6배 증가했던 것이다.

　정조가 관심을 두지 않았던 삼남 이북의 닥 재배도 증가세를 보인

장인과 닥나무가 함께 만든 역사,
조선의 과학기술사

사실이 단편적 기록으로 남아 있다. 러시아 탐험가들에 따르면 함경도와 평안도를 가르는 고개들에는 밤나무, 뽕나무 등과 함께 종이 나무가 자랐고, 이규경에 따르면 닥이 중국으로 수출되어 조선에서 종이가 비싸지자 중국인들이 수출 금지를 피하려 직접 넘어와서 끈 형태로 가공한 다음 가져간다고 했다. 닥종이를 본 적이 없어서 조정의 낙폭지 옷에 감동했던 함경도에서도 닥이 재배되고 있었다는 주장들이다.[29]

이러한 닥밭의 증가세를 좌우한 것이 왕명이나 조정의 정책이라고 볼 수 있을까? 담배의 경우, 곡식을 심어야 할 비옥한 땅에 담배를 심고 흡연으로 인해 여러 가지 문제가 발생하자 어느 왕도 장려책을 펼치지 않았다. 하지만 담배밭의 증가 양상은 닥밭과 비슷했다.[30] 실학자들도 이러한 상품작물은 백성들이 재산을 마련할[生財] 핵심 작물이라고 지적했다.

《증보산림경제》도 닥이나 담배 재배 요령을 기록했고, 목민서인 《거관대요居官大要》도 닥 재배의 장점을 논했다. 우하영禹夏永(1741~1812)은 《천일록千一錄》에서 닥이나 담배가 유력한 환금작물로 재배된다고 지적하며 함경도에 널리 옮겨 심을 방안을 논의했다.[31] 황윤석은 재산 증식에 관심을 보이기 시작하며 닥나무 재배를 시작했다.[32] 정약용은 두 아들에게 쓴 편지에서 자신이 집에 있었다면 과일나무, 옻나무 등과 닥밭이 이미 있었을 것이고, 국화도 키워 팔았을 것이라고 했다.[33] 정조의 정책이 발효되기 훨씬 전부터 백성들은 상품작물을 널리 재배해서 실학자들의 눈에 잘 띄는 성과를 내고 있었고, 양반 계층까지 생계수단으로 삼을 정도였던 것이다. 정조 이후 삼정문란 속에서도 지속적으로 확대 생산되던 닥의 경우 담배와 달리 조정의 지원이 명시된, 양반층이 재배해도 부끄럽지 않을 작물이었다.

닥나무는 국초부터 조정의 시야를 벗어나지 않은 독특한 작물이었다. 조정은 관찬 지리지를 통해 쉽게 도표화될 수 있을 닥나무 관련 정보를 생산했다. 조정과 시각을 함께하는 실학자들도 닥나무 관련 정보를 중시하여 사찬 지리지와 유서를 통해 어느 정도 일목요연한 정보를 만들어냈다. 이 덕분에 연구자들은 근대 국가가 만들어낸 통계를 살펴보듯 시기별 정보를 비교했고, 그 추이와 국가정책을 연결 지었다.

하지만 조정의 닥나무에 대한 관심은 특정 지역에서 어떤 닥나무가 자라고 있는지가 아니었다. 관공장의 제지를 가능하게 하는 가공된 재료가 어느 지역에서 조달될 것인지에 대한 관심이었다. 지방관들은 재배 여부가 아닌 공물 마련과 운반 가능성을 감안해 닥을 토산조에 기록했다. 조정의 시야 안에 두었던 닥밭이 백성들의 방화로 소실되는 상황이 이어지자 수령들은 새로운 선택을 했다. 닥나무를 토산물 기록에서 지우도록 협상함으로써 닥나무를 남겨두는 선택이었다. 조세 감면 약속을 되새긴 정조는 닥나무를 국가의 나무가 아니라 백성의 나무로 온전히 두어야 자란다는 통찰을 분명히 드러냈다. 하지만 뒷절에서 보듯이 약속이 지켜지도록 한 것은 백성이었다.

장인과 닥나무가 함께 만든 역사,
조선의 과학기술사

근면한 이주자들

닥나무를 기록하지 않음으로써 닥나무가 재배되도록 하는 방식은 백성과 전세田税에 대해서도 유사하게 적용되었다. 한 사람도 누락시키지 않음으로써 세수를 확대하는 방안은 여러 이유로 채택되지 않았다. 호적에서 일정 정도를 누락시키더라도 백성을 안집安集시켜 편히 살게 해야 한다는 주장이 힘을 얻었다.[34]

김영민이 말하듯 조선이라는 국가는 "군주 개인의 전횡력 정도를 설명하는 전제 권력despotic power과 국가 기구가 사회를 통제할 수 있는 제도적인 힘을 설명하는 기반 권력infrastructure power" 모든 면에서 '최소 국가minimalist state'에 가까웠다. 조선의 군주들은 연산군 정도를 제외하면 무소불위로 권력을 휘두르지 않았다. 성리학적 통치이념이 심화됨에 따라 스스로 성인과 같이 되고자 했다. 사림의 공론을 무시할 수 있는 국왕도 없었다. 조종조祖宗朝의 법률과 선왕의 규례를 함부로 어기는 일은 역사 기록을 통해 영원한 비난의 대상이 될 수도 있었다.[35]

조선은 중앙에서 지방관을 파견함으로써 중앙 집권 체제를 갖추었지만, 관찰사와 수령은 짧은 임기 동안 임무를 다하기 위해 다수의 향리와 지역 사족의 협조에 의존해야 했다. 소박하다고 할 재정 규모가 반영된 체제였다. 18세기 후반 "1년 수십만 석을 소비하던 서울 전체 술집에서의 미곡 소비량은 미곡과 동전을 합한 호조의 1년 전체 지출량을 능가"할 정도였지만, 상업 관련 세금은 거의 지방 정부와 궁가 등의 준정부 조직에 맡겨졌다.[36]

재정 규모를 늘릴 기회를 마다했던 조선 왕조의 태도는 조선 왕조가 생각한 국가의 역할이 현대 국가와 크게 달랐음을 보여준다. 하지만 이는 정해진 이념을 고수하는 모습은 아니었다. 다수의 호적을 누락시키는 호구와 조세정책은 수많은 세력과의 협상을 통해 만들어졌다. 이 절에서는 특히 다양한 이주자들이 국가를 버리는 듯 행동하여 국가를 길들임으로써 도리어 국가를 팽창시키는 모습을 살펴본다.[37]

시간제 백성

호구 총수戶口總數에 기록된 호와 구의 수가 실제 수가 아니라는 점은 일찌감치 인지되었다. 1445년 호구 총수가 2만 3,511호, 7만 1,897구였던 황해도에 1447년 진휼을 위해 환상미를 방출하자 그것을 받아간 사람은 6만 2,637호, 46만 2,664구로 인구수의 완전성이 15.5퍼센트에 불과했던 것이다. 강원도의 경우 1432년 구수는 2만 9,009명이었는데, 1446년 구황미 방출 시 구수는 12만 1,449명이었다.[38] 강원도 역시 구수의 완전성은 황해도보다 높지만 70~80퍼센트의 인구가 잡히지 않았

장인과 닥나무가 함께 만든 역사,
조선의 과학기술사

다. 이렇게 호적이 없는 이들은 국가의 존재를 내내 피하기만 한 것이 아니라 때로는 국가의 도움을 구했다. 일종의 시간제 백성 노릇을 한 것이다.

조정과 통치 세력은 "호적에서 빠진 호구가 열에 예닐곱이요 호적은 가짜 장부[虛簿]일 뿐"이라는 사실을 잘 알고 있었다.[39] 호의 누락이나 허위 삽입이나 호를 쪼개는 것 등의 행위로 인해 "실제의 호구 상황과 호적의 괴리가 심해졌다는 논의가 실록에 빈번하게 기록"되었다.[40] 실제로 호구 기록에서 나오는 호별 구수나 남녀 성비의 지역별 편차는 컸다. 성비의 경우 전국 평균과 서울은 95~105 사이의 범위에 머물렀지만, 황해도는 115, 경상도는 82~92 내외로 차이가 컸다. 호당 구수도 전라도는 3.8명, 제주도는 7.2명 등으로 자연스런 편차를 넘어선 수치였다. 서울 혹은 읍치의 호구 총수와 변방의 호구 총수, 또 세금상 특수 지역의 호구 총수도 구성에 특색을 보였다.[41]

호적에 빠지는 사람이 없도록 호패 착용을 의무화하고 오가작통제를 엄격히 실시해야 한다는 주장은 임진왜란 전부터 제기되다가 인조 연간 처음 도입되었다. 다섯 집을 하나의 통으로 만들어 그 통에 소속된 이들의 출생, 사망, 이주 등을 공동 책임하에 관리하고, 이를 모아 면리面里, 군현의 호적을 작성하도록 함으로써 누락되는 백성이 없도록 하는 제도였다. 하지만 도망가는 백성이 늘어나자, 민심을 얻어 백성을 안집시키는 것이 더 중요하다는 입장이 대두되면서 엄격한 시행은 미루어졌다.[42]

하늘에 바치는 백성의 수

손병규가 지적한 대로 호구 수의 파악은 언제나 수세와 연결된 문제였고 재정 및 조세제도에 따라 변했다.[43] 하지만 조선의 백성은 단순한 수세 대상 이상이었다. 1770년 편찬된 《동국문헌비고》의 호구 조항은 "나라가 있으면 백성이 있고 백성이 있으면 호가 있으며, 호가 있으면 반드시 그 구를 헤아리는데, 이것은 하늘이 낸 백성[天民]을 소중히 여기는 것이다. 《주례》에 백성의 수를 적은 것에 절한다 한 것과 공자가 판적版籍을 지고 가는 이에게 허리를 굽힌 것은 이 까닭이다"라고 했다. 민심을 얻는 것은 천심을 얻어 통치의 정당성을 인정받는 것이기에 호구가 적힌 판적은 신성했다.

서호철이 지적한 대로 하늘의 수를 담은 달력과 함께 백성의 수를 적은 것을 바치는 헌민수獻民數 의례가 이루어졌던 점은 드물게 수행된 양전과 달리 3년마다 어김없이 실시되었던 호적 조사가 의례적으로 중요했음을 보여준다. 다만 헌민수 의례가 강조된 영정조 이래 실제 호구 총수는 거의 정체를 보여 정확성은 더 떨어졌다. 헌민수 의례에는 인간 너머 존재에 대한 기도가 포함되어 있었다. 개개인이 신의 축복을 바라며 교회를 통해 출생과 사망을 등록했던 유럽과 유사한 점도 있다. 다만 조선에서 왕이 올리는 헌민수는 개개인이 신과 그런 관계를 맺고자 한 유럽에서 상당히 정확한 통계가 남게 된 것과 반대의 결과를 낳았다.[44] 왕은 수의 정직한 보고가 아닌 수의 유지가 자신과 하늘과의 관계에서 중요하다고 본 듯했다.

왕조에 주어진 천명이 일정한 백성의 수와 연결된다는 인식은 백성

장인과 닥나무가 함께 만든 역사,
조선의 과학기술사

을 세금과 요역이라는 물질적 기반의 제공자 이상으로 만들었다. 전쟁으로 국토를 확장하거나 지켜도 백성이 없으면 나라도, 국왕도 없었다. 백성을 하나하나 추적해 세지 않더라도 백성의 한 몸, 한 몸이 중요할 수 있었다. 조선은 없어질 뻔한 국가를 다시 만드는 재조再造를 이야기할 정도로 백성이 흩어지는 사변을 경험했다. 임진왜란 후 호적 등은 불타고 수세 경작지가 직전의 151만여 결에서 30여만 결로 거의 5분의 1이 감소했다. 곡창지대인 전라도는 44만에서 6만 결로, 경상도는 43만에서 7만 결로 더 크게 줄었다.[45]

이는 17세기 중반에야 회복되었는데 오가작통제와 호패제가 효력을 발휘한 것이다. 하지만 모든 백성이 추적된 결과는 아니었다. 숙종은 즉위한 1674년 다시 〈오가통사목〉을 반포함으로써 엄격한 시행을 시도했지만 백성의 동요는 이번에도 컸다. 백성을 "번거롭게" 해서는 안 되고 백성의 원기가 회복된 다음에 해야 한다는 비판이 쏟아졌다. 이에 백성의 원기를 회복하기 위한 조세 감면과 진휼정책 정비가 제안되고 채택되었다.[46]

정액화를 통한 가독성

백성의 움직임을 통제하는 정책은 백성의 반발을 불러 그들을 흩어지게 한다. 천명을 지키려면 그것만은 막아야 했다. 대동법, 균역법과 함께 정비된 조선 후기 조세 및 재정 제도는 백성을 일일이 번거롭게 하지 않는 대신 백성과 전결의 총액을 정액화해서 기본 세수를 확보하고 그 분배와 수취는 지역 사회에 맡기는 방식으로 진화했다.[47] 백성을 끝까지 추적하는 일을 불필요하게 하는 제도였다. 1730년대 이래 관행화되어 1760년 대동법 전세에 전면적으로 적용된 비총제比摠制는 부세에 대한 도별 총액을 정하고, 그 총액을 그해의 풍흉에 따라 조정하는 정도에서 중앙의 수입을 안정시키는 제도였다. 1740년대 전국에 공표된 〈양역실총良役實摠〉은 중앙 및 지방의 국가기관에 소속된 군역자의 총액, 군총軍摠을 설정하여 개별 국가 기관이 정해진 수 이상으로 지방에 군역자나 군포의 납부를 요구하지 못하게 한 제도였다.

각종 부세 총액과 예산을 산정, 재산정하기 위한 조사와 편찬은 영정조 대 내내 이어졌다. 《곡부합록穀簿合錄》(1776), 《호구총수戶口摠數》(1789), 《부역실총賦役實摠》(1794), 《군국총목軍國摠目》(1794), 《탁지전부고度支田賦考》(1796), 《곡총편고穀摠便考》(1797) 등이 그 결과다.[48] 산정된 총액은 백성 개개인이 아닌 군현별로 할당, 관리되었다. 조정은 군현별 실제 호수의 변동을 살피는 대신 호적대장 말미에 적힌 '도이상都已上'이라고 하는 총수와 결총에 근거하여 군현별로 수세했고, 이는 18세기 후반 이래 거의 고정되었다.[49] 조선 조정은 백성을 일일이 추적하지 않음으로써 전국의 백성과 그들의 생산기반인 농지에 대해 나름의 가독성을 획득하고, 그 고정된 백성의 수로 천심을 잘 받들고 있음을 해마다 확인하며 통치의 정당성을 꾀하는 쪽을 택했다.[50]

하지만 단순한 그림 안에는 복잡한 역학관계가 있었고, 고정된 총액 안에서 많은 것이 움직였다. 군현에 주어진 부세와 요역, 지방 재정 운영에 대한 자율성은 명목상 조정이 임명한 관찰사와 수령에게 주어졌지만, 결국 향리층 및 지역 사회와의 합의가 관건이었다. 정해진 결총 하에서 수세하는 땅을 지정하고, 땅의 종류와 등급과 수세 면적을 계산하는 문제는 지역 사회와 향리에게 크게 의존했다.

김건태, 김소라 등의 연구에 따르면 결부제하의 양전은 땅의 등급과 면적의 정확성보다는 상황적 고려가 총체화된 방식으로 이루어졌다. 이런 유연성은 운영자에게는 "항상 매력적인" 제도일 수 있었고, 지역 사회의 합리적인 합의가 이루어진다면 기대한 균세 효과도 낼 수 있었다. 하지만 인접한 마을이라도 실면적에 대한 토지 파악률, 등급, 명목 등이 상당한 차이를 보였다. 이는 세금 운반 비용과 같은 합당한 사물적 고려를 반영하기도 했지만, 숙종 연간의 경자양전부터 비총제가 폐지된 갑오경장 이후의 광무양전에 이르기까지 전반적으로 힘 있는 이들에게 유리하게 작용했다. 양반 호가 많은 면리의 토지 파악률은 낮았다. 중앙에서 파견된 양전 담당자들이 실시한 광무양전은 이렇게 낮게 파악되었던 양반 마을 농지의 실결을 40퍼센트 이상 올리기도 했지만, 이들 마을은 대개 그 결과에 항의함으로써 재양전을 통해 결수를 낮출 수 있었다.[51]

이동을 통한 신분 변신

조선의 백성들은 이러한 '특혜'가 고정되도록 두지 않았다. 정확한 추이는 알 수 없지만 태어난 마을을 떠나지 않은 채 삶을 마감하는 전통적 삶의 형태는 조선 사회와 그리 맞지 않았다. 지역 사회 자체가 늘 역동적으로 재구성되었다. 노비나 양인이라는 신분을 벗어남으로써 신역을 면제받고자 하는 이들은 부를 이루면 머물던 곳을 떠남으로써 새로운 신분을 얻었다. 부의 안정적 세습이 어려워지는 조선 후기에는 양반

들도 새 농지를 찾아 어느 정도 이동해야 했다.[52]

전세보다 더 불평등한 각종 요역을 피하는 것은 양반층 증가의 중요한 동인이었다. 영조 연간에도 "민호 3,001호 내에 양민호良民戶는 700호가 안 되는데 각종 명색의 양역良役 총수는 2,700여 명"이라는 호소가 있었고, 《양역실총》으로 군총의 합리화가 시도된 정조 연간에도 "총 3천 2백 83호" 중에서 양역에 응할 호는 500호밖에 되지 않는다는 상소가 올라왔다.[53] 읍 재정의 자율적 운용에 따라 늘어나는 읍 소속의 각종 신역까지 더해 한 사람의 양민이 5~7명 몫 이상의 군포를 내거나 역에 응해야 하는 상황이었다.[54]

노비, 무당, 과부도 포함하는 역이 면제된 직역의 목록을 보면 양반이 되는 것 외에도 부세와 신역이 집중되는 농민의 신분을 벗어나는 방법은 다양했고, 많은 이들은 그런 방법을 찾았다. 절에 소속되는 방법이 있었고, 기술을 배워 계방촌契房村이라 불린 장인 마을을 만들거나 상인이나 임노동자가 되어 기회를 찾을 수도 있었다. 명화적과 같은 도적이 되는 방법도 선택되었다.[55] 이 모두는 익숙한 삶의 터전을 떠나는 일이었다. 양인으로 등록되어 세금 추궁을 도맡지 않고자 했던 60퍼센트 이상은 호적에 양반으로 등록되는 신분 이동이 당장 가능하지 않다면 어딘가로 떠났던 이들이다. 백성을 가혹하게 추적하지 않는다는 정책적·사회적 합의하에 가능했던 선택이었다.[56]

요순의 나라를 찾는 이동자들

떠나는 이들의 이동 영역은 매우 광범위했다. 호총戶總상으로 17세기

장인과 닥나무가 함께 만든 역사,
조선의 과학기술사

말~19세기에 인구 증가가 가장 가파른 곳은 황해도와 함께 함경도이다.[57] 한반도 최북단의 함경도는 조선 초에 국경을 방어하려는 조정이 백성을 강제 이주시키려다 백성의 반발로 인해 실패했던 땅이었다. 주식으로 삼는 쌀 생산에도 부적합한 땅이었고, 대부분인 산지에는 사나운 짐승도 많았으며 추웠다. 이주 대상이 된 백성들은 이를 거부했고, 대상자로 선정된 삼남의 백성 중에는 스스로 목을 매는 사람까지 나왔다. 조정은 백성이 이처럼 두려워하는 이주정책을 아예 형벌로 정했다. 기준으로 삼았던 대명률의 일반 유형流刑과 별개로 조선 특유의 전가사변全家徙邊이라는 유배형이 만들어진 것이다.[58]

하지만 18세기가 되자 함경도는 자발적으로 이주한 백성들이 많아졌다. 호총에 잡힌 것보다 인구가 더 늘어났다. 1790년 암행어사의 보고에 따르면 함경남도 지역은 1789년에 수해와 역병으로 큰 피해를 입었는데, 역병 환자 중에서 신원이 확인되는 사람은 백에 한둘뿐이라고 했다. 1794년 원산 화재 피해 상황을 알리는 보고에 따르면 호적에 있는 원호는 202호, 적이 없는 호가 110호, 타인의 집에 함께 등록된 호가 150호였다고 한다.[59] 단편적이고 과장이 섞인 기록이라 해도 새로운 유입이 지속되었음은 분명했다.

북방으로 떠나는 것을 두려워하던 백성들이 더 먼저 시도했던 방법은 근처 산이나 섬, 해안으로 이동하면서 새 땅을 간척하는 것이었다. 조정은 왜구 침략의 근거지 등이 될 수 있다며 공도空島정책을 표방했고 국영 목장을 두어 말을 키우는 경우 외에는 섬 이주를 막았다. 이에 따라 섬에 대한 파악이 거의 이루어지지 않았다. 전라도의 경우 15세기 전반에는 30여 개 정도의 섬만이 인지되었다. 하지만 16세기 전반에는 그 수가 250여 개로 급증했고, 18세기 중엽에는 429개, 19세기 중엽에는 461개가 되었다. 백성들이 피했던 북방과 달리 막아도 이주했던 이 섬들은 목재나 농사 여건, 어업 등으로 인해 생존 여건이 좋았다.[60]

17세기 중반에는 산속으로 들어가는 백성도 증가했다. 조정은 이 움직임도 막고자 했다. 이들의 경작지를 일컫는 화속전火粟田이라는 말대로 이들은 숲을 불사른 후 조와 수수 같은 곡식을 심었고, 이로 인해 산림이 파괴되었다. 금령은 오래가지 못했다. 1658년에 "강원도는 평지가 거의 없어 백성들이 유산하는 형편이니, 산 중턱 아래에 대해서는 화전을 허락해달라"는 청이 나왔다. 이에 따라 산 중턱 아래에 대해 허가가 내려졌고, 1679년 숙종은 "화전의 해를 알지 못하는 바 아니나 백성이 흩어질 것을 생각하면 금할 수 없다"고 손을 들었다.[61] 새 농토를 찾던 농민들은 임진왜란 이전부터 해안 간척 사업도 벌였다. 이지함의 제자였던 송제민宋齊民(1549~1602)은 백성의 어려움을 해결할 방안으로 무인도를 탐사해 거주 가능성을 살폈고, 소나무 재목 100그루를 사서 간척 사업도 벌였다. 조선 후기가 되면 해안과 강변을 대상으로 한 간척 사업은 더욱 활발해졌다.[62]

백성들의 이동은 19세기에 정점을 이룬 듯하다. 일부는 죽음으로써 피하려 했던 변방을 지나 만주와 연해주까지 이주했다. 1712년 백두산 정계비가 세워졌지만, 백성들이 국경을 뚜렷이 인식하기는 힘들었다. 압록강이나 두만강 상에 국경을 알리는 표시나 비석이 더러 있는 것이 전부였고, 강 너머에는 경작 가능한 땅이 그냥 펼쳐져 있었다. 청의 만주 지배층이 이 지역에 봉금령封禁令을 내려 한족 중국인의 이주를 금하고 만주족은 지배 강화를 위해 내륙으로 이주시켰기 때문이었다.

장인과 닥나무가 함께 만든 역사,
조선의 과학기술사

청 당국은 1845년 봉금령을 해제하고 만주족과 한족의 이주를 허가했는데 1909년까지는 수세 대상을 늘려주는 조선인의 이주도 묵인하고 환영했다. 연해주 지역도 마찬가지였다. 이 지역에는 만주족, 수렵 원주민과 빈 땅을 찾던 중국인이 있었고, 1860년 러·청 북경조약 체결 이후 러시아가 주둔했다. 러시아 당국은 농사지을 땅을 찾아오는 조선인들을 환영했다. 러시아 본토인을 데려오는 이민정책에는 어려움이 많았고, 수렵 원주민은 농사에 관심이 없는 상황에서 식량을 생산하거나 항만 등을 건설할 노동력이 절실했기 때문이다.[63]

1864년과 1865년 평안도 지역에는 봉금지대에 별천지의 세계가 있고 그곳의 영웅호걸이 사람을 모은다는 내용의 위서僞書가 유포되었다. 함경도에서는 러시아 당국이 "요순"의 어진 정치를 펼친다는 소문이 돌았다. 흉작과 기근에 시달리다 1869년 대규모로 이주했던 정착자 6,500명을 러시아 당국이 식량을 지원해주며 환영했기 때문이다.[64] 만주와 연해주 이민 모두 가파르게 증가했다. 1903년 만주에 살던 조선인은 4만 5,000명에 가까웠고, 연해주에 거주하는 조선인은 1882년 1만 137명, 1892년에는 5만 7,000명, 1908년에는 38만 3,083명으로 연해주 인구의 절대다수인 72.9퍼센트를 차지했다.[65]

1889년 길주 군수는 조선을 방문한 러시아 중령에게 조선이 이런 이주를 막는 조치를 하지 못하면 "곧 모든 조선인들이 당신들 땅으로 갈 것이고, 그렇게 되면 조선에는 관리할 백성이 없는 조정만이 홀로 남게 될 것이다"라고 했다.[66] 조정은 변경, 해안, 섬, 산간 지역과 국경 너머로 이주하는 백성을 주시하긴 했지만, 마을이 없어지고 나라가 없어지는 최악의 상황을 막기 위해 이들에게 대체로 관대했다.

근면한 이주자들의 새 나라

조정은 새로 개간된 땅에는 모두 3년간 세금을 유예해주었다. 개간 비용을 고려해줌으로써 개간을 장려하는 안이었다. 화속전의 경우 화전을 일군 백성들은 1~2년 경작을 한 후 또 새로운 곳으로 옮겨갔다. 수세가 가능해지기 전에 사라진 것이다. 조정은 이들을 비판하는 대신 곧 사라질 화속전을 전결에 올리는 수령들을 제재했다. 진휼청, 호조 등 중앙 재정 아문과 궁가 등도 이 새로운 수세원에 탐을 냈지만 조정은 화속 수세를 다투지 않음으로써 경작을 장려하고 백성을 모으는 뜻을 보이겠다는 입장을 굳혀갔다.[67] 호구와 전결을 고정해간 재정 체제 덕분에 가능했던 일이다.

정조는 자율에 맡겨진 지방의 수세가 가혹해서는 안 된다고 강조했다. 화속민은 세금을 피해 도망간 게으른 백성이 아니라, "돌투성이의 산밭"을 일구기 위해 "나무를 불사르고 돌을 골라내는" 힘든 노동을 마다하지 않는 성실한 백성이니, 그들에게 세금을 재촉하는 것은 "어진 군자로서 할 짓"이 아니라는 것이다.[68] 과도한 세금을 막는 데 이런 말보다 더 효과적인 것은 화속민들 스스로의 행동이었다. 이들로 인해 생겼던 수입은 이들이 떠나는 순간 사라졌고, 이들의 이동은 점차 순식간에 번창한 마을을 만들었다가 없애는 조직적인 양상을 띠었다.[69]

이는 섬 이주민들도 마찬가지였다. 조선 후기까지도 섬에 읍을 설치하고 수령을 파견하는 일이 더디게만 진행된 것은 이들을 흩어지지 않게 하려는 뜻이었다.[70] 조정은 이 이주자들을 조심스럽게 따라가며 통치 영역을 확장해서 1903년에는 압록강 밖의 서간도에도 32개의 면을

장인과 닥나무가 함께 만든 역사,
조선의 과학기술사

설치하기도 했다.[71] 백성의 이주를 엄하게 추적하지 않은 덕분에 일어난 영토 확장이었다.

이 끊임없이 이동하는 백성들이 "돌투성이의 산밭"까지 일궈내는 성실한 백성이라는 평가는 정조에 국한되지 않았다. 러시아 당국도 연해주 조선인의 근면함을 칭찬했고, 이사벨라 버드 비숍은 조선인이 열등하고 희망 없는 민족이라는 생각을 수정할 이유를 이 지역의 조선인에게서 찾았다고 했다.[72]

자신이 살던 곳을 떠나는 일은 힘들고, 그 어려움을 이겨내는 일은 용기와 성실함을 필요로 했다. 이들의 용기와 성실함의 성과는 모두 달랐겠지만, 이 "근면한 이주자"들은 쉼 없는 집단적 이동이라는 효과적인 수단뿐만 아니라 다양한 기지를 가졌던 것으로 보인다. 이주자들이 만들어간 함경도가 북포北布라고 불린 품질 좋은 삼베와 북어라 불린 명태잡이로 호황을 누렸던 것이 한 징표이다.[73]

근면한 이주자들의 19세기

지금까지의 19세기에 대한 이야기는 이 "근면한 이주자"들의 이동과 생산 활동을 크게 다루지 않았다. 하지만 19세기 쇠퇴론이 지적하는 "만성적인 재정적자, 환곡제의 해체, 인구의 정체, 장시의 감소, 촌락 공동체의 해체 등 사회구성체상 위기의 징후"[74]는 이주자의 관점에서 보면 위기라기보다는 기회일 수 있었다. 만성적인 재정적자는 재정보다 백성 수의 유지를 더 중시하는 정치의 결과로 이들이 국경 너머까지 이동할 틈을 주었다. 부세 성격을 띠게 된 환곡제의 해체는 민란의 일시적 승리였다. 인구의 정체는 이들이 추적을 피한 결과였다. 촌락공동체의 해체는 그 공동체에서 권위를 누리던 집단에게는 아쉬움이겠지만 새로운 공동체를 구성하고자 이동했던 사람들에게는 재편의 과정이었다. 또 두락당 지대 수취량의 감소는 이러한 촌락공동체 해체 속에 소작인을 구하기 어려운 현실을 반영한 것이었다. 19세기 후반의 쌀값 상승도 토지 생산성 하락만이 아닌 개항 전후의 쌀 수출을 비롯한 다양한 요소와 연결해보아야 할 일이다.[75]

　19세기 쇠퇴를 주장하는 논의들은 호총이 감소된 것도 근거로 삼았지만, 박경숙이 지적한 대로 19세기 중반 이후 호총의 추이는 추가적 검증의 대상일 뿐이다.[76] 호총의 감소는 오히려 근면함과 도전 정신을 갖춘 도망자들이 증가하고 있었음을 반증할 가능성이 크다. 19세기에 대한 새로운 이해는 이 근면한 이주자들과 그들의 다양한 기지를 고려해야 한다.

장인과 닥나무가 함께 만든 역사,
조선의 과학기술사

탄압받는 사찰의 이주자 연대

근면한 이주자들 대부분은 새 농토를 찾아 떠난 것처럼 보인다. 얼핏 보면 그저 할 줄 아는 똑같은 농사일을 다른 곳에서 그대로 하려는 것처럼 생각하기 쉽다. 하지만 돌투성이 산밭, 추운 북방 지역, 바람 불고 파도치는 섬, 새로운 간척지에서 농사를 짓는 일은 수없이 많은 새로운 지식과 기술을 요하는 어려운 일이다. 전가사변이 형벌이었던 이유이고, 난민들이 어려움을 겪는 이유이다. 조선 후기로 갈수록 이동이 더 집단적이었던 이유는 이 집단적 움직임이 정치적 양보를 얻어낼 수 있을 뿐만 아니라 복잡한 환경적 도전을 이겨낼 기지의 교류와 진화도 가능하게 해서일 것이다.

이주자의 일부면서 이주자들을 이어주는 역할을 한 사찰의 승려 집단이 농사짓는 이주자를 비롯한 다양한 이들과 연대하며 조선 제조업의 거의 유일한 수출품인 종이를 생산하고 수출하게 되는 기지와, 그 기지를 전파 확장시키는 전략을 살펴보자.

사찰 탄압 기록 거꾸로 읽기

조선 불교에 대한 논의는 대개 유교를 숭상하고 불교를 억누른 조선에서 사찰이 받은 억압에 초점을 맞추어왔다. 사찰과 승도에 대한 탄압이라는 이 오래된 이야기는 분명한 역사적 사실과 기록을 바탕으로 한다. 조선 초의 억불정책에 더해 승역僧役의 과중함이나 힘없는 사찰의 어려움에 대한 호소는 19세기 말까지 이어진다. 하지만 이런 기록을 거꾸로 읽으면 사찰의 놀라운 협상력 및 이를 바탕으로 한 새로운 연대의 형성과 지속적 확장을 보여줄 것이다.

《신증동국여지승람》과 《여지도서》, 이능화의 《조선불교통사》 등을 참고한 사찰 수의 추이에 대한 연구는 사찰 수가 《신증동국여지승람》에 1,658개, 《여지도서》에 1,537개(총 1,902, 금폐 365)에 이어 일제강점기 1,401개까지 지속적으로 줄어들었음을 보여주면서 이를 근거로 "조선 시기 불교계는 국가의 억불정책, 사회운영이념으로서의 구실 퇴조 등이 배경이 되어 위축을 면치 못하였다. 그러한 추세는 사찰 수의 변동을 통해 명확히 파악할 수 있었다"고 결론 짓는다.[77] 하지만 《신증》의 1,658개라는 사찰 수는 1464년 세종이 7종으로 나뉘었던 종파를 선교 양종으로 통합시키고 각각 18개씩 36개의 사찰을 제외한 모든 사찰을 폐사시켰던 것을 고려하면 사찰의 놀라운 생명력과 확장력을 보여준다. 또 《여지도서》의 자료를 바탕으로 1,537개 사찰의 승려 수가 2만 8,000명가량이라고 추산하는데, 이는 조선의 억압이 사라진 1915년 사찰 1,401개의 승려 수 8,247명을 훌쩍 뛰어넘는다.[78] 사찰당 평균 승려 수는 1765년 《여지도서》 시기에는 18.2명으로 1915년 5.9명의 세 배

장인과 닥나무가 함께 만든 역사,
조선의 과학기술사

이상이다. 이런 점을 고려하지 않고 사찰 수와 승려 수의 감소를 조선 억불정책의 결과나 사찰의 쇠퇴라고 말할 수 있을까?

물론 조선 초의 억불정책은 강력했다. 11개 종파가 7종으로, 7종이 다시 양종으로 통합되었고, 국사, 왕사 등 불교의 국가적 지도력을 인정해주던 제도도 폐지되었다. 승려를 도성 안으로 들어오지 못하게 하는 규정도 끝까지 유지되었다. 하지만 이러한 분명한 탄압은 초기에 집중되었고, 추가적 억압정책은 16세기 중반 이후 거의 없었다. 1504년(연산 10) 몰수되었던 전지 중 일부 위전位田과 제위전祭位田이 중종 연간에 복원되었고, 1663년(현종 4)의 양전과 함께 위전은 전부 사찰로 되돌려주었다. 1504년 폐지되었던 승과도 복설되어 더러 시행되었다.

일하는 승려, 생산하는 사찰

승려들이 의병 활동을 통해 보여준 희생은 조정의 태도를 한층 더 변화시켰다. 물론 공헌에 대한 포상보다는 추가적 헌신에 대한 기대가 앞서는 태도였다. 승려들은 남한산성과 북한산성을 세우는 데 차례로 동원되었고, 산성의 수비까지 맡았다. 이들을 종교인이 아닌 국가가 동원할 수 있는 유휴노동력으로 본 것이었다.[79]

하지만 조선 후기의 이런 태도는 유교이념의 심화를 반영하는 '불교 천시'를 드러낼 뿐 불교에 대한 적극적 탄압과는 달랐다. 남·북한산성의 의승義僧제도도 권익을 보장해달라는 승려들의 주장을 지속적으로 받아들이며 바뀌었다. 1711년 북한산성까지 완공된 시점에 산성을 지키는 의승은 각 산성에 350명으로 700명이었다. 승려들이 문제로 삼은 것은 1,500여 사찰이 나눠 맡는 산성역 자체의 과중함보다 2개월에 한 번씩 돌아오는 교대제도였다. 이 교대를 위해 산성에 오가는 데 드는 비용이 의승역보다 더 큰 부담이라는 지적이었다. 영조는 이 지적을 받아들여 1755년 교대제도를 의승전義僧錢제도로 변경했다.[80] 의승역 1인당 40냥의 돈을 받아 근무자를 고용하는 방식이었는데, 이에 대해서도 불만이 제기되자 1785년 정조는 이를 20냥으로 낮춰준다.[81] 각종 승역 중 가장 심각한 침탈로 이야기되는 것이 지역紙役(종이 사역)이었다. 연구자들에 따르면 승려의 제지 작업은 "관아나 서리의 가렴주구의 대상"이 되었으며,[82] "영조 말년 이후에는 소산지도 아닌 평안도에까지 지역의 범위를 확대시켰으니 사원이나 승려들에 대한 주구는 해가 거듭될수록 심해졌다."[83] 현종 대 전라도의 경우 "큰 사찰은 1년에 80여 권, 작은 사찰은 60여 권에 달하는 지물을 바치게 하자, 승려는 도망하고 뭇 사찰은 조용해졌다"고 한다.[84]

그러나 이는 모두 '승려'들이 쏟아낸 호소를 전하는 것으로서, 액면 그대로 받아들이기 어려운 부분이 많다. 우선 승려에게는 세금이 없었다. 조선에서도 승려의 면세권은 사라지지 않았기 때문이다. 의승역, 종이 사역 등이 부과되는 상황은 고려시대의 특권과는 비교할 수 없고 이들의 수도할 권리를 침해한 면이 있지만, 양민의 세금 및 군역 부담과 크게 다르지 않았다. 영조 말년에 송상松商이 활동하는 평안도 사찰에 종이를 요구한 것도 제지의 경제성을 노린 승려들의 선택이 먼저였을 가능성이 크다. 제지를 하지 않는 사찰에 종이를 요구했다는 근거는 삼남이 아닌 평안도라는 사실뿐이다. 또 1년에 80여 권, 즉 1,600여 장의 종이는 보통의 속도라면 한 사람의 장인이 3일 정도 내외, 고급지라

장인과 닥나무가 함께 만든 역사,
조선의 과학기술사

고 해도 한 주에 생산할 수 있는 양이었고, 시장에서 사다 바쳐도 막대한 부과량이 아니었다. 사원경제에 대한 연구는 모두 조선 후기 사찰의 상당한 재력에 대해 지적한다. 18세기 갑계甲契라는 계 활동이 사찰에서 활발해지며 승려들의 개인 재산이 형성되었고,[85] 영조 연간 이미 "'부승'이라 불릴 정도로 많은 재화를 소유한 승려"까지 나왔으며, 정조 연간에는 송상과 연계된 종이 밀무역으로 고갈된 사원경제가 되살아났다는 것이다.[86] 사찰이 특별한 탄압과 침탈의 대상이었다면 어떻게 이런 부를 이룰 수 있었을까?

1464년 36개로 줄어들었던 사찰이 100년이 채 되지 않아 1,600여 개로 복원된 것은 과중한 세금을 피해 절로 숨어든 이들 때문이었다. 60퍼센트 쪽에 속하게 되는 이들이다. 성호 이익은 상업이 발달하고 제지가 유명한 전주의 상황을 다음과 같이 전했다. "3형제를 둔 집에서는 아들 하나는 머리를 깎고 중이 되어 역을 피하게 하기 때문에 도내 곳곳에 대소의 사찰이 널려 있다."[87] 왕족이나 귀족까지 승려가 되던 고려시대와 같지는 않았지만, 조선시대의 사찰은 지친 백성에게 피난처를 제공해주고 전쟁, 기근 등으로 인해 고아가 된 이들도 받아들였다. 물론 종교적 이유로 출가한 이도 있었고 기록에는 그 승려들의 이야기가 주로 남았지만, 사찰로 피신한 도망자 백성들이 모두 고요히 수도하는 생활을 기대했던 것 같지는 않다. 경제적 기반이 없던 절에서 수도승을 무작정 늘릴 여력은 없었다. 사찰의 새 승려들은 새로운 노동을 각오한 이들이었다.

절을 비우는 승려들

조선 후기의 왕들은 일하는 승려들이 다양한 방식으로 제기하는 승역에 대한 불만을 외면하지 않았다. "승도들은 평민으로 오륜을 버리고 산사로 투신한 사람들이다. 이들은 양역의 고통을 견디지 못한 사람들이므로 종이 사역을 시키는 것은 참으로 잔인한 일이니 아뢴 말과 같이 일체 그들에게 종이 사역을 금지하여야 할 것이다"라는 것이 영조의 명이었다. 조정 관료들도 "승려도 백성"이라며 이를 지지했다.[88]

정조는 1787년 여러 도의 암행어사들에게 "해세海稅(어업세)와 승역을 법식을 위반해가며 징수하는 것은 또한 가렴주구를 하는 것 중에 큰 것인 셈이니, 상세히 탐문하여 적발해서 써 올릴 것"을 명했다. 명을 받은 암행어사들은 사찰의 호소를 듣고 각 수령을 탐문함으로써 승려들이 "기어이 안주"할 수 있도록 승역을 견감했다고 보고했다.[89] 정조는 양역과 더불어 승역의 폐단을 바로잡으려 했던 영조의 뜻을 기리겠다며 1788년에도 금강산 사찰에 대한 조사를 지시하는 등 적극적으로 노력했다.[90] 조정의 태도는 19세기에도 크게 바뀌지 않았다.[91]

물론 사찰에 대한 침탈 시도가 조정의 관심으로 완전히 사라지지는 않았다. 승려들이 세금을 내지 않으니 다른 방식의 공헌을 요구하는 것이 무리가 아니라고 보는 세력이 많았다. "승역에 대해 매번 칙령을 내렸으나 승려들에게 노역을 시키는 폐단은 연이어 계속되고 있다"는 것이 정조의 말이다.[92] 사찰에 대한 '수세'는 정액이 정해져 중앙에서 관리하는 전세가 아니라 지방 관아, 특정 사찰을 속사로 둔 중앙 아문 및 궁가의 관할이었고, 승역에 대한 정조의 개입은 재정의 어려움을 호소

장인과 닥나무가 함께 만든 역사,
조선의 과학기술사

하는 이들의 호소로 힘을 잃을 수 있었다.

강원도 건봉사의 경우 승도들이 1783년과 1784년 두 차례에 걸쳐 사찰을 비우는 '시위'를 했고 이에 따라 폐단에 대한 조사 지시가 내려졌다. 건봉사는 역대 왕의 어필을 보관하고 있는 데다 내수사內需司에 소속되어 진상물을 담당하는 사찰이었는데, 미역, 배, 백혜白鞋 등 각종 공물을 진상하는 비용이 면세받은 토지 소출의 10배가 넘는다고 호소했다. 이들은 직접 짜서 바치는 백혜나 미역은 괜찮다며 토산이 아닌 배 1,500개를 바치는 어려움만을 강조했다.[93] 정조는 배 공납을 탕감했을 뿐만 아니라 백혜와 미역 수효도 줄여주었다. 그리고 이것을 정식正式으로 만들어 관아와 순영까지 알려 궁납이 줄었다는 빌미로 지방에서 침탈하지 못하게 했다.[94] 1792년 건봉사가 있는 간성 지역을 돌던 위유어사慰諭御史에 따르면 건봉사에 부과된 종이와 잡물은 영읍이 공사 간에 사용하는 약간의 종이와 미투리가 남아 있을 뿐이어서 더 견감할 것이 없었다. 그는 또 읍내 장시가 생겨 종이와 미투리를 파는 것을 생업으로 하는 사찰이 더 번창할 것이라고 보고했다.[95] 정조는 정식 규정을 만들어 관계 기관에 알리고 보관하게 한 것이 건봉사의 폐단을 완전히 중단하는 데 효과가 있었다고 보았다. 1796년에는 전라도 소안도所安島 등의 폐단을 시정해주며 "간성 건봉사의 예"에 따라 시정 내역을 관계 관청에 게시하고 보관할 것을 명했다.[96]

조선 후기에 사찰의 어려움에 대한 호소가 많은 이유는 승려들이 조정에 호소해 이런 정식을 확보함으로써 각급 기관의 징세 시도에 대항하려 했기 때문이다. 각 사찰의 사료에는 이런 상소를 통해 세금을 정식화한 승려의 공로를 기리는 비석, 문건이 많다. 1794년의 《부역실총》

에도 그러한 협상의 결과가 기록되어 있다.[97] 지방 군영과 감영에는 별도로 수십 석의 공사지가미公事紙價米가 책정되어 시가를 주고 종이를 구매하도록 되어 있고, 연분지처럼 더 고가인 종이 마련에는 재원이 별도로 책정되었다. 절에서 수세하는 경우 대부분 급가給價이지만 무가無價 항목도 종이별 분량이 정식화되어 있었다.[98] 부세 문란이 심각했던 19세기에 이 합의와 어긋난 요구가 있긴 했지만, 승려들은 절 비우기, 격쟁, 상소 등 다양한 수단으로 저항했다.

가장 중요한 수단은 절을 비우고 떠나는 단체 행동이었다. 사원경제나 제지에 대한 연구는 절이 비는 현상을 가혹한 승역의 증거로 보았다. 1735년에서 1737년 사이 대표적 종이 생산지인 경상도 의흥의 사찰도 여럿 폐사했으며, 비슷한 시기 남원의 사찰도 텅 비었다는 보고가 있었다. 수령들은 승려의 명단을 확보해 추적하기도 했지만 실패했다.[99] 백성들이 숨겨주었거나 승려들이 추적이 힘든 먼 곳으로 이동했던 것이다.

주목할 점은 절이 텅 비는 것이 대부분 일시적 현상이었다는 점이다. 건봉사처럼 비었던 절에 대해 다시 텅 비었다는 말이 나오려면, 그 사이에 절은 다시 차 있어야 한다. 그런데 그런 일이 여기저기서 일어났다. 남원의 경우 종이 납부 등 승려들이 호소하는 폐단이 다 사라진 후에도 절이 비어 있어서 수령을 어리둥절하게 했다.[100] 몇몇 연구가 지적한 대로, 승려들은 "공허보장空虛報狀이라는 일종의 휴업계와 같은 문서를 당국에 계출해놓고 사찰을 몇 달씩 비워버리는 일도 있었고, 또는 짐짓 군색한 티를 보이려고 위장을 하는" 경우도 있었다.[101] 집을 떠나 절에 모인 이들은 함께 떠남으로써 침탈을 피하는 기지를 터득하고

장인과 닥나무가 함께 만든 역사,
조선의 과학기술사

공유하고 있었다.

부유한 사찰의 공명첩 구조 요청

승려들이 지속적 이동과 함께 벌인 이런 적극적 대응의 결과 조선 후기 사찰은 놀라운 호황을 누린 듯하다. 흥미로운 것은 이런 사찰의 발전상이 조정에 대한 구제 요청의 행간에 숨어 있다는 점이다. 화재로 타버린 불사佛舍 재건을 도와달라는 끊이지 않는 사찰의 요청을 보자. 구제 방식을 정해서 요청했는데 그 방식이 의아하다. 돈이나 식량이 아닌 공명첩空名帖의 발행을 요구한 것이다.

공명첩은 벼슬과 신분을 파는 납속納粟이라 불리는 제도의 일환이었다. 신분제를 뒤흔들 수 있는 납속제는 엄격한 신분사회인 조선이 쉽게 시행할 수 없는 제도였다. 1436년 여진족이 창궐하는 가운데 군비 마련을 위해 납속제가 최초로 논의되었지만 시행되지 않았다. 첫 시행은 1439년 흉년이 지속되는 가운데 진휼 자금을 마련하기 위해서였다. 납속은 기본적으로 조정과 관의 재정 보완책이었던 것이다. 띄엄띄엄 소규모로 행해진 납속제는 임진왜란을 거치며 군비 마련과 전후 회복을 위해 널리 활용되었다. 하지만 그 과정에서 다양한 문제를 드러내며 비판받았다. 신분제 혼란에 대한 양반들의 반대도 강력했고 돈을 낸 만큼 논상論賞이 되지 않는 것에 대한 구매자의 불만도 있었으며 공명첩이 남발되어 판매가 되지 않자 강매를 행하면서 생기는 문제도 있었다. 이에 영조는 1727년 진휼 목적을 제외한 모든 공명첩 판매를 금지했고, 이 금령은 《속대전》에도 반영되었다.[102]

공명 승첩空名僧帖은 이와 별개의 길을 걸었다. 임진왜란 중에 공을 올린 승려들에게 처음 발행된 공명 승첩은 남·북한산성을 비롯한 방어 요충지에 승려를 거주시키기 위한 사찰을 짓기 위해 적극적으로 발행되기 시작했다. 1691년 비변사의 청에 따르면, "공명 승첩 30~40장을 얻을 수만 있다면 사찰을 하나 축조할 수 있고", 승첩 40장에 "모집해 들일 승려 50명을 그 액수로 정하여 본 고을의 역을 면제"하도록 하면 영구히 절을 지킬 수 있었다.[103] 전국의 사찰을 채운 피역 승도 가운데 드물게 시행된 승과를 거쳐 면세가 보장되는 승첩을 갖고 있던 이들은 드물었다. 이들이 호패도 승첩도 없다는 점은 이들에 대한 침탈을 용이하게 했다. 승첩 없이는 이동도 어려웠다. 50명이 머물 수 있는 상당한 규모의 사찰을 공명첩 30~40장으로 지을 수 있다는 말은 공명첩 가격이 상당했음을 알려준다. 또 50명의 승려에 대해 40장의 승첩을 준다는 것은 승려 수도 정액으로 운영할 뿐 실제 인원과 등록된 승려 수를 일치시킬 의도는 없었다는 점을 보여준다.

공명첩 가격은 100석까지도 매겨졌지만 첨지첩 등이 평균 8석이고, 1690년 진휼을 위해 전국에 판매된 1만 254장의 첩가미帖價米가 4만 3,965석 5두였으니 평균 4석 정도였다.[104] 1693년에는 착실한 주지승 재목에게 공명첩을 나눠주고 사찰을 보수하게 하는 것이 "내려오는 옛 규례"라며 공명첩을 요청하자 허가했고, 1711년에는 호조판서의 주청으로 북한산성 주변 사찰을 위한 1,000장의 공명첩 발행이 추진되었다. 일반 통정첩通政帖과 절충첩折衝帖 각 300장, 가선첩嘉善帖 100장 및 승려의 통정첩 200장, 가선첩 100장으로 도합 1,000장이 된 것이다. 호조판서는 1,000장이 과도하지만 매번 주청하기 어려워 두고두고 쓰기

장인과 닥나무가 함께 만든 역사,
조선의 과학기술사

위한 것이라 아뢰고 허가를 받았다.[105]

　30~40장으로 절 하나를 지을 수 있는 상황에서 1,000장의 공명첩을 판매하는 일은 쉽지 않았을 것이다. 특히 승첩은 300장인 반면 일반에 판매할 것이 700장이었다. 이렇게 사찰을 통한 공명첩 발행이 남발되며 강매가 문제가 되자 1727년의 금령에 따라 승첩 발행도 잠시 중단되었다. 하지만 사찰에 현금을 지원할 여력이 없는 상황에서 결국 쇠락한 북한산 사찰을 보수하려면 어쩔 수 없다며 1760년부터 다시 공명첩이 발행된다.[106] 진휼 목적 외의 공명첩 발행을 금한다는 영조의 금령은 그대로였지만, 이것이 선례가 되어 절의 보수를 위한 공명첩 발행은 예외가 되었고, 이는 19세기까지 이어졌다.[107]

　'위기의 19세기'에 이루어진 구조 요청은 거의 화재에 대한 공명첩 요청이었다. 1828년 전라도 영암 도갑사는 공명첩 300장을 청했는데, 당시 불에 탄 절집이 900여 칸이었다.[108] 왕족의 집도 60칸을 넘을 수 없고 사족의 집도 100칸을 넘을 수 없었지만, 절집에는 규제가 없었다. 1칸은 대략 2.4×2.4미터, 1.7평 정도라고 하니 900여 칸이면 놀랄 만한 규모였다. 경기 양주 봉선사의 경우 승당僧堂만 100여 칸 정도가 탔는데, 30칸은 이미 자력으로 복원했지만 나머지 보수를 위해 공명첩을 청했다.[109] 승당은 대웅전 등의 의례 공간을 제외한 승려의 숙소로, 100여 명은 쉽게 머물 수 있는 공간이다. 1843년에는 순천 송광사에 화재가 나서 총 2,150칸이 불에 탔다. 화재로 2,150칸을 소실할 정도로 번창하던 송광사는 앞서 1830년 왕실에 신주목으로 쓰이는 밤나무를 바치는 율목栗木 봉산으로 지정되어 여러 역을 면제받았다. 지소紙所의 수침水砧에 대해 부과되는 수침전 침탈을 금하는 조항이 있어 대규모로 제지를 했음을 알 수 있다.[110] 1846년에 불이 난 전라도 흥양의 금탑사는 1,034칸이 전부 탔다며 공명첩 700장을 청했고, 같은 해 진주 옥천사는 불에 타서 수리할 것이 수백 칸이라고 했다.[111] 정조가 승역을 여러 차례 감해줬던 건봉사는 1847년 불이 났는데, 1,200칸이 모두 불탔다고 했고, 1878년 다시 불이 났다고 보고했을 때는 탄 것이 3,183칸이라고 했다.[112] 불에 완전히 타서 재건한 지 30년 만에 거의 세 배 성장한 것인데 시장에 종이와 백혜 등을 내다 파는 사업과 무관하지 않았을 것이다. 고성 유점사에도 1882년 불이 났는데, 3,000여 칸이 몽땅 탔다고 했다.[113] 압도적인 수천 칸 사찰들 사이에 흩어져 있는 공주 마곡사의 100여 칸, 함흥 귀주사의 350칸 등도 적은 규모는 아니었다. 대구 동화사는 금당고사金堂古寺만 두 차례 불타서 화재 규모는 크지 않았는데, 보수를 위해 공명첩 1,000장을 요청했다가 350칸이 탔던 귀주사와 같은 500장을 받았다.[114] 북한산 사찰이었다면 10개 이상의 절집을 지을 수 있었던 분량이다. 함흥 귀주사는 1795년 승도가 줄어 거의 버틸 수 없다는 보고에 따라 여러 승역을 감면받았던 절인데, 350칸 사찰이 되었고, 500장의 공명첩까지 확보함으로써 어디에도 세금을 낼 필요가 없고 이동이 자유로운 500명 이상의 '승려'를 더 확보했다.[115]

1926년 대찰인 31개 본사本寺의 평균 승려 수는 232명 정도였고, 그중 가장 큰 부산 범어사의 승려가 298명이었다.[116] 19세기의 통계는 없지만, 수백 칸에서 수천 칸을 넘나드는 19세기 사찰의 승려 수가 이 규모를 훌쩍 넘을 것이라는 점은 쉽게 짐작할 수 있다. '탄압'과는 거리가 먼 조정의 꾸준하고 예외적인 공명첩 지원도, 사찰의 놀라운 확장도 화재라는 재앙에 가려 있었을 뿐이다.

장인과 닥나무가 함께 만든 역사,
조선의 과학기술사

일하는 승려와 이주자의 기지연대

승첩을 확보함으로써 더 자유롭게 이동하게 된 승려들은 분리되지 않는 사회적·과학기술적 기지를 모두 공유하는 방식으로 다른 이주자들과 연대를 맺었던 것으로 보인다. 우선 승려들은 다른 이주자들과 험난한 이동 여정을 함께하는 경우가 많았다. 호구 수의 증가가 가장 두드러졌던 것이 함경도와 황해도였는데, 《신증동국여지승람》과 《여지도서》의 사찰 수를 비교한 연구들은 사찰 수가 가장 크게 증가한 곳도 함경도였다고 지적했다. 두 기록에서 경상도 사찰 수는 284개에서 188개로 줄었던 반면, 함경도는 75개에서 143개로 늘었다.[117]

사실 전가사변이라는 처벌까지 동원해 북방에 백성을 거주시키려 했던 조정은 승려의 북방 이동에 대해서는 초기부터 경계했다. 세종은 1433년과 1466년에 명을 내려 평안도와 함경도 변경의 절을 모두 헐어버리고 승려를 남도로 이동시킬 것을 명했다. 머리를 깎아 중국 승려와 구분이 힘든 승려들이 '저들'의 첩자 노릇을 할 수 있다는 우려였다.[118] 이런 조치에도 불구하고 18세기 초반이 되면 승려들이 이 변경 지역에 대규모로 이주해 있는 것이 포착되었다. 1728년 육진六鎭 지역의 정세에 대한 보고에 따르면,

육진은 옛날에 중이 없었습니다. …… 그런데 근년 이후로 이른바 화택 승火宅僧이라는 자들이 읍마다 있습니다. 변경 일대에는 그 수가 더욱 많아서 회령, 종성, 경원, 경흥 등의 읍에는 사찰들이 연이어 있고 중의 무리가 무려 수십에서 백 명까지 됩니다. 이들은 장가들고 자식을 낳으

며 농사도 지어서 속인과 다를 게 없고 그저 머리를 깎고 승복을 입었을 뿐입니다. 이렇게 중의 모양새를 하고 있는 것은 아마도 군역을 모면하기 위한 꾀일 것입니다. 그런데 수령된 자들이 마지麻紙를 거두고 승혜를 요구하는 것을 이익으로 여겨서 그 숫자가 늘어나도록 내버려두고 금하지 않으니 통탄스럽기 그지없습니다. 이들은 변방 지역에 오랫동안 거주하여서 오랑캐의 말을 잘 알며 또 머리도 깎은 상태이니, 오랑캐 옷만 입으면 바로 오랑캐가 됩니다.[119]

국초와 마찬가지로 조정의 논의에서는 승려들이 오랑캐 편이 될 수 있는 국방상의 문제가 초점이었다. 이들을 조사해 환속시켜 군역을 지우거나 남쪽으로 이동시키자는 제안은 받아들여지지 않은 듯 다음 해에도 "무산령 이북의 승도들은 마땅히 내지에 옮겨놓아야 한다"는 청이 이어졌다.[120]

1739년의 기록은 이 '승려'들이 근면한 이주자들과 상당히 조직적으로 함께 이동하고 있었음을 알려준다. 적절한 교통수단이 없고 동서남북을 스스로 헤아려야 하는 상황에서 새로운 지역으로 이동하는 것은 그 자체로 엄청난 지식과 기지를 요했다. 개인이나 한 가족이 쉽게 성공하기 힘든 여정이었다. 최소 수십 일이 걸릴 여정을 생각하면 숙식 등에 막대한 비용도 필요했다. 양반들의 과거 길이나 유람 길에서 보듯 조선시대 여행에서 전국의 산길 곳곳에 있는 사찰을 통과하는 것은 일반적이었지만, 북으로의 집단적 이동이 지속적으로 증가하는 데는 우연한 숙박 제공 정도에 그치지 않는 사찰과 이주자의 연대가 보인다.

1739년 보고는 "백두산 아래에 100여 마을이 있는데 그 괴수는 김거사金居士"라고 했다. 몰래 국경을 넘다 잡힌 자가 한 말이었다. "거사라는 것은 중도 아니고 속인도 아닌 자로서, 편적編籍에서 이름이 빠지고 신역이나 군포가 없으니, 떠돌아다니는 백성들 중에 가장 수상한자"인데, 하동 일대에 그런 거사로만 이루어진 마을이 있다는 보고였다.[121] 원래 마을을 빠져나와 새로 마을을 이루고 '거사'로 절과 관계를 맺으며 화속전 등을 지어 함께 살던 이들이 종국에는 승려도 속인도 아닌 '화택승'으로 국경의 끝에 100여 개의 마을을 이룰 정도로 정착한 모양새였다.

김정호의 《대동지지》에 따르면 함경도에서는 마을을 면, 리 대신 '사社'라는 이름으로 불렀다. 법전에서는 '사사寺社'라고 사찰을 통칭하는데, 사社는 암자를 뜻한다.[122] 사社에 다른 뜻도 많지만, 함경도에서는 수수 농사조차 힘들 듯한 산속에 종이와 미투리를 팔아 생활하는 장인 마을이나 암자가 늘어나고 있었다. 오랜 숙련이 필요한 제지 기술은 '거사' 등으로 사찰과 관계를 맺는 동안 배워야 했고, 새로운 기후 환경에서 새로운 재료로 종이 만들기에 성공하기 위해서는 서로 오래 협력하며 실험해야 했을 것이다. 실제 《여지도서》 함경도 편에는 사찰별 승려 수가 기록되어 있는데, 전부가 아닐 가능성이 크지만 270명의 승려가 있는 절을 포함해 100명이 넘는 절이 10곳이었다. 함경도에는 이렇게 큰 사찰과 제조업, 상업에 종사하는 승려가 사는 사社라는 마을이 동시에 증가하고 있었고, 험난한 지형에도 불구하고 넓은 도로와 수레 사용이 다른 지역에 비해 두드러지게 늘어났다. 다양한 과학기술적 기지와 협력이 필요한 일이었고, 조정이 내린 특혜는 없었으니 이주자들이 서로 연대해서 이루어낸 일이었다.[123]

호수 증가가 두드러졌던 황해도 사찰과 제지업의 변화도 주목할 만하다. 황해도는 강원도 등과 함께 1530년《신증동국여지승람》시기 종이와 닥 공물을 완전히 면제받았다. 닥이 자라지 않고 제지 장인도 없다는 이유에서였다.《신증》시기에 황해도 사찰 수는 총 213곳이었는데, 읍 수가 적어서 읍당 개수는 8.9로 읍당 네다섯이던 삼남의 두 배에 달했다.《여지도서》시기에 124개로 대폭 줄긴 했지만《여지도서》황해도의 호총 부분에는 다른 도에는 없는 승호僧戶가 기록된 읍이 있었다. 1759년의 호총을 참고한 내용으로 되어 있다.[124] 승려의 호수를 별도로 기록한 이유를 밝히지는 않는데, 승호가 있는 현은 해주 127호, 수안 92호, 문화 83호 112명, 은율 26호 29명 정도로 규모가 아주 크지는 않았다. 사찰 소속이 아닌 별도 호로 기록된 것을 보면 재가승 혹은 '거사'였겠지만, 승호의 인명 수가 함께 기록된 문화와 은율을 보면 가족의 수는 적었다.[125] 아이와 가족이 동반된 여정은 더욱 힘들 수밖에 없었으니 우선 '승려'들이 함께 이주해온 후 몇몇 마을에 흩어져 정착을 준비했다고 볼 수 있다.

이들 승호가 있는 지역 가운데《여지도서》토산조에 종이가 기록된 곳은 없었다.〈예규지〉와《대동지지》를 포함한 19세기 황해도 토산물 기록에도 이들 군현에서 닥이나 종이를 생산했다는 기록은 없다. 하지만 1804년 공물의 품목과 수량을 기록한 공물 정안貢物定案을 보면 지계 공인들이 종이를 구매한 장소로 황해도 수안, 문화, 은율을 비롯해 신계, 봉산, 재령, 황주, 장연, 신천이 등장한다. 공인들은 특히 영남, 호서, 양서 등의 공물로 할당된 초주지를 이 황해도 읍에서 구매해 납품했다. 전체 초주지 구매 건수 343회 중 198회가 종이 생산지로 유명

장인과 닥나무가 함께 만든 역사,
조선의 과학기술사

한 삼남 지역이 아닌 황해도였다.[126] 힘든 제지 기술의 전파가 '승려'들의 이동과 함께 일어난 것이다. 삼남 종이 공물을 황해도에서 구매해서 납품할 수 있을 정도로 황해도에서 제지가 발달하게 되었다.

세금을 내기 힘들어 이주를 결심한 이들이 새로운 곳에서 논밭을 마련할 자금을 가지고 이동하기는 힘들었을 것이다. 하지만 먹고살 만한 새로운 기술을 배운 다음 이동할 수는 있었다. 거사가 이동의 중심이 되곤 했던 것은 사찰에서 오래 머물며 배울 수 있는 제지 기술 등이 먹고사는 데 도움이 되는 수단이어서였을 것이다. 제지의 전국적 확장에는 사찰의 성장과 '승려'의 조직적 이동이 있었다. 승려들은 삼남의 사찰에서 자신들과 거래하던 공인들도 황해도의 제지 마을로 이끌었다. 서울과의 거리를 생각하면 서로에게 이익이 되는 이동이었다.

절에서 같이 살며 제지 기술을 전수하고, 함께 이동하고, 새로운 곳에 같이 정착하며 문제를 해결하는 원거리 이주연대에 더해, 승려들은 오래된 종이 생산 지역에서도 집을 떠나 새 삶을 찾는 이들과의 연대를 강화했다. 이들에게 가장 중요한 닥나무라는 재료가 매개였다. 연대는 다시 제지 기술의 전수로 강화되고 확장될 수 있었다.

삼남의 종이 생산은 18~19세기 큰 증가세를 보였다. 1794년 불이 나서 사찰 90여 칸이 소실되었던 충주 덕주사의 경우 백면지 제작을 위해 사두었던 닥 껍질이 1,270냥어치 불탔다고 했다.[127] 웬만한 서울 집 두 채 값이고 쌀 1석에 4냥이라는 호조 환산식으로 318석의 쌀값이다. 사찰 제지업이 확대되며 사찰 주변 닥밭에서 자체 생산하는 것만으로는 원료 조달이 불가능했고, 이 정도 막대한 양이 소화 가능했던 것이다.

삼남 일부 사찰은 닥 재배를 전문으로 하는 섬 주민이나 화전민 마을과 유대를 맺기 시작했다. 전주 근처에는 소양면, 구이동면, 상관면의 세 화전민 마을이 모두 닥 재배를 전문으로 했고, 세금도 닥으로 납부했다.[128] 덕산면에 있는 양저촌養楮村 백성은 1889년 소속된 내수사에 도움을 청했다. 그들은 통제영 장교들이 절목을 무시하고, 양저촌의 닥을 가져가서 내수사 진상분조차 채울 수 없다고 호소했다. 통제영은 이것이 사실과 다르다고 반박했다. 원래 9개 동 중 7개 동의 닥나무는 통제영이, 나머지 2개 동의 닥나무는 옥천사가 구매해왔는데, 7개 동의 닥밭이 묵어 2동의 닥나무를 선금을 주고 구매하려 한 것일 뿐이고, 값도 25근에 1냥을 주는 옥천사보다 10근에 1냥을 주는 자신들이 더 비싸게 주었다는 주장이다. 통제영도 상당한 규모의 지소를 운영했음을 보여준다.

통제영은 문제는 자신들이 아니라 덕산면에 사설 지통이 설치되어 산중의 닥을 모두 구매하는 것이라는 주장도 추가했다.[129] 8월에 통제영이 다시 내수사에 호소한 데 따르면, 지통을 설치한 것은 바로 양저촌 백성이고, 자신들이 계약에 없던 마을의 닥나무 구매를 시도한 것은 "옥천사에서 진상할 닥나무를 다 구매한 뒤에도 그 지방에 남은 닥나무가 몇천만 근이나 되는지 알 수 없을 정도로 많았기 때문"일 뿐이라고 했다.[130] 양저촌의 화전민 백성들은 닥밭이 묵어 닥을 구하기 힘들다고 했다가 몇천만 근이 될 정도로 많았다고 말을 바꾸는 통제영보다 '헐값'에 닥을 사가는 옥천사와의 거래를 중시했다. 이 거래는 제지 장비를 마련하고 기술을 전수받아 종이 제작자로 나설 수 있게 하는 긴밀한 것이었다. 이들이 생산한 닥은 몇천만 근은 아니라 해도 워낙 막대해서 옥천사로 하여금 닥 공급자와 연대하여 생산 확장을 시도하게 했

장인과 닥나무가 함께 만든 역사,
조선의 과학기술사

다고 볼 수 있다. 사찰과 주변 화전민, 농민들과의 토지분쟁도 빈번하
긴 했지만, 닥과 제지 기술을 매개로 서로 연대를 맺고 그 연대를 통해
지방 권력의 침탈이나 새로 생겨나던 지방 관영 지소와의 경쟁에 대응
할 수도 있었다.

사찰계의 융성

사찰의 승려와 화전민 혹은 이동하는 거사를 물리적으로 이어주는 것
이 닥, 제지 기술, 이동 및 정착의 기지, 사찰이라면, 이들을 제도적으
로 이어주는 것은 계였다. 계금을 납부하고 그것을 바탕으로 식리 활동
을 함으로써 자금을 불리는 것이 조선 후기 민간에서도 활발하던 계 활
동의 기본인데, 사찰계도 마찬가지였다. 사찰계 중 가장 많은 것은 동
갑끼리 결성하는 갑계甲契였고, 그 외 염불계, 등촉계 등 종교적 성격을
띠는 계도 있었다.

옥천사에도 다양한 계가 발달해서 총 17사례가 확인된다. 1744년에
만 7개의 갑계가 활동했다.[131] 1677년 중창됐던 옥천사는 제지를 생계
수단으로 삼겠다는 점을 분명히 했던 절이다. 승방과 수침을 12곳을 만
들었고, 종이를 뜨는 부지浮紙 칸이 120칸이었으며 승도는 300~400명
이었다고 한다.[132] 옥천사가 내수사에 소속된 것은 어공지御供紙를 진상
하는 사찰로 지정된 1784년이었다. "옥천사는 승려들이 부유하고 종이
의 품질이 깨끗하여 어공지를 바치는 사찰로 가장 알맞다"고 판단한
정조의 결정이었다.[133] 감영은 옥천사가 지금은 138명의 승도밖에 없어
잔약하다는 보고를 올렸지만 그대로 지정되었다.

옥천사에는 1820년, 1865년, 1867년 적어도 세 차례 지계紙契가 활동했다. 1820년 지계에는 105명의 승려와 1명의 속인이 포함되어 있었는데, 1820년 계원이었던 '승려' 중에서 이후 사찰 관련 활동이 확인되는 사람은 10명뿐이다.[134] 나머지는 환속했거나 다른 지역의 절로 이동했을 것이다. 명단이 없는 1865년 지계는 소속 암자인 대원암에서 1857년 결성되어 본사의 어공지 진상에 기여한 것으로 되어 있고, 1867년 지계는 금당 건립에 기부했던 사실에 대해서만 기록이 있다. 기록상 가장 큰 계는 1862년 결성된 지장계地藏契로 총 계원이 533명인데, 승려 250명, 고성과 하동에 사는 신도 283명이 참여했다.[135] 양저촌 백성들이 생산하는 "수천만 근"의 닥을 사용하던 1889년 무렵은 승려 수와 신도 수가 모두 이보다 많았을 것이다.

한상길의 연구에 따르면 이러한 사찰계 활동은 현재 265건의 기록이 발굴되었는데, 가장 많은 것은 79퍼센트를 차지하는 갑계와 불량계佛糧契였다. 모두 경제적 목적을 가진 계였다. 승려와 속인이 모두 계원이 되었고, 계금 등에서 그들 사이에 구분은 드러나지 않았다. 기록상 사찰 갑계의 활동이 가장 활발했던 것은 19세기였다. 58퍼센트 정도의 갑계가 19세기에 활동했다. 계는 10여 명의 계원으로도 구성되지만 보통은 수십 명이고, 갑계에 소속된 승려가 수백 명이 되는 절도 있었다.[136]

갑계가 활발한 사찰일수록 사찰의 규모가 크고 경제적 여건이 좋았다. 옥천사 외에도 범어사, 통도사 등의 큰 사찰은 모두 활발한 갑계 활동을 통해 계원들의 토지와 자금을 기부받았고, 이를 바탕으로 다시 경제 활동을 늘렸다.[137] 사찰의 경제 활동 영역이 제지만은 아니었다. 목

장인과 닥나무가 함께 만든 역사,
조선의 과학기술사

공, 석공, 인쇄, 그림, 건축 등 다양한 기예 분야에서 승장들의 솜씨가 알려졌다. 하지만 부유하고 규모가 큰 사찰은 대개 제지와 연결되었다. 통도사는 닥 재배가 불가능한 지역에 있음에도 종이 사역이 부과되었다고 호소했지만, 자신들이 주장한 지리적 불리함에도 불구하고 종이 만들기를 멈추지 않았다. 통도사에는 길이 2.73미터, 넓이 2.01미터, 깊이 0.45미터의 석구石臼가 지금도 남아 있는데, 1888년 여행자의 기록에 따르면 수침이 12개였다.[138] 경상도 전역에 누룩을 판매할 정도로 누룩 사업이 번창했지만 제지도 지속한 것이다. 1768년 계원이 200명이 넘는 불량계가 있었던 대승사에도 수침이 7개 있었다. 1820년대 두 개의 갑계가 활동했던 금룡사 계원들은 닥나무로 계금을 증식해 토지를 사서 기부하고 괘불 조성에도 힘을 보탰다.[139]

국경을 모르는 연대의 확장

사찰이 화재라는 망연자실한 재난을 맞으면 어김없이 피해 상황을 나열해 정부에 요청하던 공명첩은 계와는 다른 방식으로 사찰의 협력자들을 연대시킬 수 있었다. 조정의 입장에서는 돈 안 들이고 찍어낼 수 있는 종이 조각일 뿐인 공명첩으로 300칸, 1,000칸 불사를 다시 지을 수 있으려면 공명첩이 비싸게 팔려야 했다. 공명첩 구매자들을 살펴보면 선조 이래 효종 대까지의 구매자와 영정조 연간 구매자가 상당한 대조를 이룬다. 효종 대까지는 구매자 중 양반이 75.4퍼센트가량이었던 반면, 영정조 연간은 양반 비중이 유학 13.2퍼센트를 제외하면 23.7퍼센트밖에 되지 않았다. 공명첩을 사는 부유한 한량이 가장 많았던 지역

은 함경도와 전라도였다.[140]

19세기 한 번에 수백 장씩 넉넉하게 내려진 사찰의 공명첩은 무난히 소화된 듯하고, 이는 승첩만이 아니었다. 일부는 '부자 승려'들이 사서 자신의 절에 대한 공헌을 기리는 공적비 등에 통정通政, 가선嘉善 등의 벼슬 이름을 넣는 데 쓰였다. 민간인 이름이 많은 옥천사 계원들은 이 통정·가선첩을 통해 양반 직역職役을 획득하고 균역세 등의 걱정 없이 절을 떠나기도 했다.[141] 부유한 양민이 늘어나는 반면 공명첩 발매는 제한된 상황에서 사찰이 예외적으로 발급받는 공명첩은 이들과 거래하는 상인들에게도 매력적이었다. 영조는 1735년 개성 유수가 청 칙사들 대접에 따른 재정 곤란을 호소하며 청한 공명첩 발급 요청을 거절했다. 부유한 송상松商에게 공명첩이 넘어갈 위험이 있다는 이유에서였다.[142]

송상은 고려 수도였던 개성을 기반으로 생겨난 상인들이다. 조선 건국 후 "고려의 유민들이 복종하지 않자, 나라에서도 그들을 버려 벼슬길을 막았으므로, 사대부의 후예들이 학문을 버리고 상업에 종사하여 몸을 숨겼다. 그러므로 솜씨 좋은 백성이 많아, 그곳 물건의 편리함이 나라 안에서 으뜸이다"라는 것이 이익의 말이다.[143] 송상은 평안도 의주에 기반을 둔 만상灣商과 함께 대청 및 대일무역에 참여함으로써 막대한 부를 늘려갔다.

인삼이라는 동아시아 인기 상품이 이들의 가장 중요한 상품이었지만 중국과 일본에서 모두 수요가 높았던 조선 종이도 진작부터 거래되었다. 이는 종이, 특히 후지厚紙 밀무역에 대한 금령이 이미 17세기에 내려졌던 데서 확인할 수 있다.[144] 조정은 송상 등 무역상들과 복잡한 관계를 맺었다. 대명 및 대청무역은 임진왜란 당시 식량난을 해결하고

장인과 닥나무가 함께 만든 역사,
조선의 과학기술사

군마를 조달하기 위해 의주 건너 중강中江에서 시작되었다가 곧 중단되었는데, 종이를 비롯해 명에서 얻을 수 없는 물품을 얻기 위한 청의 요구로 1628년 다시 열렸다. 하지만 이는 청의 무리한 태도로 곧 중단되었다가 1646년에야 재개되었다. 이 중강 개시는 50여 년간 봄가을의 정기시 외에도 거의 상시적으로 거래가 이뤄지는 후시와 함께 이뤄졌다. 1638년에는 회령, 1645년에는 경원의 북관 개시도 허가되었다. 1700년 중강 개시가 폐지된 것은 연행사들이 오가는 책문에 송상과 만상이 주도하는 책문 후시가 성행하면서였다. 조정은 역관의 공무역을 위협하고 은 유출이 막대한 책문 후시를 여러 차례 단속하려 했지만 성공하지 못했다. 감독을 맡긴 관리들이 단속보다 무역에 참여하는 데 더 관심을 기울이는 경우가 많았고, 조정으로서도 염초, 유황, 물소 뿔 등 청이 수출을 금지하는 군수품을 구하는 데 후시와 송상이 필요했다. 1755년 책문 후시를 공인하고 세금을 걷는 방향으로 전환했던 조정은 거래량이 너무 커지자 놀라서 1787년 일시 정지를 명했다. 이를 다시 허가한 것은 1795년 4만 냥으로 세금을 정액화하면서였다. 거래량은 묻지 않겠다는 것이었다. 1854년에는 의주에 관세소를 두었는데, 이 세액도 품목별로 정해졌다. 일본과의 무역은 1609년 기유조약을 체결하며 재개되는데, 1730년대 일본과 청 절강 사이의 무역이 재개되기 전까지는 일본과 중국을 중개하는 중개무역의 이익이 막대했고, 왜관이 있는 동래의 상권도 송상과 역관들이 상당히 장악했다.[145]

송상과 사찰 제지 장인의 관계가 언제 시작되었는지는 분명치 않다. 이들이 실제 어떤 관계를 맺었는지에 대한 정보도 극히 부족하다. 하지만 거래 목록이 있는 대부분의 개시에 종이는 빠지지 않았고, 개항기까지도 이는 변함이 없었다. 이들 사이의 직접적 관계가 사료에 등장한 것은 18세기 후반 지계 공인들의 호소에 의해서였다. 송상이 책문후시에서 거래하기 위해 사찰의 방물지 물량을 빼내 가서 자신들이 종이를 살 수 없으니 종이 밀무역을 금해달라는 청이었다.[146] 조정은 이 청에 수긍하고 조치를 취했지만, 실효는 없었던 듯 다음 해에도 비슷한 청은 이어졌다. 송상들이 아예 절에 머물며 좋은 종이를 빼가는데 승려들도 송상을 믿고 자신들을 외면한다는 호소였다.[147]

하지만 송상이 종이를 빼가는 것에 대한 공인들의 호소는 1787년과 1788년 이 두 기록뿐이다. 인삼, 홍삼, 초달피 등 종이 외의 다른 품목을 거래하는 공인들이 19세기에도 지속적으로 송상의 밀무역을 문제 삼았던 것과 다르다.[148] 지계 공인들의 호소는 승도들이 흩어지니 사찰에 대한 다른 관청의 침탈을 없애달라는 것 정도만 남았다.[149] 또 사찰과 승려들이 올린 수많은 청원 중에 송상이 종이를 헐값에 빼앗아가서 승도가 흩어지고 사찰을 지탱할 수 없다는 호소는 한 번도 없었다. 어떤 단정도 힘들지만, 승려들은 송상과의 거래를 반겼던 것으로 보인다. 사찰을 비우고 떠나는 데 능숙했고 수천 칸의 절집을 운영했던 승려들이 조정에 자신들의 호소를 대신해주는 지계 공인을 물리치고 조정과 관계가 껄끄러운 송상을 받아들인 이유가 송상의 완력에 대한 굴복이었다면, 이들이 남긴 청원이 없었을 것 같지 않고 조정도 대응했을 것이다. 이런 점에서 승려들과 송상은 서로에게 좋은 거래 상대였다고 보는 편이 적절한 듯하다.

사실 승려들이 국경을 넘다가 잡히고 백두산 아래 100여 곳의 마을을 이룬 것, 함경도 산중에 종이 만드는 승려들이 증가한 것은 송상이 개입된 대청무역의 수요와 무관할 수 없었다. 조정에서는 변방 승려들의 존재를 "저들"의 편이 될 수 있는 국방상 위험으로 보았지만, 쉽게 중국인으로 꾸밀 수 있고 오랑캐 말까지 구사했던 승려들은 송상의 협력자도 경쟁자도 될 수 있었다.

조선 후기의 교통과 물류에는 여전히 제한이 컸다. 조선에서 비싸게 팔 수 있는 청의 각종 물품을 수입하기 위해서는 중국에 인기 있는 조선 상품의 지속적 개발·다양화와 더불어 상품을 쉽게 이동시킬 방법도 필요했다. 인삼, 말린 해삼, 다시마 등 생산지가 비교적 고정된 수출품과 달리 제지는 재료 생산자와 제품 생산자를 동시에 이동시킬 수 있다는 특징이 있었다. 하지만 닥나무를 전에 자라지 않던 다른 곳에서 재배하는 기술도, 전과 다른 기후와 환경에서 그만큼 달라진 재료를 가공해서 종이를 만들어내는 기술도 쉽게 전수되지는 않았다. 1장에서 살펴본 팀 잉골드Tim Ingold나 야콥 에이퍼스Jacob Eyferth의 연구나 '체화된 인지embodied cognition', '분산된 인지distributed cognition'의 복잡성을 말하는 인지과학 연구들이 지적하듯 이러한 기술의 전파는 매우 어렵다.[150]

화전민, 거사, 송상을 필두로 하여 제지산업에 종사하게 된 여러 집단은 새로운 곳에 뿌리내려야 하는 닥나무, 체화가 필요한 여러 기술뿐만 아니라 각 공정 간의 연결, 재료 및 도구 수급, 제품 판로 확보 등을 조직하는 사회적 기술까지 성공적으로 재배치시켰다. 길고 복잡하고 긴밀한 연대 없이는 힘든 일이었다. 국경을 넘는 시장을 개척한 제지산업의 성공은 200여 년간 닥나무를 필두로 이 다양한 집단이 서로를 무너뜨리지 않고 함께 살아남는 연대를 진화시킴으로써 이뤄진 것이다.

이 진화 과정이 어느 한쪽이 나머지를 지배하는 것이었다면, 오히려 체화된 기지를 가진 이들이 우위에 섰던 모습은 아닐까? 사찰에서 만든 고급 종이를 놓고 경쟁하며 종이를 구걸한 쪽은 조정을 뒤에 업은 공인과 막강한 자금력을 가진 송상이었고, 황해도로 제지 승려를 따라간 것도 공인들이었다. 공인들은 승려들이 흩어져서 종이를 만들어주지 않으면 급작스럽게 삼남까지 먼 길을 오가며 납기를 맞춰야 했기 때문에 마음대로 부릴 수 없었고, '승려'들은 강압을 시도하는 상대를 피해 함께 절을 비우는 것을 두려워하지 않았다. 기지의 총체적 이동, 전파 전략이 이토록 진화된 시점에서는, 돈이나 권력으로 큰소리를 칠 수 없었다. 다른 정치적·경제적 권력을 가진 이들은 닥나무와 종이에 밀착된 기지를 체화하고 있는 이들이 떠나지 않고 그러한 기지를 매일매일 정교하게 실행해주는 데 크게 의존했다.

이렇게 사찰의 '승려'들과 다른 이주자들의 긴밀한 연대에 의해 확장되던 조선 후기 사찰의 제지 규모는 송상, 시전 상인, 공인을 포함하여 자금을 가지고 있는 중앙과 지방의 어느 한 세력이 지배할 수 있는 규모를 넘어섰다.[151] 12개의 승방이 있던 옥천사에는 120칸의 부지소가 있었다. 하루 생산량이 6만 장 정도는 된다. 수백, 수천 칸 규모의 사찰이 이보다 규모가 적었으리라고 보기 힘들다. 승려들이 사찰에 대한 여러 침탈 피해를 호소하고 이에 따라 조정이 견감절목을 제정하는 일은 19세기 말까지도 변함없었지만, 견감되는 목록을 보면 종이 관련 항목은 점점 사소해진다.

그에 반해 승려와 절의 부유함은 일제강점기까지 굴곡 없는 상승세를 이어갔다. 광대한 전답과 임야를 소유한 옥천사는 서울은 물론 일본까지 유학생을 여럿 보낼 수 있을 정도였고, 범어사도 역시 매년 20여

장인과 닥나무가 함께 만든 역사,
조선의 과학기술사

명씩의 승려를 일본에 유학시키고 명정학교와 보성 고등보통학교를 운영할 정도의 재력을 지니고 있었다. 통도사, 해인사, 송광사, 대승사 등도 모두 막대한 토지를 소유했고 부를 누렸다.[152] 이주를 마다하지 않은 이들이 사찰을 매개로 다양한 기지를 전수할 만한 깊은 연대를 맺으며 일궈낸 부였다.

조선의 사찰과 승려는 신라나 고려시대와 같은 사회적·정신적 지도력을 회복하지 못했다. 조선 후기부터 경제적 기반을 바탕으로 유학 소양까지 갖춘 승려들이 늘어나고, 양반들과 승려의 교류도 증가했지만, 양반들이 남긴 기록만으로 보면 승려들은 부모에 효도해야 하는 가장 기본적인 인륜조차 저버리고 신역을 피해 달아난 무도한 집단이라는 생각이 여전히 주를 이루고 있었다. 하지만 왕과 지배 집단은 점차 이들이 집을 떠나 전전하게 된 다른 백성들처럼 가여운 백성이며, 이들에 대한 침해가 백성에 대한 것보다 무거워서는 안 된다는 데 동의했다.

물론 승려들이 이룬 부에 대해 '정당한' 수세권이 있다고 생각하는 이들의 권력 행사는 계속되었다. 하지만 이것이 적절한 선을 넘지 못하도록 하는 합의가 점차 문서에 명시되었고, 그것을 무시하는 침탈은 점점 무도하다고 간주되었다. 18세기 이후 실록의 사찰 관련 기록 중 가장 많은 것은 승도가 흩어지지 않도록 침탈을 중단해야 한다는 호소였다. 이 호소가 이루어진다는 것 자체가 불교에 대한 조선 후기 사회의 인식이 역전되었음을 보여준다. 국초 탄압정책은 사찰이 문을 닫고 승도가 흩어지게 하는 것을 목표로 했었기 때문이다. 조선 초의 관점에서 보면 기뻐해야 할 상황을 우려하고 탄식하며 앞다투어 막아야 한다고 나서게 되었다.

자신들의 고통을 낱낱이 적시한 소장을 올리던 협상능력과 더불어 그 협상이 어그러질 때 다시 쉽지 않은 길을 떠났던 승려들의 전략이 힘을 얻은 데는 사찰을 탄압의 대상이 아니라 필수 조직으로 보게 된 조선 사회의 인식 전환도 있었다. 기지를 가진 '승려'들이 이주자들과 함께 이끌어낸 전환이었다.

사물적 기지의 닥종이 천지

이 같은 인식 전환을 끌어낸 핵심적 힘은 승려와 이주자들이 자신들의
제품을 사회가 절실히 원하도록 만든 과학기술적 기지였다. 글로 표현
되어 있지 않은 이 기지는 실제 제품 생산과 소비에서 일어난 변화로
살펴볼 수 있다. 다만 그 변화도 단편적 기록으로만 남아 있다.

조선 조정은 백성의 소비가 늘어나고 무역량이 늘어나는 것을 걱정
하며 한계를 설정하고자 애썼을 뿐 상세한 내용을 보려고 하지 않았다.
농업이 근본이고, 공업과 상업은 말단의 일임을 분명히 하는 태도였다.
종이를 만드는 일은 오늘날 대부분의 산업처럼 자연에 대한 개입을 통
해 재료를 얻은 후 수많은 단계를 거쳐 가공함으로써 완성품을 만드는
복잡하고 거대한 산업이다. 유통 역시 다양한 수준의 상인과 소비자가
다양한 형태의 시장에서 만나는 복잡한 산업이다. 이 같은 종이의 생
산·소비 방식은 장인의 정교한 기지와 그들이 이룬 연대만큼이나 역동
적으로 변해온 것이기도 하다. 이 거대하고 역동적인 산업이 18~19세

기 무렵 갖게 된 역량은 특히 수공업과 공장식 기계공업의 단순한 구분에서 수공업의 특징으로 간주되던 것과는 다르다. 조선 제지의 '기지'가 다져온 이 역량은 대량 생산능력과 동시에 재활용품을 포함한 지속적 상품 다각화, 고부가가치화 능력을 잘 보여준다.

조선 제지의 생산량

소비 상황을 통해 조선 제지 생산량의 증가 양상을 가늠해보자. 전통적으로 종이는 공부하는 사람의 필수품이고, 서울 시전의 종이 판매에서 가장 중요한 것은 과거 시험지였다. 과거 응시자의 변화를 보면 17세기 전반에는 2,000명 내지 4,000명 정도이던 것이, 숙종 대 이후는 1만 명 수준이 되고, 1840년 대략 13만 명 전후가 되며, 1878년 정시 응시자는 21만 명을 넘어선다.[153] 100배 정도의 증가였다. 과거에 응시하는 사람이 필요로 하는 종이는 과거 시험지만이 아니다. 천자문부터 시작되는 다양한 교재와 그것을 익히기 위해 글을 쓰는 종이도 그만큼 많아져야 했다.

19세기 중반 과거 응시자가 정체를 보이긴 했지만 과거를 보지 않더라도 공부하는 사람은 늘어났다. 호적상 양반의 직역으로 과거를 보기 전인 상태를 나타내는 유학幼學은 17세기 말의 5퍼센트 내외에서 19세기 중엽 60~70퍼센트 정도로 급증했고, 평민들도 다양한 실용 지식을 습득해 새로운 기회를 만들기 위해 글을 배웠다. 19세기 서당의 수는 1만 개가 넘었다고 추정되고, 평민들도 서당에 다니고 훈장에까지 올랐다.[154]

장인과 닥나무가 함께 만든 역사,
조선의 과학기술사

이는 출판과 독서 시장의 확대로 이어진다. 《동몽선습》의 언해본 출간을 비롯하여 평민들을 위한 교재가 본격적으로 출간되고, 방각본 소설류 출간도 늘어났다.[155] 상업 출판을 뜻하는 방각본 출판은 17세기에 시작되지만 19세기 중엽에 활성화되었다. 다양한 사조私造 활자도 등장했다.[156] 모든 서적에 대해 여성들이 중요한 독자층으로 참여했다. 선조의 업적을 기리는 문집 간행도 늘어났다. 1910년 이전에 작고한 인물의 현존 문집 3,100종의 86퍼센트가 조선 후기 인물의 문집이었다.[157] 수입 서적이 증가했고, 지식 정보를 분류하는 유서, 필기류의 편찬도 폭증했다.

책뿐만이 아니었다. 조선에서 종이의 용도는 글을 적고 책을 만드는 용도를 훨씬 넘어섰다. 이사벨라 버드 비숍은 "한국에서 종이가 다방면에 걸쳐 사용되는 데에는 놀라지 않을 수 없다. 종이로 화투장, 부채, 병풍, 벽지, 외등, 깔개 등을 만들 뿐만 아니라 우산, 양산, 비를 가리는 모자와 비옷, 병복, 등심, 노끈 등을 만드는 데 사용된다"고 했다.[158] 온돌방을 덮는 잘 기름칠 된 장판지와 창호지는 백성뿐만 아니라 궁궐에서도 필수품이었다. 물건을 포장하고 보관하는 데에도 종이는 중요했다. 음식을 다루는 부엌에도 종이의 용도는 많았다. 인구가 증가하고 백성들의 생활수준이 높아지며 다양한 생활용품으로서의 종이 소비도 크게 증가했다.

종이 소비가 조선 초에 비하면 적어도 수백 배는 늘어난 것으로 보이는 상황이었다. 하지만 종이 품귀 현상은 없었다. 영정조 대 호남 3대 실학자로 거론되는 위백규魏伯珪(1727~1798)는 다음과 같이 탄식했다.

여러 종이가 날이 갈수록 더욱 윤이 나고 두꺼워지니, 종이를 다듬이질 하여 단단하고 윤기 나게 만드는 일이 해마다 늘어납니다. 마침내 이런 종이를 쪽지 쓰는 데도 사용하며, 침을 뱉고 코를 푸는 데도, 도배하는 데도 사용합니다. 심지어는 화장실에서 구기거나 찢어서 밑을 닦는 데도, 물건을 싸서 봉하는 데도, 사랑하는 아들이 글씨를 연습하는 데도, 총애하는 하인이 신발 속에 깔아 발을 편하게 하는 데도 사용합니다. 종이를 아끼지 않는 꼴이 제齊나라 사람이 비단을 찢던 것과 거의 같고, 함부로 쓰는 꼴이 수隋나라 왕실에서 비단을 잘라 꽃과 잎을 만들던 것 과 다름이 없습니다.[159]

종이의 소비가 급격히 늘어나고 있던 18세기 말 종이가 귀해지기는 커녕 종이의 고급화와 낭비 현상이 일어나고 있다는 탄식이다. 방납의 폐해로 사찰이 문을 닫고 과거 시험지 한 장의 가격이 쌀 한 가마 값이 될 정도로 품귀 현상이 일어났던 17세기와는 전혀 다른 상황이었다.

남아 있는 사료를 통해 종이 가격의 변동 추이를 살펴보면, 종이 가 격은 다른 어떤 물품과 비교해도 안정적인 모습을 보인다. 띄엄띄엄 종 이 구매 기록이 있는 서원의 장부나 개인 일기 등을 보아도 18세기 이 래 종이 가격이 특별히 올라간 흔적은 없다. 가장 오랫동안 종이 가격 에 대한 기록이 쌓인 전라도 영암의 자료를 영암 지역의 다른 물가와 비교하면 종이 가격의 상대적 안정성은 뚜렷하다. 1760년대 평균 장당 0.008냥, 즉 8푼 하던 것이 1890년대에는 장당 평균 가격이 0.011냥, 즉 1전 1푼이었다. 가장 평균 가격이 높았던 1860년대 0.012냥을 기준 으로 해도 100년간 1.5배 이상이다. 대일 수출과 함께 1860년대 전후로 폭등한 쌀은 말할 것도 없고, 같은 시기 같은 가격 자료에 나온 팥의 평균가격을 살펴보면 1770년대 한 말 평균 0.23냥에서 1860년대 0.58 냥으로 2.5배 이상 인상되었고, 닭의 경우 마리당 1770년대 0.25냥에 서 1860년대 0.55냥으로 2.2배 높아졌다.[160]

〈표 2〉 종이 가격 변동 추이

시기	1760년대	1770년대	1810년대	1830년대	1860년대	1890년대
평균가격 (냥)	0.008	0.009	0.011	0.009	0.012	0.011

　물론 전라도라는 지역적 특성이 있을 것이고, 모두 종이라고 표시되어 품질에 따른 가격 차이가 반영되지 않았다는 점에서 이것이 전국 종이 가격의 추이를 정확히 보여준다고 말할 수는 없다. 하지만 실질가격이 하락하고 있는 이 상황은 재료의 수급부터 생산까지 생산의 모든 면이 급속한 수요 증가에 기민하게 대응하고 있음을 보여준다. 1880년대 말 옥천사 주변의 확장세를 고려하면 실질가격 인하도 흡수할 정도로 규모의 경제를 갖추었기에 가능했던 일이다. 이는 서유구, 김정호가 경기도의 종이 산지로 기록한 안성 등에서도 살펴볼 수 있다. 일제강점기 기록에 따르면 안성의 제지 마을은 400년 동안 '안성지安城紙' 제조를 통해 적재촌積楮村이라는 별명을 얻었다고 한다. 가구당 평균생산량이 연간 100괴塊(1괴=2,000장)이고, 100여 가구가 제지에 종사해 마을 연간 총생산량은 1만 괴(2,000만 장) 내외였고, 개조차 돈을 물고 다닌다고 할 정도로 재물이 쌓이는 마을이었다는 것이다.[161]

종이 제품의 다각화

아울러 종이 생산의 진화는 생산량을 효율적으로 늘리는 데만 있지 않았다. 휴지가 재활용된 유지 비옷과 겨울외투가 고부가가치 상품임은 앞에서 살펴보았다. 조선 소비자들은 단지 백지에 만족하지 못하고 더욱 윤기 나고 단단한 종이를 원했다. 편지를 쓸 때는 예쁜 색과 무늬를 넣은 종이도 원했다. 18세기 말 위백규는 양반뿐만 아니라 일반 백성까지도 서양 장난감과 남방의 값진 보물, 왜인의 보물, 몽골의 재화를 찾고, 수레와 말을 타고 다니며 법으로 금지된 수입 능라옷을 입는 것을 탄식하며, "종이값을 동전으로 계산해보면, 큰 편지 1장의 값은 50푼이고, 대지大紙 1장의 값은 50냥이며, 기이하고 교묘한 색지의 경우는 1권 값이 100냥을 넘는 경우도 있다"고 주장했다. 그러면서 흰색이나 누런색 종이야 글을 쓰는 데 필요하니 없어서는 안 되겠지만, 이른바 "아청지鴉靑紙나 점칠지點漆紙는 중요한 용도에 무슨 관련이 있다고 절에서 만들고 바치게 하는지" 물었다.[162]

이런 색지 이름은 동래부에서 밀양, 하동, 진주 등에 청한 종이 목록에 일찍부터 나오는데, 일본의 무역 요청에 응한 것이다. 일본은 장지나 두꺼운 유지에 더해 강원도 평강 특산품으로 유명한 설화지雪花紙, 운암지雲暗紙, 도화지桃花紙, 황국지黃菊紙 등을 청했다. 또한 전라도 감영이 쌍봉사에 요청한 종이에는 홍지, 황지, 입모지笠帽紙, 선지扇紙, 천은지天銀紙 등이 도련지나 백지, 장지 등과 함께 열거되고 있다.[163]

1844년 한산거사漢山居士의 이름으로 지어진 〈한양가〉와 통제영 기록에도 많은 종이 이름이 나온다. 〈한양가〉에 따르면 서울 시전에서 거

장인과 닥나무가 함께 만든 역사,
조선의 과학기술사

래되는 종이 이름 중에는 분당지紛唐紙, 천련지川連紙, 모토지毛土紙, 모면지毛綿紙처럼 비싸지 않은 중국 종이도 있고, 능화지菱花紙 등 원래 일본에서 나온 종이도 있지만, 설화지, 죽청지竹靑紙, 선익지蟬翼紙, 화초지花草紙, 상화지霜華紙, 화문지花文紙, 피금전지皮金鈿紙, 금박지金箔紙, 청신지靑薪紙, 황국지, 초록지草綠紙, 보라지甫羅紙, 흑지黑紙, 아청지, 단목지丹木紙 등 색이나 문양을 나타내는 종이와 입모지와 선지 외에 초도지初塗紙, 상소지上疏紙, 궁전지宮箋紙, 시축지詩軸紙, 소첩지梳貼紙, 장신판지粧飾板紙, 침선판지針線板紙 등 용도에 따른 특수지 이름도 있다. 선익지는 매미 날개와 같이 얇고 빛나는 종이로, 조선 후기 문인들도 아꼈고 김정희, 이상적 등이 중국 문인에게 선물해서 다시금 부탁을 받았던 종이이다.[164]

〈그림 10〉 다양한 종류와
색깔의 한지.
출처: 국립무형유산원.

앞서 보았던 것처럼 조선 후기 문인들은 조선 종이는 두껍기만 하다며 중국과 일본의 종이를 선호하기도 했다. 하지만 조선 장인들은 청 문인들이 상찬한 매미 날개처럼 투명하고 얇은 종이도, 일본에서 수입되던 능화지도 만들었고, 천련지 같은 중국의 일상지도 만들어 역수출했다. 천련지는 1906년 압록강 연안에 세워진 세관의 수출 품목에 전통지全甬紙, 유삼지油衫紙, 대렴지大簾紙 같은 생활 용지와 함께 등장했다. 의주에서는 이런 종이에 더해 소지小紙, 서후지書厚紙, 대책지大册紙 등도 수출했다.

매월 걷는 종이별 관세액을 10만 장 단위로 매겨지는 세율을 적용해 보면 의주의 종이 수출량은 연간 160만 장 정도로 추산한다.[165] 러시아 당국의 기록에 따르면 1892년부터 연간 종이 수출은 4만 4,600달러와 3만 4,100달러 사이를 오르내렸다고 한다. 같은 기록에서 모시의 수출량이 1,000달러를 넘는 해가 드물었다고 하니 그 규모를 짐작할 수 있다.[166] 조선 제조품 중 종이의 독보적 위치를 잘 보여주는 기록들이다.

모방 불가의 닥나무 연대

기민한 중국인들이 '고려지' 복제를 시도하지 않았던 것은 아니다. 하지만 이들의 조선지 복제는 절반의 성공에 그쳤다.[167] 청 말기에 하북 천안遷安에 사는 이현정李顯庭이라는 사람이 조선을 세 차례 방문하여 '고려지' 기술을 배워간 후 고려지와 비슷한 홍신지紅辛紙와 유삼지를 개발했다. 홍신지와 유삼지는 동북과 화북은 물론 북경과 천진 일대까지 큰 인기를 누리며 성공했다.[168] 하지만 1915년 총독부 조사에 따르

장인과 닥나무가 함께 만든 역사,
조선의 과학기술사

면 요양 지역의 사람들은 여전히 중국산 복제품에 비해 조선산 종이에 두 배 정도의 값을 치르고 있었고, 해마다 가을이면 조선 상인이 와서 조선 종이를 팔았다고 한다.[169]

중국인 이현정이 세 번이나 와서 조선 장인들의 방법을 배웠다고 하니, 단순히 솜씨가 부족해서는 아닐 것이다. 앞서 말했듯 복제는 사회적 관계를 비롯한 모든 것이 전수되어야 성공할 수 있는 어려운 일이다. 여기에 더해 재료 문제도 영향을 끼쳤을 것으로 보인다. 19세기에 수출이 금지되었던 닥나무를 끈처럼 꼬아서 수입한 것은 한반도 닥나무와 뗄 수 없는 조선 제지의 기술을 복제하기 위해서였을 것이다. 아마 중국에 조선 닥을 심어보기도 했을 것이다. 하지만 일본의 탁월한 제지 재료인 왜닥이 조선에 정착하지 못하고, 류큐에서 닥 대신 바나나 줄기로 종이를 만들었던 것과 같은 문제로 조선에서와 같은 닥나무 연대를 이루지 못하고, 결국 절반의 성공에 만족했을 것이다.

조선 제지산업이 조선 후기에서 개항기까지 호황이었다는 것은 의문의 여지가 없어 보인다. 조선을 지배한 일본 식민지 당국도 이 상황을 빨리 알아차렸다. "한국지韓國紙의 중국으로의 수출을 장려"하기 위해 규격을 정하고 품질을 개량하며 자금 대출 지원까지 하겠다는 계획이 1913년에 발표되었고, 요양 지역 조사가 이어졌다.[170] 하지만 만성 재정적자에 시달리던 총독부 권력의 기반 통치력은 높지 않았다. 해마다 요양까지 들어가는 조선 상인에 대해 총독부가 장려한 일은 보이지 않는다. 제지는 상당 부분 "일본 측이 쉽게 제어할 수 없는 경제 활동 영역"으로 남았다.[171]

1920~1928년 사이의 종이 생산량을 민족별로 구분해서 살펴보면

조선인 제지 공장의 생산량이 95퍼센트 이상이었다. 안성 기좌리의 경우 이미 쇠락기이던 1924년에도 한지 생산이 1,867속에 매출액이 1만 5,776원 정도였고, 이는 안성 전역에서 생산한 면포, 견포, 교직포 등 직물 생산을 통해 올린 수입보다 많았다.[172] 이에 대한 총독부의 장려책은 보이지 않는다.

전통도 근대도 아닌 닥나무 연대의 진화 경로

닥종이는 1920년대 학교와 관공서 등에서 기계식 서양 종이 사용이 일반화되며 쇠퇴했다. 닥종이가 기계식 서양 종이에 밀려 사양길을 걷게 된 것은 공장식 기계공업에 밀려난 또 다른 수공업의 사례처럼 보인다. 하지만 닥나무라는 사물 그리고 우리가 잘 알지 못하는 여러 도구를 통해 한반도 제지의 지속적 활력을 만들어낸 장인들만의 기지에는 수공업과 공장식 기계공업을 나누고, 이를 다시 전근대/근대와 짝짓는 단순한 구분을 넘어서는 측면이 있다.

수공업을 전근대적 비효율로만 생각하는 이들도, 공장식 대량 생산이 낳은 자원 낭비와 환경 파괴의 폐해를 지적하며 수공업식 소량 생산과 장인적 과학기술에 '향수'를 보이는 이들도 모두 수공업은 '현대'의 수요를 충족시킬 수 없는 근본적 한계가 있다고 보는 듯하다. 현재의 안락함과 풍요를 버릴 수 없다면 돌아갈 수 없는, 고려할 가치가 없는 생산 방식이라는 것이다. 하지만 조선 제지는 엄청난 대량 생산능력을 갖게 되었다. 수천만 근의 닥이 있다는 감영의 보고에는 과장이 있겠지만, 제지산업의 역량은 확실히 늘어나는 수요에 대응할 수 있는 확장성

장인과 닥나무가 함께 만든 역사,
조선의 과학기술사

을 보였다. 이는 집을 떠나 절에서라도 살아보려는 이들이, 또 다른 집을 떠나서 이주하는 사람들과 함께 닥나무를 경작하고, 추수하고, 가공하고, 종이를 만들고, 또 먼 길을 같이 이동하며 그것을 전파할 수 있을 정도로 깊은 연대를 맺고 모든 체화된 기지를 공유했기에 가능했다.

이 닥나무 연대 덕분에 종이 사치에 빠진 사대부 집안의 수요도, 확대되는 지식 시장과 생활용품 수요도 모두 안정적으로 만족시키는 동시에 수출량도 늘릴 수 있었다. 또 '전통'을 고수하면서 한 가지 '고려지'만 생산하는 것이 아닌 수많은 종류의 닥종이를 만들어낼 수 있었다. 동전처럼 두꺼운 종이는 물론 얇고 투명한 종이, 온갖 색과 무늬를 넣은 고부가가치 종이를 생산했고, 우비와 고깔모자를 만들 특수 종이도 만들었으며, 노역개를 꼬아서 각종 여행용품을 만들고, 일본 무늬를 넣어서 일본 종이도, 중국 재료를 섞어서 중국 종이도 만들었다. 첨단기업도 그 창의성과 도전 정신을 높이 사지 않을 수 없는 다각화였다. 닥종이 생산 양식이 규모의 경제, 대량 생산, 혁신성과 같은 '근대성'을 갖추지 못해 도태되었다고 볼 수는 없는 것이다.

이들의 생산 양식은 유럽 산업혁명과 전혀 다른 방식으로 진화했음에도 산업혁명의 서사가 내세워온 기준과 매우 유사한 결과를 얻었다. 하지만 이들의 성취는 그 도착점에 있는 것 같지 않다. 지금까지 전근대/근대, 수공업/기계공업, 기예/과학기술을 나누는 관점에 의해 간과된 이들의 성취를 확인한 이유는 이들의 성취를 축하하고, 이들의 성취에 '기지혁명'과 같은 이름을 주기 위한 것은 아니다. 넉넉하고 다양한 생산능력은 값진 것이지만, 그 의미는 위의 이분법적 범주에 의해 매우 단순화되어왔다.

우리가 오해한 것은 이들의 생산능력에 대한 것만이 아니다. 이 글은 지금까지 우리가 생산해온 방식, 생산을 위해 동원해온 우리의 과학기술을 사물적 관점에서 완전히 다시 살펴볼 필요가 있다는 문제의식에서 시작되었다. 닥나무 사물연대가 만들어지는 과정의 여러 기지를 사물적 관점에서 곱씹는 이 책이 2023년의 우리에게 익숙해진 그러나 200년이 채 되지 않은 범주와 기준의 문제를 생각해보는 계기가 되었으면 한다.

장인과 닥나무가 함께 만든 역사,
조선의 과학기술사

탈인류세를 위한 과학기술

'위기'는 급격하고 부정적인 변화를 가져올 수 있는 '돌발적인 사건'으로 정의된다. 현재의 기후와 생태 변화는 분명 위기로 보인다. 2030년, 2050년까지 단계별로 탄소 배출량을 크게 줄이지 못하면 기후 변화에 관한 정부 간 협의체가 1988년 이래 예측하고 검증해온 대로 지금보다 훨씬 심각한 기후 재난이 이어질 것이다. 하지만 '돌발적인 사건'인 위기에 대해 30년 이상 거듭 말해오는 동안 이 변화에 대한 오해, 도피의식, 무감각도 오히려 확산되고, 비판자들의 회의도 정당화되어왔다. 위기를 말해온 30여 년 동안 탄소 배출량의 증가세가 지속된 것을 보면 위기라는 말 자체에는 급격한 방향 전환을 이끌어낼 호소력도 없었던 셈이다.[1]

　위기라는 말이 남발되는 이런 상황은 '혁명'이라는 말과 결부된 극적인 역사의식과도 무관하지 않은 것 같다. 18세기 중반에야 유럽에서 사용되기 시작한 '혁명'이라는 말은 '위대한 인물'이 이끄는 역사를 의

미했다. 뉴턴이 만물의 운행에 대해 만들어낸 새로운 이론이 과학기술을 혁신한 일대의 사건이 되고, 이 혁명에 의해 새로운 과학기술의 시대, 계몽의 시대가 열렸다는 생각이다.

만유인력의 법칙이 갖는 인간 사고로서의 아름다움이나, 달의 운행과 사과의 낙하를 동시에 설명하고 로켓 출력과 궤도를 예측하는 놀라운 힘과 별개로 이러한 '과학혁명', '산업혁명'에 대한 이야기는 과학기술, 과학기술과 사회의 관계, 역사의 동력 모두에 대해 오해를 불러일으켰다. 우선 위인과 혁명 중심 역사관은 '뉴턴'을 배출한 유럽을 예외적 지역으로 만들었다. 타 문화의 지적 자원, 생물 및 광물 자원, 노예노동을 포함하여 전 지구의 사물과 사람의 기지에 힘입은 유럽의 변화를 몇몇 유럽인의 머릿속에서 일어난 이론적 혁명으로 간주한 것이다. 이로 인해 과학혁명과 산업혁명은 유럽에서 독보적으로 일어난 사건이 되었고, 유럽은 다른 모든 문화가 뒤따라야 할 계몽과 진보의 미래가 되었다.

이는 몸/마음 분리주의, 인간 중심주의, 제국주의, 유럽 중심주의가 긴밀히 연결되어 서로를 떠받쳐주는 관점으로서, 닥나무 사물연대의 기지처럼 다수의 생각하는 몸이 사물과 함께 수행했던 과학기술적 실천을 과학기술사의 영역 바깥으로 밀어냈다.[2] 닥나무 사물연대의 폭넓게 얽힌 기지를 깊숙이 들여다보는 과학기술사를 쓰려고 했던 것은 정확하지도, 우리의 전환을 이끌어주지도 않았던 지난세기의 이 같은 관점을 바꿔보고 싶어서였다.

이러한 시각이 바뀌어야만 태양을 복제할 핵융합 발전, 양자컴퓨터의 초고속 연산능력, 우주 자원 개발과 같은 미래의 거대 해결책에 들

장인과 닥나무가 함께 만든 역사,
조선의 과학기술사

떠 당장 가능하고 시급한 변화를 미루는 일을 그만둘 수 있다. 핵융합을 위한 1억 도의 초고온, 양자컴퓨터를 위한 영하 273도의 초저온과 같은 인간과 사물이 견딜 수 없는 온도가 구현된 장소나, 사람 몇 명을 태울까 말까 하는 우주선으로 10개월 내외의 시간을 여행해서 갈 수 있는 극히 머나먼 장소가 결부된 혁신은 지금, 이곳의 해결책도, 모두 함께 만들어낼 수 있는 해결책도 아니다. 국가와 거대기업의 지원을 받는 엘리트 과학기술자들의 이 같은 연구는 '성공'하더라도 극단적 실험 혹은 실현 조건을 다수를 위해 확장하는 데 큰 물리적 장애가 뒤따를 수밖에 없다.

천재적이고 혁신적인 착상만으로 목표를 달성할 수 있다면 좋겠지만 대개는 그렇지 않다. 예컨대 아인슈타인의 발견을 원자폭탄으로 실현하는 데는 수십 년의 다양한 고심, 수많은 인력, 수많은 시행착오, 거대한 실험 및 생산 공간, 막대한 자원이 필요했다. 아인슈타인을 낳은 독일은 실패하고, 미국이 먼저 성공했다. 게다가 막강한 폭발력이라는 목표를 달성하는 과정에서 지구상에 누출된 방사능에 대한 해결책은 여전히 미해결의 과제로 남아 있다. 원자폭탄의 전략적 힘이 인간이 만든 폭발력만큼이나 인간이 해결하지 못한 방사능 문제에 기대고 있다는 점은 원자폭탄을 과학기술적 성공으로만 기록해온 성공 척도의 허점을 뚜렷이 드러낸다. 원자폭탄 폭발을 성공이라 부르며 그 폭발력을 만들어낸 능력에만 감탄한다면 버섯구름이라는 극적 볼거리에 시선을 빼앗겨 생각을 멈추는 일과 다름이 없다.

이런 척도는 인지과학적 관점에서도 나눌 수 없다고 하는 마음과 몸을 나누고, 지식과 실행을 나누고, 과학과 기술을 나누고, 혁신과 유지보수를 나눈 이상한 구도하에서만 가능하다. 또 한순간도 사물로부터 떨어져 살 수 없는 우리의 사물적 기반을 잊을 때만 가능하다. 닥나무 사물연대의 기지는 이 익숙하지만 200년도 되지 않은 범주를 가로지르며 이루어졌다. 이런 이유로 결론을 대신해 닥나무 사물연대의 달랐던 기준과 성공 척도를 곰곰이 따져보려 한다.

물론 닥나무 사물연대에 참여한 수많은 이들이 일관된 기준이나 척도를 적용했던 것도 아니고, 이들의 선택이 다른 인간, 사회, 사물에 대해 평등하고 탈제국주의적이며 생태 친화적인 이상을 제시했다는 것도 아니다. 이들이 수세기에 걸쳐 보여준 다양한 기지의 사회적·생태적 영향력을 합산해낼 도리는 없다. 그럼에도 이주자들이 닥나무와 그 주변의 사물로부터 얻은 가치가 인간 쪽으로 저울추가 쏠렸던 '인류세'적 경향과 무관하지 않았음은 짐작할 수 있다. 닥나무와 함께 멀리 이동했던 이주자들은 닥나무를 재배하기 위해 숲을 불태우고 해안을 간척하며 환경에 압력을 가했다. 이들은 집을 짓고, 수천 칸 절을 짓고, 작업장과 마을을 짓고, 도로를 만들고, 수레를 만들고, 종이 틀과 물레방아와 도침 방망이 등을 만들며 산과 들과 그 안팎 어딘가의 수많은 사물을 사용했고, 연안과 섬의 생태계도 변화시켰다. 화전은 산의 저수 능력을 줄여 산 아랫마을의 농사에 영향을 미쳤고, 인삼이나 약초의 수확량과 품질에 문제를 일으켰다. 야생동물의 서식처를 빼앗아 생태균형이 깨지도록 한 것도 물론이었다.

산지를 둘러싼 토지분쟁이 늘어나던 조선 후기의 상황을 감안하면 이들은 공유지인 산을 무단점거하고 개울물에 닥 껍질을 씻으면서 모두의 공유물을 독점 사용한 셈이다. 불평등의 가장 큰 요소는 권력 집

장인과 닥나무가 함께 만든 역사,
조선의 과학기술사

단의 이권 추구와 양반지배층의 특권적 혜택이었지만, 이주자들의 세금 회피 또한 떠나지 못하고 그 부담을 떠안은 사람 입장에서는 공평한 것이 아니었다. 아울러 닥나무를 효율적으로 증식시키고 기술을 효과적으로 전파시키며 이루어진 이들의 탄력적 생산능력은 해마다 추수하게 되는 닥나무의 생태를 잊은 종이의 낭비를 초래했다.

하지만 이들의 제지 방식은 닥과 장인을 포함해 연대를 맺은 참여자 대부분이 순환에 성공한 방식이었다.[3] 전 생태계와 사회를 아우르는 순환은 아니었지만 적어도 닥나무는 고갈되지 않았고, 제지 장인들은 성장과 확산을 지속했으며, 이들이 만든 쓰레기도 대부분 아주 다양한 참여자들에 의해 지속적으로 재생되었다. 이 순환성은 이들과 닥나무의 관계가 자원 절약이라는 건조한 관계를 넘어섰던 까닭으로 보인다. 닥나무의 가치를 이해하고 아끼는 가운데 오랜 시간 길러진 기지가 작동했던 것이다.

특권적 소수의 이분법

마음과 몸을 나누고, 지식과 실행을 나누고, 과학과 기술을 나누고, 혁신과 유지보수를 나누며 전자를 우위에 놓아온 기준은 어쩌면 역사와 함께 시작된 유구하고 보편적인, 바꿀 수 없는 기준처럼 생각되기도 한다. 맹자는 "마음을 수고롭게 하는 사람은 남을 다스리고, 몸을 수고롭게 하는 사람은 남에게 다스림을 받고, 남에게 다스림을 받는 사람은 남을 먹여주고, 남을 다스리는 사람은 남한테서 먹는 것이 온 천하에 통용되는 원칙"이라는 말을 남겼다. 아리스토텔레스는 지식을 학자의 이론적이고 사변적 지식인 에피스테메epistēmē, 정치가의 행동적이고 실천적 지식인 프라그몬pragmon(라틴어로 praxis), 사물을 변형시켜 유용한 사물을 생산하는 지식인 테크네technē 셋으로 나누고, 그 순서대로 지식의 위계를 매겼다.

하지만 이 보편성은 동서양 문자문화를 지배했던 고대 그리스나 중국의 경전이 만든 인상일 뿐, 진흙 판이나 파피루스, 구전으로 전해진 다양한 생각은 배제한 것이다.[4] 파멜라 스미스는 "유라시아" 공통이었던 경전상의 구분과 위계를 소개하며 그것이 실제로는 고대 그리스에서도 합의된 관점이었던 적이 없다고 지적했다. 변하는 사물을 다루는 테크네는 기하학을 다루는 에피스테메와 같은 확실성을 얻을 수 없고, 생산적인 노동에 얽매이기에 자유롭고 고상한 덕목을 갖춘 지식이 될 수 없다는 아리스토텔레스의 주장은 소피스트를 견제하는 엘리트 철학자의 주장일 뿐이었다는 것이다.[5]

역동적인 새 기준을 찾아서

하지만 박제화된 지식, 고정된 범주와 문자에 얽매인 지식이 자유로울 수 있을까? 맹자는 《서경》을 곧이곧대로 믿는 일에 대해 경계했고, 홍대용 등도 책을 다락에 싸 넣어도 좋다고 했다. 스스로가 변함으로써 우리를 살게 하고 지구를 숨 쉬게 하는 사물은 팬데믹이나 이상기후 같은 다양한 사물적 언어로 우리의 과감한 변화를 요구해왔고, 가장 정직한 지식은 하나의 정답을 갖는 에피스테메가 아니라 사물과 함께 변하는 테크네, 즉 기지라고 말해주고 있다. 혁명과 혁신이라는 모호한 말

장인과 닥나무가 함께 만든 역사,
조선의 과학기술사

에 휩싸인 극적인 역사 인식은 우리로 하여금 간단하고 확실한 해답을 갈망하게 해왔다. 하지만 이제는 잘못된 범주하에서 만들어진 생산, 과학기술, 사용, 정치에 대한 기준을 사물적 관점에서 되짚어보며, 모두 함께 뜻을 모아 각자의 어렴풋한 답을 찾을 때이다.

양과 질의 균형

먼저 생산이란 무엇인가? 5장에서 살펴보았듯 역사가 산업혁명을 전후로 새로운 단계에 들어섰다고 보는 관점에서는 생산을 상품이라는 결과물을 만드는 행위로만 이해했다. 이 결과물을 만들어낼 때 중시된 것은 상품의 질보다는 양이었다. 영국의 방직 공장에서 처음 과학기술적으로 생산된 면직물이 인도에서 생산된 면직물보다 품질이 좋다고 생각하는 소비자는 없었고, 그 이후로도 수십 년간 다수 소비자는 수입 면직물을 비싼 값을 주더라도 샀다.[6] 하지만 헐값에 빨리 많이 만들 수 있다는 장점으로 승부하던 방직 공장의 상품은 서서히 인도의 고급 면직물에 대한 경쟁력도 얻었다. 지금도 수제품에 대한 선호가 남아 있는 것을 보면 공장 제품이 수제품의 품질을 뛰어넘었다기보다 방직산업의 진보에 대한 믿음과 가격 경쟁력이 가져다준 우위였다. 과학기술로 이룬 속도와 양의 증가가 곧 진보이자 발전이었기에 한 달을, 1년을 입고 난 후에 느껴질 품질의 차이는 중요하지 않았고, 다시 새것을 더 싼 가격에 사는 것으로 해결될 수 있었다.

닥종이가 기계식 펄프 종이로 대체된 것도 마찬가지였다. 빠른 속도로 많은 양의 결과물을 생산하는 것이 중시된 기준에 따른 결과였다.

기계식 종이는 매끈한 촉감과 광택, 인쇄나 글쓰기, 제본을 견딜 강도의 기준은 맞추었지만, 수명은 아직도 시험 중이다. 10여 년 만에 산화와 손상 정도가 눈에 띄었던 조합은 버려지고 새로운 조합이 계속 시도되고 있지만, 도서관에 남아 있는 책들의 상태를 보면 결과는 그야말로 천차만별이다.

사실 수제 종이는 유럽의 종이도 닥종이 1,000년에 그리 뒤지지 않는 내구성을 보이는 경우가 많아서 17세기의 책이 지금까지 거뜬히 그 형태를 유지한다. 하지만 기계 종이가 처음 확산되던 19세기 후반 이후의 책 중에는 심하게 산화되고 부스러지는 것들이 많다. 또 기계 종이의 경우는 재료 수급, 가격 경쟁력 등의 요인에 따라 성공적 조합도 수십 년 이상 생산이 지속되는 경우가 드물다.

얇고 매끈한 최근 종이는 매우 무겁다. 정조는 중국 책이 너무 가볍다며 조선 책의 묵직함을 칭찬했지만, 판형이 크고 수백 쪽 되는 조선 책도 오늘날 같은 쪽수의 책에 비하면 가볍게 한 손에 들린다. 도침이 많이 된 조선 종이의 밀도도 $0.6 \sim 0.8 \mathrm{g/cm3}$이었고, 책지처럼 도침을 크게 하지 않는 경우는 $0.3 \sim 0.4 \mathrm{g/cm3}$인 반면 2019년 출간된 한 책의 밀도는 $1.032 \mathrm{g/cm3}$였다.[7] 비슷한 부피의 책 무게가 세 배나 차이가 나는 것으로서, 쪽수가 꽤 되는 오늘날의 책 한 권은 1킬로그램을 훌쩍 넘겨서 상당한 무게감을 준다. 기계의 힘을 통해 장인이 도침으로 달성한 적 없는 밀도를 달성한 것인데, 그 결과로 얻은 무거움이 진보인지는 알 수 없다. 펄프는 그만큼 더 많이 소요되었을 것이며, 수명은 시간만이 말해줄 것이다.

제지는 아직도 알기 어려운 과학기술이고, 기계 종이로의 전환은 품

장인과 닥나무가 함께 만든 역사,
조선의 과학기술사

질보다는 생산량과 속도를 내세운 전환이었다. 조선 장인들은 닥나무와 약한 잿물, 닥풀 등의 조합을 고수하면서 강도와 내구성이라는 조선 종이의 차별적 품질을 유지하기 위해 사회적·과학기술적 기지를 진화시켰다. 닥나무와 함께 이동하는 복잡하게 얽힌 연대를 통해 품질을 포기한 생산량 확대는 시도하지 않았다. 그렇게 품질을 유지하며 생산을 확장했기에 적어도 20세기 초까지 국제적 시장성을 놓치지 않고 확장을 지속하는 행운을 누렸다.

시간의 흐름 속에 숙성되는 기지

품질을 중시하는 닥나무 사물연대의 관심은 이들이 좋은 과학기술과 좋은 사용에 대해서도 다른 기준을 갖고 있었음을 보여준다. 우선 이들은 과학기술의 이론과 실천을 구분하지 않았고, 발명의 순간보다 그 이후의 오랜 사물적 과정에 공을 들였다. 이들은 자신들이 닥나무를 탁하고 부러뜨려 그 내피를 곁눈질한 순간이나, 종이 발을 좌우로 교차시킨 순간을 발견의 순간으로 기록하지 않았다. 이들의 과학기술적 실천을 완성하는 데 중요했던 것은 생각을 얻은 순간이 아닌 그 생각을 적용하기 위한 오랜 실험과 숙련의 과정이었다. 이들이 중국에서 쓰던 재료가 아닌 닥나무로 종이를 만들며 제지의 전 과정을 재발명해간 것은 많은 사물적 우연과 끈질긴 실험의 결과였고, 한반도 닥나무가 말하는 것을 세밀히 고려한 결과였다.

물론 실천적 기지에도 이론이 있지만, 이들은 그 이론을 실천과 분리해 정립하는 데에는 많은 노력을 기울이지 않았다. 이론이 의미가 없어서가 아니라, 그것이 실천을 통하지 않고는 체화되지도 전달되지도 않기 때문일 것이다. 서론에서 이야기했듯 토마스 쿤을 비롯한 많은 과학사학자들은 과학기술에서 이러한 암묵지와 실행이 갖는 중요성을 지적해왔다. 제지 장인들은 지식과 실행을 억지로 떼어낸 적 없기에 자신들의 기지에서 암묵지를 떼서 말하지도, 체화되지 않은 지식을 따로 기록해 내세우지도 않았다. 글이나 말로 전수될 수 없는 것을 전수하기 위해 함께 살고 이주하는 연대의 방식을 진화시켰을 뿐이다.

도침 사례를 보면 제지 장인들은 노동을 기예로부터 떼어내지 않았고, 자신들이 생각하는 과학기술을 위한 정치적 협상에도 적극적이었다. 이들은 양반 관료들이 힘센 군인이나 범죄자에게 억지로 맡기려던 도침을 조지서의 핵심 존재 이유로 만들었고, 다른 어떤 공정보다 높은 공임을 확보했다. 하루에 100장이 안 되는 종이를 도침하는 여유 있는 실행을 위해서였다.

매 순간의 생각으로 완성되는 기예를 단순노동으로 만드는 속도는 노동자의 주의력뿐 아니라 제품의 품질도 떨어뜨린다. 품질을 중시하는 장인에게 시간은 좋은 과학기술의 핵심 재료였다. 아리스토텔레스는 테크네를 실천하는 장인 지식이 열등한 이유, 이들이 정치에 참여할 수 없는 이유로 여가가 없다는 점도 들었다. 도침 장인들은 여유롭게 도침할 수 있는 시간을 확보함으로써 품질을 다양하게 조절할 수 있었고, 관료들과 협상하며 자신들의 지위를 바꾸는 정치에 참여할 수 있었다.

반면 시간을 아껴가며 밤늦도록 문헌 더미를 뒤졌던 조선 후기 실학자들은 때로는 자신들의 모든 여가를 유용한 지식을 생산하는 생산적 노동에 바침으로써 조금은 덜 자유로운 경직된 지식, 실천성이 떨어지

장인과 닥나무가 함께 만든 역사,
조선의 과학기술사

는 지식을 생산하기도 했다. 장인들이 과학기술의 결과가 아닌 과정을 중시하는 모습이었다면, 일부 조선 후기 실학자들은 결과물을 만들어 '문헌의 박물관'을 짓는 일에 더 얽매인 것은 아닐까. 조선 후기 실학자들이 조금 더 여유 있는 지식 활동을 했다면 더 나은 지식뿐 아니라 더 나은 정치력을 보여 실학의 증진에 더 기여했을지도 모르겠다. 양적 증가를 통한 진보라는 기준에서 밀려났던 품질과 시간의 관계를 더 깊이 따져볼 이유이다.

평생 지기가 되는 사물

품질을 고려하지 않은 생산 방식은 물건을 사용하는 경험도 축소시켰다. 대량 생산으로 값싼 물건이 쏟아지면서, 그리고 과잉생산을 유지하기 위해 신상품을 지속적으로 만들어내면서 우리는 물건을 쓰기 위해 사기보다 사기 위해 사고, 그 결과 사용은 일회성 경험이 된다. 구매가 물건과 우리가 맺는 가장 강렬한 관계가 된 양상이다. 이는 물건을 사용하는 경험의 질을 높이기 위해 물건에 들이는 시간을 불필요하게 만든다. 유지보수가 뒷전으로 밀리고, 조금만 고쳐도 좋을 물건이 쓰레기가 된다. 덕분에 구매라는 짜릿한 경험은 또 가능해지고, 수명이 짧다는 것은 물건의 품질 평가에 큰 영향을 미치지 않게 되었다.

낡아가는 옷과 우리의 몸이 서로 친숙해지는 과정이나, 그 과정에서 쌓이는 추억을 즐기는 일은 대량 생산시대에는 구닥다리 취향이 되었다. 다른 기계와의 관계도 유사하다. 말썽을 부리지 않는 기계는 없지만, 새 기계가 모든 것을 해결해줄 듯 우리는 새 기계를 구해왔고, 그 덕분에 풀리지 않은 문제를 해결하지 않고도 '진보'해왔다. 사용 중인 물건과의 관계를 개선하는 것이 아닌 포기하는 '진보'였다. 20세기 이전의 모든 사회는 사물과의 지속적 관계를 중시했다. 이는 한반도의 제지 장인처럼 내구성이라는 품질을 확보할 때 가능하다. 내구성은 생산만이 아닌 오랜 사용 단계에까지 이어지는 과학기술적 기지를 통해서만 구현된다.

구한말 영국과 러시아 관찰자의 탄성을 자아낸 한지의 강도와 교황청 지구본 복원에 쓰였다는 한지의 내구성은 제지 장인들이 닥나무와 그것으로 만든 제품에 대해 지닌 애착을 통해 만들어질 수 있었다. 한반도 장인들이 닥나무를 만난 것은 운이었다 하더라도, 자신들이 만들어낸 독특한 종이의 성취가 닥나무라는 사물의 역할에 달렸다는 사실을 충분히 이해하고 이 관계를 유지하기 위해 기울인 보수적 노력이야 말로 유지보수와 재활용의 기지를 끌어낸 창의성의 기반이었다.

실험을 통해 1년에도 수천, 수만 가지의 신소재를 만들어내고 과학기술 연구 개발의 성과를 바로 산업에 적용할 수 있게 된 현대 산업은 가습기 살균제 같은 참사를 지속적으로 양산해왔다. 한 소재에 문제가 생기면 부작용이 알려지지 않은 다른 소재로 대체해 '해결'할 뿐, 하나의 물질의 성질을 다양하고 변하는 환경에서 속속들이 이해할 만큼 시간을 두고 끈질기게 살피는 방향의 창의성은 찾아보기 힘들다. 그에 비해 제지 장인들은 새로운 연대를 만들어서 함께 움직이고, 서로 기지를 교환하며 변화된 환경에 대응해가는 창의성을 오랜 시간을 통해 길러냄으로써 닥나무라는 사물과의 관계를 유지했다.

강하고 오래가는 제품이라도 함부로 사용할 경우 오래갈 수 없다.

장인과 닥나무가 함께 만든 역사,
조선의 과학기술사

서고에 남은 한지도 보존과 손상 상태는 다양하다. 휴지를 팔아서 재활용할 수 있다는 것을 아는 사람들은 휴지도 쉽게 버리지 않았고, 환지를 보내기 전에 휴지 상자의 오래된 글을 다시 읽으며 휴지의 운명을 결정했다. 장인들이 택한 공정 덕분에 쉬워진 휴지 재활용은 사람과 종이의 관계를 더욱 깊게 했고, 종이의 역할도 더욱 다양하게 만들었다. 휴지는 왕의 인자함과 관료제의 투명함을 실천하게 했고, 사용자의 기지를 발휘하게 했다. 시름을 잊기 위해 만든 노역개로 여행 때 목을 축일 물병을 만든 이는 사물을 쓰고 버리는 일시적 대상이 아닌 새로운 잠재성을 잔뜩 품은 벗으로 보았을 것이다.

사물과 함께 하는 정치, 물의

사물을 벗으로 만들 수 있는 생산과 유지보수의 기지와 품질을 중시하는 기준은 인간과 사물이 함께 실천한 정치가 없었다면 만들어지지 못했을 것이다. 닥나무 사물연대가 일으킨 정치적 변화는 정치를 이루는 역사적 주체와 동력에 대해서도 다시 생각하게 한다. 혼자서 움직이지 못하는 닥나무나 주목할 만한 민란을 일으켜 역사에 기록된 적 없는 제지 장인들과 이주자들은 조선 정치의 참여자로 주목받지 못했다. 하지만 공물제도라는 통치와 재정의 기반을 무너뜨린 것은 거대한 정치이념이 아니라 사물이 함께 일으켜준 일상적 정치운동이었다.

자신들의 고장에서 나는 가장 귀한 것을 임금에게 바치는 일을 이념적으로 반대한 민란은 없었다. 사물이 생산되는 산과 들에, 사물이 생산되는 시점에 가서 그것을 채취하고 운반하고 가공하고 다시 운반하는 모든 과정에 동원되어야만 하는 사물과 인간이 어느 한 지점에라도 모이지 못하면 공물은 존재할 수 없었다. 닥은 그 가공과 운반에 물리적으로 정해진 노력을 요구했고, 모든 인간도 물리적으로 제한된 시간과 힘을 가지고 있다. 공물제도는 이 정해진 노력을 요구하는 닥과 농사를 망칠 수 없어 책 종이 생산 역에서 도망칠 수밖에 없었던 이들의 사소한 정치로 무너졌다. 왕의 권력이 관찰사에게 무시되거나 관찰사의 명령이 수령에게 무시된 정치적 협상이 아닌 닥과 사람이 함께한 물리적 정치 협상이었다. 중요한 것은 어떤 권력도 자신의 자리를 지키는 닥이나 창포대나 솔잎의 물리적 요구를 무시할 수 없었다는 점이다.

우리는 스스로 움직일 수 있는 것에만 '행위의 능력'을 줘야 한다고 생각해왔다. 하지만 닥나무와 같은 사물은 저절로 움직이지 않음으로써 역사 속에서 힘을 행사해왔다. 그 질긴 섬유와 연대해 이주하던 장인들은 사물에 밀착된 기지를 발휘하며 도침 정도를 조절했고, 사물에 둔감한 관료들을 혼동시키며 기술에 대한 인정을 얻어냈다. 처벌을 무릅쓰며 휴지를 빼내 환지 기술을 연마한 장인들은 100여 년이 걸린 관료들 사이의 협상을 이끌어냄으로써 조선 행정 체제를 진화시켰다. 국방과 재정 부서의 권위를 내세우며 휴지를 확보하려던 관료들은 오랜 협상 끝에 휴지 한 장 한 장의 쓰임새를 분류해 관리하는 제도를 탄생시켰다.

자투리땅으로 이동하던 주변인들은 점점 과감하고 조직적인 이주를 통해 새로운 호적 통치를 만들었다. 조정은 백성을 가혹하게 쫓지 않음으로써 통치의 정당성을 확보할 수 있는, 백성 수와 재정을 고정하는 방식으로 타협했다. 이런 조선의 통치를 호적을 60퍼센트나 누락시

장인과 닥나무가 함께 만든 역사,
조선의 과학기술사

킨 무능이나 후진성이라고 단정할 수도 있을 것이다.

하지만 국가와 정치의 존재 의미에 대한 더 복잡한 논의가 필요해 보인다. 조선 정부의 타협은 물론 많은 폐해도 낳았겠지만, 조선 사회의 지속적 역동성과 마을 내부의 변화하는 역학관계를 보면 많은 이들을 '정치'에 참여시켰다. 이 정치는 탄압 받던 승려가 지장 편수가 되거나 주지승이 되거나 공명첩으로 벼슬자리를 얻는 새로운 기회를 만들기도 했고, 떠나는 사람들이 힘을 얻을 때까지 호적에서 숨겨주어야 한다는 사회적 합의를 만들기도 했다. 오래가는 물건을 생산하고, 좋은 과학기술적 기지를 가다듬고, 물건과도 추억을 나누며 살아가는 이 정치적 삶에서 그들은 며칠이면 거뜬히 만들 수 있는 종이도 부당하게 부과된 의무라면 절을 비우고 떠났다. 닥나무 사물연대의 유동적 참여자들 사이에는 분명 알력과 분쟁과 반목과 협잡이 있었겠지만, 더 많은 이들이 각자 정치적으로 참여함으로써 그러한 문제들을 누그러뜨리고 연대를 택하는 타협적 진화가 가능했던 것은 아닐까? 기억할 점은 이들이 어떤 거대한 혁명적 이념이나 지도자 없이 많은 정치적 변화를 이끌어내고 성공적으로 순환되는 삶과 생산 양식을 이루었다는 것이다.

인류세 '위기'의 흐름을 바꾸지 못한 지난 30여 년에 대한 걱정으로 이 글을 시작했지만, 실제로 거대한 혁명적 전망이나 지도자 없이도 인류세의 흐름을 바꾸려는 노력은 지속되어왔다. 유럽 연합이 '순환경제' 실현을 위한 실행안을 거듭 만들고, 에너지를 막대하게 소비하는 거대 기업들이 재생에너지로만 자신들의 상품과 서비스를 생산하겠다고 약속하고 있고, 많은 사람이 육류 소비를 줄이거나 일회용 제품의 사용을 줄이려는 노력으로 기업 활동과 자신의 삶에 변화를 일으키고 있으며,

과학기술자들도 제품의 설계와 개발에 이런 고려를 적용하고 있다. 닥나무 사물연대는 효과가 뚜렷해 보이지 않는 이런 모든 선택들이 의미를 가질 수 있음을 보여준다. 사물을 고려하지 않는 관료들의 탁상행정이 지속되더라도 사물과 밀착된 기지를 발휘하는 일에는 모든 관계를 뒤바꿀 힘이 있었음을 보여준다. 사물과의 새로운 연대가 수없는 오해와 동상이몽으로 삐걱거리고 뒤집히고 끊어지는 일을 거듭할 수도 있을 것이다. 하지만 적어도 닥나무와 같은 사물을 역사의 대상이 아닌 역사의 동반자로 받아들이고 이들과 함께 역사를 씀으로써 우리는 각자 우리를 살게 하는 사물과의 절연되지 않는 연대를 꿈꿀 수 있을 것이다.

많은 이들이 인간과 사물은 떨어질 수 없고, 생각은 실천하는 몸과 함께 완성되며, 모든 지역은 서로 얽혀 있는 공동운명체라고 역설해왔다. 이 사실을 잘못 재단된 범주에 홀려 잊지 않는다면, 현대 사회의 갖가지 복잡한 문제의 해결책을 사물과 머리를 맞대고 찾아볼 수 있지 않을까? 혁명도 아니었고, 근대적이지도 전통적이지도 않았으며, 많은 것이 불확실한 길이었지만, 조선의 닥나무 연대가 발휘한 기지는 포장지를 뜯은 순간만 그럴듯한 상품의 과잉생산이 아닌, 사물과 오랜 시간 함께하는 새로운 과학기술과 노동을, 창의적인 유지보수를 실천할 수 있는 삶을 보여주었다. 이제 사물의 목소리, 물의物議에 제대로 귀 기울이며 각자의 기지를 모아볼 때이다.

장인과 닥나무가 함께 만든 역사,
조선의 과학기술사

주석

서설 닥나무 중심의 과학기술사

1 Tsien Tsuenhsin, *Paper and Printing*, Vol. 5, Pt 1. *Science and Civilisation in China*, Cambridge: Cambridge University Press, 1985, pp. 319~350.

2 중국의 넓은 지역에서 점차 다양한 재료들이 종이의 원료로 사용되었다. 뽕나무 그리고 한국의 닥나무와는 조금 다르지만 닥나무의 한자 표기인 저楮, 곡穀에 해당하는 *Broussonetia papyrifera*도 쓰였다. 주종은 대나무이다. 천따추안, 문승용 옮김, 《중국 제지 발전사》, 학고방, 2012. 담징의 기술을 수용한 일본에서도 화살나무, 모시풀 등 다양한 재료로 실험을 한 듯하지만, 가장 널리 지속적으로 쓰인 것은 닥나무 비슷한 산닥나무Wikstroemia trichotoma(왜닥으로도 불린다)이다. 스기모토 카즈키, 〈일본 고대의 종이〉, 《서지학보》 39, 2012, 91~104쪽.

3 임종태, 《여행과 개혁, 그리고 18세기 조선의 과학기술》, 들녘, 2021, 30~31쪽.

4 사회물질적 접근에 대해서는 Wanda J. Orlikowski, "Sociomaterial Practices: Exploring Technology at Work", *Organization Studies* (28)9, 2007, pp. 1435~1448; Buhm-Soon Park, "Making matters of fraud: Sociomaterial technology in the case of Hwang and Schatten", *History of Science* 58(4), 2020, pp. 393~416.

5 의궤는 왕실 의례 준비와 진행 과정을 기록한 것이며, 등록·사례·중기는 보통 관청의 주요 업무에 대한 논의, 처리 내역의 기록, 관련 규정의 기록, 재정과 회계 관련 내역을 정리한 것이다.

6 환경사에서는 윌리엄 크로논William Cronon의 저작과 최근에 번역된 리차드 화이트Richard White의 저작이 고전으로 꼽힌다. William Cronon, *Changes in the Land*:

Indians, Colonists, and the Ecology of New England (New York: HILL & WANG, 1983, 2003); 리차드 화이트, 이두갑 외 옮김,《자연 기계》, 이음, 2018. 사물-인간 연결망은 사물-인간 행위자 연결망 이론Actor Network Theory이라고 번역될 수도 있겠다. 브뤼노 라투르, 홍성욱 엮음,《인간 사물 동맹》, 이음, 2010; 김은성,《감각과 사물》, 갈무리, 2022.

7 2015년에는 한국생태환경사학회도 설립되었다. 홍금수, 〈環境史Environmental History 어떻게 해야 할 것인가?〉,《진단학보》116, 2012, 149~181쪽; 김동진·이현숙, 〈창간사〉,《생태환경과 역사》1, 2015, 2~3쪽.

8 Y. M. Bar-On, R. Phillips & M. Ron, "The Biomass Distribution on Earth", *Proceedings of the National Academy of Sciences* 115(25), 2018, pp. 6506~6511.

9 얼 C. 엘리스, 김용진 외 옮김,《인류세》, 교유서가, 2021; 도나 해러웨이, 최유미 옮김,《트러블과 함께하기》, 마농지, 2021.

10 이계준,《통합생명체 인체—마이크로바이옴》, 한림원, 2021.

11 세르쥬 라투슈, 정기헌 옮김,《낭비사회를 넘어서: 계획적 진부화라는 광기에 관한 보고서》, 민음사, 2014.

12 Thomas Kuhn, *The Structure of Scientific Revolutions*, 2nd ed., Chicago: University of Chicago Press, 1970; Harry Collins, *Changing Order: Replication and Induction in Scientific Practice*, Chicago: University of Chicago Press, 1985.

13 임종태,《여행과 개혁》, 30~31쪽.

14 셰핀Shapin은 지성사적 전통이 말하는 것과 같은 과학혁명은 없었다고 단언한다. Steven Shapin, *The Scientific Revolution*, Chicago: University of Chicago Press, 1996.

15 Jed Z. Buchwald, Mordechai Feingold, *Newton and the Origin of Civilization*, Princeton: Princeton University Press, 2012.

16 Pamela H. Smith, *The Body of the Artisan*, Chicago: University of Chicago Press, 2004; Pamela O. Long, *Artisan/Practitioners and the Rise of the New Sciences, 1400~1600*, Corvallis, OR: Oregon State University Press, 2011; Lissa Roberts, Simon Schaffer, and Peter Dear eds., *The Mindful Hand*, Amsterdam: Koninklijke Nederlandse Akademie

장인과 닥나무가 함께 만든 역사, 조선의 과학기술사

van Wetenschappen, 2007. Pamela Smith, *From Lived Experience to the Written Word: Reconstructing Practical Knowledge in the Early Modern World*, Chicago: University of Chicago Press, 2022.

[17] Harold Cook, *Matters of Exchange: Commerce, Medicine, and Science in the Dutch Golden Age*, New Haven: Yale University Press, 2007.

[18] Sungook Hong, "Historiographical Layers in the Relationship between Science and Technology", *History and Technology* 15, 1999, pp. 289~311; Bruno Latour, *Science in Action*, Cambridge: Harvard University Press, 1987.

[19] 스벤 베커트, 김지혜 옮김, 《면화의 제국: 자본주의의 새로운 역사》, 휴머니스트, 2018.

[20] 데이비드 에저턴, 박민아 외 옮김, 《낡고 오래된 것들의 세계사—석탄, 자전거, 콘돔으로 보는 20세기 기술사》, 휴머니스트, 2015, 14·28·63~69·124·178쪽 등.

[21] Yoo, Sangwoon, "Innovation in Practice the 'Technology Drive Policy' and the 4mb Dram R&D Consortium in South Korea in the 1980s and 1990s", *Technology and Culture* 61(2), 2020, pp. 385~415; Jo, Dongwon, "Vernacular Technical Practices Beyond the Imitative/Innovative Boundary: Apple II Cloning in Early−1980s South Korea", *East Asian Science, Technology and Society: An International Journal*, 16:2, 2022, pp. 157~180.

[22] Lee Vinsel and Andrew L. Russell, *The Innovation Delusion: How Our Obsession with the New Has Disrupted the Work That Matters Most*, New York: Currency, 2020.

[23] 앞선 파멜라 롱Pamela Long, 파멜라 스미스Pamela Smith, 리사 로버츠Lissa Roberts 등의 연구에 더해 비서구 지역 특히 중국 과학기술사에서도 당대 맥락에 충실한 성과들이 있다. Dagmar Schäfer, *The Crafting of the 10,000 Things*, Chicago: The University of Chicago Press, 2011; Francesca Bray, *Technology and Gender*, Berkeley: University of California Press, 1997.

[24] 스벤 베커트, 《면화의 제국》, 125·142쪽 등.

[25] 다음 인류학적 연구와 중국 제지에 대한 연구는 일견 단순해 보이는 기술의 복잡한

결을 잘 드러낸다. Tim Ingold, *The Perception of the Environment: Essays on Livelihood, Dwelling and Skill*, London: Routledge, 2011; Jacob Eyferth, *Eating Rice from Bamboo Roots*, Cambridge: Harvard University Press, 2009.

26 Simon Werrett, *Thrifty Science: Making the Most of Materials in the History of Experiment*, Chicago: University of Chicago Press, 2019; Susan Strasser, *Waste and Want: a Social History of Trash*, New York: Holt, 2000.

27 홍이섭, 《홍이섭 전집》 1, 연세대학교출판부, 1993, 7쪽.

28 임종태, 《여행과 개혁》, 282쪽; 전상운, 《한국과학기술사》, 정음사, 1976.

29 임종태, 《여행과 개혁》, 257쪽.

30 이광린, 〈이조 초기의 제지업〉, 《역사학보》 10, 1958, 1~38쪽; 이광린, 〈李朝 後半期의 寺刹製紙業〉, 《역사학보》 17·18, 1962, 201~219쪽; 강만길, 《조선시대 상공업사 연구》, 한길사, 1984; 송찬식, 〈삼남방물지공고三南方物紙貢考 (상)―공인貢人과 생산자와의 관계를 중심으로〉, 《진단학보》 37, 1974, 43~75쪽; 〈삼남방물지공고 (하)〉, 《진단학보》 38, 1974, 74~104쪽; 송찬식, 〈관청 수공업의 민영화 과정―분원과 조지서의 경우〉, 《조선 후기 사회경제사의 연구》, 일조각, 1996, 305~432쪽; 한정수, 〈특집: 고려 말~조선 초 조선 전기 제지 수공업의 생산 체제〉, 《역사와 현실》 33, 1999, 78~111쪽; 이창경, 〈朝鮮時代 官營 製紙生産에 관한 考察〉, 《아시아민족조형학보》 7, 2007, 1~13쪽.

31 한정수, 〈특집 :고려 말~조선 초 조선 전기 제지 수공업의 생산 체제〉; 김삼기, 〈15~16세기 관영 제지수공업 연구〉, 공주대학교 석사학위 논문, 1997; 김삼기, 〈조선 후기 제지 수공업 연구〉, 중앙대학교 박사학위 논문, 2003.

32 金德珍, 〈朝鮮 後期 地方官廳의 民庫 設立과 運營〉, 《역사학보》 133, 1992, 63~93쪽; 김덕진, 〈조선 후기 지방관청의 지고 설립과 운영〉, 《역사학연구》 18, 2002, 53~73쪽; 남권희, 〈조선 후기 전라도 임실현 〈중기〉에 수록된 기록자료 분석〉, 《서지학연구》 57, 2014, 5~50쪽.

33 하종목, 〈조선 후기의 사찰 제지업과 그 생산품의 유통과정〉, 《역사교육논집》 10(1), 1987, 39~93쪽; 김한영, 《안성판 방각본》, 참빛아카이브, 2013. 하종목은 수탈을 피

장인과 닥나무가 함께 만든 역사, 조선의 과학기술사

하는 사찰의 다양한 전략을 조명했지만, 승려들이 지방 관청이나 군영의 수탈을 피하기 위해 개진한 적극적 상소를 곧이곧대로 받아들여 수탈상을 강조하는 경향, 사찰 제지업이 사찰경제에 기여한 시기를 정조 대 정도로 국한시키는 시각도 강하다. 金順圭, 〈조선 후기 사찰 紙役의 변화〉, 《靑藍史學》 3, 2000, 271~302쪽; 김갑주, 《조선시대 사원경제사 연구》, 경인문화사, 2007.

[34] 김영연, 《韓紙의 발자취》, 원주시, 2005, 30쪽.

[35] 김순철, 《종이 역사: 製紙史》, 예진, 2001; 이승철, 《우리 한지》, 현암사, 2002; 김삼기·정선화, 《한지장》, 민속원, 2006; 김경, 《이야기가 있는 종이박물관》, 김영사, 2007; 최영숙·이주은, 《(한눈에 보는) 한지韓紙》, 한국공예·디자인문화진흥원, 2013. 북한 사회과학원 역사연구소가 펴낸 《한국과학사》는 충실한 문헌 고찰과 과학적 분석을 겸했지만 조선 후기의 변화상에 대해서는 소략하고, "우리 선조들의 기술적 선진성"을 보여주는 데 치중해 과학적 분석에서 하나의 이상적 기술을 가정하는 한계가 있다. 사회과학원 역사연구소, 《한국과학사》, 누리미디어, 2001.

[36] 이창경, 〈朝鮮時代 官營 製紙生産에 관한 考察〉, 《아시아민족조형학보》 7, 2007, 1~13쪽.

[37] 정선영, 〈朝鮮初期 册紙에 관한 硏究〉, 《서지학연구》 1, 1986, 177~212쪽; 정선영, 〈白綿紙에 관한 연구〉, 《서지학연구》 41, 2008, 427~451쪽; 박상진, 〈목판 및 종이 韓紙의 재질 분석〉, 《국학연구》 2, 2003, 301~325쪽; 손계영, 〈고문서에 사용된 종이 연구─《탁지준절度支準折》을 중심으로〉, 《고문서연구》 25, 2004, 225~257쪽; 손계영, 〈조선시대 古文書에 사용된 종이 분석〉, 《한국기록관리학회지》 5(1), 2005, 79~105쪽; 손계영, 〈조선시대에 사용된 詩箋紙의 시대적 특징〉, 《서지학연구》 36, 2007, 297~320쪽.

[38] 임종태, 《여행과 개혁》, 253~263쪽.

[39] 김종일·성정용·성춘택·이한상, 《한국 금속문명사: 주먹도끼에서 금관까지》, 들녘, 2019; 권오영·심광주·홍보식·성정용·이영철·조윤재·배병선·곽동석, 《한국 전통시대의 토목문명》, 들녘, 2019.

[40] 윤용출, 《조선 후기의 요역제와 고용노동》, 서울대학교출판부, 1998; 윤용출, 〈조선

후기 수레 보급 논의〉, 《한국민족문화》 47, 2013, 269~329쪽; 윤용출, 〈조선 후기 벽돌성의 축조〉, 《지역과 역사》 42, 2018, 307~358쪽; 장경희, 《의궤 속 조선의 장인》, 솔과학, 2013; 장경희, 〈조선 왕실 의궤를 통한 장인 연구의 현황과 과제〉, 《역사민속학》 47, 2015, 81~112쪽; 김미성, 〈조선 후기 면주전과 명주 생산·유통구조〉, 연세대학교 박사학위 논문, 2017; Kang Hyeok Hweon, "Crafting Knowledge: Artisan, officer, and the culture of making in Chosŏn Korea", Ph.D, Dissertation, Harvard University, 2020.

41 Ian Hodder, *Entangled: An Archaeology of the Relationships between Humans and Things*, Chichester: Wiley-Blackwell, 2012.

42 Roberts, et. al. eds., *The Mindful Hand*.

1장 닥나무와 한반도 종이의 재발견

1 진심하盡心下, 《맹자》. http://db.itkc.or.kr/inLink?dataId=ITKC_KU_003_014_003.

2 천따추안, 문승용 옮김, 《중국 제지 발전사》, 학고방, 2012, 15~17쪽.

3 Collins, *Changing Order*.

4 Smith, *From Lived Experience to the Written Word*, p. 1.

5 Leonard N. Rosenband, *Papermaking in Eighteenth-Century France*, Baltimore: Johns Hopkins University Press, 2000; Jacob Eyferth, *Eating Rice from Bamboo Roots*, Cambridge: Harvard University Press, 2009.

6 Eyferth, *Eating Rice from Bamboo Roots*, pp. 15~16.

7 성현이 이 책을 저술한 것은 1499~1504년으로 추정된다. 《용재총화慵齋叢話》 권10, 고전종합DB DCI=ITKC_GO_1306A_0100_000_0010_2004_001_XML.

8 사회과학원 역사연구소, 《한국과학사》, 누리미디어, 2001, 조선 초기편 7장.

9 《단종실록》 2, 1454. 6. 21.

10 《세종실록》 9, 1427. 11. 3; 12, 1430. 8. 29.

장인과 닥나무가 함께 만든 역사,
조선의 과학기술사

11 손계영, 〈고문서에 사용된 종이 연구〉; 손계영, 〈조선시대 古文書에 사용된 종이 분석〉.

12 정선영, 〈朝鮮初期 册紙에 관한 硏究〉; 박상진, 〈목판 및 종이(韓紙)의 재질 분석〉; H. Yum, B. W. Singer, and A. Bacon, "Coniferous Wood Pulp in Traditional Korean Paper between the 15th and the 18th Centuries", *Archaeometry* 51(3), 2009, pp. 467~479.

13 《단종실록》2, 1454. 6. 21.

14 《세조실록》4, 1458. 7. 23; 《예종실록》1, 1469. 10. 4; 《성종실록》4, 1473. 9. 23.

15 《태종실록》15, 1415. 7. 25; 《세조실록》12, 1466. 1. 15; 〈경도 한성부〉, 《세종실록 지리지》.

16 Tsien, *Paper and Printing*, pp. 4~5.

17 潘吉星, 〈中國 中世紀 造紙 및 《無垢淨經》의 刊行 問題〉, 《동방학지》106, 1999, 233~284·239쪽.

18 한중일 문헌에 같은 한자로 기록된 식물 이름 중 30퍼센트는 서로 다른 식물을 가리킨다. 조선의 이두와 일본식 한자 등의 문제와 실제 시적 묘사나 약효로 식물을 추정한 전통에 기인한다. LEE Jung, "Mutual Transformation of Colonial and Imperial Botanizing: The Intimate and Remote Collaboration between Chung Tyaihyon and Ishidoya Tsutomu in Colonial Korea", *Science in Context* 29(2), June 2016, pp. 179~211, 192; 홍문화, 〈우리의 이두 향약명이 일본의 본초학에 미친 영향〉, 《생약학회지》3, 1972, 1~10쪽.

19 천따추안, 《중국 제지 발전사》, 26쪽.

20 전순의, 《산가요록》, 농촌진흥청, 2004, 43쪽; 최한기, 《농정회요》 II, 농촌진흥청, 2006, 216쪽.

21 현재 큐가든의 식물 목록에는 꾸지나무를 관목이자 교목이라고 묘사하면서 중국과 일본에 중요한 나무로 소개하고, 닥나무는 Broussonetia x kazinoki로 재배종으로 표시하되 일본 원산인데 한국으로 도입된 것으로 소개하고 있다. https://powo.science.kew.org/ 2022년 11월 접속.

22 Tsien, *Paper and Printing*, p. 5.

23 Jacob Eyferth, "Craft Knowledge at the Interface of Written and Oral Cultures", East Asian Science, *Technology and Society* 4(2), 2010, pp. 185~205.

24 https://www.dardhunter.com/

25 12쪽에는 그냥 mulberry라고 했지만, 뒤에 paper mulberry, Broussonetia papyrifera로 명시되어 도판이 나온다. 한국이 7세기 중국의 일부였다는 주장과 함께 이는 유럽 제지술까지 포괄한 1947년 책에도 반복된다. Dard Hunter, *A Papermaking Pilgrimage to Japan, Korea, and China*, New York: Pynson Printers, 1936, p. 12; Dard Hunter, *Papermaking: the history and technique of an ancient craft*, New York: Dover Publications, 1978(1947), p. 53. 이 자료를 직접 촬영하고 소개해주신 명수민 선생님께 감사드린다.

26 Christine M. E. Guth, *Craft Culture in Early Modern Japan Materials*, Makers, and Mastery, Berkelery: University of California Press, 2021, p. 170.

27 Hunter, *A Papermaking Pilgrimage to Japan, Korea, and China*, pp. 11~14.

28 Hunter, *A Papermaking Pilgrimage to Japan, Korea, and China*, p. 71.

29 Hunter, *A Papermaking Pilgrimage*, p. 77·78.

30 모리스 쿠랑, 이희재 옮김, 《한국서지》, 일조각, 1994, 서론. Krpia.

31 모리스 쿠랑, 《한국서지》(강조는 인용자).

32 안타깝게도 심장마비로 급작스럽게 사망하는 바람에 원고가 정리된 상태는 아니었다. 참고문헌이 확인이 되지 않거나, 번역이 애매한 곳들도 있다. 김영연, 《韓紙의 발자취》, 16쪽.

33 김영연, 《한지의 발자취》, 31쪽.

34 김영연, 《한지의 발자취》, 74·215쪽.

35 북한 역사연구소, 《한국과학사》 삼국시대·통일신라·발해 시대편 7장.

36 반길성, 〈제지술의 한반도 전래〉, 《골판지 포장 물류》 58, 2004, 102~106쪽.

37 文明大, 〈新羅華嚴經寫經과 그 變相圖의 研究: 사경변상도의 연구 (1)〉, 《韓國學報》 5(1), 1979, 27~64쪽; 法藏大師, 《華嚴經傳記》 第五卷; 台灣學佛網 http://big5.xuefo.net/nr/article32/316257.html.

장인과 닥나무가 함께 만든 역사,
조선의 과학기술사

[38] 潘吉星, 〈中國 中世紀 造紙 및《無坵淨經》의 刊行 問題〉, 239·243쪽.

[39] 표준이 되는 큐가든 식물 목록부터 그렇다. 2022. 6. 23.일 접속.

[40] 송성안, 〈고려시대 사원 제지수공업과 그 운영〉,《석당논총》65, 2016, 153쪽.

[41] 본인의 앞선 연구에서 '백추지'를 송 문인들이 준 이름으로 간주했는데, 신라나 고려 내에서도 쓰이던 이름으로 보인다. 북한 역사연구소,《한국과학사》삼국시대·통일신 라·발해 시대 7장, 고려시대편 7장 3절.

[42] 한치윤,《해동역사》27권, 물산지·문방류·지. ITKC_BT_1433A_0290_010_0050 _2007_003_XML.

[43] 《해동역사》에는 진계유陳繼儒(1558~1639)의《서화사》를 인용하며 명조에서 가장 좋은 서화는 고려지로 장정한다는 내용이 있고, 서유구는 〈이운지〉에서 송나라 주밀의 〈사릉서화기思陵書畫記〉를 통해 이 내용을 확인했다고 말했다.《고금도서집성》647 권, "書畫部彙考, 〈宋周密齊東野語〉〈書畫〉"에 그 내용이 보인다. https:// zh.wikisource.org/wiki/Page:Gujin_Tushu_Jicheng,_Volume_647_(1700−1725). djvu/93. 서유구, 임원경제연구소 옮김, 〈이운지〉 2, 풍석문화재단. 2019; 한치윤, 《해동역사》27권, 물산지·문방류·지.

[44] Tsien, *Paper and Printing*, pp. 319~350; 거래 및 공물 목록들은 다음 책에서 확인할 수 있다. Angela Schottenhammer(ed.), *Trade and Transfer Across the East Asian Mediterranean*, Wiesbaden: Harrassowitz, 2005; idem, *The East Asian Mediterranean*, Wiesbaden: Harrassowitz, 2008.

[45] 이 인용문은 흔히 "고동서화 감별에 대한 최초의 서적"인 남송 조희곡趙希鵠의《동천 청록洞天淸錄》에 나온다고 주장되지만 실제로 나오지는 않는다. 서유구, 〈이운지〉 2, 229~236쪽.

[46] 《해동역사》의 여러 글을 살펴보면 명대의 글이 많고, 명대의 글이 송대의 명성과 애 호를 강조하는 경우도 많다. 견지는 일본 종이 등에도 쓰인 것으로 보이지만, 점점 조선 종이의 특징을 나타내는 이름으로 인정되어 강희제 등이 조선 종이 원료가 누 에고치가 아닌 닥임을 고증하고 있다.《해동역사》의 일부 글은 인용된 책에서 확인이 안 되는 경우도 있다. "지금 세상에서 귀하게 여기는 것은, 얇은 종이로는 징심당지澄

心堂紙이고, 두꺼운 종이로는 고려의 견지繭紙이다"라는 왕세정王世貞(1526~1590)의 글 등이다. 한치윤, 《해동역사》 27권, 물산지·문방류·지. 명대 소비문화에 대해서는 Craig Clunas, *Superfluous Things: Material Culture and Social Status in Early Modern China*, Honolulu: University of Hawaii Press, 2004.

[47] 김삼기, 《한지장》, 국립문화재연구소, 2006, 30~31쪽.

[48] 현재도 일부 온라인 한자사전에는 뜻이 등재되어 있지 않은데, 이 점을 지적한 연구는 없었다. 이 과정을 현대 한국 문헌에서 고해叩解로도 쓰는데, 이전 기록에 쓰이던 말은 아니다. 일본 제지 자료에 보면 이처럼 재료를 때리는 모습이 나온다. 하지만 일본에서는 때리는 데 그치지 않고 가는 공정을 추가했다. 또한 일본의 삼지닥 등은 때리는 것으로 충분히 잘게 분해되기도 했다. 섬유 가닥이 종이에 남지 않기 때문이다. 国東治兵衛, 《紙漉重宝記》, 秋田屋太右衛門, 1824.

[49] 손계영, 〈조선시대 古文書에 사용된 종이 분석 1〉, 85쪽.

[50] 김삼기, 《한지장》, 34쪽.

[51] Hunter, *A Papermaking Pilgrimage*, p. 22.

[52] 김삼기, 《한지장》, 122~123쪽.

[53] 천따추안, 《중국 제지 발전사》, 177~178쪽; 권도홍, 《문방청완: 벼루·먹·붓·종이》, 대원사, 2006 등.

[54] Hunter, *Papermaking*, p. 197.

[55] 천따추안, 《중국 제지 발전사》, 177~178쪽.

[56] 서유구, 〈이운지〉·《증보산림경제》.

[57] 손계영, 〈조선시대 古文書에 사용된 종이 분석〉, 96쪽.

[58] George Basalla, "The Spread of Western Science", *Science* 156(3775), 1967, pp. 611~622. 그에 대한 다양한 비판은 Jung Lee, "Invention without Science: 'Korean Edisons' and the Changing Understanding of Technology in Colonial Korea", *Technology and Culture* 54(4), 2013, pp. 782~814.

[59] David Arnold, "Europe, Technology, and Colonialism in the 20th Century", *History and Technology* 21, 2005, pp. 85~106.

장인과 닥나무가 함께 만든 역사, 조선의 과학기술사

2장 도침, 기지와 새로운 장인

1 《大典續錄》戶典, 雜令;《大典後續錄》工典, 雜令.《신편한국사》24권, 조선 초기의 경제구조.

2 '약자들의 일상적 정치'에 대해서는 James C. Scott, *Weapons of the Weak*: *Everyday Forms of Peasant Resistance*, New Haven: Yale University Press, 1985. 강력해 보이는 봉기와 같은 수단도 영웅은 만들 수 있지만 실제 그 봉기를 일으킨 약자들에게 권력을 주는 경우는 거의 없다는 지적은 Steven Feierman, *Peasant Intellectuals*: *Anthropology and History in Tanzania*, Madison: University of Wisconsin Press, 1990, 서론. 이 책에 대해 알려준 에마뉴엘 크리케Emmanual Kreike에게 감사한다.

3 정도전, 한영우 옮김, 《조선경국전》, 올제, 2012, 77·199쪽.

4 강만길, 《조선시대 상공업사 연구》; 홍희유, 《조선 중세 수공업사 연구》, 백산, 1989; 임종태, 《여행과 개혁》, 255쪽.

5 차비노와 근수노는 서울과 지방에서 뽑아 올리는 관노비이고, 중앙 각사에 모두 배정되어 있다. 차비노가 힘든 허드렛일을, 근수노는 관 소속 관리의 시중과 심부름을 담당한 듯하다. 군기시 200명, 사포서司圃署 120명, 예빈시禮賓寺 100명, 와서瓦署 97명 등이 조지서보다 차비노가 많은 관사이고, 의정부, 성균관, 공조, 승정원 등도 24명, 38명, 14명, 9명이 각각 배정되어 있다. 이 수는 각 사의 업무에 따라 조정된다.《經國大典》刑典, 諸司差備奴·根隨奴定額.

6 《경국대전》 공전;《태조실록》4, 1395. 4. 4;《세종실록》27, 1445. 7. 14.

7 《경국대전》 공전, 재식栽植; 호전, 요부傜賦.

8 도련, 도침 등의 말이 언제부터 사용되었는지 정확하게 알 수는 없다. 한국사 DB와 고전종합 DB를 검색하면 도련의 용례는 1406년, 도침의 용례는 1446년부터 나온다. 《경국대전》 편찬 당시는 널리 쓰이던 말이었다. 추지라는 말은 나오지 않는다.

9 《경국대전》 병전, 번차도목番次都目, 총론

10 《연산군일기》2, 1496. 3. 23.

11 《세종실록》26, 1444. 6. 21; 26, 1444. 6. 24; 28, 1446. 12. 1.

12 《성종실록》5, 1474. 4. 17.

13 《중종실록》14, 1519. 12. 9; 《인조실록》6, 1628. 12. 6.

14 이희경, 〈조선과 명과의 조공무역에 관한 연구〉, 인천대학교, 석사학위 논문, 2001, 32~33쪽.

15 대청 사행의 경우 소규모까지 합하면 연 5회 정도까지도 되지만 공식 방문은 보통 연 2회 정도가 된다. Jongtae Lim, "Tributary Relations Between the Chosŏn and Ch'ing Courts to 1800," Willard J Peterson, *The Cambridge History of China*, vol. 9, pt. 2, Cambridge: Cambridge University Press, 2016, pp. 146~196; 이희경, 〈조선과 명과의 조공무역에 관한 연구〉; 최동희, 〈조선과 청의 조공관계 연구〉, 《한국정치외교사논총》 24, 2002, 1~29쪽.

16 《태종실록》6, 1406. 7. 16; 7, 1407. 6. 28.

17 《태종실록》8, 1408. 4. 24; 8, 1408. 11. 12.

18 《세종실록》1, 1419. 1. 19; 2, 1409. 1. 25.

19 《세종실록》7, 1425. 2. 15.

20 《명종실록》 즉위년, 1545. 11. 3; 《선조실록》32, 1599. 8. 25.

21 종이 1첩은 10장, 1권은 20장으로 계산해서 장으로 표기했다. 《세종실록》7, 1425. 10. 15; 16, 1434. 7. 1.

22 《세조실록》3, 1457. 6. 20.

23 15세기와 세종 연간의 간행 작업에 대해서는 Young Kyun Oh, *Engraving Virtue: The Printing History of a Premodern Korean Moral Primer*, Brill, 2013; 구만옥, 《세종시대의 과학기술》, 들녘, 2016.

24 《광해군일기》9, 1617. 1. 3.

25 《세종실록》16, 1434. 7. 1.

26 이진희, 〈세종 대의 인쇄출판문화: 자치통감과 종이〉, 《국립한글박물관 소식지》 77, 2019년 12월. https://www.hangeul.go.kr/webzine/201912/sub1_2.html.

27 《세조실록》12, 1466. 11. 2.

28 《단종실록》1, 1453. 1. 21.

장인과 닥나무가 함께 만든 역사,
조선의 과학기술사

29 《중종실록》11, 1516. 7. 15; 11, 1516. 7. 25.

30 《중종실록》19, 1524. 7. 27; 《광해군일기》6, 1614. 7. 2.

31 겨냥이라고 읽는다. 겨냥은 강혁훤에 따르면 기술 지식을 물질적으로 표현하고 시험하고 교류하는 장인들의 독특한 문화적 산물이다. Kang Hyeok Hweon, "Crafting Knowledge: Artisan, Officer, and the Culture of Making in Chosŏn Korea, 1392~1910", Ph.D. Dissertation, Harvard University, 2020, pp. 120~142; 이수나, 〈공예의 형식 설계, 견양〉, 《도예연구》26, 2017, 173~192쪽.

32 《광해군일기》8, 1616. 2. 3; 10, 1618. 11. 6; 14, 1622. 12. 8.

33 《명종실록》20, 1565. 8. 14. 성종 대 대표적 훈척인 파평 윤씨 집안의 윤은로 등이 대표적인 사례이다. 최규진, 〈조선 전기 방납과 정치 권력의 관계〉, 한국교원대학교 석사학위 논문, 2022.

34 《세조실록》5, 1459. 9. 7; 12, 1466. 11. 2; 《예종실록》1, 1469. 6. 29; 《연산군일기》8, 1502. 2. 6.

35 《성종실록》24, 1493. 11. 14; 《중종실록》19, 1524. 7. 27. 1558년, 1559년, 1564년 등에도 방납 관련 처벌이 계속 내려졌다. 《各司受教》, "戶曹受教" 10. 戊午八月初三日戶曹啓目; 13~23. 戶曹啓目; 12. 甲子十月十四日戶曹啓目.

36 《선조수정실록》3, 1570. 11. 1.

37 《선조수정실록》7, 1574. 1. 1.

38 김동진, 〈朝鮮 初期 土産物 變動과 貢案改正의 推移〉, 《朝鮮時代史學報》50, 2009, 73~109쪽.

39 소순규, 〈朝鮮 初期 貢納制 운영과 貢案改定〉, 고려대학교 박사학위 논문, 2017; 소순규, 〈朝鮮 成宗代 貢案改定의 배경과 특징〉, 《朝鮮時代史學報》87, 2018, 7~37쪽.

40 《세종실록지리지》. 이전 연구들은 《동국여지승람》의 토산 항목 역시 참고해서 종이 산지, 닥나무 산지 등에 대해 논했다. 《세종실록지리지》와 《동국여지승람》의 토공·토산조에 들어간 항목에 대해서는 5장에서 상세히 다룬다.

41 소순규, 〈朝鮮 初期 貢納制 운영과 貢案改定〉, 127쪽.

42 15세기 중반 방납으로 물의를 일으킨 것은 왕실 제사를 맡은 진관사 등의 간사승幹事

僧이었다. 그들은 종이나 자리 등을 방납해준다며 전라도 수령들에게 압력을 넣었다. 朴道植, 〈朝鮮 前期 貢物 防納의 변천〉,《경희사학》19, 1995, 165~197쪽.

43 《예종실록》1, 1469. 10. 4.

44 《문종실록》즉위년, 1450. 12. 4.

45 이창경, 〈朝鮮時代 官營製紙生産에 관한 考察〉,《아시아민족조형학보》7, 2007, 1~13쪽.

46 朴道植, 〈朝鮮 前期 貢物防納의 변천〉; 김삼기, 〈朝鮮 後期 製紙手工業 硏究〉, 중앙대학교 박사학위 논문, 2003, 32~36쪽.

47 《선조실록》29, 1596. 11. 7;《광해군일기》2, 1610. 12. 25; 이정철,《대동법: 조선 최고의 개혁》, 역사비평사, 2010.

48 宋贊植, 〈三南方物紙貢考〉,《朝鮮 後期 社會經濟史의 硏究》, 일조각, 1997, 435~440쪽,《만기요람》.

49 김덕진, 〈조선 후기 지방관청의 지고 설립과 운영〉; 남권희, 〈조선 후기 전라도 임실현 〈중기〉에 수록된 기록자료 분석〉.

50 74명이면 27명이 입역을 하는 데는 큰 문제가 없는 수이다.《세조실록》6, 1460. 8. 1.

51 《선조실록》29, 1596. 8. 13.

52 《인조실록》4, 1626. 8. 4.

53 《비변사등록》, 숙종 39, 1713. 7. 18; 영조 13, 1737. 4. 16.

54 강만길 편, 〈貢弊 市弊〉,《한국상업사자료총서》권2, 여강출판사, 1985, 370~372쪽.

55 《승정원일기》, 인조 4, 1626. 3. 6. 손계영, 〈조선시대의 초주지와 저주지〉,《서지학보》29, 2005, 161~179쪽.

56 《승정원일기》, 인조 24, 1646. 2. 3;《비변사등록》효종 즉위년, 1649. 8. 1.

57 《비변사등록》, 현종 12, 1671. 2. 10; 숙종 9, 1683. 1. 11.

58 《비변사등록》, 숙종 42, 1716. 11. 19; 숙종 28, 1702. 4. 18; 숙종 39, 1713. 4. 9; 영조 1, 1725. 7. 28; 영조 17, 1741. 11. 18; 영조 21, 1745. 3. 12; 영조 36, 1760. 11. 9; 정조 8, 1784. 3. 20; 정조 18, 1794. 9. 12.

장인과 닥나무가 함께 만든 역사,
조선의 과학기술사

59 저주지, 저상지에 더해 계목지, 초주지, 차초주지, 공사지, 관교지, 상품 도련지, 도련
   저주지, 대호지, 백면지, 소호지에 대한 규격은 《대전통편》 공전工典, 잡령雜令, "闕內
   外諸上司所用紙地". 대호지 무게 실제 규정은 3근 14냥이다.

60 《승정원일기》, 효종 2, 1651. 7. 8.

61 《승정원일기》, 현종 1, 1660. 2. 5; 숙종 22, 1696. 8. 20; 숙종 24, 1698. 7. 25.

62 《승정원일기》, 숙종 26, 1700. 8. 17; 《숙종실록》 28, 1702. 5. 27.

63 《비변사등록》, 숙종 39, 1713. 4. 9; 영조 13, 1737. 9. 14; 영조 26, 1750. 2. 5.

64 이헌창·조영준, 〈조선 후기 貢價의 체계와 추이〉, 《한국사연구》 142, 2008, 203~249
   쪽; 김동철, 《조선 후기 공인 연구》, 한국연구원, 1993.

65 손계영, 〈조선시대 古文書에 사용된 종이 분석〉, 88~96쪽.

66 《비변사등록》, 영조 1, 1725. 7. 28.

67 《비변사등록》, 철종 즉위년, 1849. 12. 1.

68 《비변사등록》, 숙종 39, 1713. 4. 9; 《승정원일기》, 영조 13, 1737. 9. 15; 《비변사등
   록》, 영조 11, 1735. 6. 19.

69 《비변사등록》, 영조 11, 1735. 6. 19.

70 강만길 편, 《공폐 시폐》, 371쪽.

71 윤용철, 《조선 후기의 요역제와 고용노동》, 서울대학교출판부, 1998.

72 김삼기, 〈朝鮮 後期 官營紙所의 變化〉, 《중앙사론》 17, 2003, 3~33쪽.

73 경공장 부분 말미에 연혁을 붙여 옛 조문을 그대로 두었을 뿐 모두 바뀌었다고 말하
   고 있다. "이상의 여러 관청 중에서 사섬시, 전함사, 소격서, 사온서, 귀후서는 지금
   모두 혁파되었다. 내자시, 내섬시, 사도시, 예빈시, 제용감, 전설사, 장원서, 사포서,
   양현고, 도화서에는 지금은 공장工匠이 없다. 그 외 여러 관청에서는 공장의 명색이
   옛것과 지금의 것이 다르다. 그러나 그 정원을 가감한 규정이 없고, 장적을 작성하여
   공조工曹에 보관하는 법도 점점 폐지되어 시행되지 않았다. 속대전 편찬 시에 이를
   거론하지 않았으므로 지금 모두 옛것을 따르고 고치지 아니한다." 《대전통편》 공전工
   典, 경공장, 조지서; 《大典會通》 工典, 京工匠, 造紙署; 《대전통편》 공전, 경공장, 沿
   革.

[74] 전교, 계사 등,《개수일기등록》, 고전종합 DB. DCI=ITKC_BT_1451A_0010_000_0040_2012_001_XML.

[75] 《개수등록》 전교, 병인 5월 24일.

[76] 《개수등록》 이문질, 병인 6월.

[77] 《개수등록》 이문질, 병인 8월, 10월, 11월, 12월 등.

[78] 《개수등록》 이문질, 정묘 3월, 4월, 6월 7월.

[79] 이진건, 지장 편수 등이라고 말하는 것을 보면 이들이 소지와 발괄을 글로 쓰고 그렇게 서명했을 가능성도 있다.

[80] 《개수등록》 이문질, 정묘 정월.

[81] 《선원보략수정의궤璿源譜略修正儀軌》, 1795, 37쪽. 1797년에는 조지서 제조가 감독을 제대로 하지 않아 방물지 품질이 나빠졌다면서 조지서 감독의 죄를 청하나, 죄를 청할 필요가 없다고 했다.《비변사등록》, 정조 21, 1797. 10. 15.

[82] 《선원보략개수정시교정청의궤璿源譜略改修正時校正廳儀軌》, 1739, 55쪽;《선원보략수정시교정청의궤璿源譜略修正時校正廳儀軌》, 36쪽 등.

[83] 《선원보략수정본청의궤》, 1764, 31·35쪽;《선원보략수정의궤》, 1779, 30쪽 등. 1776년에도 낭청의막소를 설치하지 않은 경우가 있다.《선원보략수정의궤》, 1776, 37쪽.

[84] 《국조어첩선원보략수정시교정청의궤國朝御牒璿源譜略修正時校正廳儀軌》, 1760, 63·65쪽.

[85] 의승방번전에 대해서는 5장에서 더 다룬다.《비변사등록》, 영조 31, 1755. 8. 22; 영조 32, 1756. 1. 12.

[86] 군영과의 관계는 뒤에서 더 다룬다.《비변사등록》, 숙종 45, 1719. 8. 15;《대전통편》 이전吏典, 경관직;《실록》, 영조 40, 1764. 8. 24; 정조 19, 1795. 12. 28.

[87] 송찬식, 84쪽.

[88] 강만길 편,《공폐 시폐》, 189쪽; 김미성,〈조선 후기 시전의 노동력 고용과 工錢·雇價 지출〉,《한국문화》82, 2018, 335~375쪽.

[89] 《만기요람》 재용편 1, 각공各貢, 선혜청 57공宣惠廳五十七貢; 손계영,〈조선시대 古文書에 사용된 종이 분석〉, 94쪽.

장인과 닥나무가 함께 만든 역사,
조선의 과학기술사

90 《육전조례》병전.

91 윤용출, 《조선 후기의 요역제와 고용노동》, 294~296쪽.; 김미성, 〈조선 후기 시전의 노동력 고용과 工錢·雇價 지출〉, 347쪽.

3장 휴지와 환지, 귀한 쓰레기가 만든 조선적 관료제

1 Werrett, *Thrifty Science*; Strasser, Waste and Want.

2 潘吉星, 《中國 中世紀 造紙 및 《無垢淨經》의 刊行 問題》, 243쪽; 송응성, 최병규 역, 《천공개물》, 범우, 2009, 401~416쪽. 테라미사 료안, 홍기원 역, 《화한삼재도회》, 삼재도회집성 권 4, 민속원, 2014, 252~3쪽. 일본 재생지에 대해 연구하고 있는 후미히코 고바야시小林文彦의 미발표문을 참고했다.

3 닥을 마련하기 위해 저화를 주고 민간에서 사들이자는 제안과 관의 닥밭에서 생산된 것을 쓰자는 제안이 먼저 나왔지만, 실행에 실패한 것으로 보인다. 《태종실록》15, 1415. 7. 25; 1415. 6. 25.

4 《세종실록》6, 1424. 5. 25.

5 《세종실록》7, 1425. 8. 22.

6 종이 갑옷의 성능이 좋아서 여진, 몽골 등으로 휴지 수출을 금지했다고 하니 잘 만들면 성능이 좋았던 것 같다. 하지만 지갑 제작은 송진을 써서 종이를 여러 겹 붙인 비늘을 제작하고, 이를 꿰매어 붙이는 매우 어려운 작업이었던 것 같다. 《신편한국사》; 《태종실록》6, 1406. 윤7. 14; 《세종실록》7, 1425. 8. 22.

7 저화 유통을 강제하기 위해 저화를 사용하지 않는 이의 재산을 몰수하거나, 사용하지 않는 이를 고발하도록 하는 등의 엄격한 금령이 지속적으로 시도되었지만 실효가 없었다. 몰수했던 재산을 다시 되돌려주는 조치가 두 차례 시행된 것은 금법이 시행되기 어려웠던 현실을 잘 보여준다. 《태종실록》16, 1416. 5. 18; 《세종실록》9, 1427. 6. 12.

8 《세조실록》5, 1459. 2. 18.

⁹ 《세조실록》 7, 1461. 9. 1; 12, 1466. 11. 17.

¹⁰ 《태종실록》 10, 1410. 10. 29; 《세조실록》 3, 1457. 6. 20.

¹¹ 《세종실록》 27, 1445. 7. 14.

¹² 김경, 《이야기가 있는 종이 박물관》, 88~89쪽.

¹³ 《태종실록》 12, 1412. 1. 17; 12, 1412. 7. 9.

¹⁴ 《세종실록》 10, 1428. 7. 1.

¹⁵ 《세종실록》 16, 1434. 8. 3; 21, 1439. 1. 13.

¹⁶ 《성종실록》 6, 1475. 1. 19.

¹⁷ 지조소라는 이름을 거듭 쓰고 있는 것으로 보아 실제 세종 대의 명칭은 지조소였던
   듯하다. 《세종실록》 6, 1424. 8. 2; 6, 1424. 11. 24.

¹⁸ 《세종실록》 16, 1434. 7. 17.

¹⁹ 《문종실록》 즉위년, 1450. 10. 10; 《단종실록》 2, 1454. 6. 21.

²⁰ 《세조실록》 3, 1457. 6. 20.

²¹ 《중종실록》 36, 1541. 6. 25; 《영조실록》 7, 1731. 9. 6.

²² 이진희, 〈세종 대의 인쇄출판문화: 자치통감과 종이〉.

²³ 《세조실록》 3, 1457. 6. 5; 13, 1467. 8. 17.

²⁴ 정선영, 〈朝鮮 初期 册紙에 관한 硏究〉, 187·193쪽; 박상진, 〈목판 및 종이(韓紙)의 재
   질 분석〉, 22~23쪽.

²⁵ 《세조실록》 7, 1461. 8. 20.

²⁶ 《신증동국여지승람》, 《동국여지지東國輿地誌》, 고전 DB.

²⁷ 산닥나무, 생명자원정보서비스. http://www.bris.go.kr/.

²⁸ 《세종실록》 6, 1424. 11. 24.

²⁹ 《세종실록》 16, 1434. 7. 17.

³⁰ 1608년 기록을 보면, 유목지라는 이름이지만 만드는 데 소용되는 물품으로는 닥나무
   껍질만 기록되어 있다. 《영접도감군색등록迎接都監軍色謄錄》, 1608, 102쪽.

³¹ 《세종실록》 28, 1446. 4. 30; 《문종실록》 즉위년, 1450. 10. 10; 《단종실록》 1, 1453.
   11. 4; 《세조실록》 3, 1457. 3. 2; 《예종실록》 1, 1469. 6. 29.

장인과 닥나무가 함께 만든 역사,
조선의 과학기술사

[32] 《중종실록》 17, 1522. 1. 14.

[33] 《명종실록》 2, 1547. 8. 3.

[34] 《선조실록》 34, 1601. 2. 24; 36, 1603. 3. 11; 38, 1605. 10. 4.

[35] 《인조실록》 5, 1627. 9. 9.

[36] 《현종실록》 즉위년, 1659. 9. 27; 《비변사등록》, 숙종 1, 1675. 4. 4; 숙종 10, 1684. 2. 23; 《승정원일기》 영조 5, 1729. 12. 2.

[37] 《중종실록》 9, 1514. 10. 13; 《승정원일기》, 인조 17, 1639. 6. 5.

[38] 《승정원일기》, 인조 14, 1636.9.28.

[39] 낙폭지는 시험관을 나간 이들이 친구들과 나눠 썼기에, 시험관을 나간다는 소문을 들으면 낙폭지를 나눠줄 것을 부탁하기도 했다. 권태일權泰一(1569~1631), 〈答金孝仲〉, 《장곡선생문집藏谷先生文集》, 유교넷; 정구鄭逑(1543~1620), 〈이자진李子眞 순순淳에게 답함〉, 《한강집》 속집 제7권, 서書, 고전 DB.

[40] 《광해군일기》 9, 1617. 6. 22; 《승정원일기》, 인조 14, 1636. 8. 18.

[41] 사관은 이 파면 조치를 내린 우의정이 좀스럽다고 비판하고 있다. 《숙종실록》 31, 1705. 8. 30.

[42] 《승정원일기》, 1729. 9. 12.

[43] 증광문과에 장원급제하고 요직을 두루 거친 박사수朴師洙(1686~1739)가 그 시험관인데, 이 반항적 태도로 파직을 당하지만 후임이 없어 호조판서 일을 보다가 2월 22일 예문관 제학에 임명된다. 《영조실록》 14, 1738. 2. 17; 14, 1738. 2. 22.

[44] 《만기요람》 선혜청 57공; 《各司謄錄》19, 〈湖南啓錄〉 2, 戊寅十一月(1878.11), 8a; 《각사등록》24, 〈黃海監營關牒謄錄〉 1, 海營關報牒 丙寅八月初一日(1866. 8. 1.) 8b. 한국사 DB; 《각사등록》 〈강원감영관첩江原監營關牒〉, 고종 12. 1875. 8. 29. 고전 DB 등.

[45] 호조는 낙폭지가 1627년 이후로는 한 장도 들어오지 않았다며 훈련도감 등의 지급 요청을 거부했다. 《승정원일기》, 인조 6, 1628. 10. 20.

[46] 《중종실록》 4, 1509. 9. 17; 《광해군일기》 9, 1617. 8. 23.

[47] 《선조실록》 39, 1606. 3. 21; 39, 1606. 5. 3.

48 《인조실록》12, 1634. 5. 22;《천의소감찬수청의궤》(1755) 감결질, 11월 00일.

49 《승정원일기》, 정조 5, 1781. 7. 25.; 순조 5, 1805. 8. 8; 헌종 4, 1838. 윤4. 28;《개수등록》이문, 병인 5월.

50 《영종대왕실록청의궤》하, 교수청감결질校讐廳甘結秩, 1781[신축]. 7. 4.

51 붓, 먹, 꿀 등과 함께이다. 《일성록》, 정조 23, 1799. 12. 22.

52 《승정원일기》, 숙종 8, 1682. 4. 10;《비변사등록》, 숙종 8, 1682. 4. 16.

53 《명성왕후국장도감의궤明聖王后國葬都監儀軌》, 1684, 51·52쪽;《장렬왕후책보수개도감의궤莊烈王后册寶修改都監儀軌》, 1687.

54 《영종대왕실록청의궤》하, 교수청감결질, 경자년 5월 26일; 내관질來關秩, 경자년 5월.

55 이긍익, 《연려실기술》별집, 제14권, 문예전고文藝典故, 주자鑄字.

56 《숙종혼전도감의궤魂殿都監儀軌》, 1720, 104쪽;《사도세자가례도감의궤思悼世子嘉禮都監儀軌》, 1744, 464쪽.

57 《비변사등록》, 숙종 11, 1685. 1. 19;《정조실록》4, 1780. 5. 11.

58 《일성록》, 정조 17, 1793. 6. 29.

59 《선원보략개수정시교정청의궤璿源譜略改修正時校正廳儀軌》, 1739, 56쪽;《선원보략수정시교정청의궤》, 1748, 43쪽;《선원보략수정시종부시의궤璿源譜略修正時宗簿寺儀軌》, 1751, 46쪽;《선원보략수정시교정청의궤》, 1735.

60 《중종실록》37, 1542. 8. 24.

61 《수빈휘경원천원도감의궤綏嬪徽慶園遷園都監儀軌》2권, 1855, 54쪽.

62 1945년 무렵의 기록이지만, 박완서는 휴지를 풀어 그릇을 만드는 것이 유행했다고 기록하고 있다. 박완서, 《그 많던 싱아는 누가 다 먹었을까》, 세계사, 2012.

63 유배 중인 심노숭의 일기이다. 심노숭, 《南遷日錄》上、六、壬戌七月十六日(1802. 7. 16); 七、壬戌十二月十二日(1802. 12. 12) 한국사 DB. 사실 종이신[지혜紙鞋]에 먼저 열광한 것은 서울 사람들이었다. 1683년 이 풍습 때문에 사대부 집안의 서책이나 관문서가 도둑맞을 우려가 있다며 종이신을 신는 것이 금지되었다. 《전록통고典錄通考》형전 중, 금제;《受教輯錄》, 嚴禁紙鞋, 한국사 DB.

장인과 닥나무가 함께 만든 역사,
조선의 과학기술사

64 김종수, 《朝鮮 後期 中央軍制研究》, 혜안, 2003; 김우철, 《朝鮮 後期 地方軍制史》, 경
인문화사, 2001.

65 《인조실록》9, 1631. 7. 8.

66 Kang Hyeok Hweon, "Crafting Knowledge: Artisan, officer, and the culture of making
in Chosŏn Korea".

67 《승정원일기》, 영조 5, 1729. 12. 2.

68 《비변사등록》, 인조 20, 1642. 9. 7; 인조 23, 1645. 10. 16.

69 "紙衣以紙爲外拱以木爲內拱 重四斤. 襦衣內外生木着絮重準三斤". 《만기요람》 군정
편 1, 비변사, 소장사목所掌事目; 《六典條例》 卷1, 吏典, 議政府, 總例.

70 《만기요람》 재용편 1, 각공各貢, 선혜청 57공. 지의 값은 도별로 같은데, 유의의 경우
는 지역별로 공가가 달랐다. 영남은 3필 14척, 양호는 3필, 강원은 돈으로 10냥이었
다.

71 각종 포와 무기에 더해 지유삼 500령, 목유삼 392령 등 많은 군기를 새로 갖춘 것으
로 가자와 포상이 논의된다. 《승정원일기》, 영조 11, 1735. 12. 10.

72 《비변사등록》, 정조 20, 1796. 9. 16.

73 《일성록》, 정조 21, 1797. 8. 18.

74 《만기요람》 군정편 2, 부附 용호영, 군기軍器.

75 초기에는 '경광지' 등과 색지가, 후기에는 '우산지' 등이 주목된다. 부산광역시 시사
편찬위원회, 김동철 외 옮김, 《국역 왜인구청등록》, 부산광역시, 2008. David A.
Bello, *Across Forest, Steppe, and Mountain*, Cambridge: Cambridge University Press,
2016.

76 《계암일록》 권4, 1623. 12. 15.

77 《계암일록》 권6, 1633. 4. 8.

78 Sungjae Daily Account Book, 058~059.

79 지규식, 《하재일기荷齋日記》 2권, 1892. 3. 5.

80 《승정원일기》, 영조 5, 1729. 7. 29.

81 《승정원일기》, 영조 7, 1731. 1. 16.

82 《승정원일기》, 영조 30, 1754. 9. 25.

83 《일성록》, 정조 5, 1781. 5. 30.

84 《일성록》, 정조 12, 1788. 3. 28; 정조 12, 1788. 7. 26.; 정조 17, 1793. 11. 20.; 정조 21, 1797. 6. 12.

85 《일성록》, 순조 5, 1805. 6. 2; 《승정원일기》, 순조 16, 1816. 5. 8.

86 《만기요람》 군정편 3, 어영청, 군기軍器; 금위영, 군기.

87 《승정원일기》, 순조 31, 1831. 7. 21.

88 Roberts, et. al. eds., *The Mindful Hand*.

89 세르쥬 라투슈, 《낭비사회를 넘어서: 계획적 진부화라는 광기에 관한 보고서》.

4장 지구적 실학과 조선의 제지

1 임종태, 〈과학사학계는 왜 실학을 저평가해 왔는가?〉, 《한국실학연구》 36, 2018, 677~699쪽.

2 구만옥, 〈한국 전통과학사 연구: 심화를 위한 다양한 모색〉, 《역사학보》 207, 2010, 273~294쪽; 〈조선 후기 과학사 연구에서 '실학'의 문제〉, 《한국실학연구》 36, 2018, 637~676쪽; 임종태, 〈實學에서 中國의 문제로: 전근대 한국 과학사 연구의 최근 동향〉, 《역사학보》 231, 2016. 401~418쪽.

3 모두 나열하지 못한다. 박권수, 〈조선 후기 象數學의 발전과 변동〉, 서울대학교 박사학위 논문, 2006; 구만옥, 《영조 대 과학의 발전》, 한국학중앙연구원출판부, 2015; 경석현, 〈조선 후기 재이론災異論의 변화: 이론체계와 정치적 기능을 중심으로〉, 경희대학교 박사학위 논문, 2018; 정명현 외, 《임원경제지: 조선 최대의 실용백과사전》, 씨앗을 뿌리는 사람들, 2012; 이정림, 〈성호星湖 이익李瀷의 재이災異 분류와 재이론의 합리화〉, 서울대학교 석사학위 논문, 2019; 홍유진, 〈홍대용洪大容 《주해수용籌解需用》의 구성과 저술 목적〉, 서울대학교 석사학위 논문, 2019. 이 논문들의 의의에 대한 검토는 이정, 〈물질, 삶과 만나는 변방의 낯선 과학〉, 《역사학보》 247, 2020,

489~512쪽.

4 박권수, 〈조선 후기의 역서曆書 간행에 참여한 관상감 중인 연구 1〉, 《한국과학사학회
지》 37, 2015, 119~145쪽; 〈조선 후기 관상감觀象監 입속자入屬者 연구〉, 《한국사연
구》 187, 2019, 289~324쪽; 이기복, 〈조선 후기 의학 지식 구성 및 실행 방식의 변
화: 18세기 《역시만필歷試漫筆》을 중심으로〉, 《한국과학사학회지》 41, 2019, 1~31쪽;
〈의원의 서사로 본 조선 후기 의료의 사회문화적 풍경〉, 《한국문화》 98, 2022,
265~305쪽. Hyeok Hweon Kang, "Cooking Niter, Prototyping Nature: Saltpeter and
Artisanal Experiment in Korea, 1592~1635", *Isis* 113:1, 2022, pp. 1~21.

5 임종태, 《17, 18세기 중국과 조선의 서구 지리학 이해》, 창비, 2012; 문중양, 《조선 후
기 과학사상사》, 들녘, 2016; Hyeok Hweon Kang, "Cooking Niter, Prototyping
Nature: Saltpeter and Artisanal Experiment in Korea, 1592~1635", *Isis* 113:1, 2022,
pp. 1~21.

6 임종태, 〈實學에서 中國의 문제로: 전근대 한국 과학사 연구의 최근 동향〉; 김영식,
《중국과 조선, 그리고 중화》, 아카넷, 2018, 410쪽. 다음 저작들은 조선 학문 활동이
조선에서 실행되는 맥락과 실행 방식에 주목해 조선의 독자성을 부각시켰다. 구만
옥, 《세종시대의 과학기술》, 들녘, 2016; 《조선 후기 의상개수론儀象改修論과 의상 정
책》, 혜안, 2019; 전용훈, 《한국천문학사》, 들녘, 2017; 김슬기, 〈숙종 대 관상감의 시
헌력 학습: 을유년(1705) 역서 사건과 그에 대한 관상감의 대응을 중심으로〉, 《한국
과학사학회지》 39, 2017, 435~464쪽; 오영숙, 〈조선 후기 천원술과 산목 계산법의
변화〉, 서울대학교 박사학위 논문, 2021. 다음 연구는 조선 후기 실학과 중국의 관계
를 연행이라는 학문정치적 실천 및 자산에 주목해 '중국'을 전유하는 다른 방식을 드
러냈다. 임종태, 《여행과 개혁》.

7 정민, 《18세기 조선 지식인의 발견》, 휴머니스트, 2007; 장진성, 〈조선 후기 회화와 문
화적 호기심〉, 《美術史論壇》 32, 2011, 163~189쪽.

8 Craig Clunas, *Superfluous Things*: *Material Culture and Social Status in Early Modern
China*, Honolulu: University of Hawaii Press, 2004; Benjamin A. Elman, *On Their
Own Terms*: *Science in China, 1550~1900*, Cambridge: Harvard University Press,

2005; "Collecting and Classifying: Ming Dynasty Compendia and Encyclopedias (Leishu)", *Extrême-Orient, Extrême-Occident* 1, 2007, pp. 131~157; Paula Findlen, *Possessing Nature*, Berkeley: University of California Press, 1996; Lorraine Daston, Katharine Park, *Wonders and the Order of Nature, 1150~1750*, New York: Zone Books, 2001; Harold Cook, *Matters of Exchange: Commerce, Medicine, and Science in the Dutch Golden Age*, New Haven: Yale University Press, 2007.

[9] 조선 중화주의의 다양한 측면과 변화에 대해서는 김영식, 《중국과 조선, 그리고 중화》. 이는 유럽 지식인들에게 그리스와 로마가 갖는 의미, 라틴어가 하는 역할과 완전히 다르다고 볼 수 없다.

[10] 이수건, 《嶺南學派의 形成과 展開》, 일조각, 1995, 273쪽.

[11] 이수건, 《嶺南學派의 形成과 展開》, 30쪽.

[12] 김문식, 〈조선시대 중국 서적의 수입과 간행: 《사서오경대전》을 중심으로〉, 《규장각》 29, 2006, 121~140쪽; 유춘동, 《조선시대 수호전의 수용 연구》, 보고사, 2014.

[13] 강명관의 〈종이가 왜 비쌌을까〉라는 장은 종이나 닥 수급에 대한 몇몇 언급에 의존해서 부정확하고, 정병설의 종이값 기록은 훨씬 상세하지만 역시 쌀값과의 비교 등에서 계산이 틀린 부분이 보인다. 5장에서 상세히 살펴본다. 강명관, 《조선시대 책과 지식의 역사: 조선의 책과 지식은 조선 사회와 어떻게 만나고 헤어졌을까?》, 천년의상상, 2014, 325~326쪽; 정병설, 《조선시대 소설의 생산과 유통》, 서울대학교출판문화원, 2016, 53~59쪽. 배우성은 강명관의 연구를 인용해 조선시대에 서점이 없었으며 정약용의 연구를 읽은 사람이 없었다고 했지만, 고동환의 연구에 따르면 경학을 제외한 정약용의 저작은 상당히 널리 알려지고 읽혔으며, 뒤에 더 살펴보겠지만 김영진의 연구 등을 보면 서점이 없지는 않았다. 배우성, 《독서와 지식의 풍경: 조선 후기 지식인들의 읽기와 쓰기》, 돌베개, 2015, 8쪽. 정병설, 강명관, 배우성이 공히 지적한 국가의 인쇄출판 독점이나 검열, 통제라는 주장에 대한 적절한 문제 제기는 김영민, 〈국문학 논쟁을 통해서 본 조선 후기의 국가, 사회, 행위자〉, 《일본비평》 19, 2018, 194~255쪽.

[14] 홍선표 외, 《17·18세기 조선의 외국 서적 수용과 독서문화》, 혜안, 2003; 부길만·황

지영, 《동아시아 출판문화사 연구 I》, 오름 2009; 황지영, 《명청 출판과 조선 전파》, 시간의물레, 2012; 조계영·장유승·당윤희·이유리·노경희, 《동아시아의 문헌 교류》, 소명, 2014; 최석원·허재영·노경희·홍성준·이성현, 《한·중·일 문헌 교류와 유통을 통해 본 지식의 영향력》, 경인문화사, 2019; 김영진, 〈조선 후기 서적 출판과 유통에 관한 일고찰〉, 《동양 한문학 연구》 30, 2010, 5~28쪽; 김영진, 〈조선 후기 사가私家 장서목록에 대한 일고—攷—심억·심제현·이원정·이담명의 목록을 중심으로〉, 《韓國漢文學研究》 77, 2020, 469~506쪽.

15 김문식, 〈조선시대 중국 서적의 수입과 간행〉, 139쪽; 신양선, 〈15세기 조선시대의 서적 수입정책〉, 《역사와 실학》 12, 1999, 163~190쪽.

16 우정임, 〈16세기 후반 방각본의 출현과 책쾌의 활약〉, 《역사와 경계》 76, 2010, 69~106쪽; 김영진, 〈朝鮮朝 文集 刊行의 諸樣相—朝鮮 後期 事例를 中心으로〉, 《민족문화》 43, 2014, 5~75쪽; 김한영, 《안성판 방각본》, 참빛아카이브, 2013; 김문식, 〈조선시대 중국 서적의 수입과 간행〉.

17 정병설, 강명관, 배우성 등은 모두 조선에 서점이 없었다고 했지만 다음 연구들은 모두 서점 운영 기록을 정확히 밝히고 있다. 김영진, 〈조선 후기 서적 출판과 유통에 관한 일고찰〉, 14~19쪽; 남정희, 〈조선 후기 公安派 서적 수용 실태의 탐색〉, 《한국고전연구》 12, 2005, 163~199쪽; 고동환, 〈19세기 후반 지식세계의 변화와 다산茶山 호출의 성격〉, 《다산과 현대》 4·5, 2012, 25~48쪽.

18 이덕무, 〈사물事物〉, 《청장관전서》 30권, 士小節七, 부의婦儀 2.

19 남정희, 〈조선 후기 公安派 서적 수용 실태의 탐색〉, 174~175쪽에서 재인용.

20 강명관, 《공안파와 조선 후기 한문학》, 75쪽; 유춘동, 《조선시대 수호전의 수용 연구》.

21 조청관계 변화에 대해서는 Lim Jongtae, "Tributary Relations Between the Chosŏn and Ch'ing Courts to 1800", Willard J Peterson ed., *The Cambridge History of China*, vol. 9, pt. 2, Cambridge: Cambridge University Press, 2016.

22 김영진, 〈조선 후기 사가 장서목록에 대한 일고〉, 475쪽.

23 김채식, 〈李圭景의 《五洲衍文長箋散稿》研究〉, 성균관대학교 박사학위 논문, 2009.

24 배우성, 《독서와 지식의 풍경》, 18·72쪽; 남정희, 〈조선 후기 공안파 서적 수용 실태〉, 167쪽에서 재인용.

25 김경미, 〈淫詞小說의 수용과 19세기 한문소설의 변화〉, 《古典文學硏究》 25, 2004, 331~360쪽.

26 안정복, 〈天學考〉, 《순암선생문집》 권17,

27 남정희, 〈조선 후기 공안파 서적 수용 실태〉, 178쪽.

28 정병설, 《조선시대 소설의 생산과 유통》, 66~87·137쪽; 《비변사등록》, 정조 15, 1791. 11. 8; 《비변사등록》, 정조 22, 1798. 10. 12.

29 Jan de Vries, "The limits of globalization in the early modern world", *The Economic History Review* 63(3), 2010, pp. 710~733.

30 Harold Cook, *Matters of Exchange: Commerce, Medicine, and Science in the Dutch Golden Age*, New Haven: Yale University Press, 2007.

31 박성래, 〈한국사에도 과학이 있는가〉, 《한국사에도 과학이 있는가》, 김영사, 1998, 15~26쪽; 김영식, 〈중국 과학에서의 Why Not 질문〉, 《동아시아 과학의 차이》, 사이언스북스, 2013, 55~73쪽; Clapperton Chakanetsa Mavhunga ed., "Introduction", *What Do Science, Technology, and Innovation Mean from Africa*, Cambridge: The MIT Press, 2017.

32 Dipesh Chakrabarty, *Provincializing Europe: Postcolonial Thought and Historical Difference*, New Jersey: Princeton University Press, 2000; James A. Secord, "Knowledge in Transit", *Isis* 95(4), 2004, pp. 654~672; Fa-ti Fan, *British Naturalists in Qing China*, Cambridge: Harvard University Press, 2004; Kapil Raj, *Relocating Modern Science: Circulation and the Construction of Knowledge in South Asia and Europe, 1650~1900*, New York: Palgrave Macmillan, 2010; Simon Schaffer, "Newton on the Beach: The Information Order of Principia Mathematica", *History of Science* 47, 2009, pp. 243~276.

33 Harold Cook, *Matters of Exchange: Commerce, Medicine, and Science in the Dutch Golden Age*, New Haven: Yale University Press, 2007; Paula Findlen, *Possessing Nature*,

장인과 닥나무가 함께 만든 역사,
조선의 과학기술사

Berkeley: University of California Press, 1996; Lorraine Daston and Katharine Park, *Wonders and the Order of Nature*, 1150~1750, New York: Zone Books, 2001.

[34] 장진성은 이를 소비문화적, 예술적 유사성으로 지적했는데, 이는 물론 학문적 태도로 이어진다. 장진성, 〈조선 후기 회화와 문화적 호기심〉, 《미술사논단》 32, 2011, 163~189쪽; Craig Clunas, *Superfluous Things: Material Culture and Social Status in Early Modern China*, Honolulu: University of Hawaii Press, 2004; Benjamin A. Elman, *On Their Own Terms: Science in China, 1550~1900*, Cambridge: Harvard University Press, 2005; "Collecting and Classifying: Ming Dynasty Compendia and Encyclopedias (Leishu)", *Extrême-Orient, Extrême-Occident* 1, 2007, pp. 131~157.

[35] Steven Shapin, *The Scientific Revolution*, Chicago: University of Chicago Press, 1996, p. 13; 임종태, 《여행과 개혁》, 92~114쪽; Catherine Jami, Peter M Engelfriet, and Gregory Blue eds, *Statecraft and Intellectual Renewal in Late Ming China: The Cross-Cultural Synthesis of Xu Guangqi (1562~1633)*, Leiden: Brill. 2001, pp. 13~14.

[36] 俞漢寯, 〈石農畵苑跋〉, 《自著》 권1.

[37] 황정연, 〈石農 金光國의 생애와 書畵收藏 활동〉, 《미술사학연구》 235, 2002, 61~85쪽.

[38] 중인들의 부상과 양반의 중인의 전반적 관계 변화에 대해서는 임종태, 《여행과 개혁》, 50~87쪽.

[39] 《숙종실록보궐정오》 29, 1703. 4. 17; 《영조실록》 2, 1726. 12. 2.

[40] 《영조실록》 51, 1775. 12. 25; 《정조실록》 1, 1777. 7. 18.

[41] 박제가, 정민 외 역, 《정유각집》 하, 돌베개, 2010, 146쪽.

[42] 정민, 《18세기 조선 지식인의 발견》, 휴머니스트, 2007, 15~23쪽 등.

[43] 안대회, 〈조선 후기 소품문 창작과 명청 소품문〉, 191쪽.

[44] Findlen, *Possessing Nature*, p. 16.

[45] 김준형, 〈조선 후기 사치의 문학적 형상화 양상〉, 《국문학연구》 20, 2009, 7~30쪽; 고동환, 《조선시대 시전상업 연구》, 지식산업사, 2013, 192~193쪽; 장진성, 〈조선 후기 士人風俗畵와 餘暇文化〉, 《美術史論壇》 24, 2007, 261~291쪽; 장진성, 〈조선 후

기 고동서화古董書畵 수집 열기의 성격: 김홍도의 〈포의풍류도〉와 〈사인초상〉에 대한 검토〉,《미술사와 시각문화》 3, 2004, 154~203쪽.

[46] 김준형, 〈조선 후기 사치의 문학적 형상화 양상〉;《정조실록》 12, 1788. 10. 19.

[47] Clunas, *Superfluous Things*, p. 88.

[48] 강명관,《공안파와 조선 후기 한문학》.

[49] Cook, *Matters of Exchange*, p. 72; Clunas, *Superfluous Things*, p. 82.

[50] 미각이 두드러지는 유럽어의 취미는 '교환의 사물'의 중심에 커피, 차, 설탕 등 새로운 맛을 가진 것들 중심이었다. 또 명인 혹은 거장이라는 말이 모든 것을 제대로 알고 즐기는 virtuoso의 원뜻에서 장인들에 대한 언어로 바뀌어간 점도 조선과 다르다. 체계적 연구가 필요한 부분이다. Cook, *Matters of Exchange*.

[51] 유춘동,《조선시대 수호전 수용 연구》, 45~46쪽.

[52] 시마다 겐지, 김석근·이근우 옮김,《주자학과 양명학》, 까치, 1986, 127쪽; 구만옥,《영조 대 과학의 발전》; 임종태,《여행과 개혁》등.

[53] 안대회, 〈조선 후기 소품문小品文 창작과 명청明淸 소품문〉,《中國文學》 53, 2007, 190쪽.

[54] 손정희, 〈조선시대 '완물玩物'의 논리 구조: '유어예游於藝'와 '완물'의 층위를 중심으로〉,《미학》 84(2), 2018, 1~40쪽.

[55] 이덕무, 〈이낙서李洛瑞 서구書九에게 주는 편지〉,《청장관전서》 간본 아정유고 제6권; 〈간서치전看書痴傳〉,《청장관전서》 4권.

[56] 배우성,《독서와 지식의 풍경》.

[57] Lorraine Daston and Glenn W Most, "History of Science and History of Philologies", *Isis*, 2015, pp. 106·378~390; Sheldon Pollock, Benjamin A Elman, Ku-ming Chang, *World Philology*, Cambridge: Harvard University Press, 2015.

[58] Elman, *On Their Own Terms*; "Collecting and Classifying: Ming Dynasty Compendia and Encyclopedias(Leishu)".

[59] 박제가, 〈목재〉, 〈응지진북학의소〉,《북학의》, 144, 295쪽.

[60] 양반이 인구의 절반이라는 이야기는 〈의상경계책〉 등 다른 글에서도 거듭 되풀이되

장인과 닥나무가 함께 만든 역사,
조선의 과학기술사

었다. 서유구, 〈섬용지서〉, 《섬용지》 1, 81~87쪽; 〈공업교육[訓工]〉, 《섬용지》 3, 361 ·367쪽.

[61] Francesca Bray, *Technology and Gender*, Berkeley: University of California Press, 1997; William T. Rowe, *Saving the World: Chen Hongmou and Elite Consciousness in Eighteenth-Century China*, Stanford: Stanford University Press, 2001; Carla Nappi, *The Monkey and the Inkpot*, Cambridge: Harvard University Press, 2009; Dagmar Schäfer, *The Crafting of the 10,000 Things*, Chicago: The University of Chicago Press, 2011.

[62] 임종태, 《여행과 개혁》, 92쪽; 구만옥, 《조선 후기 의상개수론과 의상 정책》, 192~211쪽 등.

[63] 유봉학, 《연암 일파 북학사상연구》, 일지사, 1995 등.

[64] 중국에서 정부 관원으로까지 일하게 된 선교사들이 직접 선교 활동을 벌이며 중국 학자들의 정치, 학문적 권위에 도전했던 것과 다르다. Chu Pingyi, "Scientific Dispute in the Imperial Court: the 1664 Calendar Case", *Chinese Science*, 1997, 14:7~34; 제사 를 폐지하고 신주를 불사른 진산사건 외 18세기 말 일련의 사건에 대해서는 구만옥, 《영조 대 과학기술》, 71쪽.

[65] 중국과 한국의 유학자들 전반적으로 그랬다는 것이다. 김영식, 《한국 전통과학의 배 경》, 212쪽. 이러한 비판적 태도는 서학을 아예 무시한 대다수를 포함하지 않고도 그 러했다. "서구 과학에 비판적인 이들이 적극적인 논변을 꺼렸기 때문에 18세기 서구 과학에 대한 논의로서 남아 있는 것은 대개 그에 우호적인 입장에서 이루어진 것이 다"는 것이다. 임종태, 《여행과 개혁》, 157쪽.

[66] 김영식, 《한국 전통과학의 배경》, 225·247쪽 등.

[67] 서형수徐瀅修(1749~1824), 〈기하실幾何室에 대한 기문[幾何室記]〉, 《명고전집》 제8권.

[68] 구만옥, 〈조선 후기 과학사 연구에서 '실학'의 문제〉, 657~658쪽; 《영조 대 과학기 술》, 182쪽.

[69] 구만옥, 〈조선 후기 과학사 연구에서 '실학'의 문제〉, 647~648쪽에서 재인용.

[70] 이희경, 진재교 외 옮김, 《북학 또 하나의 보고서, 설수외사》, 성균관대학교출판부, 2011, 109~111쪽.

[71] 홍길주, 《항해병함》 하, 태학사, 2006, 447쪽.

[72] 이런 규정이 수학을 도학으로 격상시키는 것인지, 오히려 수학의 유용성을 도학의 언어로 치장하려는 도학의 여전한 우위를 보여주는 것인지는 분명하지 않다. 전환을 이루었다는 기준이 수학, '자연학' 등의 독립적 추구일 필요는 없을 것이다. 구만옥, 〈조선 후기 과학사 연구에서 '실학'의 문제〉, 650~651쪽.

[73] 임종태, 《여행과 개혁》, 266쪽.

[74] 구만옥, 《영조 대의 과학기술》, 29·35쪽.

[75] 한정길, 〈19세기 주자학적 세계관의 반성과 새로운 학문관의 형성─다산 정약용을 중심으로〉, 《세도정권기 조선 사회와 대전회통》, 혜안, 2007, 23~68쪽.

[76] 구만옥, 〈조선 후기 과학사 연구에서 '실학'의 문제〉, 657~658쪽; 〈자연학: 다산학 연구의 최근 동향〉, 《다산과 현대》 1, 2008, 69~111쪽. 최한기, 〈기측체의 서〉, 《氣測體義》, 고전 DB, ITKC_GO_1296A_0010_010_0010_2004_001_XML.

[77] 구만옥, 〈조선 후기 과학사 연구에서 '실학'의 문제〉, 666쪽.

[78] 왕징은 역예力藝, 중학重學 등의 용어와 리, 도, 성, 덕에 대한 강조를 통해 유학의 틀 내에서 《기기도설》의 서양 수학, 역학, 기계학을 정당화했지만, 책에는 조물주와 아담에 대한 언급도 많았다. Sik, Kim Yung. "A Philosophy of Machines and Mechanics in Seventeenth-Century China: Wang Zheng's Characterization and Justification of the Study of Machines and Mechanics in the 'Qiqi Tushuo'", *East Asian Science, Technology, and Medicine*, no. 31, 2010, pp. 64~95.

[79] 임종태, 《여행과 개혁》, 97~103쪽; 구만옥, 《영조 대 과학기술》, 204~209쪽.

[80] 김채식, 〈이규경의 《오주연문장전산고》 연구〉, 41쪽; 이규경, 〈五洲衍文長箋散稿序〉, 《五洲衍文長箋散稿》, 고전 DB, ITKC_GO_1301A_0020_000_0010_2005_001_XML.

[81] Shapin, 앞의 책, pp. 46~59 등.

[82] Peter Dear, *Revolutionizing the Sciences: European Knowledge and Its Ambitions, 1500~1700*, Princeton, Princeton University Press, 2001, pp. 66~72.

[83] 물론 용어만 바꾼다면 그리스나 기독교 사상과 크게 달라 보이지 않는다. 문명의 차이를 강조해온 근대 이후의 사고에 의해 널리 논의되지 않았던 문명적 사고의 보편

장인과 닥나무가 함께 만든 역사,
조선의 과학기술사

성이라고 봐야 할 것이다.

84 Liliane Hilaire-Perez, "Technology as a Public Culture in the Eighteenth Century: The Artisan's Legacy", *History of science*, 45, 2007, pp. 135~154.

85 배우성, 《독서와 지식의 풍경》, 19쪽에서 재인용. 김명호 외, 《19세기 필기류 소재 지식정보의 양상》, 학자원, 2011.

86 김명호, 《연암 문학의 심층 탐구》, 돌베개, 2013; 김대중, 《풍석 서유구 산문 연구》; 조창록·김문식·염정섭·박권수·김호·김왕직·이민주·송지원·문석윤·이봉규, 《풍석 서유구 연구》상·하, 사람의 무늬, 2014; 김채식, 〈오주연문장전산고 연구〉, 36쪽.

87 전상운, 《한국과학사》, 사이언스북스, 2000, 25쪽.

88 홍대용, 《담헌서》湛軒書外集 卷八, 燕記, 沿路記略: "瀋陽見造紙處, 置大石磨, 黃水滿其中, 駕三馬以研之. 研盡者籭取, 如我國法. 傍築甄墻, 虛其中而熾石炭, 兩面如溫炕, 傅濕紙頃刻乾落, 蓋爲冬日用也. 問其料, 亦楮皮也. 意中國研末, 故不堅韌, 我國細解, 故毛生, 各有短長也. 其人亦聞我紙之爲楮, 相顧差異也."(문집총간, a248_273b). 마지막 '相顧差異'의 뜻은 분명치 않다. 아래에 살펴보겠지만 한글본 《을병연행록》의 내용과 차이가 있다.

89 이는 공안파 수장 원굉도의 〈서문장전徐文長傳〉의 영향이라고 한다. 문장文長은 서위의 자字. 안대회, 〈조선 후기 소품문 창작과 명청 소품문〉, 192~193쪽.

90 박제가, 《북학의》, 169·412쪽.

91 박제가, 《북학의》, 412쪽: "徐文長曰 高麗紙不宜畵 如錢厚者始佳 惟堪小楷耳 中國識者之見 已如此."

92 徐渭, 《徐文長文集》17권, 答張翰撰: "絹不宜小楷 燥則不入 稍濕則盡斗而煙. 高麗紙如錢厚者始佳 然亦止宜書 不宜畵."(https://ctext.org/wiki.pl?if=gb&chapter=748942, 2020. 4. 20).

93 박지원, 〈북학의 서〉, 《북학의》, 33쪽.

94 박지원, 《燕巖集》卷之十二 別集, 熱河日記, 關內程史: "徐渭謂高麗紙 不宜畵, 惟錢厚者稍佳. 其不見可, 如此. 不硾則毛荒難寫, 搗鍊則紙面太硬, 滑不留筆, 堅不受墨, 所以紙不如中國也."(문집총간, a252_189b).

95 이희경, 《설수외사》, 166~171·249쪽: "徐文長曰 高麗紙白硾如錢厚者 可寫小楷 而 不堪作渲畵 古人已知其品格之硬强難制也."

96 이희경, 《설수외사》, 167~168·170쪽.

97 박지원, 《燕巖集》卷之十二 別集, 熱河日記, 銅蘭涉筆: "王元美稱東紙 徐文長甚愛東 紙如錢厚者; 其跋語高麗刻唐柳先生集 繭紙竪緻字畫瘦勁 在中華亦爲善本."(문집총간, a252_322c).

98 두 저서는 박지원, 박제가, 이희경이 모두 세상을 떠나고, 자신도 규장각 각신 등의 화려한 경력을 뒤로하고 이른바 방폐기에 접어든 1806년 이후의 저작이다. 금화는 벼슬에서 물러난 서유구가 처음 자리 잡아 1811년까지 살던 지역 이름이다. 《임원경 제지》는 1806~1823년 사이의 방폐기에 집중적으로 편찬되었다. 서유구 저작에 대 한 세밀한 문헌학적 연구는, 김대중, 《풍석 서유구 산문 연구》, 30~68쪽.

99 중국의 《遵生八牋》, 《居家必用》, 《快雪堂漫錄》, 《洞天淸錄》, 《天工開物》, 《古今秘苑》, 《淸暑錄話(淸暑筆談)》, 《文房寶飾》, 《老學庵筆記》와 조선의 《靑莊館漫錄》, 《寒竹堂涉 筆》, 《攷事十二集》, 《熱河日記》, 《金華耕讀記》, 《山林經濟補(실제는 稨經)》, 일본의 《和 漢三才圖會》이다. 서유구, 임원경제연구소 역, 〈이운지〉 2, 풍석문화재단, 2019, 229~291쪽.

100 정명현 등, 〈임원경제지 예언〉, 《임원경제지: 조선 최대의 실용백과사전》, 407쪽. 번 역 중이던 서유구 저작의 원문과 번역문 등을 공유해 주신 임원경제연구소 정명현 소장님께 감사드린다.

101 서유구, 〈이운지〉 2, 265쪽: "宋人論諸國紙品, 必以高麗紙爲上, 此特見當時貢幣之 紙而云然也. 若今造紙署之咨文紙 平康之雪花紙 全州南原之扇子紙 簡壯紙 注油紙 油芚, 實天下之所稀, 有苔紙 竹淸紙, 尤爲佳絕. 但東俗尙質, 紙名不若中華之文飾."

102 서유구, 〈이운지〉 2, 266~268쪽.

103 서유구, 〈이운지〉 2, 268쪽: "錢牧齋跋東刻柳文, 有繭紙竪緻之語, 然東人實不知繭 紙爲何物, 何由得搨印書籍, 高深甫遵生八牋亦云, 高麗有綿繭紙, 未知見吾何等紙品, 而誤以繭紙稱之也."

104 高濂, 《遵生八牋》 卷15, 論紙: "高麗有綿繭紙 色白如綾 堅靭如帛 用以書寫 發墨可愛."(Kanseki Repository, https://www.kanripo.org/text/KR3j0172/015, 015-34b, 2020.4.20).

105 이익, 《星湖僿說》卷4, 萬物門, 〈繭紙〉.(고전DB, ITKC_BT_1368A_0050_010_0480_2002
_002_XML).

106 서유구가 《동천청록》으로 인용한 글들도 현전하는 《동천청록》에는 없고, 그 구절들
이 명대 도륭屠隆(1543~1605)의 《지묵필연전紙墨筆硯笺》, 《고반여사考槃餘事》에서 검
색된다. 조선에 전해진 《동천청록》이나 명대의 것이 후에 출판되어 현전된 것보다 더
많은 내용을 담고 있었을 수 있다. 《화한삼재도회》 등에서 찾지 못한 것이 서유구가
견지가 무엇인지 모른다고 말한 이유일 것이다.

107 한치윤이 《강희기가격물론康熙幾暇格物論》을 인용해 전했다. 한치윤, 《해동역사海東
繹史》 27권, 물산지物産志 2, 〈문방류文房類〉(고전DB, ITKC_BT_1433A_0290_010_
0050_2007_003_XML).

108 서유구는 왕조실록이 아닌 이덕무의 《청장관만록青莊館漫錄》으로 인용 문헌을 표시
했는데, 남아 있는 《청장관만록》에서는 이 내용을 찾을 수 없다. 성종 당시 닥나무가
귀해지면서 다른 재료를 쓰는 중국 제지법을 배워 왔지만, 조선에 정착되지 못했다.
《성종실록》 6년 1월 19일. 이덕무는 조선 종이의 품질에 대한 박제가, 박지원의 비판
을 공유하지 않았다.

109 도드라지는 섬유가 없는 종이의 마감은 매끈한 돌이나 부드러운 솔로 한두 번 쓸어
내리는 것으로 족했기에, 일본과 중국에는 다듬잇돌과 홍두깨와 같은 도구도 없었다.
Hunter, *Papermaking*.

110 고전 DB의 용례로 보면 문견이 견문보다 약 20퍼센트 정도 더 많이 사용되었다. 이
희경도 견문 대신 문견이라는 말을 썼다. 이희경, 〈설수외사 자서〉, 185쪽: "平日耳目
之所聞見, 心志之所解悟, 足跡之所遍歷, 彙爲一卷."

111 박제가, 〈자서〉, 《북학의》, 375쪽: "益聞其所不聞, 歎其古俗之猶存而前人之不余欺
也."

112 박지원, 〈북학의 서〉, 《북학의》, 376쪽: "自農蚕畜牧城郭宫室舟車 以至瓦簹筆尺之制
莫不目數而心較, 目有所未至, 則必問焉, 心有所未諦, 則必學焉."

113 박지원, 〈북학의 서〉, 《북학의》, 376쪽.

114 박제가, 〈벽돌〉,《북학의》, 76~80쪽; 박지원, 〈도강록〉,《열하일기》, 2일 무인戊
寅.(고전 DB, ITKC_BT_1370A_0020_010_0090_2003_001_XML). 이들은 모두 특별한 재주
가 있는 기인을 좋아해 교류했다고 이야기된다. 하지만 '벽癖'이 없는 사람을 비판하
며 "오늘날 나라 안의 현자 중 한 가지 기예로 유명한 사람이면 만나지 않은 이가 없
다"고 말한 박제가는 이들이 기예에만 뛰어난 것이 아닌 선비임을 강조했다. 박제가,
정민 외 옮김, 〈이조참의 정지검의 이길대를 만나 보기를 구하는 편지에 답장하다〉,
《정유각집》하, 돌베개, 2010, 329~331·619쪽: "今國中之賢而以一藝名者, 齊家莫不
接焉. 其近者或與之遊焉.雖不接焉不遊焉.

115 홍대용, 정훈식 옮김,《을병연행록》1, 경진, 2012, 116쪽: "이때 길가에 맷돌을 가
는 소리가 나거늘, 문을 두드려 사람을 부르니, 한 사람이 문을 열고 들어오라 하였
다. 문을 드니 안이 어두워 사람을 겨우 분간하였으나 오래 서 있으니 점점 밝아졌
다. 그 안에는 넓은 맷돌을 놓았는데, 크기가 4~5칸에 가득히 놓이고, 둥근 돌 셋을
걸고 노새와 말을 메워 돌리니, 가는 것은 종이 뜨는 닥나무로 이를 물에 풀어 넣었
다. 안문을 열고 들어와 보라 하거늘 들어가니, 그 안에 종이 가마 서넛을 놓고 바야
흐로 종이를 뜨니 그 모양은 우리나라 법과 다름이 없었다. 한 편에 풀무 부엌 모양으
로 벽돌을 높이 쌓고 그 안에 숯불을 피웠으니, 양쪽 벽이 덥기가 방바닥 같았다. 떠
놓은 종이를 붙이면 잠깐 사이에 마르니, 즉시 떼고 다른 것을 붙였다. 여러 사람이
나에게 묻기를, "당신 나라의 종이는 무엇으로 만듭니까?"라 하니, 내가 말하기를,
"닥으로 만듭니다" 하였다. 여러 사람이 웃고 서로 말하며 또 나에게, "닥으로 만드는
데 어찌 그리 질깁니까?"라 하기에, 내 말하기를, "닥이 각각 다른가 싶습니다" 하니,
다 머리를 끄덕이며 옳다고 하였다."

116 박지원, 〈일신수필 서〉,《열하일기》: "徒憑口耳者 不足與語學問也 況平生情量之所
未到乎."(문집총간, a252_176a).

117 박제가, 〈노농老農〉,《북학의》, 327쪽.

118 정명현, 〈서유구의 선진 농법 제도화를 통한 국부 창출론:《의상경계책》의 해제 및
역주(이하《의상경계책》역주)〉, 서울대학교 박사학위 논문, 2014, 59쪽: "況可以用天
分地之事, 一付諸夏畦之愚而無法以惎之, 坐受其鹵莽滅裂之報哉?", 서유구, 〈공업교육

장인과 닥나무가 함께 만든 역사,
조선의 과학기술사

[訓工]),《섬용지》3, 풍석문화재단, 2017, 362쪽. 박제가도 거의 같은 말을 했다. 박제가, 〈응지진북학의소〉, 《북학의》, 298쪽.

119 홍대용, 《담헌서》 외집 1권, 항전척독杭傳尺牘, 〈철교에게 준 편지[與鐵橋書]〉(문집총간, a248_105a).

120 박지원, 《연암집》 제10권 별집, 엄화계수일 잡저罨畫溪蒐逸雜著, 〈원사原士〉(고전DB, ITKC_MO_0568A_0100_080_0010_2005_A252_XML).

121 박지원, 《연암집》 제3권, 공작관문고孔雀館文稿, 《〈위학지방도爲學之方圖〉 발문〉(문집총간, a252_070a).

122 박제가, 〈육서에 대한 대책[六書策]〉, 《정유각집》, 43~61쪽. 정조가 《규장전운奎章全韻》 작업을 했던 신하들에게 내린 책문의 제목이 〈문자文字〉였기에, 문자의 중요성을 강조하는 답을 쓴 것이기도 하다. 하지만 격물치지의 중요한 방법이 독서라는 믿음은 분명했을 것이다. 시마다 겐지, 김석근·이근우 역, 《주자학과 양명학》, 까치, 1986, 126~128쪽.

123 박지원, 〈북학의 서〉, 《북학의》, 376쪽: "此豈徒吾二人者得之於目擊而後然哉, 固嘗研究於雨屋雪簷之下 抵掌於酒爛燈地之際 而乃一驗之於目爾."

124 구만옥, 《영조 대 과학의 발전》, 한국학중앙연구원, 2015, 230~238쪽; 구만옥, 〈조선 후기 과학사 연구에서 실학의 문제〉, 662~670쪽.

125 전용훈, 《한국천문학사》, 들녘, 2017, 344~355쪽.

126 이희경, 《설수외사》, 126~127쪽.

127 정명현, 〈의상경계책 역주〉, 264~265쪽.

128 Hyeok Hweon Kang, "Cooking Niter, Prototyping Nature: Saltpeter and Artisanal Experiment in Korea, 1592~1635".

129 Shadreck Chirikure, "The Metalworker, the Potter, and the Pre-European African "Laboratory" in Mavhunga ed., *What Do Science, Technology, and Innovation Mean from Africa*, pp. 63~77.

130 Steven Shapin, *A Social History of Truth*, Illinois: University of Chicago Press, 1995.

131 조창록, 〈풍석의 실학자적 위상과 임원경제〉, 조창록 등, 《풍석 서유구 연구》 상,

29~68쪽.

132 서유구, 임원경제연구소 역, 《섬용지》 2, 풍석문화재단, 2016, 80쪽. 서광계의 저작에 대한 이 칭찬은 주희가 《시경》을 엮은 공자의 업적에 대해 한 말과 상통한다. 공자가 때를 만나지 못해 "그 정사가 비록 한 시대에 행해지지는 못하였으나, 그 가르침은 실로 만세에 입혀졌으니 이것은 《시경》의 가르침이 됨이 이러한 것이다"라는 말이다. 서광계에 대한 서유구의 존경의 깊이와, 그를 모방하려는 서유구 기획의 야심을 볼 수 있다. 성백효, 현토완 역, 《시경집전》 상, 22쪽.

133 서유구, 《섬용지》 2, 79~80쪽.

134 서유구, 박순철·김영 역주, 《만학지》, 소와당, 2010, 167쪽.

135 정명현. 〈서유구徐有榘(1764~1845)의 선진 농법 제도화를 통한 국부창출론〉, 서울대학교 박사학위 논문, 2014, 246~252쪽; 서유구, 정명현 외 역, 《본리지》 1, 소와당, 2010.

136 서유구, 진재교·노경희·박재영·김준섭 역, 《금화경독기》, 자연경실, 2019, 532쪽.

137 정명현 외, 《임원경제지: 조선 최대의 실용백과사전》, 407쪽.

138 서유구, 이두순 평역, 《(평역) 난호어명고》, 수산경제연구원 BOOKS, 2015; 김왕직, 《《섬용지贍用志》를 통해 본 풍석의 건축론〉, 조창록 외, 《풍석 서유구 연구》 하, 21~85쪽.

139 임종태, 《여행과 개혁》, 283쪽.

140 낭모필에 대한 박지원의 태도는 앞서 살펴보았다. 중국의 활보다 멀리 날아가는 것으로 유명했던 조선 활에 대해서도 박제가는 어떤 이의 말을 빌려 "활을 멀리 쏘는 것이 능사가 아니고 가까운 목표라도 반드시 적중시키는 것이 천하의 신궁"이라고 했다. 그는 또한 중국의 활은 습도에 무관한데 조선 활은 비 오는 날에 사용할 수 없다고 주장했으며, 멀리 가는 활에 대한 고서의 기록을 인용하며 조선의 활을 옛 법에 따라 다시 만들 필요가 있음을 암시했다. 박제가, 안대회 역, 《북학의》, 돌베개, 2003, 171; 서유구, 《금화경독기》, 491~493·507·534~535쪽.

141 홍석주, 리상용 편역, 《역주 홍씨 독서록》, 아세아문화사, 2012, 22쪽.

142 노대환, 〈18세기 후반~19세기 전반 명물학名物學의 전개와 성격〉, 《한국학연구》 31,

장인과 닥나무가 함께 만든 역사,
조선의 과학기술사

2013, 541~572쪽.

143 　안정복安鼎福(1712~1791)의 《시경물명고詩經名物考》(1785), 이만영李晚永(1748~?)의
　　《재물보才物譜》(1798), 이재위李載威(1745~1826)의 《물보物譜》(1802), 유휘劉徽
　　(1773~1837)의 《물명고物名考》(1820년경), 정약용의 아들 정학유丁學游(1786~1855)의
　　《시명다식詩名多識》(1865) 등이다. 노대환, 〈18세기 후반~19세기 전반 명물학名物學
　　의 전개와 성격〉.

144 　조창록, 〈풍석의 실학자적 위상과 임원경제〉, 54쪽.

145 　서유구는 농학에 대해 말한 것이긴 하지만 실용적 학문을 그만둘 수 없는 일이라 했
　　다. 서유구, 《풍석전집》, 금화지비집 3권, 서序, 행포지서: "吾嘗治經藝之學矣. 可言
　　者昔之人言之已盡. 吾又再言之三言之何益也. 吾嘗爲經世之學矣. 處士揣摩之言. 土
　　羹焉已矣. 紙餅焉已矣. 工亦何益也. 於是乎廢然却旬于氾勝之賈思勰樹蓺之術. 妄謂
　　在今日坐可言起可措之實用者. 惟此爲然. 而其少酬天地祿養之恩. 亦在此而不在彼.
　　嗟乎. 余豈得已哉."(문집총간, a288_353c); 김대중, 《풍석 서유구 산문 연구》, 224~225
　　쪽.

146 　유봉학, 〈풍석 서유구의 학문과 사상〉, 293쪽; 김대중, 《풍석 서유구 산문 연구》,
　　136·190쪽; 정명현, 〈서유구는 누구인가〉, 정명현 외, 《임원경제지: 조선 최대의 실
　　용백과사전》, 132~216쪽.

147 　Smith, *From Lived Experience to the Written Word*.

148 　《비변사등록》, 정조 22, 1798. 10. 12.

149 　영남 종이에 대해서는 비판을 가했다. 이유원, 《嘉梧藁略》卷十四. 玉磬觚賸記: "東
　　國産楮 甲於海內. 湖南爲最, 完山其品樸而滑, 淳昌其品精而懦, 南平其品梗而闢, 南
　　原其品色白如雪 滑如凝脂, 此爲天下第一奇品, 因水性而然也. 嶺南麁重色駁, 只合壃
　　戶."(문집총간, a315_543a).

150 　김택영, 《韶濩堂集》合刊韶濩堂集補遺卷一 詩癸未稿, 謝人贈束紙: "天下第一湖南
　　紙, 硬韌光晶誰比似, 重重摺疊勞良工, 如卷芭蕉春雨裏, 殷勤故人持贈意, 知我歲暮懷
　　名士, 呻吟康健多少言, 題寄烟江幾雙鯉."(문집총간, a347_423b).

151 　홍대용, 《담헌서》 외집 2권, 항전척독杭傳尺牘, 〈건정동필담乾淨衕筆談〉(고전 DB,

ITKC_MO_0560A_0070_010_0010_2006_A248_XML).

[152] 이덕무, 《청장관전서》 67권, 〈입연기入燕記〉 하, 정조 2년 6월(고전 DB, ITKC_MO_
0577A_0670_010_0020_2006_A259_XML).

[153] 《일성록》, 정조 14, 1790. 10. 22.

[154] 박제가, 〈1월 22일 조회에 참석했을 때, 전설서 별제 박제가가 품었던 생각〉, 《정유
각집》, 167쪽.

[155] 진전, 〈서문 3〉, 《정유각집》, 23쪽.

[156] 해서가 싫다는 말은 조선 종이에 대한 초기의 과도한 비판에 대한 변명이라고 볼 수
도 있을 것이다. 박제가, 〈이사추의 편지 뒤에 쓰다〉, 〈의주 사람에게 주다〉, 《정유각
집》, 309·450쪽; 원문은 610·679쪽.

[157] David S. Landes, *The Unbound Prometheus: Technological Change and Industrial
Development in Western Europe from 1750 to the Present*, Cambridge: Cambridge
University Press, 1969.

[158] Jan de Vries, "The Industrial Revolution and the Industrious Revolution," *The Journal
of Economic History* 54:2 (1994): 249-70. 에저튼, 《낡고 오래된 것들의 세계사》.

[159] 성해응, 《研經齋全集》 外集 卷四十二, 食貨議[下編]: "公私所需紙爲最多"(문집총간,
a277_206a).

5장 이주자 닥나무 연대와 닥종이 기지의 진화

[1] 이사벨라 L. 버드 비숍, 신복룡 역, 《한말 외국인 기록》, 집문당, 2019, 29쪽; 한국정신
문화연구원, 《(國譯) 韓國誌》, 韓國精神文化硏究院, 1984, 564쪽. 이 두 기록의 일치
는 이 '서양' 인들의 '근대' 적 견문기도 직접 관찰만큼이나 기록에 많이 의존했음을
잘 보여준다.

[2] 權泰煥·愼鏞廈, 〈朝鮮王朝時代 人口推定에 關한 一詩論〉, 《東亞文化》 14, 1977,
289~330쪽.

장인과 닥나무가 함께 만든 역사,
조선의 과학기술사

3 배항섭은 "이영훈이 시장경제에 방해되는 인민주의적 요소를 확산시키고 오늘날까지 악영향을 미친 사례로 들고 있는 19세기 농민들의 생각과 행동"에서도 19세기의 가능성을 지적했다. 농민만으로 구분할 수 없는 더 많은 사람의 생각과 행동을 통해 그 가능성은 확장될 수 있을 것이다. 배항섭, 〈19세기를 바라보는 시각〉, 《역사비평》 101, 2012, 215~253쪽.

4 James C. Scott, 전상인 역, 《국가처럼 보기》, 에코리브르, 2010.

5 《신편한국사》, 302쪽; 《세종지리지》 고전DB. 《세종실록지리지》가 맞겠지만 고전 DB 에 있는 대로 《세종지리지》로 한다.

6 이광린, 〈이조 초기의 제지업〉, 5쪽; 하종목, 〈조선 후기의 사찰 제지업과 그 생산품의 유통 과정〉, 50~51·53쪽. 하종목은 《신증》과 《고사신서》 모두 17곳이라고 말하고 있는데, 종이가 나는 전주도 닥 산지로 계산한 것이고, 이에 따라 〈예규지〉의 닥 산지 18곳에 종이 산지 9곳을 더해 27곳으로 보았다. 종이 산지가 많이 표시되면서 일어난 닥 산지의 증가인 셈이다. 《세종실록지리지》의 기록이 말이 되려면, 닥 산지와 종이 산지는 서로 통용되어야 한다고 본 결과이다. 필자의 앞선 연구에서도 이 연구를 인용해 1771년에서 1842년 사이에 닥 산지가 17곳에서 27곳으로 증가한 것으로 보아서 더 상세히 고려치 못했다. Lee, "Socially Skilling Toil", p. 184.

7 서유구, 임원경제연구소 역, 〈예규지〉 1, 풍석문화재단, 2019, 28쪽. 서종태의 연구를 인용한 것임.

8 《세종지리지》, 고전 DB; 《신증동국여지승람》, 고전 DB; 《동국여지》, 고전 DB, 규장각; 《여지도서》, 한국사 DB; 《고사신서》, 장서각; 서유구, 〈예규지〉 1.

9 소순규, 〈朝鮮初期 貢納制 운영과 貢案改定〉, 121쪽.

10 《경국대전》의 임기 360일이 《속대전》에 이르러 경기를 제외하고 2년으로 변경되었지만 실제 재임 실태를 보면 평균 1년이다. 19세기에 재임 기간이 더 길어진 덕분에 평균 1년이지 18세기까지 평균은 1년보다도 짧다. 이선희, 〈조선시대 8도 관찰사의 재임실태〉, 《한국학논총》 31, 2009, 209~242쪽.

11 전라도의 경우 19개월이었다. 권기중, 〈조선시대 전라도 수령의 출신성분과 재임실태―전남 지역을 중심으로〉, 《조선시대사학보》 94, 2020, 7~46쪽.

[12] 土産金銀銅鐵珠玉鉛錫菉蕩藥材磁器陶器其土所宜耕種雜物. 전영준, 〈조선 전기 官撰 地理志로 본 楮·紙産地의 변화와 사찰 製紙〉, 《지방사와 지방문화》 14.1, 2011, 47~77쪽.

[13] 전영준, 〈조선 전기 관찬 지리지로 본 저 지산지의 변화와 사찰 제지〉, 63·67쪽.

[14] 권내현, 〈조선 후기 평안도 재정 연구〉, 지식산업사, 2004.

[15] 《세종지리지》, 고전 DB; 《신증동국여지승람》, 고전 DB.

[16] 유형원, 〈수정 동국여지지 범례〉, 《동국여지지》, 고전 DB.

[17] 특정 지역에 대한 읍지 또한 관찬 지리지와 다른 관심을 보이는 경우는 거의 없었다. 1899년 평안도 상원지가 예외이다. 동식물, 광물 등 여러 산물을 나름으로 분류해 싣고 있다. 1730년의 상원지는 읍지이지만, 유형원이 기록했고, 〈예규지〉도 기록했던 닥이 그 산물에 없다. 《祥原誌》, 1730, 11쪽, 《祥原誌》, 1899, 18~19쪽.

[18] 지구 상의 알려진 생물 종은 200만 정도인데, 그것이 실제 생물 종의 몇 퍼센트 정도인지에 대해서는 논란이 있다. https://ourworldindata.org/biodiversity-and-wildlife, 2022. 8. 13 접속. Helen Anne Curry, *Endangered Maize: Industrial Agriculture and the Crisis of Extinction*, Berkeley, University of California Press, 2022.

[19] 《楮竹田事實》, 1796, 규장각.

[20] 《동국여지지》, 규장각; 《여지도서》, 한국사 DB; 《고사신서》, 장서각; 서유구, 〈예규지〉 1; 《대동지지》, 규장각.

[21] 〈호전戶典 제전諸田[收稅原則-續大典]〉, 《대전통편》, 한국사 DB.

[22] 유형원도 닥나무, 뽕나무, 옻나무, 과일나무밭에 대한 면세를 주장했다. 유형원, 〈分田定稅節目〉, 《磻溪隨錄》 卷之一, 고전 DB, ITKC_GO_ 1297A_0010_020_0010_2000_001_XML.

[23] 金順圭, 〈조선 후기 사찰 紙役의 변화〉, 277쪽.

[24] 《정조실록》 18, 1794. 5. 5; 하종목, 〈조선 후기의 사찰 제지업과 그 생산품의 유통 과정〉, 65~66쪽.

[25] 《신편한국사》, 300쪽; 〈工典 栽植〉, 〈禮典 解由移關式〉, 《경국대전》.

[26] 靈光郡守解由, 1813; 楊州牧使解由, 1770; 京畿觀察使解由, 1770; 慶尙道觀察使解

장인과 닥나무가 함께 만든 역사,
조선의 과학기술사

由; 1778; 全羅道觀察使解由, 1813; 陜川郡守解由, 1827.

27 《楮竹田事實》, 규장각, 1796?.

28 각각 1867, 1892년의 기록이나, 혼동을 피하기 위해 보고된 날짜로 말했다. 《公忠道 各邑丁卯年終竹楮桑漆數爻開錄成冊》, 1868; 《忠淸道各邑辛卯年終竹楮桑漆數爻開錄 成冊》, 규장각, 1892.

29 이 기록 역시 꾸지나무 학명을 쓰고 있다. 정신문화연구원, 《국역 한국지》, 162쪽. 이 규경, 〈紙品辨證說〉, 《五洲衍文長箋散稿》, 고전 DB.

30 이영학, 《한국 근대 연초산업연구》, 신서원, 2013, 25~83쪽. 이런 환금작물 재배 시 도는 19세기에 더욱 다각화된다. 김건태, 〈19세기 집약적 농법의 확산과 작물의 다 각화〉, 《역사비평》 101, 2012, 280~312쪽.

31 우하영, 《역주천일록: 종이에 담은 천향》 3, 화성시, 2015, 151~152쪽.

32 이헌창, 〈18세기 황윤석가의 경제생활〉, 강신항 편, 《이재난고로 보는 조선 지식인의 생활사》, 한국학중앙연구원, 2007, 352~441쪽.

33 김덕진, 〈조선 후기 지방관청의 지고 설립과 운영〉, 61쪽; 정약용, 〈寄兩兒〉, 《다산시 문집》, 고전 DB, ITKC_MO_0597A_0210_010_0130_2004_A281_XML. 일부 연구는 조선에 출판시장이 발달하지 않은 원인으로 닥이 널리 재배되지 않았다는 점을 들기 도 했고, "닥은 상품으로 제작된 것이 아니었다"라는 점을 꼽기도 하지만, 닥은 17세 기 후반부터 인기 있는 상품작물이었다. 강명관, 《조선시대 책과 지식의 역사》, 326 쪽.

34 오영교, 《朝鮮 後期 鄕村支配政策 硏究》, 혜안, 2001.

35 김영민, 〈국문학 논쟁을 통해서 본 조선 후기의 국가, 사회, 행위자〉, 《일본비평》 10(2), 2018, 194~255쪽. Peter K. Bol, 김영민 역, 《역사 속의 성리학》, 예문서원, 2010.

36 고동환, 《조선시대 시전상업 연구》, 지식산업사, 2013, 193쪽.

37 조선 이주자들의 전략은 스코트Scott가 보여준 국가 통치 영역 바깥으로 도망치는 전 략도, 스조니Szonyi가 보여준 군인으로 국가에 징집됨으로써 통치 받는 삶의 전략을 만들어가는 것과도 다르다. 국가에 의해 완전히 파악되지 않은 채 통치를 받는 전략 이다. James C. Scott, *The art of not being governed*, Connecticut: Yale University Press,

2009; Michael Szonyi, *The art of being governed*, New Jersey: Princeton University Press, 2017.

38 권태환·신용하, 〈조선 왕조 시대 인구추론에 대한 일시론〉, 305~306쪽.

39 서호철, 〈조선 후기의 인구와 통치〉, 《사회와 역사》 74, 2007, 215~250쪽.

40 박경숙, 〈인구동태와 호정戶政─조선시대 호총戶總의 의미에 대한 재고찰〉, 《사회와 역사》 133, 2022, 7~82쪽.

41 서호철, 〈조선 후기의 인구와 통치〉, 224~227쪽; 김영록, 〈17세기 후반~18세기 초 경상도 邑治의 戶口 구성과 변동─대구·울산·단성 호적대장의 비교〉, 《역사와 경계》 96, 2015, 1~31쪽; 권기중, 〈조선 후기 서울의 호구 변동과 인구기록의 특성 ― 한성부 호구 자료를 중심으로〉, 《한국학논총》 49, 2017, 213~240쪽.

42 오영교, 《朝鮮 後期 鄕村支配政策 硏究》, 혜안, 2001.

43 손병규, 〈조선 왕조의 戶籍과 통치체계〉, 《東洋史學硏究》 131, 2015, 129~159쪽; 〈조선 왕조의 호적과 재정 기록에 대한 재인식〉, 《역사학보》 234, 2017, 155~194쪽.

44 서호철, 〈조선 후기의 인구와 통치〉, 234쪽에서 재인용. 236~239쪽 등도 참고.

45 오영교, 《朝鮮 後期 鄕村支配政策 硏究》, 22~23쪽.

46 오영교, 《朝鮮 後期 鄕村支配政策 硏究》, 73~136쪽.

47 오영교는 오가작통제가 결국 성공적으로 실시되지 못한 것을 "제도상의 미비와 운영상의 문제"로 보았고, 이를 향촌 지배의 위기라고 했지만, 조선 왕조가 향촌 "지배"라는 것을 목적으로 했을 것인가에 대해서도 논의가 필요하다고 생각한다. 그러했다면 중앙 재정을 확대하고, 그에 따라 지방관 파견을 늘리고 지방 재정구조도 바꾸려는 진지한 시도와 논의가 있었을 것이다. 하지만 조선 조정의 태도는 그런 엄격한 지배가 좋은 정치가 아니라는 것에 가까워 보인다. 오영교, 《朝鮮 後期 鄕村支配政策 硏究》, 274쪽.

48 허원영, 〈특집: 18세기 중엽 조선의 호구와 전결의 지역적 분포 ─《여지도서》의 호구 및 전결 기록 분석〉, 《史林》 38, 2011, 1~37쪽.

49 손병규, 〈조선 왕조의 戶籍과 통치체계〉, 〈조선 왕조의 호적과 재정 기록에 대한 재인식〉, 〈[총론] 조선 후기 비총제적比摠制的 재정체계의 형성과 그 정치성〉, 《역사와 현

장인과 닥나무가 함께 만든 역사,
조선의 과학기술사

실》81, 2011, 177~186쪽.

50 송양섭이 소개한 1888년 영해부의 호구 분쟁 사례를 보면 재해 등이 일어났을 때 그 동안 누락되었던 호구 중 일부를 새로 수록하는 방식으로 호구 수를 유지했다. 마을 에는 호구책 외에 별도로 가좌책家坐冊을 두어 등록되지 않은 호에 대한 정보도 갖고 있었는데, 중앙에 내는 호구 총수와 가좌책을 비교하면 호총은 40~50퍼센트대, 구 총은 20~30퍼센트대였다. 이 증호에 대한 주민의 반발이 19세기 호구 수 감소의 한 요소일 것이다. 송양섭, 〈1888년 영해부 호구 분쟁에 나타난 戶政運營의 일단─호적 색 윤일찬의 '捧賂減戶'에 대한 마을민의 등소 사례〉, 《朝鮮時代史學報》82, 2017, 329~372쪽.

51 김소라, 〈양안의 재해석을 통해 본 조선 후기 전세 정책의 특징〉, 서울대학교 박사학 위 논문, 2021, iv; 한국역사연구회, 《조선 후기 경자양전 연구》, 혜안, 2008; 김건태, 《대한제국의 양전》, 경인문화사, 2018.

52 권내현, 〈조선 후기 호적에 대한 이해〉, 《한국사연구》165, 2014, 301~327쪽; 권내 현. 《노비에서 양반으로, 그 머나먼 여정》, 역사비평사, 2021; 김건태, 《조선시대 양 반가의 농업경영》, 역사비평사, 2005; 김건태, 〈戶名을 통해 본 19세기 職役과 率下 奴婢〉, 《한국사연구》144, 2009, 201~238쪽.

53 《승정원일기》, 영조 2, 1726. 4. 12;《정조실록》16, 1792. 4. 14.

54 손병규, 〈호적대장의 직역기재職役記載 양상과 의미〉, 《역사와 현실》41, 2001, 2~31 쪽.

55 金炯基, 〈조선 후기 稧房의 운영과 부세수취〉, 《한국사연구》82, 1993, 115~145쪽; 송양섭, 〈조선 후기 지방재정과 계방의 출현; 제역 및 제역촌과 관련하여〉, 《역사와 담론》59, 2011, 1~37쪽; 구만옥, 《영조 대의 과학기술》, 23~25쪽.

56 영해부 호구 분쟁의 마을민들은 "아침에 모였다가 저녁에 흩어지고 풍년에 만났다가 흉년에 떠나는 하소연할 데 없는 환과고독鰥寡孤獨이거나 소속처가 있어서 양역하는 노비들"과 같은 이동하는 이들을 호적에 등록하는 것이 가혹하다고 주장했다. 송양 섭, 〈1888년 영해부 호구 분쟁에 나타난 戶政運營의 일단〉, 361쪽.

57 고승희, 《조선 후기 함경도 상업연구》, 국학자료원, 2003, 42~44쪽.

58 전가사변율은 1744년 영조에 의해 공식적으로 폐지되었다. 金池洙, 〈朝鮮朝 全家徙邊律의 역사와 법적 성격〉, 《法史學研究》 32, 2005, 97~169쪽.

59 서영보, 〈咸鏡南道暗行別單 庚戌〉, 《죽석관유집竹石館遺集》 6책; 《정조실록》, 정조 14, 1790. 4. 30; 고승희, 《조선 후기 함경도 상업연구》, 258쪽.

60 김경옥, 《朝鮮後期 島嶼研究》, 혜안, 2004; 임학성, 〈조선 전·후기 섬에 대한 인식 및 정책 변화 양상—전라도 지역을 중심으로〉, 《해양문화재》 16, 2022, 143~172쪽.

61 최병택, 《한국 근대임업사》, 푸른역사, 2022, 97~100쪽; 《숙종실록》 5, 1679. 1. 23.

62 김덕진, 〈해광海狂 송제민의 학문 성향과 의병 활동〉, 《역사학연구》 44, 2011, 105~132쪽; 양선아, 《조선 후기 간척과 수리》, 민속원, 2010; 박영한·오상학, 《조선시대 간척지 개발》, 서울대학교출판부, 2004.

63 박영석, 《韓民族獨立運動史 研究》, 一潮閣, 1982, 54~64쪽; 변주승, 〈조선 후기 유민의 북방 변경 유입과 그 실태〉, 《국학연구》 13, 2008, 195~223쪽; 양흥숙, 〈조선 후기 義州 지역의 교류와 義州民의 異國 경험〉, 《로컬리티 인문학》 13, 2015, 53~88쪽; 한동훈, 〈19세기 말 조선인의 연해주 월경과 한인마을의 형성—조·청·러 삼국의 쇄환교섭을 중심으로〉, 《한국독립운동사연구》 78, 2022, 305~346쪽.

64 조정은 관원을 보내 월경 이주민 실태와 그들의 월경 이유를 조사했다. 이채문, 《동토凍土의 디아스포라》, 경북대학교출판부, 2007, 174쪽; 1872년의 《강북일기江北日記》라는 조사보고서는 그 결과이다. 다음 책에 번역되어 있다. 최종범, 《간도 개척 비사》, 신성, 2004.

65 반병률, 〈한국인의 러시아 이주사—연해주로의 유랑과 중앙아시아로의 강제이주〉, 《문화 역사 지리》 18.3, 2006, 140~148쪽; 최성운, 〈조선 말 조선인들의 연해주 이주를 유인하는 소문과 월경에서 드러나는 조선인들의 사회적 연대 연구—1864~1877년까지를 중심으로〉, 《장서각》 45, 2021, 384~433쪽.

66 배항섭, 〈19세기 후반 함경도 주민들의 연해주 이주와 仁政 願望〉, 《역사와 담론》 53, 2009, 405~447쪽.

67 《비변사등록》, 숙종 9, 1683. 9. 5; 숙종 37, 1711. 7. 3; 영조 5, 1729. 6. 22; 영조 8, 1732. 3. 8.

장인과 닥나무가 함께 만든 역사,
조선의 과학기술사

68 《정조실록》 22, 1798. 11. 30; 《영조실록》 41, 1765. 3. 23; 《일성록》, 정조 7, 1783. 2. 28; 정조 9, 1785. 9. 4.

69 《비변사등록》, 숙종 34, 1708. 2. 27; 영조 7, 1731. 10. 23.

70 김경옥, 《朝鮮 後期 島嶼硏究》, 221~225쪽.

71 박영석, 《韓民族獨立運動史 硏究》, 54~64쪽; 변주승, 〈조선 후기 유민의 북방 변경 유입과 그 실태〉.

72 배항섭, 〈19세기 후반 함경도 주민들의 연해주 이주와 仁政 願望〉, 417~418쪽.

73 고승희, 《조선 후기 함경도 상업연구》.

74 정승진, 《韓國近世地域經濟史》, 景仁文化社, 2003, 335쪽.

75 지대가 양반, 친지 등에게 달라지는 모습은 김건태, 《조선시대 양반가의 농업경영》, 역사비평사, 2005 참조. 다음 연구들은 이 지표의 복잡성에 대해서도 충분히 지적하고 있으나, 다른 설명의 가능성에 대해 깊이 고려해서 관련 자료를 찾기보다 쇠퇴와 위기를 당연시하는 경향이 있다. 전성호, 《조선 후기 미가사 연구》, 한국학술정보, 2007; 안병직 외, 《맛질의 농민들》, 일조각, 2002.

76 박경숙, 〈인구 동태와 호정〉, 69쪽.

77 이병희, 〈朝鮮 時期 寺刹의 數的 推移〉, 《歷史敎育》 61, 1997, 31~68쪽.

78 이병희, 〈朝鮮 時期 寺刹의 數的 推移〉, 44~45쪽.

79 이재창, 《韓國佛敎寺院經濟硏究》, 불교시대사, 1993, 150~193쪽.

80 영조의 윤허는 1755년에 내려졌고, 조지서 등의 번승番僧을 포함한 모든 번승제를 철폐하는 절목은 1756년 만들어졌다. 《비변사등록》, 영조 31, 1755. 8. 22; 영조 32, 1756. 1. 12.

81 이재창, 《韓國佛敎寺院經濟硏究》, 182~184쪽.

82 김갑주, 《조선시대 사원경제사 연구》, 景仁文化社, 2007, 133쪽.

83 이재창, 《韓國佛敎寺院經濟硏究》, 222쪽.

84 한상길, 《조선 후기 불교와 사찰계》, 경인문화사, 2006, 45쪽. 실록 기록에 근거한 것이다. 《현종실록》 11, 1670. 10. 7.

85 이재창, 《韓國佛敎寺院經濟硏究》, 228쪽.

86 김갑주,《조선시대 사원경제사 연구》, 133쪽.

87 이익, 〈생재生財〉,《성호사설》제8권, 고전 DB, ITKC_BT_1368A_0090_010_0410_2002_003_XML

88 《비변사등록》, 영조 13, 1737. 12. 2;《영조실록》13, 1737. 2. 14; 27, 1751. 11. 26.

89 〈영남좌도 암행어사 정대용鄭大容과 우도 암행어사 이서구李書九에게 내리는 봉서〉,《홍재전서》제40권, 고전 DB, ITKC_BT_0584A_0400_010_0040_2006_005_XML.《정조실록》11, 1787. 4. 16.

90 〈수어청과 총융청은 의승의 번전番錢을 정리하여 혁파하라는 하교〉,《홍재전서》제32권, 고전 DB, ITKC_BT_0584A_0320_010_0170_2006_004_XML.;《일성록》, 정조 12, 1788. 10. 23.

91 《비변사등록》, 순조 2, 1802. 9. 2.

92 〈관동關東 관동 공령生功令生의 응제應製 계축년(1793)〉,《홍재전서》제51권. 고전 DB, ITKC_BT_0584A_0510_010_0120_2006_006_XML.

93 백혜는 노역개로 짠 미투리일 것으로 보인다.《일성록》, 정조 12, 1788. 6. 13.

94 《일성록》, 정조 12, 1788. 8. 1.

95 《일성록》, 정조 16, 1792. 4. 28.

96 《일성록》, 정조 20, 1796. 1. 5.

97 뒤에 구체적 사례들이 더 나온다. 이재창,《韓國佛敎寺院經濟硏究》, 201쪽.

98 《부역실총》, 규장각, 171, 316, 344, 451,553쪽 등.

99 《영조실록》13, 1737. 2. 14; 李光麟, 〈李朝 後半期의 寺刹製紙業〉, 201쪽; 金順圭, 〈조선 후기 사찰 紙役의 변화〉, 279·287쪽.

100 《비변사등록》, 정조 17, 1793. 6. 25.

101 이재창,《韓國佛敎寺院經濟硏究》, 202쪽.

102 서한교, 〈朝鮮後期 納粟制度의 運營과 納粟人의 實態〉, 경북대 박사학위 논문, 1995. 21~75쪽.

103 《비변사등록》, 숙종 17, 1691.7.9.

104 서한교, 〈朝鮮 後期 納粟制度의 運營과 納粟人의 實態〉, 98·141쪽.

장인과 닥나무가 함께 만든 역사,
조선의 과학기술사

105 《비변사등록》, 숙종 20, 1694. 9. 2; 숙종 37, 1711. 7. 8.

106 《비변사등록》, 영조 29, 1753. 11. 20;《비변사등록》, 영조 36, 1760. 9. 7.

107 《정조실록》20, 1796. 4. 10;《비변사등록》정조 20, 1796. 8. 25.

108 서한교의 납속제 연구는 남북한산성 외 사찰 관련 공명첩을 살피지 않았지만, 사찰 중수 관련 공명첩 발행 사례는 18세기부터 늘어난다.《비변사등록》, 순조 28, 1828. 1.30.

109 《비변사등록》, 순조 32, 1832. 4. 20.

110 조명제,《(역주)조계산송광사사고》, 혜안, 2009, 23쪽.

111 《비변사등록》, 헌종 12, 1846. 5. 7; 1846. 10. 21.

112 《비변사등록》, 헌종 13, 1847. 7. 5. 고종 15, 1878. 5. 3.

113 《비변사등록》, 고종 19, 1882. 9. 10.

114 《비변사등록》, 고종 16, 1879. 2. 29;《고종시대사》, 고종 17, 1880. 10. 10.

115 《일성록》, 정조 19, 1795. 5. 9.

116 한상길,《조선 후기 불교와 사찰계》, 362쪽.

117 이병희,〈朝鮮 時期 寺刹의 數的 推移〉. 서인범이 헤아린 평안도 사찰 수가 이병희의 셈과 차이가 나서 정확성은 떨어질 수 있으나, 대략의 추세는 비슷해 보인다. 서인범,〈조선시대 승려들의 압록강 월경 사건〉,《韓國思想과 文化》54, 2010, 227~258쪽.

118 서인범,〈조선시대 승려들의 압록강 월경 사건〉, 251쪽.

119 《승정원일기》영조 4, 1728. 10. 27. Kim Hwansoo. "'The Mystery of the Century' — Lay Buddhist Monk Villages (Chaegasŭngch'on) Near Korea's Northernmost Border, 1600s~1960s". *SEOUL JOURNAL OF KOREAN STUDIES* 26(2), 2013, pp. 269~305.

120 《영조실록》영조 5, 1729. 8. 27.

121 《영조실록》영조 15, 1739. 5. 15;《정조실록》10, 1786. 2. 22.

122 《大東地志》0010권, 006a쪽, 규장각. 서인범,〈조선시대 승려들의 압록강 월경 사건〉, 251쪽.

123 梶村秀樹, 〈舊韓末 北關地域 經濟와 內外交易〉, 추언 권병탁 박사 화갑기념논총간 행위원회, 《韓國近代經濟史硏究의 成果》, 螢雪出版社, 1989, 151~177쪽.

124 유수원의 우서에 호적을 세분화해 승호도 관리해야 한다는 주장이 있다. 유수원이 제안한 염호鹽戶, 상호商戶, 어호漁戶, 공호工戶 등은 없고, 민호와 승호를 별도 기재 했다.

125 《輿地圖書》 下(한국사료총서 제20집), 한국사 DB.

126 〈공물정안〉, 규장각, 낙성대경제연구소에서 제공했던 엑셀 파일을 활용했다. 현재 는 없다. http://naksung.re.kr/xe/etchosun, 8/24/2016.

127 《일성록》, 정조 18, 1794. 4. 5.

128 《일성록》, 정조 18, 1794. 11. 27.

129 〈통제영관첩統制營關牒〉, 고종 26, 6월 초2일. 《각사등록》, 고전 DB, ITKC_BT_ 1453A_0680_150_0040_2017_054_XML.

130 〈통제영관첩〉, 고종 26, 8월 27일, 《각사등록》, 고전 DB, ITKC_BT_1453A _0680_150_0070_2017_054_XML.

131 갑계는 보통 동갑이 아니라 6년 차의 연령을 지닌 조직이었다고 한다. 동갑만으로 는 계원을 모으기 쉽지 않아서 민간에서도 보통 6년 차를 포괄해 범위를 넓혔다고 한 다. 한상길, 〈옥천사 사찰계 연구〉, 《정토학연구》 33, 2020, 143~175쪽.

132 옥천사, 《蓮華玉泉의 향기》, 연화산 옥천사, 1999, 68쪽; 김순규, 〈조선 후기 사찰 紙役의 변화〉, 60쪽.

133 한상길, 〈옥천사 사찰계 연구〉, 153·158쪽.

134 옥천사, 《蓮華玉泉의 향기》, 212쪽.

135 한상길, 〈옥천사 사찰계 연구〉.

136 한상길, 《조선 후기 불교와 사찰계》.

137 한상길, 〈옥천사 사찰계 연구〉, 146쪽.

138 수침이라 불리는 것이 이 석구에 방아를 놓아 닥을 찧는 도구였던 것으로 보이지만 정확하게 알 수는 없다.

139 이재창, 《韓國佛敎寺院經濟硏究》, 232쪽; 김갑주, 《조선시대 사원경제 연구》, 137

장인과 닥나무가 함께 만든 역사,
조선의 과학기술사

쪽; 신편 통도사지 편찬위원회, 《(신편) 통도사지》, 담앤북스, 2020, 373쪽; 한국학문 헌연구소, 《大乘寺誌》, 亞細亞文化社, 1977; 한상길, 《조선 후기 불교와 사찰계》, 163 쪽.

[140] 서한교, 〈朝鮮 後期 納粟制度의 運營과 納粟人의 實態〉, 159~177쪽.

[141] 신편 통도사지 편찬위원회, 《(신편) 통도사지》, 219·227쪽 등.

[142] 《비변사등록》, 영조 11, 1735. 12. 11.

[143] 이익, 〈생재生財〉, 《성호사설》 제8권.

[144] 이홍두, 〈17세기 대청교역에 관한 연구〉, 《국사관논총》 81, 1999, 73~110쪽; 이철 성, 〈특집: 연행燕行의 문화사: 조선 후기 연행무역과 수출입 품목〉, 《한국실학연구》 20, 2010, 29~79쪽; 부산광역시 시사편찬위원회, 김동철 외 옮김, 《국역 왜인구청등 록》.

[145] 유승주, 《조선 후기 중국과의 무역사》, 景仁文化社, 2002; 金東哲, 〈朝鮮 後期 水牛 角貿易과 弓角契貢人〉, 《한국민족문화》 4, 1991, 55~110쪽; 타시로 카즈이, 《한일관 계 속의 왜관》, 景仁文化社, 2012; 《영조실록》 14, 1738. 7. 18.

[146] 《일성록》, 정조 11, 1787. 1. 2.

[147] 《일성록》, 정조 12, 1788. 1. 8.

[148] 《비변사등록》, 순조 3, 1803. 2. 12; 헌종 6, 1840. 3. 5; 헌종 9, 1843. 3. 6; 순조 27, 1827. 1. 13; 순조 28, 1828. 8. 30.; 고종 3, 1866. 8. 18.

[149] 《비변사등록》, 헌종 3, 1837. 1. 11; 철종 5, 1854. 4. 2.

[150] Ingold, *The Perception of the Environment: Essays on Livelihood, Dwelling and Skill*; *Eyferth, Eating Rice from Bamboo Roots*. 인지과학의 이러한 연구에 대해서는 다음 연 구를 참고했다. Pamela Smith, *From Lived Experience to the Written Word: Reconstructing Practical Knowledge in the Early Modern World*, Chicago: University of Chicago Press, 2022, pp. 2~6.

[151] 권력으로부터 독립적인 시전 등이 이들을 선대제적 관계로 지배하고 있다는 입장을 보였던 연구들이 있다. 강만길, 《조선 후기 상업자본의 발달》, 152~154쪽; 송찬식, 〈삼남방물지공고三南方物紙貢考 (하)〉, 101~102쪽.

152 김갑주,《조선시대 사원경제 연구》, 168~171쪽;《대승사지》,《신편통도사지》,《조계
산송광사사고 산림편》,《가야산 해인사지》등.

153 박현순,《조선 후기의 과거科擧》, 소명, 2014.

154 고동환, 〈19세기 후반 지식세계의 변화와 다산茶山 호출呼出의 성격〉,《다산과 현대》
4·5, 2012, 25~48쪽.

155 배항섭, 〈19세기 지배질서의 변화와 정치문화의 변용〉,《한국사학보》39, 2010,
109~158쪽; 정병설,《조선시대 소설의 생산과 유통》, 서울대학교출판문화원, 2016;
강명관,《조선시대 책과 지식의 역사》, 천년의 상상, 2014.

156 정재훈, 〈19세기 조선의 출판문화: 관찬서官撰書의 간행을 중심으로〉,《한국문화》
54, 2011, 131~152쪽.

157 손계영, 〈지방관과 선조 문집 간행〉,《嶺南學》15, 2009, 229~269쪽.

158 비숍,《한말 외국인 기록》, 497쪽.

159 위백규, 〈封事 代黃司諫鈼〉,《존재집存齋集》제3권, 고전 DB, ITKC_MO_0553A_
0040_010_0010_2006_A243_XML; 김덕진, 〈특집: 조선 후기 실학자의 현실 인식과
사회경제개혁론; 존재 위백규의 현실 인식과 경제 개혁론〉,《한국실학연구》27,
2014, 89~124쪽.

160 1830년대, 1860년대, 1890년대는 전반 평균이다. 물론 종이라는 말만으로 종이의
품질과 크기에 대해 알 수 없다는 점에서 한계가 있는 평균이다. 하지만 이는 닭에 대
해서도 마찬가지일 것이다. 전성호,《장서각 수집 물가사 자료 해제 및 통계》, 민속
원, 2008, 192~193·288~289·308~313쪽.

161 김한영,《안성판 방각본》.

162 위백규, 〈封事 代黃司諫鈼〉.

163 1681년 1841년 사이의 관첩이다. 〈東萊府接待謄錄 2〉,《각사등록》13, 한국사 DB.
http://db.history.go.kr/id/ks_013_0240_0040. 〈全羅道觀察使陵州雙鳳寺矯弊節目〉,
1795, 규장각.

164 李福源, 〈平康士人°見贈白紙二束°分遺善之.玄之〉,《雙溪遺稿》卷之一, 고전 DB,
ITKC_MO_0544A_0010_010_0760_2005_A237_XML. 이 시를 보면 선익지도 평강

장인과 닥나무가 함께 만든 역사,
조선의 과학기술사

에서 생산되었던 것 같다. 후지츠카 치카시, 박영희 역, 《추사 김정희의 또 다른 얼굴》, 아카데미우스, 1994, 231~232쪽; 권도홍, 《문방청완》, 대원사, 2006, Krpia.

165 〈농상공부 소관인 의주군 각 포구의 收稅에 대한 장정〉, 《各郡指掌完文》, 1896년 03월, 한국사 DB, mk_003_0080. 〈平安南北道 각 礦監理稅局 및 稅則 등에 관한 보고〉, 《統監府文書》 2권, 1906년 08월 20일, 한국사 DB, jh_092r_0020_0020.

166 한국정신문화연구원, 《국역 한국지》, 565쪽.

167 천련지는 닥 생산이 적은 함경도 등에서 마 등 중국에서 쓰는 재료를 섞어 만든 종이일 가능성이 있다.

168 김경, 《이야기가 있는 종이 박물관》, 144쪽.

169 〈遼陽地方ニ於ケル朝鮮紙輸入狀況報告ノ件〉 1915, 外務省外交史料館. https://www.jacar.archives.go.jp/ (2021. 10. 15. 접속).

170 〈韓國紙의 中國으로의 輸出을 獎勵〉, 《일제침략하 한국 36년사》 2권, 1913년 7월, 한국사 DB, su_002_1913_07_99_0990.

171 梶村秀樹, 〈舊韓末 北關地域 經濟와 內外交易〉, 153쪽.

172 송규진, 〈일제하 한지의 생산과 수출〉, 《한국사연구》 142, 2008, 337~366쪽; 김한영, 《안성판 방각본》.

에필로그 탈인류세를 위한 과학기술

1 '위기'의 남용과 부정확한 사용과 비슷한 우려에 대해서는 Rosalind Williams, "Crisis : The Emergence of Another Hazardous Concept", *Technology and Culture* 62(2), 2021, pp. 521~546.

2 이 비판의 구체적 내용에 대해서는 서론과 4장을 참고할 수 있다.

3 유럽연합 등에서 목표로 내걸고 있는 순환경제Circular economy에서 말하는 생태순환이다. https://environment.ec.europa.eu/strategy/circular-economy-action-plan_en, 2022년 10월 7일 접속. 원자폭탄에 대한 대화, 순환경제 등 파리 고등과학원 동료들

로부터 많이 배웠다.

4 설형문자로 진흙 판에 기록된 매체와 구전으로 전해지다 산스크리트어로 기록된 매체에도 수학 등 과학기술을 위한 정교한 노력이 담겨 있다. Cécile Michel, Karine Chemla. "Mathematics, Administrative and Economic Activities in Ancient Worlds," *Why the Sciences of the Ancient World Matter*, Springer, 5, 2020, pp. 1~48.

5 Smith, *From Lived Experience to the Written Word*, pp. 21~33.

6 〈서론〉 각주 23 참고.

7 손계영, 《조선시대 문서지 연구》, 10쪽. 콜레주 드 프랑스 한국학도서관 노미숙 선생님 배려로 조선 책의 현저한 가벼움을 뚜렷이 체험할 기회를 얻었다. 2019년 책 무게는 아마존에 적시된 페이퍼백 크기와 무게를 사용해서 계산했다.

장인과 닥나무가 함께 만든 역사,
조선의 과학기술사

참고문헌

1차 자료

《실록》《승정원일기》《일성록》, 법전류, 지리지, 등록, 의궤, 개인 일기, 문집 자료, 외교 문서는 아래 데이터베이스 검색을 바탕으로 원문과 번역이 있는 경우 번역을 활용했다. 상세 각주를 통해 참고한 번역서 등을 확인할 수 있다.

한국사데이터베이스 https://db.history.go.kr/
한국고전종합DB https://db.itkc.or.kr/
한의학고전DB https://mediclassics.kr/
동국대학교 불교기록문화유산아카이브 https://kabc.dongguk.edu/index
Krpia 한국의 지식콘텐츠 https://www.krpia.co.kr/
규장각 https://kyudb.snu.ac.kr/
장서각 https://jsg.aks.ac.kr/
한국국학진흥원 유교넷 http://www.ugyo.net/
일본 国立公文書館 外務省外交史料館 https://www.jacar.go.jp/

저서

강만길,《조선 시대 상공업사 연구》, 한길사, 1984.
강명관,《공안파와 조선 후기 한문학》, 소명출판, 2007.
_____,《조선시대 책과 지식의 역사: 조선의 책과 지식은 조선 사회와 어떻게 만나고

　헤어졌을까?》, 천년의상상, 2014.

고동환, 《조선시대 시전상업 연구》, 지식산업사, 2013.

고승희, 《조선 후기 함경도 상업연구》, 국학자료원, 2003.

구만옥, 《영조 대 과학의 발전》, 한국학중앙연구원출판부, 2015.

_____, 《세종 시대의 과학기술》, 들녘, 2016.

_____, 《조선후기 의상개수론儀象改修論과 의상 정책》, 혜안, 2019.

권내현, 《조선 후기 평안도 재정 연구》, 지식산업사, 2004.

_____, 《노비에서 양반으로, 그 머나먼 여정》, 역사비평사, 2021.

권도홍, 《문방청완: 벼루 먹 붓 종이》, 대원사, 2006.

권오영·심광주·홍보식·성정용·이영철·조윤재·배병선·곽동석, 《한국 전통시대의 토
　목문명》, 들녘, 2019.

김갑주, 《조선 시대 사원경제사 연구》, 경인문화사, 2007.

김건태, 《조선 시대 양반가의 농업경영》, 역사비평사, 2005.

_____, 《대한제국의 양전》, 경인문화사, 2018.

김경, 《이야기가 있는 종이박물관》, 김영사, 2007.

김경옥, 《朝鮮後期 島嶼硏究》, 혜안, 2004.

김동철, 《조선 후기 공인 연구》, 한국연구원, 1993.

김대중, 《풍석 서유구 산문 연구》, 돌베개, 2018.

김명호, 《연암 문학의 심층 탐구》, 돌베개, 2013.

김명호 등, 《19세기 필기류 소재 지식정보의 양상》, 학자원, 2011.

김삼기, 정선화, 《한지장》, 민속원, 2006.

김순철, 《종이 역사: 製紙史》, 예진, 2001.

김영식, 《동아시아 과학의 차이》, 사이언스북스, 2013.

_____, 《중국과 조선, 그리고 중화》. 아카넷, 2018.

_____, 《한국 전통과학의 배경》, 들녘, 2021.

김영연, 《韓紙의 발자취》, 원주시, 2005.

김우철, 《朝鮮 後期 地方軍制史》, 경인문화사, 2001.

장인과 닥나무가 함께 만든 역사,
조선의 과학기술사

김은성, 《감각과 사물》, 갈무리, 2022.

김종수, 《朝鮮 後期 中央軍制研究》, 혜안, 2003.

김종일·성정용·성춘택·이한상, 《한국 금속문명사: 주먹도끼에서 금관까지》, 들녘, 2019.

김한영, 《안성판 방각본》, 참빛아카이브, 2013.

라투르, 브뤼노, 홍성욱 편, 《인간 사물 동맹》, 이음, 2010.

라투슈, 세르쥬, 정기헌 역, 《낭비사회를 넘어서: 계획적 진부화라는 광기에 관한 보고서》, 민음사, 2014.

문중양, 《조선 후기 과학사상사》, 들녘, 2016.

박성래, 《한국사에도 과학이 있는가》, 김영사, 1998.

박영석, 《韓民族獨立運動史 研究》, 一潮閣, 1982.

박영한·오상학, 《조선 시대 간척지 개발》, 서울대학교출판부, 2004.

박현순, 《조선 후기의 과거科擧》, 소명, 2014.

배우성, 《독서와 지식의 풍경: 조선 후기 지식인들의 읽기와 쓰기》, 돌베개, 2015.

베커트, 스벤, 김지혜 역, 《면화의 제국: 자본주의의 새로운 역사》, 휴머니스트, 2018.

볼, 피터, 김영민 역, 《역사 속의 성리학》, 예문서원, 2010.

부길만·황지영, 《동아시아 출판문화사 연구 I》, 오름, 2009.

북한 역사연구소, 《한국과학사》, 누리미디어, 2001.

시마다 겐지, 김석근·이근우 역, 《주자학과 양명학》, 까치, 1986.

안병직 외, 《맛질의 농민들》, 일조각, 2002.

양선아, 《조선 후기 간척과 수리》, 민속원, 2010.

에저턴, 데이비드, 박민아 등 역, 《낡고 오래된 것들의 세계사—석탄, 자전거, 콘돔으로 보는 20세기 기술사》, 휴머니스트, 2015.

엘리스, 얼 C., 김용진 등 역, 《인류세》, 교유서가, 2021.

오영교, 《朝鮮 後期 鄕村支配政策 研究》, 혜안, 2001.

유봉학, 《연암 일파 북학사상연구》, 일지사, 1995.

_____, 《조선 후기 학계와 지식인》, 신구문화사, 1999.

유승주, 《조선 후기 중국과의 무역사》, 경인문화사, 2002.

유춘동, 《조선 시대 수호전의 수용 연구》, 보고사, 2014.

윤용출, 《조선 후기의 요역제와 고용노동》, 서울대학교출판부, 1998.

이계준, 《통합생명체 인체−마이크로바이옴》, 한림원, 2021.

이수건, 《嶺南學派의 形成과 展開》, 일조각, 1995.

이승철, 《우리 한지》, 현암사, 2002.

이영학, 《한국 근대 연초산업연구》, 신서원, 2013.

이재창, 《韓國佛敎寺院經濟硏究》, 불교시대사, 1993.

이정철, 《대동법: 조선 최고의 개혁》, 역사비평사, 2010.

이채문, 《동토凍土의 디아스포라》, 경북대학교출판부, 2007.

임종태, 《17, 18세기 중국과 조선의 서구 지리학 이해》, 창비, 2012.

_____, 《여행과 개혁, 그리고 18세기 조선의 과학기술》, 들녘, 2021.

장경희, 《의궤 속 조선의 장인》, 솔과학, 2013.

전상운, 《한국과학기술사》, 정음사, 1976.

_____, 《한국과학사》, 사이언스북스, 2000.

전성호, 《조선 후기 미가사 연구》, 한국학술정보, 2007.

_____, 《장서각 수집 물가사 자료 해제 및 통계》, 민속원, 2008.

전용훈, 《한국천문학사》, 들녘, 2017.

정병설, 《조선 시대 소설의 생산과 유통》, 서울대학교출판문화원, 2016.

정명현 등, 《임원경제지: 조선 최대의 실용백과사전》, 씨앗을 뿌리는 사람들, 2012.

정민, 《18세기 조선 지식인의 발견》, 휴머니스트, 2007.

정승진, 《韓國近世地域經濟史》, 경인문화사, 2003,

조계영·장유승·당윤희·이유리·노경희, 《동아시아의 문헌 교류》, 소명, 2014.

조창록·김문식·염정섭·박권수·김호·김왕직·이민주·송지원·문석윤·이봉규, 《풍석 서유구 연구》 상·하, 사람의 무늬, 2014.

천따추안, 문승용 역, 《중국 제지 발전사》, 학고방, 2012.

최병택, 《한국 근대임업사》, 푸른역사, 2022.

장인과 닥나무가 함께 만든 역사,
조선의 과학기술사

최석원·허재영·노경희·홍성준·이성현, 《한·중·일 문헌 교류와 유통을 통해 본 지식의 영향력》, 경인문화사, 2019.

최영숙, 이주은, 《(한눈에 보는) 한지韓紙》, 한국공예 · 디자인문화진흥원, 2013.

최종범, 《간도 개척 비사》, 신성, 2004.

한국역사연구회, 《조선 후기 경자양전 연구》, 혜안, 2008.

한상길, 《조선 후기 불교와 사찰계》, 경인문화사, 2006.

타시로 카즈이, 《한일관계 속의 왜관》, 경인문화사, 2012.

해러웨이, 도나, 최유미 역, 《트러블과 함께하기》, 마농지, 2021.

홍선표 외, 《17·18세기 조선의 외국 서적 수용과 독서문화》, 혜안, 2003.

홍이섭, 《홍이섭 전집》 1, 연세대학교 출판부, 1993.

홍희유, 《조선 중세 수공업사 연구》, 백산, 1989.

화이트, 리차드, 이두갑 등 역, 《자연 기계》, 이음, 2018.

황지영, 《명청 출판과 조선 전파》, 시간의 물레, 2012.

후지츠카 치카시, 박영희 역, 《추사 김정희의 또 다른 얼굴》, 아카데미우스, 1994.

Bray, Francesca, *Technology and Gender*, Berkeley: University of California Press, 1997.

Buchwald, Jed Z., Mordechai Feingold, *Newton and the Origin of Civilization*, Princeton: Princeton University Press, 2012.

Chakrabarty, Dipesh, *Provincializing Europe: Postcolonial Thought and Historical Difference*, New Jersey: Princeton University Press, 2000.

Clunas, Craig, *Superfluous Things: Material Culture and Social Status in Early Modern China*, Honolulu: University of Hawaii Press, 2004.

Collins, Harry, *Changing Order: Replication and Induction in Scientific Practice*, Chicago: University of Chicago Press, 1985.

Cook, Harold, *Matters of Exchange: Commerce, Medicine, and Science in the Dutch Golden Age*, New Haven: Yale University Press, 2007.

Cronon, William, *Changes in the Land: Indians, Colonists, and the Ecology of New England*,

New York: HILL & WANG, 1983, 2000.

Curry, Helen Anne, *Endangered Maize: Industrial Agriculture and the Crisis of Extinction,* *Berkeley,* University of California Press, 2022.

Daston, Lorraine, Katharine Park, *Wonders and the Order of Nature, 1150~1750,* New York: Zone Books, 2001.

Dear, Peter, *Revolutionizing the Sciences: European Knowledge and Its Ambitions,* *1500~1700,* Princeton, Princeton University Press, 2001.

Elman, Benjamin A., *On Their Own Terms: Science in China, 1550~1900,* Cambridge: Harvard University Press, 2005.

Eyferth, Jacob, *Eating Rice from Bamboo Roots,* Cambridge: Harvard University Press, 2009.

Fan, Fa-ti, *British Naturalists in Qing China,* Cambridge: Harvard University Press, 2004.

Findlen, Paula, *Possessing Nature,* Berkeley: University of California Press, 1996.

Guth, Christine M. E., *Craft Culture in Early Modern Japan Materials, Makers, and Mastery,* Berkelery: University of California Press, 2021.

Hodder, Ian, *Entangled: An Archaeology of the Relationships between Humans and Things,* Chichester: Wiley-Blackwell, 2012.

Hunter, Dard, *A Papermaking Pilgrimage to Japan, Korea, and China,* New York: Pynson Printers, 1936.

Hunter, Dard, *Papermaking: the history and technique of an ancient craft,* New York: Dover Publications, 1978(1947).

Ingold, Tim, *The Perception of the Environment: Essays on Livelihood, Dwelling and Skill,* London: Routledge, 2011.

Jami, Catherine, Peter M Engelfriet, and Gregory Blue eds, *Statecraft and Intellectual Renewal in Late Ming China: The Cross-Cultural Synthesis of Xu Guangqi (1562~1633),* Leiden: Brill. 2001.

Kuhn, Thomas, *The Structure of Scientific Revolutions,* 2nd ed. Chicago: University of

장인과 닥나무가 함께 만든 역사,
조선의 과학기술사

Chicago Press, 1970.

Latour, Bruno, *Science in Action*, Cambridge: Harvard University Press, 1987.

Long, Pamela O., *Artisan/Practitioners and the Rise of the New Sciences, 1400~1600*, Corvallis, OR: Oregon State University Press, 2011.

Mavhunga, Clapperton Chakanetsa ed., "Introduction", Wh*at Do Science, Technology, and Innovation Mean from Africa*, Cambridge: The MIT Press, 2017.

Oh, Young Kyun, *Engraving Virtue: The Printing History of a Premodern Korean Moral Primer*, Brill, 2013.

Raj, Kapil, *Relocating Modern Science: Circulation and the Construction of Knowledge in South Asia and Europe, 1650~1900*, New York: Palgrave Macmillan, 2010.

Pollock, Sheldon, Benjamin A Elman, Ku-ming Chang, *World Philology*, Cambridge: Harvard University Press, 2015.

Roberts, Lissa, Simon Schaffer, and Peter Dear eds., *The Mindful Hand*, Amsterdam: Koninkliijke Nederlandse Akademie van Wetenschappen, 2007.

Rosenband, Leonard N., *Papermaking in Eighteenth-Century France*, Baltimore: Johns Hopkins University Press, 2000.

Schäfer, Dagmar, *The Crafting of the 10,000 Things*, Chicago: The University of Chicago Press, 2011.

Scott, James C., *Weapons of the Weak: Everyday Forms of Peasant Resistance*, New Haven, Yale University Press, 1985.

Scott, James C., *The Art of Not Being Governed*, Connecticut: Yale University Press, 2009.

Shapin, Steven, *A Social History of Truth*, Illinois: University of Chicago Press, 1995.

Shapin, Steven, *The Scientific Revolution*, Chicago: University of Chicago Press, 1996.

Smith, Pamela H., *The Body of the Artisan*, Chicago: University of Chicago Press, 2004.

Smith, Pamela H., *From Lived Experience to the Written Word: Reconstructing Practical Knowledge in the Early Modern World*, Chicago: University of Chicago Press, 2022.

Strasser, Susan., *Waste and Want: a Social History of Trash*, New York: Holt, 2000.

Szonyi, Michael, *The Art of Being Governed*, New Jersey: Princeton University Press, 2017.

Tsien, Tsuenhsin, *Paper and Printing*, Vol. 5, Pt 1. Science and Civilisation in China Cambridge: Cambridge University Press, 1985.

Vinsel, Lee and Andrew L. Russell, *The Innovation Delusion: How Our Obsession with the New Has Disrupted the Work That Matters Most*, New York: Currency, 2020.

Werrett, Simon, *Thrifty Science: Making the Most of Materials in the History of Experiment*, Chicago: University of Chicago Press, 2019.

논문

경석현, 〈조선 후기 재이론災異論의 변화: 이론체계와 정치적 기능을 중심으로〉, 경희대학교 박사학위 논문, 2018.

고동환, 〈19세기 후반 지식세계의 변화와 다산茶山 호출의 성격〉, 《다산과 현대》 4·5, 2012, 25~48쪽.

권기중, 〈조선 시대 전라도 수령의 출신성분과 재임실태—전남 지역을 중심으로〉, 《조선시대사학보》 94, 2020, 7~46쪽.

권기중, 〈조선 후기 서울의 호구 변동과 인구기록의 특성—한성부 호구 자료를 중심으로〉, 《한국학논총》 49, 2017, 213~240쪽.

권내현, 〈조선 후기 호적에 대한 이해〉, 《한국사연구》 165, 2014, 301~327쪽.

權泰煥·慎鏞廈, 〈朝鮮王朝時代 人口推定에 關한 一試論〉, 《東亞文化》 14, 1977, 289~330쪽.

노대환, 〈18세기 후반~19세기 전반 명물학名物學의 전개와 성격〉, 《한국학연구》 31, 2013, 541~572쪽.

구만옥, 〈자연학: 다산학 연구의 최근 동향〉, 《다산과 현대》 1, 2008, 69~111쪽.

_____, 〈한국 전통과학사 연구: 심화를 위한 다양한 모색〉, 《역사학보》 207, 2010, 273~294쪽.

_____, 〈조선 후기 과학사 연구에서 '실학'의 문제〉, 《한국실학연구》 36, 2018,

장인과 닥나무가 함께 만든 역사,
조선의 과학기술사

637~676쪽.

김건태, 〈戶名을 통해 본 19세기 職役과 率下奴婢〉, 《한국사연구》 144, 2009, 201~238
쪽.

_____, 〈19세기 집약적 농법의 확산과 작물의 다각화〉, 《역사비평》 101, 2012,
280~312쪽.

김경미, 〈淫詞小說의 수용과 19세기 한문소설의 변화〉, 《古典文學硏究》 25, 2004,
331~360쪽.

김덕진, 〈朝鮮 後期 地方官廳의 民庫 設立과 運營〉, 《역사학보》 133, 1992, 63~93쪽.

_____, 〈조선 후기 지방관청의 지고 설립과 운영〉, 《역사학연구》 18, 2002, 53~73쪽.

_____, 〈해광海狂 송제민의 학문 성향과 의병 활동〉, 《역사학연구》 44, 2011, 105~132
쪽.

김동진, 〈朝鮮 初期 土産物 變動과 貢案改正의 推移〉, 《朝鮮時代史學報》 50, 2009,
73~109쪽.

김동진·이현숙, 〈창간사〉, 《생태환경과 역사》 1, 2015, 2~3쪽.

金東哲, 〈朝鮮 後期 水牛角貿易과 弓角契貢人〉, 《한국민족문화》 4, 1991, 55~110쪽.

김문식, 〈조선 시대 중국 서적의 수입과 간행: 《사서오경대전》을 중심으로〉, 《규장각》
29, 2006, 121~140쪽.

김미성, 〈조선 후기 면주전과 명주 생산·유통구조〉, 연세대학교 박사학위 논문, 2017.

김삼기, 〈15~16세기 관영 제지수공업 연구〉, 공주대학교 석사학위 논문, 1997.

_____, 〈조선 후기 제지 수공업 연구〉, 중앙대학교 박사학위 논문, 2003.

김소라, 〈양안의 재해석을 통해 본 조선 후기 전세 정책의 특징〉, 서울대학교 박사학위
논문, 2021.

金順圭, 〈조선 후기 사찰 紙役의 변화〉, 《靑藍史學》 3, 2000, 271~302쪽.

김슬기, 〈숙종 대 관상감의 시헌력 학습: 을유년(1705) 역서 사건과 그에 대한 관상감의
대응을 중심으로〉, 《한국과학사학회지》 39, 2017, 435~464쪽.

김영록, 〈17세기 후반~18세기 초 경상도 邑治의 戶口 구성과 변동──대구·울산·단성
호적대장의 비교〉, 《역사와 경계》 96, 2015, 1~31쪽.

김영민, 〈국문학 논쟁을 통해서 본 조선 후기의 국가, 사회, 행위자〉, 《일본비평》 19, 2018, 194~255쪽.

김영진, 〈조선 후기 서적 출판과 유통에 관한 일고찰〉, 《동양 한문학 연구》 30, 2010, 5~28쪽.

_____, 〈朝鮮朝 文集 刊行의 諸樣相—朝鮮 後期 事例를 中心으로〉, 《민족문화》 43, 2014, 5~75쪽.

_____, 〈조선 후기 사가私家 장서목록에 대한 일고一攷—심악·심제현·이원정·이담명의 목록을 중심으로〉, 《韓國漢文學研究》 77, 2020, 469~506쪽.

김준형, 〈조선 후기 사치의 문학적 형상화 양상〉, 《국문학연구》 20, 2009, 7~30쪽.

金池洙, 〈朝鮮朝 全家徙邊律의 역사와 법적 성격〉, 《法史學研究》 32, 2005, 97~169쪽.

김채식, 〈李圭景의 《五洲衍文長箋散稿》 研究〉, 成均館大學校 박사학위 논문, 2009.

金炯基, 〈조선 후기 稧房의 운영과 부세수취〉, 《한국사연구》 82, 1993, 115~145쪽.

남권희, 〈조선 후기 전라도 임실현 〈중기〉에 수록된 기록자료 분석〉, 《서지학연구》 57, 2014, 5~50쪽.

남정희, 〈조선 후기 公安派 서적 수용 실태의 탐색〉, 《한국고전연구》 12, 2005, 163~199쪽.

文明大, 〈新羅華嚴經寫經과 그 變相圖의 研究: 사경변상도의 연구 (1)〉, 《韓國學報》 5(1), 1979, 27~64쪽.

박경숙, 〈인구동태와 호정戶政—조선 시대 호총戶總의 의미에 대한 재고찰〉, 《사회와 역사》 133, 2022, 7~82쪽.

박권수, 〈조선 후기 象數學의 발전과 변동〉, 서울대학교 박사학위 논문, 2006.

_____, 〈조선 후기의 역서曆書 간행에 참여한 관상감 중인 연구 1〉, 《한국과학사학회지》 37, 2015, 119~145쪽.

_____, 〈조선 후기 관상감觀象監 입속자入屬者 연구〉, 《한국사연구》 187, 2019, 289~324쪽.

朴道植, 〈朝鮮 前期 貢物 防納의 변천〉, 《경희사학》 19, 1995, 165~197쪽.

박상진, 〈목판 및 종이(韓紙)의 재질 분석〉, 《국학연구》 2, 2003, 301~325쪽.

반병률, 〈한국인의 러시아 이주사―연해주로의 유랑과 중앙아시아로의 강제이주〉,《문화 역사 지리》18-3, 2006, 140~148쪽.

배항섭, 〈19세기 후반 함경도 주민들의 연해주 이주와 仁政 願望〉,《역사와 담론》53, 2009, 405~447쪽.

_____, 〈19세기 지배질서의 변화와 정치문화의 변용〉,《한국사학보》39, 2010, 109~158쪽

_____, 〈19세기를 바라보는 시각〉,《역사비평》101, 2012, 215~253쪽.

변주승, 〈조선 후기 유민의 북방 변경 유입과 그 실태〉,《국학연구》13, 2008, 195~223쪽.

서인범, 〈조선 시대 승려들의 압록강 월경사건〉,《韓國思想과 文化》54, 2010, 227~258쪽.

서한교, 〈朝鮮後期 納粟制度의 運營과 納粟人의 實態〉, 경북대학교 박사학위 논문, 1995.

서호철, 〈조선 후기의 인구와 통치〉,《사회와 역사》74, 2007, 215~250쪽.

소순규, 〈朝鮮 初期 貢納制 운영과 貢案改定〉, 고려대학교 박사학위 논문, 2017.

_____, 〈朝鮮 成宗代 貢案改定의 배경과 특징〉,《朝鮮時代史學報》87, 2018, 7~37쪽.

손계영, 〈고문서에 사용된 종이 연구―《탁지준절度支準折》을 중심으로〉,《고문서연구》25, 2004, 225~257쪽.

_____, 〈조선 시대 古文書에 사용된 종이 분석〉,《한국기록관리학회지》5(1), 2005, 79~105쪽.

_____, 〈조선 시대에 사용된 詩箋紙의 시대적 특징〉,《서지학연구》36, 2007, 297~320쪽.

_____, 〈지방관과 선조 문집 간행〉,《嶺南學》15, 2009, 229~269쪽.

손병규, 〈호적대장의 직역기재職役記載 양상과 의미〉,《역사와 현실》41, 2001, 2~31쪽.

_____, 〈조선 왕조의 戶籍과 통치체계〉〈조선 왕조의 호적과 재정 기록에 대한 재인식〉〈[총론] 조선 후기 비총제적比摠制的 재정체계의 형성과 그 정치성〉,《역사와 현실》81, 2011, 177~186쪽.

_____, 〈조선 왕조의 戶籍과 통치체계〉, 《東洋史學研究》 131, 2015, 129~159쪽;

손병규, 〈조선 왕조의 호적과 재정 기록에 대한 재인식〉, 《역사학보》 234, 2017, 155~194쪽.

송규진, 〈일제하 한지의 생산과 수출〉, 《한국사연구》 142, 2008, 337~366쪽.

송성안, 〈고려 시대 사원 제지수공업과 그 운영〉, 《석당논총》, 65·2016·153쪽.

송양섭, 〈조선 후기 지방재정과 계방의 출현; 제역 및 제역촌과 관련하여〉, 《역사와 담론》 59, 2011, 1~37쪽.

_____, 〈1888년 영해부 호구 분쟁에 나타난 戶政運營의 일단〉, 《조선시대사학보》 82, 2017, 329~372쪽.

송찬식, 〈삼남방물지공고三南方物紙貢考 (상)―공인貢人과 생산자와의 관계를 중심으로〉, 《진단학보》 37, 1974, 43~75쪽.

_____, 〈삼남방물지공고 (하)〉, 《진단학보》 38, 1974, 74~104쪽.

_____, 〈관청 수공업의 민영화 과정―분원과 조지서의 경우〉, 《조선 후기 사회경제사의 연구》, 일조각, 1996, 305~432쪽.

신양선, 〈15세기 조선 시대의 서적 수입정책〉, 《역사와 실학》 12, 1999, 163~190쪽.

스기모토, 카즈키, 〈일본 고대의 종이〉, 《서지학보》 39, 2012, 91~104쪽.

안대회, 〈조선 후기 소품문小品文 창작과 명청明淸 소품문〉, 《中國文學》 53, 2007, 186~200쪽.

양흥숙, 〈조선 후기 義州 지역의 교류와 義州民의 異國 경험〉, 《로컬리티 인문학》 13, 2015, 53~88쪽.

오영숙, 〈조선 후기 천원술과 산목 계산법의 변화〉, 서울대학교 박사학위 논문, 2021.

우정임, 〈16세기 후반 방각본의 출현과 책쾌의 활약〉, 《역사와 경계》 76, 2010, 69~106쪽.

윤용출, 〈조선 후기 수레 보급 논의〉, 《한국민족문화》 47, 2013, 269~329쪽.

_____, 〈조선 후기 벽돌성의 축조〉, 《지역과 역사》 42, 2018, 307~358쪽.

이광린, 〈이조 초기의 제지업〉, 《역사학보》 10, 1958, 1~38쪽.

_____, 〈李朝 後半期의 寺刹製紙業〉, 《역사학보》 17·18, 1962, 201~219쪽.

장인과 닥나무가 함께 만든 역사,
조선의 과학기술사

이기복, 〈조선 후기 의학 지식 구성 및 실행 방식의 변화: 18세기《역시만필歷試漫筆》을 중심으로〉, 《한국과학사학회지》41, 2019, 1~31쪽.

이기복, 〈의원의 서사로 본 조선 후기 의료의 사회문화적 풍경〉, 《한국문화》 98, 2022, 265~305쪽.

이병희, 〈朝鮮 時期 寺刹의 數的 推移〉, 《歷史教育》 61, 1997, 31~68쪽.

이수나, 〈공예의 형식 설계, 견양〉, 《도예연구》 26, 2017, 173~192쪽.

이정림, 〈성호星湖 이익李瀷의 재이災異 분류와 재이론의 합리화〉, 서울대학교 석사학위 논문, 2019.

이진희, 〈세종 대의 인쇄출판문화: 자치통감과 종이〉, 《국립한글박물관 소식지》 77, 2019. 12.

이창경, 〈朝鮮時代 官營 製紙生産에 관한 考察〉, 《아시아민족조형학보》 7, 2007, 1~13쪽.

이철성, 〈특집: 연행燕行의 문화사: 조선 후기 연행무역과 수출입 품목〉, 《한국실학연구》 20, 2010, 29~79쪽.

이헌창, 〈18세기 황윤석가의 경제생활〉, 강신항 편, 《이재난고로 보는 조선 지식인의 생활사》, 한국학중앙연구원, 2007, 352~441쪽.

이헌창·조영준, 〈조선 후기 貢價의 체계와 추이〉, 《한국사연구》 142, 2008, 203~249쪽.

이홍두, 〈17세기 대청교역에 관한 연구〉, 《국사관논총》 81, 1999, 73~110쪽.

이희경, 〈조선과 명과의 조공무역에 관한 연구〉, 인천대학교, 석사학위 논문, 2001.

임종태, 〈과학사 학계는 왜 실학을 저평가해 왔는가?〉, 《한국실학연구》 36, 2018, 677~699쪽.

_____, 〈實學에서 中國의 문제로: 전근대 한국 과학사 연구의 최근 동향〉, 《역사학보》 231, 2016, 401~418쪽.

임학성, 〈조선 전·후기 섬에 대한 인식 및 정책 변화 양상—전라도 지역을 중심으로〉, 《해양문화재》 16, 2022, 143~172쪽.

장경희, 〈조선 왕실 의궤를 통한 장인 연구의 현황과 과제〉, 《역사민속학》 47, 2015,

81~112쪽.

정재훈, 〈19세기 조선의 출판문화: 관찬서官撰書의 간행을 중심으로〉, 《한국문화》 54, 2011, 131~152쪽.

장진성, 〈조선 후기 고동서화古董書畵 수집 열기의 성격: 김홍도의 〈포의풍류도〉와 〈사인초상〉에 대한 검토〉, 《미술사와 시각문화》 3, 2004, 154~203쪽.

_____, 〈조선 후기 士人風俗畵와 餘暇文化〉, 《美術史論壇》 24, 2007, 261~291쪽.

_____, 〈조선 후기 회화와 문화적 호기심〉, 《미술사논단》 32, 2011, 163~189쪽.

전영준, 〈조선 전기 官撰 地理志로 본 楮·紙産地의 변화와 사찰 製紙〉, 《지방사와 지방문화》 14.1, 2011, 47~77쪽.

정명현, 〈서유구의 선진 농법 제도화를 통한 국부 창출론: 《의상경계책》의 해제 및 역주 (이하 의상경계책 역주)〉, 서울대학교 박사학위 논문, 2014,

정선영, 〈朝鮮初期 冊紙에 관한 硏究〉, 《서지학연구》 1, 1986, 177~212쪽.

_____, 〈白綿紙에 관한 연구〉, 《서지학연구》 41, 2008, 427~451쪽.

정호훈, 〈조선후기 실학 연구의 추이와 성과〉, 《한국사연구》, 184, 2019, 75~112쪽.

최규진, 〈조선 전기 방납과 정치 권력의 관계〉, 한국교원대학교 석사학위 논문, 2022.

최동희, 〈조선과 청의 조공관계 연구〉, 《한국정치외교사논총》 24, 2002, 1~29쪽.

최성운, 〈조선 말 조선인들의 연해주 이주를 유인하는 소문과 월경에서 드러나는 조선인들의 사회적 연대 연구—1864~1877년까지를 중심으로〉, 《장서각》 45, 2021, 384~433쪽.

판지싱潘吉星, 〈中國 中世紀 造紙 및 《無垢淨經》의 刊行 問題〉, 《동방학지》 106, 1999, 233~284쪽,

판지싱, 〈제지술의 한반도 전래〉, 《골판지 포장 물류》 58, 2004, 102~106쪽.

하종목. 〈조선 후기의 사찰 제지업과 그 생산품의 유통과정〉, 《역사교육논집》 10(1), 1987, 39~93쪽.

한동훈, 〈19세기 말 조선인의 연해주 월경과 한인마을의 형성—조·청·러 삼국의 쇄환 교섭을 중심으로〉, 《한국독립운동사연구》 78, 2022, 305~346쪽.

한상길, 〈옥천사 사찰계 연구〉, 《정토학연구》 33, 2020, 143~175쪽.

장인과 닥나무가 함께 만든 역사,
조선의 과학기술사

한정길, 〈19세기 주자학적 세계관의 반성과 새로운 학문관의 형성—다산 정약용을 중심으로〉, 《세도정권기 조선 사회와 대전회통》, 혜안, 2007, 23~68쪽.

한정수, 〈특집 :고려 말~조선 초 조선 전기 제지 수공업의 생산체제〉, 《역사와 현실》 33, 1999, 78~111쪽.

허원영, 〈특집: 18세기 중엽 조선의 호구와 전결의 지역적 분포—《여지도서》의 호구 및 전결 기록 분석〉, 《史林》 38, 2011, 1~37쪽.

홍금수, 〈環境史Environmental History 어떻게 해야 할 것인가?〉, 《진단학보》 116, 2012, 149~181쪽.

홍문화, 〈우리의 이두 향약명이 일본의 본초학에 미친 영향〉, 《생약학회지》 3, 1972, 1~10쪽.

홍유진, 〈홍대용 《주해수용籌解需用》의 구성과 저술 목적〉, 서울대학교 석사학위 논문, 2019.

황정연, 〈石農 金光國의 생애와 書畵收藏 활동〉, 《미술사학연구》 235, 2002, 61~85쪽.

Arnold, David, "Europe, Technology, and Colonialism in the 20th Century", *History and Technology* 21, 2005, pp. 85~106.

Bar–On, Y. M., R. Phillips & M. Ron, "The Biomass Distribution on Earth", *Proceedings of the National Academy of Sciences* 115(25), 2018, pp. 6506~6511.

Basalla, George, "The Spread of Western Science", *Science* 156(3775), 1967, pp. 611~622.

Chirikure, Shadreck, "The Metalworker, the Potter, and the Pre–European African "Laboratory" in Mavhunga ed., *What Do Science, Technology, and Innovation Mean from Africa*, pp. 63~77.

Chu, Pingyi, "Scientific Dispute in the Imperial Court: the 1664 Calendar Case", *Chinese Science* 14, 1997, pp. 7~34.

Daston, Lorraine and Glenn W Most, "History of Science and History of Philologies", *Isis* 106, 2015, pp. 378~390.

de Vries, Jan, "The limits of globalization in the early modern world", *The Economic History*

Review 63(3), 2010, pp. 710~733.

de Vries, Jan, "The Industrial Revolution and the Industrious Revolution," *The Journal of Economic History* 54(2), 1994, pp. 249~270.

Eyferth, Jacob. "Craft Knowledge at the Interface of Written and Oral Cultures", *East Asian Science, Technology and Society* 4(2), 2010, pp. 185~205.

Elman, Benjamin. "Collecting and Classifying: Ming Dynasty Compendia and Encyclopedias (Leishu)", *Extrême-Orient, Extrême-Occident* 1, 2007, pp. 131~157.

Feierman, Steven, *Peasant Intellectuals: Anthropology and History in Tanzania*, Madison: University of Wisconsin Press, 1990.

Hilaire-Perez, Liliane, "Technology as a Public Culture in the Eighteenth Century: The Artisan's Legacy", *History of science 45*, 2007, pp. 135~154.

Hong, Sungook, "Historiographical Layers in the Relationship between Science and Technology", *History and Technology* 15, 1999, p. 289~311.

Jo, Dongwon, "Vernacular Technical Practices Beyond the Imitative/Innovative Boundary: Apple II Cloning in Early-1980s South Korea", *East Asian Science, Technology and Society: An International Journal* 16:2, 2022, pp. 157~180.

Kang, Hyeok Hweon, "Crafting Knowledge: Artisan, officer, and the culture of making in Chosŏn Korea", Ph.D. Dissertation, Harvard University, 2020.

Kang, Hyeok Hweon, "Cooking Niter, Prototyping Nature: Saltpeter and Artisanal Experiment in Korea, 1592~1635", Isis 113:1, 2022, pp. 1~21.

Kim, Hwansoo, "'The Mystery of the Century' -Lay Buddhist Monk Villages (Chaegasŭngch'on) Near Korea's Northernmost Border, 1600s~1960s". *SEOUL JOURNAL OF KOREAN STUDIES* 26(2), 2013, pp. 269~305.

Kim, Yun g Sik. "A Philosophy of Machines and Mechanics in Seventeenth-Century China: Wang Zheng's Characterization and Justification of the Study of Machines and Mechanics in the 'Qiqi Tushuo'", *East Asian Science, Technology, and Medicine*, 31, 2010, pp. 64~95.

장인과 닥나무가 함께 만든 역사,
조선의 과학기술사

Lee, Jung, "Invention without Science: 'Korean Edisons' and the Changing Understanding of Technology in Colonial Korea", *Technology and Culture* 54(4), 2013, pp. 782~814.

Lee, Jung, "Mutual Transformation of Colonial and Imperial Botanizing: The Intimate and Remote Collaboration between Chung Tyaihyon and Ishidoya Tsutomu in Colonial Korea", *Science in Context* 29(2), June 2016, pp. 179~211.

Lim, Jongtae, "Tributary Relations Between the Chosŏn and Ch'ing Courts to 1800" in *The Cambridge History of China*, vol. 9, pt. 2, ed. Willard J Peterson, Cambridge: Cambridge University Press, 2016, pp. 146~196.

Michel, Cécile, Karine Chemla, *Mathematics, Administrative and Economic Activities in Ancient Worlds*, Springer, 5, 2020, pp. 1~48.

Wanda J. Orlikowski, "Sociomaterial Practices: Exploring Technology at Work", *Organization Studies* (28)9, 2007, pp. 1435~1448.

Buhm-Soon Park, "Making matters of fraud: Sociomaterial technology in the case of Hwang and Schatten", *History of Science* 58(4), 2020, pp. 393~416.

Simon Schaffer, "Newton on the Beach: The Information Order of Principia Mathematica", *History of Science* 47, 2009, pp. 243~276.

James A. Secord, "Knowledge in Transit", *Isis* 95(4), 2004, pp. 654~672.

Williams, Rosalind, "Crisis: The Emergence of Another Hazardous Concept", *Technology and Culture* 62(2), 2021, pp. 521~546.

Yoo, Sangwoon, "Innovation in Practice the 'Technology Drive Policy' and the 4mb Dram R&D Consortium in South Korea in the 1980s and 1990s", *Technology and Culture* 61(2), 2020, pp. 385~415.

Yum, H., B. W. Singer, and A. Bacon, "Coniferous Wood Pulp in Traditional Korean Paper between the 15th and the 18th Centuries", *Archaeometry* 51(3), 2009, pp. 467~479.

찾아보기

장인과 닥나무가 함께 만든 역사,
조선의 과학기술사

장인과 닥나무가 함께 만든 역사,
조선의 과학기술사

장인과 닥나무가 함께 만든 역사,
조선의 과학기술사
Technoscience of Tak and Artisans:
Resourceful evolution of Chosŏn Papermaking

2023년 5월 12일 초판 1쇄 발행
2023년 6월 20일 초판 2쇄 발행

글쓴이	이 정
펴낸이	박혜숙
디자인	김 진
펴낸곳	도서출판 푸른역사

　우) 03044 서울시 종로구 자하문로8길 13

　전화: 02)720−8921(편집부) 02)720−8920(영업부)

　팩스: 02)720−9887

　전자우편: 2013history@naver.com

　등록: 1997년 2월 14일 제13−483호

ⓒ 이정, 2023

ISBN 979−11−5612−250−0 03900